"十二五"普通高等教育本科国家级规划教材

现代法学教材

重庆市首批重点建设教材

# 犯罪心理学

（第四版）

主　编　梅传强

中国法制出版社

CHINA LEGAL PUBLISHING HOUSE

## 编委会

主　编：梅传强

副主编：胡　江

撰稿人：梅传强　胡　江　王　敏
　　　　宋晓明　郑友军　秦宗川
　　　　王晓楠　张永强　李　洁

# 第四版前言

本书是司法部法学教材编辑部编审出版发行（1999年）的高等学校本科教材，于1999年出版第一版，2007年出版第二版，2014年出版第三版，在2008年入选"十一五"国家级规划教材，在2012年入选"十二五"国家级规划教材。作为"十二五"国家级规划教材首批入选教材中唯一的一部犯罪心理学教材，同时也是首批"十二五"国家级规划教材中西南政法大学唯一入选的一本，以及西南政法大学唯一连续两次入选国家级规划教材的一本，本书自面世以来已在全国高等院校使用20多年。

作为我国法学教育的重镇，西南政法大学长期以来高度重视犯罪心理学的教学和课程建设。在长期积累的基础上，西南政法大学犯罪心理学的教学和课程建设近年来又取得了诸多喜人的成绩。2020年，《犯罪心理学》金课建设获得重庆市高等教育教学改革重点项目立项。此后，犯罪心理学课程先后入选重庆市线上线下混合式一流本科课程（2020年）、重庆市高校精品在线开放课程（2019年）、西南政法大学课程思政示范课（2021年），犯罪心理学教学团队获评西南政法大学优秀教学团队（2019年）。教学和课程建设成绩的取得，离不开教材的引领和带动作用。作为教学和课程建设的重要成果，本书在2019年获得西南政法大学优秀教学成果奖一等奖，并于2020年入选重庆市首批重点建设教材。特别值得一提的是，依托本书而申报的犯罪心理学课程在2022年成功入选第二批国家级一流本科课程（已于2021年获得重庆市推荐）。

全面推进依法治国的战略布局对新时代的法学教育和法治人才培养提出了新的要求，为了进一步加强犯罪心理学的课程建设，体现新时代法治人才培养的特色方向，结合近年来理论与实践发展的实际，我们对本书作了修订，形成了本书第四版。

此次修订，主要是针对近年来的最新立法动态对部分内容作了必要的更新，同时积极反映犯罪学、犯罪心理学、刑法学理论发展的新成果，吸收一些新的典型案例[①]，并在每章首尾分别增加了"知识提要"和"课后练习"。此外，还作了一些其他必要的修订。

---

① 典型案例仅供教学研究使用，不再注明具体的出处。

此次修订由梅传强和胡江共同担任主编,由梅传强统筹安排,胡江具体负责修订工作的实施。为了推进修订工作,在本书第三版作者梅传强、胡江、王敏、宋晓明、郑友军的基础上,决定吸收秦宗川、王晓楠、张永强、李洁参与修订工作,因此,本书第四版增列上述人员为编写人员。编写人员的具体情况如下:

梅传强,西南政法大学法学院教授,博士生导师,法学博士。兼任中国刑法学研究会副会长。担任本书主编。

胡江,西南政法大学法学院副教授,硕士生导师,法学博士。担任本书副主编。

王敏,西南政法大学法学院副教授,硕士生导师,法学博士。

宋晓明,广东警官学院教授,教育学硕士。

郑友军,四川警察学院教授,心理学硕士。

秦宗川,西南政法大学法学院讲师,硕士生导师,法学博士。

王晓楠,西南政法大学法学院讲师,法学博士。

张永强,西南政法大学法学院副教授,硕士生导师,法学博士。

李洁,西南政法大学法学院讲师,法学博士。

值此本书第四版付梓之际,谨向一直以来使用和关注本书的老师、同学和学界同人、实务界朋友,向本书出版单位中国法制出版社的诸位领导和编辑老师,向本书第四版的编辑谢雯和吕静云女士,真诚地道一声:谢谢!当然,本书虽经修订,但难免还存在不足甚至错谬之处,敬请海涵并批评指正!

编者
2022 年 7 月

# 目 录

第一章 犯罪心理学的研究对象、任务和方法 ……………………… 1
　第一节 犯罪心理学的研究对象 ………………………………… 1
　　一、犯罪心理学的研究对象和研究内容 ……………………… 1
　　二、犯罪心理学与邻近学科的关系 …………………………… 7
　第二节 犯罪心理学的研究任务 ………………………………… 10
　　一、理论方面的任务 …………………………………………… 10
　　二、实践方面的任务 …………………………………………… 12
　第三节 犯罪心理学的研究方法 ………………………………… 13
　　一、研究犯罪心理学的指导原则 ……………………………… 13
　　二、研究犯罪心理学的基本步骤 ……………………………… 16
　　三、研究犯罪心理学的主要方法 ……………………………… 17
　　四、研究犯罪心理学的方法类型及其选择 …………………… 19

第二章 犯罪心理学的研究历史与现状 …………………………… 21
　第一节 犯罪心理学的研究历史 ………………………………… 21
　　一、我国研究犯罪心理学的发展简史 ………………………… 21
　　二、国外研究犯罪心理学的发展简史 ………………………… 24
　第二节 犯罪心理学的研究现状 ………………………………… 27
　　一、我国犯罪心理学的研究现状 ……………………………… 27
　　二、国外犯罪心理学的研究现状 ……………………………… 30

第三章 犯罪心理学的主要理论流派 ……………………………… 34
　第一节 犯罪的生物学派理论 …………………………………… 34
　　一、犯罪生物学派理论的产生 ………………………………… 34
　　二、犯罪生物学派理论的发展 ………………………………… 36
　第二节 犯罪的社会学派理论 …………………………………… 38
　　一、犯罪社会学派理论的产生 ………………………………… 38
　　二、犯罪社会学派理论的发展 ………………………………… 38
　第三节 犯罪的精神分析学派理论 ……………………………… 42
　　一、犯罪精神分析学派理论的产生 …………………………… 42
　　二、犯罪精神分析学派理论的发展 …………………………… 43

1

## 第四章 犯罪心理生成机制概述 …… 46
### 第一节 生成犯罪心理的人性基础 …… 46
一、心理与行为生成的基础——需要 …… 46
二、对人性的心理学分析 …… 49
三、犯罪的人性基础与实质 …… 53
### 第二节 犯罪心理生成机制的概念与内容 …… 58
一、犯罪心理生成机制的概念 …… 58
二、犯罪心理生成机制的内容 …… 60
### 第三节 刑事责任的人性分析 …… 62
一、犯罪的不得已性质 …… 62
二、刑罚的迫不得已原则 …… 63
三、人性的刑事责任原则 …… 64

## 第五章 人格缺陷的形成 …… 66
### 第一节 生成人格缺陷的基础要素 …… 66
一、生成人格缺陷的生物学基础 …… 66
二、生成人格缺陷的社会学基础 …… 67
### 第二节 人格缺陷的形成机制与实质 …… 70
一、个体的社会化及其与环境的交互作用机制 …… 70
二、人格缺陷的实质与内容 …… 75

## 第六章 犯罪动机的形成与转化 …… 84
### 第一节 犯罪动机的概述 …… 84
一、犯罪动机的概念 …… 84
二、犯罪动机的特征 …… 85
三、犯罪动机的功能 …… 86
四、犯罪动机的分类 …… 87
五、犯罪动机与犯罪目的的关系 …… 87
### 第二节 犯罪动机的形成模式 …… 89
一、由内在需要引起的犯罪动机 …… 89
二、由外在诱因引起的犯罪动机 …… 90
三、内在需要与外在诱因交互作用形成的犯罪动机 …… 90
### 第三节 犯罪动机的转化 …… 91
一、犯罪动机转化的类型 …… 91
二、影响犯罪动机转化的因素 …… 93
### 第四节 不明显的犯罪动机 …… 94
一、少年犯罪人的犯罪动机 …… 94

二、精神病犯罪人的犯罪动机 ································· 97

## 第七章 犯罪心理的主观差异 ································· 99
### 第一节 故意犯罪心理 ································· 99
一、犯罪决意阶段的心理表现 ································· 100
二、犯罪实施阶段的心理表现 ································· 104
三、犯罪停止阶段的心理表现 ································· 107
### 第二节 过失犯罪心理 ································· 110
一、过失犯罪心理的概述 ································· 110
二、引起过失犯罪的客观诱因 ································· 114
三、过失犯罪人的生理和心理特征 ································· 117

## 第八章 犯罪心理的年龄差异 ································· 125
### 第一节 犯罪的年龄差异概述 ································· 125
一、犯罪率方面的年龄差异 ································· 125
二、犯罪类型上的年龄差异 ································· 130
三、犯罪手段上的年龄差异 ································· 130
### 第二节 青少年犯罪心理 ································· 131
一、青少年犯罪的身心基础 ································· 131
二、青少年犯罪的行为特征 ································· 138
三、青少年犯罪的心理特征 ································· 140
四、网络对青少年犯罪心理形成的影响 ································· 141
### 第三节 中壮年人犯罪心理 ································· 142
一、中壮年人犯罪的身心基础 ································· 143
二、中壮年人犯罪的特征 ································· 145
### 第四节 老年人犯罪心理 ································· 146
一、老年人犯罪的内涵 ································· 147
二、老年人犯罪的身心基础 ································· 147
三、老年人犯罪的特征 ································· 151
四、老年人犯罪的心理分析 ································· 153
五、老年人犯罪的预防措施 ································· 155

## 第九章 犯罪心理的性别差异 ································· 158
### 第一节 影响犯罪性别差异的因素 ································· 158
一、影响犯罪性别差异的生理因素 ································· 158
二、影响犯罪性别差异的心理因素 ································· 160
三、影响犯罪性别差异的社会因素 ································· 162

第二节　男女两性犯罪的比较 ·········································· 164
　　一、犯罪数量上的差异 ············································ 164
　　二、犯罪类型上的差异 ············································ 165
　　三、犯罪手段上的差异 ············································ 168
　　四、在共同犯罪中的地位和作用的差异 ···························· 169
　　五、犯罪处遇上的差异 ············································ 169

第三节　女性犯罪的心理与社会成因 ·································· 170
　　一、女性犯罪的心理成因 ·········································· 170
　　二、女性犯罪的社会成因 ·········································· 171

第四节　女性不同犯罪的心理分析 ···································· 174
　　一、女性性犯罪的心理特征 ········································ 174
　　二、女性杀人犯罪的心理特征 ······································ 177
　　三、女性财产犯罪的特征 ·········································· 178

第十章　犯罪心理的经历差异 ············································ 181
　第一节　初犯、累犯、惯犯犯罪特点之比较 ·························· 181
　　一、初犯、累犯、惯犯的概念 ······································ 181
　　二、初犯、累犯、惯犯的年龄特征 ·································· 182
　　三、初犯、累犯、惯犯在犯罪手段方面的特点 ······················ 182
　　四、初犯、累犯、惯犯在情绪方面的特点 ·························· 183

　第二节　初犯心理 ···················································· 183
　　一、初次犯罪的心理状态 ·········································· 183
　　二、初次犯罪的动机分析 ·········································· 185
　　三、初犯的心理转化及预防 ········································ 186

　第三节　累犯心理 ···················································· 187
　　一、累犯的人格特征 ·············································· 187
　　二、累犯的心理特征 ·············································· 188

　第四节　惯犯心理 ···················································· 189
　　一、惯犯的行为特征 ·············································· 189
　　二、惯犯的心理特征 ·············································· 190

第十一章　犯罪心理的组织形式差异 ···································· 192
　第一节　犯罪的组织形式概述 ········································ 192
　　一、犯罪组织形式的分类 ·········································· 192
　　二、共同犯罪的行为特征 ·········································· 193

　第二节　一般共同犯罪的心理特征 ···································· 195
　　一、共同意向性 ·················································· 195

二、目的统一性 ·································· 195
　　三、心理趋同性 ·································· 196
　　四、心理相容性 ·································· 196
　第三节　有组织犯罪的心理特征 ······················ 197
　　一、犯罪集团的特点 ······························ 197
　　二、有组织犯罪的心理基础 ·························· 198
　　三、有组织犯罪的心理特征 ·························· 199

第十二章　几种主要的犯罪心理（上） ···················· 203
　第一节　财产犯罪心理 ······························ 203
　　一、诈骗犯罪的心理分析 ···························· 203
　　二、盗窃犯罪的心理分析 ···························· 208
　第二节　暴力犯罪心理 ······························ 212
　　一、暴力犯罪心理的概述 ···························· 212
　　二、杀人犯罪心理 ································ 217
　　三、抢劫犯罪心理 ································ 219
　第三节　公职人员犯罪心理 ·························· 222
　　一、公务员职务犯罪的心理特征 ······················ 222
　　二、公务员职务犯罪的心理机制 ······················ 224
　第四节　流动人口犯罪心理 ·························· 228
　　一、流动人口犯罪的特点 ···························· 228
　　二、流动人口产生的原因和分布特征 ·················· 230
　　三、流动人口犯罪的主要原因 ························ 232
　　四、流动人口的犯罪心理 ···························· 233
　　五、流动人口犯罪的预防 ···························· 234

第十三章　几种主要的犯罪心理（下） ···················· 238
　第一节　毒品滥用性犯罪心理 ························ 238
　　一、毒品滥用性犯罪概述 ···························· 238
　　二、毒品滥用的原因 ······························ 243
　　三、毒品滥用性犯罪的心理预防方法 ·················· 251
　第二节　恐怖主义犯罪心理 ·························· 258
　　一、恐怖主义犯罪的内涵 ···························· 258
　　二、恐怖主义犯罪的心理特征 ························ 259
　第三节　弱势群体犯罪心理 ·························· 260
　　一、弱势群体及其特点 ······························ 260
　　二、弱势群体犯罪的心理特征 ························ 260

### 第四节　变态心理与犯罪 ····················································· 262
 一、变态心理的概述 ····················································· 262
 二、变态人格与犯罪 ····················································· 266
 三、性变态与犯罪 ······················································· 270
 四、精神病人的危害行为 ················································· 273
 五、变态心理形成的原因及矫治措施 ······································· 277

## 第十四章　刑事诉讼过程中的犯罪心理学问题 ································· 281
### 第一节　侦查过程中的犯罪心理学问题 ······································· 281
 一、现场勘查心理 ······················································· 281
 二、调查访问心理 ······················································· 287
 三、缉捕心理 ··························································· 292
 四、犯罪心理画像 ······················································· 294
### 第二节　讯问过程中的犯罪心理学问题 ······································· 298
 一、犯罪嫌疑人心理转化的一般规律及其对策 ······························· 298
 二、拒供心理及其应对 ··················································· 302
 三、犯罪心理测试技术在讯问中的应用 ····································· 305
### 第三节　审判过程中的犯罪心理学问题 ······································· 311
 一、刑事被告人在审判过程中的心理 ······································· 311
 二、审判人员与刑事被告人之间的心理互动 ································· 314
 三、定罪量刑心理 ······················································· 315
 四、刑事审判法官应具备的心理条件 ······································· 318

## 第十五章　犯罪心理的预测 ················································· 320
### 第一节　犯罪心理预测概述 ················································· 320
 一、犯罪心理预测的概念 ················································· 320
 二、犯罪心理预测的分类 ················································· 321
 三、犯罪心理预测的内容 ················································· 322
### 第二节　犯罪心理预测的方法 ··············································· 324
 一、直观型预测法 ······················································· 324
 二、探索型预测法 ······················································· 325
 三、规范型预测法 ······················································· 326
 四、初犯预测与再犯预测法 ··············································· 327
 五、犯罪心理预测的基本步骤 ············································· 330

## 第十六章　犯罪心理预防 ··················································· 334
### 第一节　犯罪心理预防概述 ················································· 334
 一、犯罪心理预防的概念 ················································· 334

二、犯罪心理预防的原理和特点 ………………………………… 336
　第二节　犯罪心理预防的功能 …………………………………… 338
　　一、人格塑造功能 ………………………………………………… 338
　　二、心理调节功能 ………………………………………………… 338
　　三、社会控制功能 ………………………………………………… 339
　　四、促进社会发展功能 …………………………………………… 339
　第三节　犯罪心理预防的基本途径 ……………………………… 339
　　一、加强社会教育——促进人的持续社会化 …………………… 339
　　二、引导自我修养——促进人格的自我完善 …………………… 344
第十七章　犯罪心理的矫正 …………………………………………… 349
　第一节　犯罪心理矫正概述 ……………………………………… 350
　　一、犯罪心理矫正的概念 ………………………………………… 350
　　二、犯罪心理矫正的可能性 ……………………………………… 351
　第二节　犯罪心理诊断 …………………………………………… 353
　　一、犯罪心理诊断的概念 ………………………………………… 353
　　二、犯罪心理诊断的功能 ………………………………………… 353
　　三、犯罪心理诊断的种类 ………………………………………… 353
　　四、犯罪心理诊断的内容 ………………………………………… 354
　　五、犯罪心理诊断的技术和方法 ………………………………… 355
　第三节　对罪犯的心理矫治 ……………………………………… 357
　　一、罪犯心理矫治的概念 ………………………………………… 357
　　二、罪犯心理矫治的基本内容 …………………………………… 358
　　三、罪犯心理矫治的分类 ………………………………………… 360
　　四、罪犯心理矫治的技术和方法 ………………………………… 360

# 第一章 犯罪心理学的研究对象、任务和方法

【知识提要】

犯罪心理学是研究犯罪心理活动及其规律的一门科学。就学科性质而言,犯罪心理学是一门介于犯罪科学与心理科学之间的交叉学科,它和心理学、刑法学等学科具有非常密切的关系。犯罪心理学的研究,具有理论和实践两方面的任务。在理论方面,能够提高自身的理论水平、推动邻近学科的发展、促进研究方法的创新;在实践方面,能够积极预防、控制和减少犯罪,维护社会和谐稳定。犯罪心理学研究应当遵循的指导原则主要有客观性原则、系统性原则、个性观原则、生物性与社会性相统一的原则、理论联系实际原则、伦理性原则,并根据研究需要选择不同的研究类型和具体的研究方法。

## 第一节 犯罪心理学的研究对象

### 一、犯罪心理学的研究对象和研究内容

(一)犯罪心理学的概念

从字面上讲,对"犯罪心理学"这个概念可以有两种理解:一是将之理解为"犯罪+心理学",按照这种理解,犯罪心理学就是运用心理学的基本原理和方法,研究与刑事犯罪有关的心理现象和心理规律的学科。二是将之理解为"犯罪心理+学科",按照这种理解,犯罪心理学即研究犯罪心理的学科,具体而言,是探讨行为人在何种心理状态下,受哪些心理因素的影响而实施的严重危害社会的行为才构成犯罪(犯罪的原因是什么?犯罪的人性基础是什么?);在整个犯罪过程中(包括从犯罪的预备、实行到完成,甚至犯罪完成后为逃避刑事责任追究而实施的一系列行为)的心理活动机制和转化规律;从心理与行为的关联性出发,根据心理演变的一般规律,具体探讨犯罪行为着手或者既遂前的种种心理和行为征兆(犯罪心理预测);探讨刑罚的心理效应,以便为刑事政策的制定提供理论依据;探讨罪犯心理的转化与矫治,以提高罪犯的教育改造质量,预防重新

犯罪等。上述两种理解虽然各有侧重，但共同揭示了犯罪心理学的本质。犯罪心理学既要研究作为社会现象的犯罪心理的普遍规律，也要研究作为个体现象的犯罪心理的生成机制。当然，在阐释犯罪心理学的概念之前，还应当先弄清楚与之有关的两个概念：犯罪和犯罪心理。

1. 犯罪的概念

什么是犯罪？这并不是一个具有确切答案的问题。恩格斯说："蔑视社会秩序的最明显、最极端的表现就是犯罪。"在《德意志意识形态》一书中，马克思、恩格斯对犯罪做出了"孤立的个人反对统治关系的斗争"这一经典论述。总的来讲，马克思、恩格斯是从三个层次使用犯罪的概念，一是在法律层面上使用犯罪的概念，二是政治犯罪的概念，三是宗教上的犯罪。[①] 马克思、恩格斯结合工人阶级反抗资产阶级斗争的实践对犯罪概念作了精辟的论述，揭示了犯罪的本质属性，对我们深入认识犯罪的概念具有科学的指导意义。

在客观事实层面，犯罪是一种极其复杂的社会现象。在理论层面，"犯罪"是一个具有多重含义的概念，除刑法学外，犯罪学、犯罪心理学、社会学、伦理学等学科都将"犯罪"作为一个重要的研究范畴。不同的学科往往因为研究目的和任务的不同而对"犯罪"的概念有不同的理解[②]，即使是在刑事一体化的语境下，刑事学科中的各具体学科如刑法学、刑事侦查学、刑事诉讼法学、监狱法学等对"犯罪"概念的界定也不完全一致。由于刑法学是研究刑法及其规定的犯罪、刑事责任和刑罚的科学，是各部门法学中重要的学科之一，因而其他学科对"犯罪"概念的界定往往离不开对刑法学中"犯罪"概念的考察，在一定意义上，刑法学中的犯罪概念是其他学科中犯罪概念的基础。

刑法学中的犯罪，是指严重危害社会、违反刑法规范、依法应当受到刑罚惩罚的行为。这一概念界定的法律依据是我国《刑法》第13条，该条规定："一切危害国家主权、领土完整和安全，分裂国家、颠覆人民民主专政的政权和推翻社会主义制度，破坏社会秩序和经济秩序，侵犯国有财产或者劳动群众集体所有的财产，侵犯公民私人所有的财产，侵犯公民的人身权利、民主权利和其他权利，以及其他危害社会的行为，依照法律应当受刑罚处罚的，都是犯罪，但是情节显著轻微危害不大的，不认为是犯罪。"我国刑法学界的通说观点认为，犯罪具有三个基本特征：严重的社会危害性、刑事违法性和应受刑罚惩罚性。犯罪，作为人类的一种特殊的社会行为，其发生、发展和完成总是受到人的特定的心理活动支配和制约的。犯罪心理学就是遵循"人的心理是脑的机能，是对客观现实的主

---

① 邱瑛琪、房清侠：《马克思恩格斯刑法思想研究》，中国人民公安大学出版社2002年版，第35页。

② 关于各种学科对"犯罪"概念的不同理解，参见李永升：《刑法学基本范畴研究》，中国检察出版社2011年版，第99～110页。

观反映"的原则,运用心理学的基本原理和方法,探索产生犯罪行为的心理机制和规律的学科。

值得注意的是,关于犯罪心理学中的犯罪概念和刑法学中的犯罪概念是否具有相同内涵的问题,存在肯定说和否定说的分歧。肯定说认为:"犯罪心理学中'犯罪'的概念必须与刑法学的'犯罪'的概念相一致。否则,容易造成刑事法学理论和刑事司法实践的混乱。两门学科'犯罪'概念的一致性,并不影响各自研究对象范围和重点的不同。刑法学着重研究犯罪行为的构成要件,研究罪与非罪的界限及量刑的依据。犯罪心理学则侧重研究犯罪行为发生的原因、心理机制和规律,以及犯罪对策的心理学依据。"[1] 否定说认为:"犯罪心理学中的犯罪概念与犯罪学中的犯罪概念是一致的,是泛指一切比较严重的危害社会的行为。它不但包括刑法上的犯罪行为,而且包括其他法律文件所规定的违法行为,以及人们,特别是青少年的不良行为。"[2] 我们认为,肯定说是合理的。主要理由是:

第一,犯罪概念是整个刑事法律科学最基本的概念,在"刑事一体化"[3] 思想越来越深入人心的今天,如果各门学科之间对犯罪这个最基本的概念的认识都存在较大分歧,势必引起人们思维的迷茫和学科之间的混乱,不利于学科的发展。

第二,为了研究犯罪行为发生的规律和预防犯罪的需要,虽然犯罪心理学要研究违法行为、精神病人的危害行为、未达到刑事责任年龄的人的不良行为等,但上述行为在犯罪学和犯罪心理学中并未称作犯罪行为,它们与刑法意义上的犯罪行为显然是有区别的。

因此,不能说犯罪学和犯罪心理学扩大了刑法学的犯罪概念的外延。事实上,所有刑事法学科关于犯罪的认识,都是以刑法学中关于犯罪的概念为基础的。当然,犯罪心理学(包括犯罪学)与刑法学研究的犯罪确实有差别,这种差别表现为两门学科研究的出发点和目的的不同:犯罪学和犯罪心理学中关于犯罪的概念是一种现象概念,是从犯罪现象的各种表现规律入手,以预防和控制犯罪为目的,主要研究犯罪行为的产生原因、形成机制,并在此基础上探讨预防和控制犯罪的对策;而刑法学中的犯罪概念是一种规范概念,是从刑法适用和犯罪认定入手,以依法准确定罪和公正合理量刑为目的,主要研究犯罪行为的构成要件和处罚原则,并在此基础上区分罪与非罪、此罪与彼罪的界限,通过定罪、量刑和行刑活动实现对犯罪人追究刑事责任,表明国家对犯罪行为的否定态度,以此

---

[1] 罗大华主编:《犯罪心理学》,中国政法大学出版社1997年版,第2页。
[2] 宋晓明主编:《犯罪心理学》,中国人民公安大学出版社2005年版,第2页。
[3] "刑事一体化"思想是北京大学教授储槐植先生于1997年提出的一种观点,他认为应将刑法学、刑事诉讼法学、犯罪学、犯罪心理学、刑事侦查学、刑事政策学、监狱学等刑事法学科作为一个统一的整体来研究和考察。具体内容详见储槐植:《刑事一体化与关系刑法论》,北京大学出版社1997年版。

规范人们的行为，达到预防犯罪的目的。犯罪心理学关于犯罪心理现象的探讨应以刑法学对犯罪的规范为基础；反过来，刑法学中对犯罪主观要件的认定应以犯罪心理学对犯罪心理形成机制和刑事责任的心理基础的研究为依据。

2. 犯罪心理的概念

"犯罪心理"有狭义和广义之分：狭义的犯罪心理仅指支配行为人实施犯罪行为时的心理活动和有关心理因素，即犯罪主体实施犯罪行为时认识、感情和意志的活动规律，及其性格、气质、能力、需要、动机、价值观等有关心理因素的相互作用规律；广义的犯罪心理则是指与犯罪行为的发生、发展和完成有关的各种心理活动和心理因素的总称。广义的犯罪心理不仅包括狭义的犯罪心理，而且还包括犯罪主体实施犯罪行为前，预谋和准备犯罪过程的心理活动，以及犯罪以后逃避侦查、打击、处罚的心理活动；同时也包括犯罪人通过教育改造，悔过自新的心理活动过程和行为规律。

"犯罪心理学"，顾名思义，是研究犯罪心理活动及其规律的一门科学。由于犯罪心理的概念有狭义和广义之分，与此相对应，犯罪心理学的概念也有狭义说和广义说之别。狭义说认为，犯罪心理学是运用心理学的基本原理，研究犯罪主体的心理活动、心理因素和有关行为表现的一门学科；而广义说主张，犯罪心理学是运用心理学的基本原理，研究犯罪主体的心理活动、心理因素和有关行为表现，以及犯罪对策中的心理学问题的一门学科。可见，广义的犯罪心理学包括狭义的犯罪心理学和有关预测预防犯罪的心理学问题。在我国犯罪心理学界，罗大华先生是广义说的代表，他认为："犯罪心理学是研究与犯罪有关的心理活动及其客观规律的科学。"[1] 后来，罗大华教授又进一步指出："犯罪心理学是研究影响和支配犯罪人实施犯罪行为的心理结构形成、发展和变化规律以及犯罪对策的心理学依据的一门学科。"[2] 而邱国梁教授则是狭义说的代表，他认为："犯罪心理学是研究实施犯罪行为的主体——犯罪人的一系列心理活动及其客观规律的一门学科。"[3] 我们认为，从治理和预防犯罪的实践角度考虑，广义说更具有现实意义。因此，本书采用广义说。

(二) 犯罪心理学的研究对象和研究内容

任何一门学科都有自己独特的研究对象，犯罪心理学也不例外。犯罪心理学的研究对象是与犯罪行为的发生、发展和完成有关的心理活动和相关因素。关于犯罪心理学的研究对象和内容，国内外至今仍是众说纷纭、莫衷一是。例如，日本的森武夫教授指出："犯罪心理学是采用心理学的理论和方法，研究有关在犯

---

[1] 罗大华等编著：《犯罪心理学》（修订本），群众出版社1986年版，第5页。
[2] 罗大华、何为民主编：《犯罪心理学》，中国政法大学出版社2007年版，第2页。
[3] 邱国梁主编：《犯罪与司法心理学》，中国检察出版社1998年版，第4页。

罪违法行为和各种问题中容易作为心理学研究对象的问题。"[1]我国台湾地区的蔡墩铭教授认为:"犯罪心理学亦以行为为其研究对象。不过一般心理学所检讨之对象,多为寻常之社会行为,而犯罪心理学所检讨之对象却以不寻常之社会行为,亦即以犯罪行为为限稍有不同。"[2]我国大陆学者对此问题的理解也有广义和狭义之争。狭义的犯罪心理学认为,犯罪心理学应把犯罪心理和犯罪行为作为研究对象;广义的犯罪心理学主张,犯罪心理学应将与犯罪有关的心理现象都作为其研究对象,包括除狭义的犯罪心理学的对象外,还应将受害人心理、证人心理、侦查心理、审判心理、矫治心理以及犯罪的心理预测和预防等内容都作为其研究对象。[3]

就学科性质而言,犯罪心理学是法学(特别是刑法学)与心理学相交叉而形成的一门综合学科、边缘学科,它是运用心理学的基本原理和方法来研究与犯罪有关的心理现象和心理规律的学科,即具体探讨行为人在何种心理状态下,受哪些心理因素的影响而实施的严重危害社会的行为才构成犯罪;在整个犯罪过程中(包括从犯罪的预备、实行到完成,甚至犯罪完成后为逃避刑事责任追究而进行的一系列行为)的心理活动机制和转化规律;从心理与行为的关联性出发,根据心理演变的一般规律,具体探讨犯罪行为实施前的种种心理和行为征兆(犯罪心理预测);探讨刑罚的心理效应,以便为刑事政策的制定提供理论依据;探讨罪犯心理的转化与矫治,以提高罪犯的教育改造质量,预防重新犯罪等。狭义的犯罪心理学不足以揭示犯罪心理的发生、发展和转化的过程与规律;而广义的犯罪心理学又包罗万象,难以突出重点。因此,本书主张"相对广义说",即认为犯罪心理学的研究对象主要包括三个方面内容:

1. 刑事责任的心理基础

包括犯罪心理的形成和转化规律、犯罪人格的形成与特征、有关刑事责任能力的心理因素(如认识因素与认识能力、意志因素与控制能力、情感状态及其对刑事责任的影响)等。

2. 群体犯罪心理

主要研究在共同犯罪、集团犯罪(特别是有组织犯罪)中,各犯罪行为参与人之间的心理影响,探讨对首要分子和其他主犯应当从重处罚,从犯应当从轻、减轻或者免除处罚,胁从犯应当减轻或者免除处罚,教唆犯应当根据不同情况分别进行处罚的心理学依据(主观罪过依据)。

---

[1] [日] 森武夫:《犯罪心理学》,邵道生译,知识出版社1982年版,第8页。
[2] 蔡墩铭:《犯罪心理学》(上册),我国台湾地区黎明文化事业公司1979年版,第2页。
[3] 罗大华主编:《犯罪心理学》,中国政法大学出版社1997年版,第4页。

3. 有关预防犯罪的心理学问题

包括犯罪心理的预测、刑罚的心理效应、罪犯心理的转化与矫治等。[①]

就教材的具体内容和结构而言,应包括以下四个部分:

1. 犯罪心理学绪论

这部分内容主要是介绍犯罪心理学的研究对象、任务、方法、历史与现状,以及研究犯罪心理学的主要理论流派等基本问题,即本书的第一章、第二章、第三章。

2. 犯罪心理生成机制论

这部分内容着重探讨犯罪与刑罚的人性基础,犯罪心理的形成过程与一般规律,缺陷人格与犯罪心理的形成机制与影响因素等内容,即本书的第四章、第五章、第六章。

3. 犯罪心理类型论

这部分内容将从不同的角度,具体比较分析不同类型的犯罪心理特点,包括犯罪的主观差异(故意与过失犯罪心理)、年龄差异(青少年犯罪心理、中壮年人犯罪心理和老年人犯罪心理)、性别差异(男性与女性的性别差异、犯罪行为差异,以及女性犯罪的心理特点等)、经历差异(初犯、累犯、惯犯心理)、组织形式差异等,并根据我国当前犯罪的特点和趋势,进一步探讨几种主要犯罪类型的心理特点,如财产犯罪心理、暴力犯罪心理、毒品犯罪心理、公职人员犯罪心理、恐怖主义犯罪心理、变态犯罪心理等,其目的旨在系统地比较各种形态的犯罪心理特征,为预测、预防犯罪提供理论依据。这部分内容包括本书的第七章至第十三章。

4. 犯罪心理治理论

研究犯罪心理的最终目的是有效地预防和治理犯罪,这部分内容主要探讨犯罪预测与预防的理论和方法,以及对犯罪心理的诊断与矫治技术等,旨在为矫治和预防犯罪服务。该内容包括本书的第十四章至第十七章。

值得注意的是,犯罪心理学并不是仅仅研究犯罪的心理活动和心理因素,它还要研究某种具体犯罪的行为特征和规律。因为犯罪心理是内隐的,它只有通过外显的行为才能表现出来。因此,在研究某种具体犯罪的心理特征时,还必须先探讨其行为特征和规律。

---

[①] 参见梅传强:《犯罪心理学研究对象新论》,载罗大华、胡一丁主编:《犯罪心理与矫治新论》,中国政法大学出版社2003年版,第37~46页;梅传强:《犯罪心理学研究的核心问题——刑事责任的心理基础》,载《现代法学》2003年第2期。

## 二、犯罪心理学与邻近学科的关系

关于犯罪心理学的学科性质,虽然有的学者认为它是心理学的分支学科[①],也有人认为它是犯罪学的分支学科[②],但绝大多数学者认为它是一门介于犯罪科学与心理科学之间的交叉学科。犯罪心理学与心理学和犯罪科学的关系都非常密切。

(一)犯罪心理学与心理科学的关系

心理科学是一个庞大的学科体系,它可以分为基础心理学和应用心理学两大分支领域。基础心理学如普通心理学、实验心理学、生理心理学等;应用心理学如教育心理学、管理心理学、法律心理学、体育心理学等。犯罪心理学是应用心理学领域法律心理学的一个分支学科;犯罪心理学是心理学在犯罪科学中的具体应用,它借助心理学的理论和方法来研究犯罪行为中的心理现象,它要应用心理学的基本原理来提高人们对犯罪的防范和治理能力,提高人们对罪犯的教育改造质量等。

犯罪心理学在心理科学中的地位如下表所示[③]:

| 心理科学 |||||||||||||
|---|---|---|---|---|---|---|---|---|---|---|---|---|
| 基础心理学 |||||| | 应用心理学 ||||||
| 普通心理学 | 异常心理学 | 差异心理学 | 比较心理学 | 发展心理学 | 实验心理学 | 生理心理学 | 数理心理学 | 教育心理学 | 临床心理学 | 社会心理学 | 工业心理学 | 法律心理学 | 职业心理学 | 艺术心理学 | 其他应用心理学 |
| | | | | | | | | | | | | 犯罪心理学 | | | |

1. 犯罪心理学与普通心理学的关系

犯罪心理学与普通心理学之间是理论与实践的关系。犯罪心理学要应用普通心理学的基本理论和方法来解决具体问题。例如,普通心理学中关于人的心理的实质、各种心理活动的基本规律、人的心理的发生发展变化规律,以及心理学研究的各种方法等都要在犯罪心理学中得到具体体现和应用;反之,犯罪心理学的

---

① [日]山根清道编:《犯罪心理学》,张增杰译,群众出版社1984年版,第2页。
② 樊树云、刘文成主编:《犯罪学新论》,南开大学出版社1998年版,第15页。
③ 罗大华、何为民主编:《犯罪心理学》,中国政法大学出版社2007年版,第4页。

研究成果又可丰富和发展普通心理学的理论。例如，关于犯罪心理的各种理论、犯罪的机遇（诱因）、犯罪动机等研究都可以丰富和发展普通心理学的基本理论。

2. 犯罪心理学与社会心理学的关系

犯罪行为是一种反社会行为，犯罪心理是一种特殊的反社会心理现象，因此，犯罪心理学可以看成社会心理学的一个分支。社会心理学中关于人的社会化、群体心理、领导心理、从众心理、人际交往、宣传心理等内容和理论都要在犯罪心理学中得到具体应用；同样，犯罪心理学的研究成果也可以丰富和发展社会心理学的内容和理论。因为犯罪心理学的研究对象是特殊的社会心理。例如，群体犯罪心理、女性犯罪心理、青少年犯罪心理，以及罪犯改造心理（刑事执行心理）等都是特殊的社会心理。

3. 犯罪心理学与教育心理学的关系

为了提高对罪犯的教育改造质量和效果，需要运用教育心理学的基本理论，遵循教育心理的基本原则；不仅如此，对公民的法治教育、普法宣传等也需要运用教育心理学的基本理论和方法。因此，犯罪心理学要借用教育心理学的研究成果来丰富和发展自己的内容。

此外，犯罪心理学与发展心理学、生理心理学、实验心理学、人际关系心理学等心理学科的关系都比较密切。

（二）犯罪心理学与犯罪科学的关系

犯罪科学也是一个庞大的学科体系，犯罪心理学在其中的地位如下图所示：

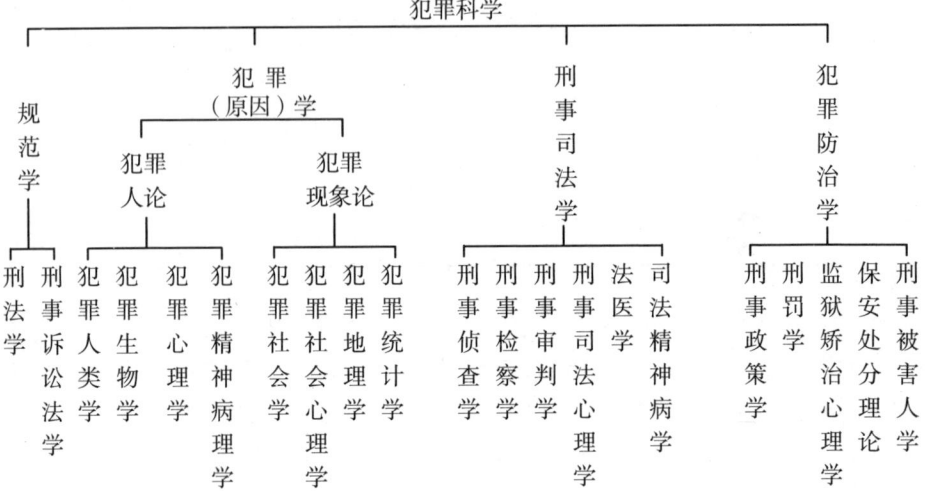

在犯罪科学体系中，广义的犯罪心理学既涉及犯罪原因学领域，又涉及刑事司法学领域，还涉及犯罪防治学领域。它要运用心理科学的理论研究犯罪的原因，为刑事司法活动以及矫治犯罪提供心理科学的依据和方法。

1. 犯罪心理学与刑法学的关系

刑法学是一门规范科学，是研究犯罪及其法律后果的学科。犯罪心理学和刑法学都要研究犯罪问题，而且犯罪心理学中的犯罪概念和刑法学中的犯罪概念应该一致。犯罪心理学的研究成果可以丰富和完善刑法学，为刑法学服务。因为刑法学中关于犯罪的主观方面的研究（如故意与过失的认识因素、意志因素、犯罪动机、犯罪目的等），主要是从心理学角度探讨的。当然，刑法学中关于罪与非罪、此罪与彼罪的认定，关于刑事责任大小的依据等也为犯罪心理学提供了新的课题。

2. 犯罪心理学与其他犯罪原因学的关系

犯罪原因学是犯罪学的重要范畴和主要内容，犯罪心理学与犯罪人类学、犯罪生物学、犯罪精神病学，以及犯罪社会学、犯罪地理学、犯罪统计学等学科都属于犯罪原因学范畴，它们都是从不同的角度探讨犯罪的原因和规律，彼此间相互借鉴、互为补充。例如，在研究犯罪心理的形成过程和规律时，必须借助其他犯罪原因学的研究成果。值得注意的是，犯罪原因是极其复杂的，犯罪心理的形成和犯罪行为的发生，涉及许多变量，即使是很小的差异，也可以改变结果。因此，犯罪心理学研究的结论并不必然适用于每一个人或每一种情景，而只是针对大多数情况而言的。从这一点看，犯罪心理学的研究结果和结论带有一定的或然性，它只告诉人们在某种情况下的犯罪心理和行为过程或许如此，而不是说必然如此。当然，犯罪心理学的或然性并不意味着其研究结果不准确、无价值，而只表明人们还没有把影响犯罪心理和犯罪行为的各种因素及其相互关系搞清楚，已发现的制约犯罪心理和犯罪行为的因素也并不是在任何情况下均等地影响所有的人。[1] 这就要求我们必须不断探索，深入研究。

3. 犯罪心理学与刑事诉讼法学的关系

犯罪心理学要研究刑事诉讼过程中的心理现象，还要研究诉讼参与人的心理活动，因而它不可避免地要与刑事诉讼法学发生联系。特别是在当事人主义诉讼模式下，诉讼的进程和结果很大程度上依赖于对抗的双方当事人的心理交锋，因此，对诉讼过程中的心理现象的研究可以提高诉讼的效率和公正性。当然，研究刑事审判心理学、预审心理学等都必须遵循诉讼法学的基本程序，借用诉讼法学的基本理论。

4. 犯罪心理学与刑事政策学的关系

犯罪学属于刑事政策学的前提学科，而刑事政策学则属于犯罪原因学的目的学科。[2] 刑事政策学以公正、人道地处置犯罪和有效预防犯罪为己任，它建立在

---

[1] 罗大华、何为民主编：《犯罪心理学》，中国政法大学出版社2007年版，第6页。
[2] 王牧主编：《新犯罪学》（第二版），高等教育出版社2010年版，第14页。

刑法学和犯罪学的基础之上，刑事政策的设定、调整和执行必然要充分考虑犯罪人的心理因素。例如，犯罪心理学关于犯罪心理形成原因和犯罪动机的研究能够为刑事政策的适用提供参考依据，进而在刑罚适用和犯罪矫治过程中体现区别对待的精神。

综上所述，犯罪心理学既是犯罪科学体系中的一个分支学科，又是心理科学体系中的一个分支学科，它是介于这两门科学之间的交叉学科。犯罪心理学虽然涉及犯罪科学和心理科学，但它绝不是犯罪科学的部分领域与心理科学的部分领域的简单拼凑，而是应用心理科学的理论、方法，研究犯罪科学的基本对象——犯罪人及犯罪对策，从而形成一门独立的学科——犯罪心理学。

此外，犯罪心理学与自然科学中的统计学、生理学，以及社会科学中的社会学、管理学、人类学等都有比较密切的关系。

## 第二节 犯罪心理学的研究任务

从总的方面讲，犯罪心理学研究的基本任务，是运用心理学的基本理论和方法，探索犯罪心理形成和发展变化的原因、过程，阐明与犯罪有关的心理活动规律，为预防和惩治犯罪，以及教育和改造罪犯提供科学的心理学依据，并在此基础上制定符合心理规律的工作方法和措施，为治理犯罪问题服务，以达到维护社会治安、保证社会安全的目的。从具体操作上讲，犯罪心理学的研究，担负着理论和实践两方面的任务，具有理论和实践双重意义的目的。

### 一、理论方面的任务

（一）提高自身的理论水平

虽然人们研究犯罪心理的历史非常悠久，但是，犯罪心理学作为一门独立的科学学科不过是近百年的事情，它的许多理论问题还没有得到圆满解决，许多结论还是经验描述，需要进一步加以探究。例如，到底有没有一个犯罪心理结构存在？犯罪心理究竟是如何形成的，又是如何转化成犯罪行为的？怎样才能科学地预测和有效地防止犯罪行为的发生？如何将青少年罪犯改造成能够为社会所接纳的新人？所有这些问题都还有待于进一步探究。此外，犯罪心理学作为一门独立的学科，它的体系还很零杂，研究内容在学术界也还没有形成共识。因此，研究犯罪心理学的首要理论任务，就是要不断提高自己的理论水平，逐步建立起自己的学科体系，使之成为一门既有独立理论，又有实践价值的新学科。

（二）推动邻近学科的发展

随着犯罪心理学研究的不断深入，应该丰富和发展邻近学科的研究内容，推动邻近学科的进一步完善和不断发展。

首先，研究犯罪心理学必将推动心理科学的发展。因为犯罪心理学作为心理学的应用学科，它在应用普通心理学的原理和方法解决犯罪这一具体研究问题时，必然拓宽普通心理学的研究领域，其研究成果可进一步完善普通心理学的基本理论。在研究方法上，由于犯罪心理具有难以试验或不可试验性，这为实验心理学提供了新课题，它必将推动实验心理学的发展和改革。在研究内容上，犯罪心理学是将犯罪这个特殊的社会现象作为对象，与一般的社会心理学的研究既有联系，又有区别，它研究的对象实际上是一种反社会心理。因此，犯罪心理学的研究，可以丰富和完善社会心理学的内容，推动社会心理学向更加全面和现实的方向发展。此外，在教育改造罪犯过程中，需要借用教育心理学的原则和方法，反之，对罪犯这个特殊对象的教育，又可推动教育心理学、特殊教育学的发展。

其次，研究犯罪心理学也将推动犯罪学和刑法学的发展。因为犯罪心理学是从主体身心发展冲突中去探讨犯罪行为发生发展的规律，并更注重主体的生理成熟年龄和心理年龄，它可为刑法学上对具体案件的定罪量刑提供参考依据。近年来，由于人们物质生活水平的提高，青少年的生理发育逐渐提前，其认知、情感等心理特征也相应发生了较大变化，对此，刑法应当予以积极回应。2021年3月1日起施行的《刑法修正案（十一）》对我国刑事责任年龄作了调整，已满12周岁不满14周岁的人，犯故意杀人、故意伤害罪，致人死亡或者以特别残忍手段致人重伤造成严重残疾，情节恶劣，经最高人民检察院核准追诉的，应当负刑事责任。从这个角度来看，犯罪心理学的研究可为刑法学的不断改进提供理论依据，推动刑法学科更加客观地为现实生活服务。

再次，研究犯罪心理学还将推动社会学、伦理学、教育学等相关学科的发展。因为犯罪心理学以犯罪这一反社会现象作为自己的关注对象，它要研究社会生活环境中的各种社会现象（如社会风气、社会价值观、社会文化、社会经济发展状况等）对犯罪心理形成和发展的影响；其研究成果将为治理社会环境、净化社会风气等提供依据，推动社会学研究的不断发展和深入。同时，它还要探讨家庭对犯罪心理形成的影响，探讨伦理、道德、风俗、习惯等对犯罪心理形成和发展的影响，其研究成果将为伦理学的研究提出新问题，使伦理学的发展能与社会的发展同步，为社会服务。

最后，研究犯罪心理学还可推动教育学的发展。因为犯罪心理学要探讨学校教育和社会教育的失误与缺陷对犯罪心理形成的影响，其研究成果可为改进教学内容、改革教育方针等提供依据，推动教育科学研究的发展；同时，对犯罪青少年的教育改造经验本身就是特殊教育的成果，它无疑丰富了教育学的理论，拓宽了教育学的研究领域。

（三）促进研究方法的创新

犯罪心理学是一门交叉学科，与很多学科都具有十分紧密的联系，因此，不仅犯罪心理学的理论知识本身与其他学科间具有密切联系，在研究方法上也要注重与其他各学科的交融，促进研究方法的创新。一方面，犯罪心理学要积极借鉴其他学科的研究方法，为丰富和完善自身理论提供方法支撑；另一方面，犯罪心理学具有自身的特殊性，在研究方法上能够有所创新并体现出特色，这会影响其他学科的方法更新，促进整个理论研究水平的提升。

**二、实践方面的任务**

研究犯罪心理学在实践方面的任务，主要是为积极预防、控制和减少犯罪，为维护社会的和谐稳定服务。具体表现在以下几个方面：

第一，通过研究犯罪心理的形成和发展变化的原因及其规律，可为家庭、学校和社会提供犯罪心理学的科学知识，以便更好地保护和促进青少年的健康成长，有效地预防、控制和减少犯罪，发挥"综合治理"的最大效应。

第二，通过研究不同类型的犯罪心理的特点和规律，可为公安、检察、法院等部门提供理论知识，以增强他们的业务能力。例如，在刑事侦查中，运用犯罪心理学知识，可以根据案件的客观表现洞察犯罪行为人的动机、经历、个性特点，以便缩小嫌疑圈，提高侦查效率；在刑事审判中，公诉人与被告人进行面对面的心理较量时，根据其心理特点进行指控，并根据其心理变化来调整公诉策略，可以取得更好的效果。

第三，通过研究犯罪的预测、预防与矫治技术，可以调动社会各方面力量，齐抓共管，加强防范，提高整个社会的犯罪防范意识，减少和控制犯罪的诱因，以达到维护社会治安的目的。

第四，通过研究罪犯的教育改造，还可以为刑罚执行部门的同志提供一些科学的教育方法和改造措施，使他们能够根据不同罪犯的具体情况，对症下药，因材施教，提高对罪犯的教育改造质量，减少和制止重新犯罪。

第五，通过犯罪心理学理论研究和知识的传播，能够使社会公众了解犯罪心理的形成原因及过程，一方面，能够使社会公众自身积极形成健全的人格和良好的社会规范意识，避免走上违法犯罪的人生歧路；另一方面，当社会公众面临犯罪时，也能够充分运用犯罪心理学的知识，把握犯罪侵害人的心理状况，有效地与犯罪分子作斗争，避免犯罪的侵害或者降低犯罪侵害的损失程度。

## 第三节 犯罪心理学的研究方法

### 一、研究犯罪心理学的指导原则

从总的方向上讲,研究犯罪心理学应坚持马克思主义的辩证唯物主义和历史唯物主义原则;从具体操作上讲,应根据犯罪心理形成和发展的规律,遵循以下几项方法论原则。

(一) 客观性原则

任何科学研究都必须遵循客观性原则,犯罪心理学也不例外。遵循客观性原则就是遵循实事求是、一切从实际出发的原则,即根据犯罪心理现象的本来面貌来研究它的本质、机制和规律。

客观地研究犯罪心理现象不仅必要,而且是完全可行的。因为任何心理现象都是由客观刺激所引起,并通过个体内部的一系列身心变化而表现在行为上的,犯罪心理现象也不例外。那些在量上或质上可以有变异的因素或特征被称为"变量"。犯罪心理学研究的问题虽然有很多,但它们都涉及刺激变量、机体变量和反应变量及其相互关系。因此,通过对刺激变量、机体变量和反应变量三者之间内在关系的考察,我们就可以客观地研究各种犯罪心理现象。

1. 刺激变量是指能引起个体反应的一切情境或事件特征。在犯罪心理学研究中刺激变量通常有以下几种分类:①自然性刺激与社会性刺激,前者如声、光、电、温度、气味等刺激;后者如代表一定社会意义(如蔑视、关怀、期待、命令等)的言语、表情和动作等刺激。②具体性刺激和抽象性刺激,前者如具体的人、事、物及其变化;后者如文字、符号、讯号等。③外部刺激和内部刺激,前者来自外部环境,如家庭、学校、社会的影响;后者来自有机体内部的变化,如内分泌激素的变化,药物对机体的影响,以及头脑中浮现出来的思想、观念、欲望等。

2. 机体变量是指个体自身的特征。它包括三个方面:一是个体的生理特征,如年龄、性别、血型、体形等;二是个体的心理特征,如需要、兴趣、态度、情绪、愿望、性格等;三是个体的社会特征,如民族、学历、职业、社会角色、人际交往等。这些个体特征有些是比较持久的,有些是经常变动的。

3. 反应变量是指刺激引起在行为上发生变化的反应种类和特征。人的行为反应可分为言语行为反应和动作行为反应。反应变量是极其多样化的,可以从反应的正确性、速度、难度、次数、强度等几个方面来度量。

很明显,刺激变量和反应变量大多是能够客观观测的。有些机体变量如性别、年龄、学历、健康状况也是比较容易客观观测的。另一些机体变量如智力、性格、需要、动机以及认识、情绪等心理现象虽然无法直接观测，但是，可通过刺激变量和反应变量来进行间接推论，也是可以客观研究的。例如，可以通过智力测验来考察智力水平，通过多道生理记录仪来考察情绪状况等。

由于每个人的心理活动经验各不相同，因此，在具体的犯罪心理学研究中，研究者很容易把自己的主观体验和客观观察到的事实混淆。为了更好地贯彻客观性原则，研究者应注意以下几点：第一，在收集资料时，必须如实详尽地记录作用于个体的外部刺激和他的行为反应（包括口头报告），切不可用研究者自己的主观体验、主观感受来代替客观观察到的事实，或附加在客观观察到的事实上。第二，在资料的处理、结果的分析整理上应尽可能用某种客观的尺度来评定，切忌受主观偏见的影响。第三，在做结论时，要根据客观的事实下判断，不要做过分的推论。例如，所研究的对象是成年犯罪者，就不能把结论推广到未成年犯罪者；也不能把男性犯罪者具有的心理和行为特征推广到女性犯罪者上。

（二）系统性原则

在犯罪心理学研究中贯彻系统性原则，就是用系统论的方法来考察心理现象，把人的心理作为一个开放的、动态的、整体的系统来加以研究。在系统论中，所谓系统是指由相互作用、相互依赖的若干组成部分结合成的具有特定功能的有机整体，而且这个"系统"本身又是它所从属的一个更大系统的组成部分。在犯罪心理学研究中具体贯彻系统性原则应注意以下几点：

首先，犯罪心理现象具有整体性，必须进行多方面的综合研究。人的心理现象是具有各种机能的有机整体，在具体人身上各种心理现象总是相互联系、相互制约而成为一个统一的整体。离开了人的心理的整体性，各种心理现象的特性及其相互作用便无法理解。因此，孤立地研究犯罪心理现象的任何一种关系，都只能认识到犯罪心理现象的某一个方面，要科学全面地认识人的犯罪心理现象，必须进行多方面的综合研究。例如，在人格结构中，个性倾向性和个性心理特征必须通过自我意识协调、统一起来，成为一个整体，否则就会形成双重人格甚至多重人格，产生人格分裂，出现心理障碍甚至变态。在犯罪人中，自我意识的错误和缺陷是比较明显的。

其次，犯罪心理现象具有动态性，应在发展中研究犯罪心理现象。人的心理是活动的，任何心理活动都有一个发生发展的过程，并总是呈现出一种相对的稳态和绝对的动态形式。犯罪心理现象也是这样，它要随着客观刺激物的变化而变化，并受各种输入信息的影响。据此，在研究犯罪心理学时，必须考察具体的情景、场合和具体的事件。例如，在不同的时间、季节、情景、地理环境中，犯罪心理具有不同的表现。

最后，犯罪心理现象具有环境适应性，要注意研究它与周围环境的关系，特别是与社会环境的关系。人总是处于一定的环境之中，受环境的影响，同时对环境又表现出一定的适应性。因此，对犯罪心理和行为的研究只描述机体本身是不够的，还必须研究它与周围环境的关系，要把犯罪心理和行为与当时的环境影响结合起来进行考察。例如，在研究青少年犯罪心理时，不仅要探讨其自身的心理发展状况，而且要探讨青少年所处的社会生活环境，以及教育等对之产生的影响。与此相应，在治理青少年犯罪时，除了对青少年罪犯本身进行正确的教育改造外，还应改善社会生活环境，如净化社会风气、丰富健康的社会文化生活，加强法治建设和法律宣传教育，加强思想政治工作和品德教育等。

（三）个性观原则

虽然犯罪心理存在一些普遍规律和共性，但是，犯罪行为的多样性，以及影响犯罪心理形成的主客观因素的差异性，决定了犯罪心理的复杂性。人们的犯罪心理带有明显的个性特征，它与一个人的年龄、性别、生活经历、家庭环境、社会交往等因素有关。因此，在研究犯罪心理时，必须从客观实际出发，坚持具体问题具体分析的原则，切忌主观臆断，要将心理学或法学的理论知识与具体的犯罪行为结合起来。例如，不同类型的犯罪行为，支配它的犯罪心理往往不同；即使同一类型的犯罪行为，在不同的人身上所表现出来的犯罪心理也往往有差异。不同年龄、性别和经历的犯罪人，由于个性不同，他们在作案、审讯、改造期内的心理和行为方面都有差异。因此，在研究犯罪心理学时，必须考虑研究对象的个性特点和实际情况，只有这样，才能逐步弄清各种类型的犯罪心理和行为发生的原因与特征，才能在具体的犯罪行为中采取有针对性的措施，以便取得更大的成效。

（四）生物性与社会性相统一的原则

科学的心理观认为，人的心理是在先天遗传素质的基础上发生和发展起来的，具有生物性；同时，人的心理发展更多的是受后天的社会生活环境和条件的制约，具有社会性。正因如此，不同的时代、社会、阶级、民族、实践活动的人，其心理活动和发展有所差异。人的心理既具有生物性，又具有社会性，是两者的有机统一。犯罪心理也不例外！在犯罪心理学和犯罪学的研究史中，曾出现片面强调生物性的"犯罪生物学派"和片面强调社会性的"犯罪社会学派"。这些观点都是极其武断和片面的。因此，在研究人的犯罪心理时，必须将其生物性与社会性统一起来考虑。具体而言，既要考虑犯罪心理形成的社会因素，如社会环境、教育、大众传播媒介、人际交往等影响；同时，又要考虑犯罪心理形成的生物因素，如个人的身体素质、神经类型、内分泌活动状况、某些疾病引起的不良后果等。一般来说，社会性因素起主导作用，因为犯罪现象归根结底是一种社会现象，是由社会存在决定的；而生物性因素则起次要作用。[1]

---

[1] 梅传强主编：《法制心理学》，重庆大学出版社1999年版，第6~8页。

（五）理论联系实际原则

所谓理论联系实际原则，是指既要注意基本理论研究，又要注意实际应用，在实际应用中使理论进一步得到检验与发展。犯罪心理学研究的课题来自刑事司法实践，犯罪心理学的目的还是在于服务司法实践，对犯罪的揭露和惩治、预防与罪犯改造；同时，在研究中，还要注意理论工作者与实际工作者密切配合，从实践提升到理论，以理论服务于司法活动。

（六）伦理性原则

所谓伦理性原则，是指在犯罪心理学研究的设计与实施中，应该遵循伦理道德法则与人权保障规则。由于犯罪人、潜在犯罪人与罪犯心理的隐蔽性、对抗性与间接性等特点，在犯罪心理学的研究中，常常会采用一些需要特别控制情境或手段来收集数据，这就要求我们应该特别注意排除可能存在导致产生心理创伤，极端性消极情绪，欺骗性、威胁性、倾向性诱导，道德与伦理惩罚的刺激情境与设计方案。这是直接保障人权与意志自由的体现，也是人类理性地研究犯罪这种极端越轨行为的要求。

## 二、研究犯罪心理学的基本步骤

为了深入探讨犯罪心理现象的规律和机制，研究犯罪心理学的基本步骤包括以下四个程序：

（一）建立科学假设

科学研究的基础是观察。通过观察，如果对未知的现象及其相互间的关系发生了疑问，研究者便根据已知的科学事实和原理对它做出尝试性的或假设性的推断，这种尝试性的推断就称为假设。在犯罪心理学研究中，假设可能来自研究者对日常生活经验的推断，也可能来自已有的某项研究或某一理论的推断。假设科学研究带有自觉性，研究者应当根据自己的假设，确定自己的研究方向，作出研究设计，进行有目的、有计划的观察、调查或实验。

（二）收集信息资料

假设的真伪需要验证。建立了假设后，下一步工作就是收集有关信息资料，以便根据事实资料验证假设。为了有效地验证假设，研究者必须根据假设选择研究方法。在犯罪心理学研究中，收集信息资料的具体方法主要有观察法、问卷法、个案调查法、实验法等。

（三）分析信息资料

科学研究的第三个步骤是采用适当的方法将原始信息资料加以整理、分类，使之系统化和简练化。在犯罪心理学的研究中，对于资料的分析通常是采用各种统计方法来完成的。统计分析的主要作用，一是简化原始资料，以便把握资料分布的情况；二是检验各类资料的关系，以及关系的程度。常用的统计方法有百分比、差异检验、相关检验、方差分析、因素分析等。

（四）作出科学结论

科学研究的最后一步就是作出结论。科学结论的得出必须根据事实资料，而不能凭空臆断。通过研究设计、统计分析、作出结论，就可以对研究初期提出的假设进行检验。如果假设得到了验证，这个假设的可信度便提高了，在此基础上进一步验证，进行更深入的研究，假设就可能进一步发展成理论或定律。如果研究的结果不能或只能部分地证实假设，那么，研究者就必须回到先前的研究阶段，对所获得的资料进行认真的分析，查看是否在某个环节出了差错，并及时加以纠正；若没有差错，则应重新考虑自己提出的假设，并对它作必要的修正，然后，再对这个修正过的假设进行检验。在犯罪心理学研究中，经常出现否定假设的情况。

以上四个步骤紧密联系，无论在哪个步骤出现错误，都将导致整个研究工作的失败。

### 三、研究犯罪心理学的主要方法

由于犯罪心理相对于其他心理（如教育心理、医学心理、运动心理等）而言，具有更大的隐蔽性、间接性和难以实验性，因此，在应用心理学的基本方法来研究犯罪心理时，必须考虑该研究对象的特殊性。在犯罪心理研究中，常用的方法主要有以下几种。

（一）调查法

这是目前犯罪心理学研究中最常用的方法。它的主要特点是以问问题的方式，要求被调查人就某个或某些问题回答自己的想法和做法。从形式上看，调查法可分为口头调查和书面调查两种。从调查内容上看，可以涉及犯罪心理学研究的各个方面。例如，调查某人的神经类型、生长发育特点、家庭情况等，调查社会不良文化对青少年犯罪的影响，调查学校教育的缺陷和不良社会风气对青少年的影响，调查受害人受害时的心理活动等，甚至还可以调查在一定时期内某地区的青少年犯罪特点和发展趋势，调查比较不同地区或同一地区不同时期的犯罪差异等。从被调查的对象上看，可以是有关当事人本人，也可以是有关当事人的家长、老师、同学、朋友、邻居，或者是公安局、检察院、法院、监狱等单位的工作人员，甚至是一般的社会公民。总之，调查的对象是极其广泛的，选择何种对象取决于调查任务和目的。使用调查法时，事先应有明确的调查目的和计划；调查进行时应做到全面而客观地掌握第一手资料；调查结束后应对调查材料进行分析、整理，去粗取精，去伪存真，写出客观的调查分析报告。调查法的主要优点在于：使用方便、简洁，内容客观，调查结果便于量化。此方法的缺点是：调查结果受调查对象的理解能力、情感、价值取向，以及样本大小等的影响比较明显，调查结果的真实性比较差。为了弥补调查法的缺陷，提高调查结果的真实性，一般采用匿名调查法。

（二）个案追踪研究法

该研究方法是选择个别具有典型意义的当事人或典型案例进行长期的追踪调查研究，以便完整、准确地掌握某种犯罪心理形成与转化过程的基本规律。使用此法时，首先要根据研究的目的和任务，选择好追踪对象。追踪对象无论是某个具体的当事人，还是某个案例，都一定要有代表性，要具有典型意义，否则，就可能使研究陷入片面的泥坑。在追踪研究过程中，应当采取定期调查或观察与不定期观察相结合、主线追踪与辅助线调查相结合的原则。例如，追踪研究某个青少年罪犯的心理转化过程，就可从对他的审讯开始，追踪他在法庭上、在少管所（或监狱）里的表现，一直到他回归社会后的心理和行为变化。在这个过程中除了对其本人进行定期的调查以外，还可对其家长（家属）、邻居、师长、朋友、受害者、证人、办案人员、监狱管教人员等进行访问调查，以此作为辅助材料。在对某个当事人的直接面对面的调查中，必须掌握一定的调查技巧：调查前要对个案情况比较了解，要善于找到突破口；调查中态度要真诚、严肃，要尊重被调查人的人格，语言要有启发性，能打动人心，使之听得进，愿意谈真话，当遇到被调查人有抵触情绪时还要稳得住、忍得住；调查后要及时做好记录。如果不掌握必要的调查技巧，不综合各方面资料，就可能使追踪资料失真。此研究方法的优点在于：能够较完整地探究追踪对象（被调查人）的心路历程，便于全面了解犯罪心理的转化过程和规律。缺点是：如果选择的个案和当事人没有代表性，那么，结论就难以推广；而且变量的影响因素很难控制。

（三）心理测验法

该方法是使用心理测验量表或问卷，测查某个对象的心理品质，以此来研究其心理的特点。目前，使用较多的量表有：卡特尔16种人格因素量表（16PF）、明尼苏达多相人格测验（MMPI量表）、艾森克个性问卷等。使用心理测验法研究犯罪心理，虽然可以得到一些定量的结论，但是，切不可过分夸大其科学性。这是因为，心理量表本身具有一定的局限性，而作为评判标准的常模又是以正常人为参照的，社会在发展、人的心理在发展，而常模却相对稳定。显然，用较为稳定的正常人的常模来评判某种特殊对象（如青少年罪犯、女性犯罪人等）的心理品质，是有局限性的。

（四）比较研究法

即选择两个或两个以上的事物进行比较，找出它们之间的异同点，以便更加深入地探讨彼此的特点和规律。在犯罪心理研究中，比较研究法使用很广。例如，把犯罪青少年的心理特点与一般青少年的心理特点进行比较；把不同犯罪类型的心理进行比较；把青少年犯罪与中、老年人犯罪进行比较；把男性犯罪与女性犯罪进行比较；将共同犯罪乃至有组织犯罪心理与单个犯罪心理进行比较；将初犯心理与累犯、惯犯心理进行比较；还可以选择各种犯罪的类型、手段、数量、原因等进行比较；甚至可以选择不同的地区（如城市与农村，沿海经济发达地区与内陆地区等）、时间（如夏季与冬季）、环境（如学校、厂矿与街道）等进行比较研究。

除了以上几种研究方法外，还有活动产品分析法（通过分析某人的日记、书信、作品、劳动产品等来研究其心理活动）、观察法（通过对某人的言行进行观察，以此了解其心理活动）等。[①]

**四、研究犯罪心理学的方法类型及其选择**

由于具体研究方法各有其功能和局限性，研究对象和研究条件各不相同，就出现了不同的研究方法类型，以及如何根据研究的需要来选择不同的研究方法类型问题。

（一）纵向研究和横断研究

这是根据研究时间的延续来区分的。纵向研究就是在比较长的时间内，对某个或某些犯罪人的心理发展进行系统的定期研究，又叫追踪研究。纵向研究的优点是系统性，能比较详尽地了解犯罪人心理发展变化的过程，但也有其困难和缺点，如研究时间过长（少则一二年，多则一二十年），不易同时进行大量案例的研究，影响研究对象的各种因素不易查明或控制，因而不易有效地进行前后对比。横断研究就是在同一时间内对某一类型或某几个类型的犯罪人心理进行测试和检查，并加以比较。一般的实验研究多属于这种类型。横断研究的优点在于能够在较短时间内找出同一类型或不同类型研究对象的心理发展水平或特点，并可以从中找出规律。但由于时间短，不易看到发展的全过程，难免有不系统、欠深入之嫌。因此，一般研究中，应灵活运用纵向、横断两种研究类型，互相配合，取长补短。

（二）整体研究和单项研究

这是从研究的范围或内容来区分的。整体研究也叫系统研究，就是把犯罪心理作为一个整体结构来研究，主要研究犯罪心理的整个面貌，如研究犯罪人的人格结构、需要结构、动机体系等。这种研究类型的优点在于可以认识犯罪人犯罪心理的全貌及各组成部分的相互关系，便于找出规律。但这种研究比较复杂，必须有理论上和设计上的充分准备才行。否则，容易顾此失彼，不一定能反映全貌。单项研究就是对犯罪心理发展中的某一个别的、局部的、比较小的问题进行较为深入的研究。例如，对网络与犯罪关系的研究，对家庭因素与犯罪的研究，对犯罪人在实施犯罪前后的心理变化的研究，对初犯犯罪动机的研究，对犯罪人情绪、情感特征的研究等。单项研究的优点是比较专深，缺点是比较容易忽略它

---

① 梅传强主编：《青少年犯罪心理研究》，成都科技大学出版社1993年版，第18~20页。

与整体的联系。整体研究和单项研究都是必要的，要根据研究课题加以选择，正确处理好二者关系。

（三）个案研究和成组研究

这是根据研究对象数量的多少来区分的。个案研究就是对一个或少数几个犯罪人进行的研究。这种研究类型的优点是便于对研究对象进行比较全面且深入的考察；缺点是取样少，代表性较小，因而在一定程度上影响科学性。成组研究就是对一组或多数犯罪人进行的研究。这种研究类型因为取样较多，可以作统计处理，科学性较强，但不便于作个别深入的研究。因此，在研究中，要把个案研究和成组研究结合起来，才能取得理想的结论。

（四）常规研究和采用现代方法技术的研究

常规研究的方法技术是指观察、谈话、调查、活动产品分析等。这种研究简便易行，投资少，便于更多的人掌握，但统计处理比较费力。现代方法技术的研究，主要是利用互联网、大数据、人工智能等现代新兴技术，对某一个或某几个省、市、地区社会犯罪原因的调查统计分析、对心理测量数据的统计处理、对重新犯罪预测的研究等。这种研究比较准确，统计处理的速度快，特别适用于大批量数据的统计处理。又如，录像技术可用于对犯罪现场、讯问过程、证言可靠性等作心理分析。但现代技术投资多、技术性强，推广普及有一定困难。[①] 特别值得一提的是，多道生理记录仪（测谎仪）及测谎术的广泛应用，已不仅是一种犯罪心理学的研究手段和技术，而且是一种刑事侦查、刑事审判的辅助手段和方法。

总之，研究犯罪心理学的方法是多种多样的，既有定性研究也有定量研究，既可以直接研究也可以间接研究。随着犯罪心理学的不断发展，实证研究、定量研究、直接研究等应当越来越受到重视，以便不断提高犯罪心理学的科学性，更好地为现实社会中有效治理犯罪服务。

【课后练习】

1. 如何认识犯罪心理学与刑法学、犯罪学、刑事诉讼法学等学科的关系？
2. 如何认识犯罪心理学对日常生活的意义？
3. 美国著名心理学家菲利普·津巴多于 1971 年在斯坦福大学进行了一项实验。实验把征募来的通过了专门测试的受试者——24 名身心健康、情绪稳定的大学生分成两组，一组扮作狱警，另一组扮作犯人。本来这个实验计划是 15 天，但到了第 6 天就宣告终止，终止的原因是该实验对扮演囚犯的实验者造成了伤害。那次实验以后，心理学实验明令禁止利用人类自身进行相类似的实验。该事例对犯罪心理学研究方法的选择和适用有何启示？

---

[①] 罗大华、何为民主编：《犯罪心理学》，中国政法大学出版社 2007 年版，第 65 页。

# 第二章 犯罪心理学的研究历史与现状

## 【知识提要】

不少中国古代思想家的论述蕴含着丰富的犯罪心理学思想,犯罪心理学的发展应当重视中国传统文化资源。改革开放以来,我国犯罪心理学在学术论著发表、人才培养、普及应用工作等方面均取得了长足的发展。犯罪心理学在国外也经过了不同阶段的发展历程,其中,奥地利犯罪学家汉斯·格罗斯于1897年出版的著作《犯罪心理学》一书的面世,是现代犯罪心理学诞生的标志。

## 第一节 犯罪心理学的研究历史

### 一、我国研究犯罪心理学的发展简史

(一) 我国古代的犯罪心理学思想

虽然犯罪心理学作为一门独立学科在我国出现的时间距今不过几十年,但是,人们对犯罪心理的探讨历史却非常悠久,在漫长的历史发展进程中,不少思想家的论述蕴含着丰富的犯罪心理学思想。这些宝贵的思想,即使是在21世纪的今天仍然具有重要的借鉴意义,它们是中国犯罪心理学发展中应当重视的传统文化资源。正如潘菽先生所说,我国古代心理学思想"这个宝藏有丰富而可贵的蕴藏。其中有些蕴藏,从初步考察来看,是世界上其他地方所没有的,可以用来构成我国自己所需要的科学心理学体系的重要骨架部分"[①]。

早在春秋时期,一些思想家就注重从经济、道德、法律与犯罪的关系等角度去分析犯罪心理形成的原因。例如,管仲提出"仓廪实而知礼节,衣食足而知荣辱";孔子提出"贫而无怨难"等主张。一些思想家还从人性、后天习俗、教育和环境的影响等方面来探讨犯罪心理。例如,孔子说:"性相近,习相远也。"[②] 意思是说,大多数人的人性生来是差不多的,只是由于后天的环境和教育的影响不同,逐渐显示出较大的差别来。所以,他十分强调教育和学习的重要作用。墨

---

[①] 潘菽:《建立有中国特色的心理学》,载《文汇报》1983年1月10日。
[②] 《论语·阳货篇》。

子把人性比作素色的丝，认为人性本来无善恶之分，取决于后天环境和教育的作用：故"染于苍则苍，染于黄则黄，所入者变，其色亦变。五入必而已则为五色矣，故染不可不慎也"①。孟子是性善论者，认为人生来就是性善的："恻隐之心，仁之端也；羞恶之心，义之端也；辞让之心，礼之端也；是非之心，智之端也。人之有是四端也，犹其有四体也。"②但是，人虽生来就有"四端"，而能否真正得到良好发展，环境影响有决定性的作用："富岁子弟多赖，凶岁子弟多暴，非天之降才尔殊也，其所以陷溺其心者然也。"③孟子的性善论是针对告子的"性无善无不善"说的，告子认为，人的本性无所谓善良，也无所谓不善良："性犹湍水也，决诸东方则东流，决诸西方则西流。人性之无分于善不善也，犹水之无分于东西也。"④荀子是性恶论者，他说："人之性恶，其善者伪也。"⑤如果让人性之恶得到发展，那么就会产生包括犯罪在内的各种坏现象："今人之性，生而有好利焉，顺是，故争夺生而辞让亡焉；生而有疾恶焉，顺是，故残贼生而忠信亡焉；生而有耳目之欲，有好声色焉，顺是，故生而礼义文理亡焉。然则从人之性，顺人之情，必出于争夺，合于犯分乱于理，而归于暴。"⑥想要使人变恶为善，就要重视环境和教育的影响，荀子说："注错习俗，所以化性也。"⑦"蓬生麻中，不扶而直；白沙在涅，与之俱黑。"⑧东汉王充指出，对于绝大多数"中人"而言，"习善为善，习恶为恶"；而晋代傅玄则更精辟地指出："近朱者赤，近墨者黑。"

此外，我国古代思想家们还注重从多角度预防和治理犯罪，注重审判心理的研究，主张司法人员应当具备一定的心理素养等。例如，关于司法活动中的心理问题，早在西周时，就创立了"五声听狱讼"的审判方法，《周礼·秋官·小司寇》规定："一曰辞听，二曰色听，三曰气听，四曰耳听，五曰目听。"即要求司法人员从言辞、神情、呼吸、听觉、目光五个方面去了解当事人的心理活动，如果一个人心虚理亏，就会在说话、表情、气息等方面表现出来，司法官就可以据此对其口供的真伪作出判断，这是"心理学在司法领域的最早运用"⑨。宋代郑克在《折狱龟鉴》中要求司法人员具有"仁""智""勇"三方面的心理品质。⑩

---

① 《墨子·修耳篇》。
② 《孟子·公孙丑上》。
③ 《孟子·告子上》。
④ 《孟子·告子上》。
⑤ 《荀子·性恶篇》。
⑥ 《荀子·性恶篇》。
⑦ 《荀子·儒效篇》。
⑧ 《荀子·劝学篇》。
⑨ 曾代伟主编：《中国法制史》，法律出版社2001年版，第26页。
⑩ 艾永明、朱永新：《中国犯罪心理思想史论》，对外贸易教育出版社1993年版，第14页。

总之，古代思想家关于犯罪与人性、环境和教育等问题的论述，虽然还不是科学的犯罪心理学意义上的阐述，而大多是伴随着哲理性思考而提出来的，有的论述甚至还只是一种朴素的直观感觉，但毫无疑问的是，这些思想蕴含着丰富的科学价值，也为历代统治者所重视，以至于有学者在与国外做横向比较之后指出"中国堪称世界犯罪心理学思想的重要发源地"[1]，这些论述，即便是在21世纪的当下，对于深刻揭示犯罪心理的成因和探寻犯罪预防的措施仍然具有重要的参考价值。

（二）我国现代犯罪心理学研究的发展简史

作为一门独立学科的我国现代心理学开创于20世纪20年代，是随着西方资本主义侵入中国和中国知识分子向西方寻求救国救民之道而大量引进、翻译西方学者的著作而不断建立的。当时留欧、留美、留日学生纷纷传播西方心理学各学派（如格式塔学派、行为主义学派、精神分析学派等）的思想，也有少数心理学家致力于心理学中国化的研究。在这期间，犯罪心理学已有一定的传播。据《中国心理学史》记载，1922年商务印书馆出版了我国现代心理学先驱陈大齐先生译的《审判心理学大意》（德国马勃著），1926年三版。1932年吴景鸿译的《犯罪心理学》（日本寺田精一著）问世，该书的翻译和传播被看成"中国犯罪心理学兴起的标志性事件"[2]。1939年王书林译的《法律心理学》（柏替著）由商务印书馆出版。

同时，一些大学也陆续开设了犯罪心理学课程，以清华大学心理学系为例，在1935年至1936年间，法律心理学是作为一门选修课开设的。我国心理学界前辈张耀翔在1940年提出的关于中国心理科学发展途径的九条建议中最后一条建议的内容是"竭力提倡应用心理学"，其中包括法律心理。[3] 另外，当时由司法行政部法官训练所编印的国人光晟所著的《犯罪心理学》一书，为培训法官所用，表明当时非常重视法官对心理学知识的掌握和运用。此外，1933年，上海心灵科学书局曾编辑出版一本《犯罪心理学》。[4]

除上述专著和译著外，我国早期创办的一些心理学杂志上，也发表了一些研究犯罪心理学的实验报告或论文。例如，著名心理学家曾作忠和张耀翔于1924年即在《心理》杂志发表论文《青少年犯罪之心理》；心理学家肖孝嵘等做过罪犯情绪态度和个性倾向性的实验研究。[5]

20世纪40年代，由于受战乱影响，犯罪心理学的发展受到极大的冲击。我

---

[1] 艾永明、朱永新：《殷周时期的犯罪心理学思想初探》，载《心理学报》1987年第4期。
[2] 吴宗宪主编：《中国犯罪心理学研究综述》，中国检察出版社2009年版，第2页。
[3] 高觉敷主编：《中国心理学史》，人民教育出版社1985年版，第359页、第365页、第371页。
[4] 吴宗宪主编：《中国犯罪心理学研究综述》，中国检察出版社2009年版，第2页。
[5] 高汉声：《本世纪20—40年代我国的犯罪心理学简介》，载《心理学动态》1994年第2期。

国大陆解放以后，由于受到极"左"思潮的影响，心理学曾经被打成"伪科学"而被迫停滞和取消达20年之久；在十年动乱中，砸烂"公、检、法"又使得法学和犯罪科学处于多灾多难的境地。特定的历史原因和社会环境使得犯罪心理学没有发展的条件和可能。

我国犯罪心理学的复苏和真正发展，是从党的十一届三中全会以后开始的。究其原因，一方面是实际工作的需要，社会治安特别是青少年犯罪问题的严重性，对科学研究提出了新的任务，要求心理学和犯罪科学为治理青少年犯罪问题提供理论上的支持，这就是犯罪心理学产生的现实必要性；另一方面是科学发展的趋势所致，在党的十一届三中全会正确路线、方针、政策的指引下，我国科学界生机勃勃，心理学和法学也迅速恢复和发展起来了，这就为犯罪心理学的诞生提供了可能性。所以说，我国犯罪心理学的诞生与发展，既符合社会主义现代化建设的迫切需要，又顺应了科学发展的趋向。一门学科自身学术团体的成立是其成熟发展的重要标志，1983年6月28日至7月2日，在无锡举行了中国心理学会法制心理专业委员会成立大会暨科研规划会议，标志着我国犯罪心理学的发展进入了一个新的历史时期。之后，原中国心理学会法制心理专业委员会更名为中国心理学会法律心理学专业委员会，这是目前我国法律心理学、犯罪心理学、司法心理学领域的全国性学术团体。

此外，从20世纪70年代以来，我国台湾地区学者对犯罪心理学的研究也取得了相当的进展，其中台湾大学教授蔡墩铭的著述尤为引人注目。他撰写的大学用书《审判心理学》（1971年）、《犯罪心理学》（1979年）、《矫治心理学》（1988年）及在法学丛刊上发表的《论人犯罪之拘禁心理》《论监行管理人员心理》《论监所专门人员心理》《论监所行政人员心理》（1981～1982年）等论文，不仅在理论上造诣颇深，而且在指导刑事司法与罪犯矫治实践上亦有重要价值。台湾文化大学教授周震欧对青少年犯罪心理及其防治的研究亦取得了颇有价值的成就。

**二、国外研究犯罪心理学的发展简史**

**（一）现代犯罪心理学诞生之前的犯罪心理学思想**

在国外，人们对犯罪心理的探讨历史也很悠久。早在古希腊时期，就有人（如苏格拉底、柏拉图、亚里士多德、希波克拉底等）根据人们的骨骼和面貌等身体特点来评判一个人的心理是善或恶，是否具有犯罪心理，从生物学或医学的角度来考察精神是否异常。例如，古希腊哲学家德谟克利特认为，人之所以做出违法的行为，是由于"贪得无厌"。柏拉图认为，"人的灵魂里有一个比较好的成分和一个比较坏的成分"。好的成分控制坏的成分时，他就不去作恶；否则，他就会作恶。柏拉图的弟子亚里士多德认为，许多犯罪的原因在于人类邪恶的本性。在古代西方，还曾流行通过人的面相来推断人作恶的原因。古希腊哲学家苏格拉底说："凡面黑者，大都有为恶的倾向。"中世纪时，颅相学盛行，颅相学家用人的颅骨的形状来解释人的行为及犯罪问题，包含着一定的犯罪心理学思想。[①]不过，在犯罪心理学成为一门独立的学科之前，人们对犯罪心理的研究主要侧重于对犯罪原因的探讨，并且大多是单一因素论，即用一个简单的基本原则来解释犯罪行为的原因。从古代的"颅相学""面相学"到近代刑事古典学派的"自由意志论"等，都是如此。

约在18世纪后半期，犯罪心理学思想进入了精神病学的犯罪心理学思想阶段。许多医生和精神病学家参与刑事司法活动，对犯罪人进行了各种鉴定活动，积累了大量的犯罪个案材料，出版了犯罪心理学方面的书籍，如1790年，明希（Munch）出版了《犯罪心理学在刑法制度中的影响》；1791年，埃卡特绍森（Eckartshausen）出版了《认识心理学在鉴别犯罪人中的重要性》。

进入19世纪后，以"犯罪心理学"或"犯罪人心理学"为名的著作逐渐多了起来，而且出版了一些法律心理学著作。1803年，梅茨格（J. Metzger）发表《法医学论文》，从法医学角度论述了犯罪人心理。德国刑法学家费尔巴哈（Paul Johann Anselmvon Feuerbach，1775~1833年）出版了两部涉及犯罪心理的著作《奇特的犯罪案件》（1808年和1811年，两卷本）和《离奇犯罪的档案记述》（1828年和1829年，两卷本），对犯罪人的犯罪动机做了思辨、推测性分析。1823年，豪夫鲍尔（J. C. Hoffbauer）出版了《心理学在司法实践中的主要应用》。这些著作进一步发展了犯罪心理学，推动了犯罪心理学在司法实践中的应用。

在19世纪60年代以后，犯罪心理学与精神病学进一步结合，精神病学家为犯罪心理学的发展作出了重要贡献。英国精神病学家莫慈利（Henry Maudsley，1835~1918年）出版了《生理心理学和心理病理学》（1867年）和《精神疾病的责任》（1847年）对精神错乱与犯罪的关系，以及犯罪、精神病与刑事责任的关系进行了深入探讨，产生了很大影响。1872年，克拉夫特－埃宾（Freiherr Richard Von Krafft-Ebing，1840~1902年）出版了《基于德国和奥地利刑事立法的犯罪心理学的基本特征：供法学家使用》（也称《犯罪心理学纲要》）一书，有人把此书的出版看作犯罪心理学出现的标志。

19世纪70年代，随着意大利精神病学家龙勃罗梭（Cesare Lombaoso，1836~1909年）《犯罪人论》一书的出版，犯罪人类学的影响日益强大，自此，犯罪心理学的发展进入了人类学的犯罪心理学阶段。龙氏提出了"天生犯罪人"的观点，创建了"犯罪人类学"理论，被后人称为"实证犯罪学之父""古典犯

---

[①] 吴宗宪：《西方犯罪学》（第二版），法律出版社2006年版，第228~229页。

罪心理学派的奠基人"，他细致地观察和描述了生来犯罪人的心理特征，包括其道德特征、智力特征等，并且将犯罪心理学方面的研究应用于对犯罪人的矫治与改造，提出了应当对生来犯罪人进行治疗，不应当仅对其进行严厉惩罚，因为严惩只能激怒他们的观点。

龙勃罗梭的学生菲利（Enrico Ferri，1856~1929年）曾是刑事（犯罪）人类学派的代表人之一，后来转入刑事（犯罪）的社会学派。他在主张天生犯罪论的同时，又认为犯罪必定要受到社会因素的影响。他于1884年发表的名著《犯罪社会学》被誉为刑事犯罪社会学派的代表作。他提出的"犯罪原因三元论"，以及"犯罪饱和法则"等理论，在学术界的影响很大。特别应当指出的是，他对犯罪心理学的创立有着重要的贡献。菲利十分重视犯罪心理的研究，他认为，罪犯个人所具有的人类学因素是犯罪的首要条件，具体包括罪犯的生理状况、心理状况、个人状况、自然因素、社会因素等，其中的心理状况包括智力和情感异常，尤其是道德情感异常，以及罪犯文字和行话等。[1] 菲利这一颇有见地的论述，既指出了犯罪与心理活动的密切联系，又强调了研究犯罪心理学的重要性。在犯罪心理学发展史上，无疑是一大贡献。

（二）现代犯罪心理学的诞生

西方主要资本主义国家发展到19世纪后期，社会矛盾加剧，导致犯罪状况日趋严重。对此，学者们感觉用古典刑事学派的观点解释犯罪问题已不合时宜也不准确，于是，如何用新的手段来揭示犯罪的原因及生理、心理和社会机制，便成为当时迫切需要解决的问题。同时，在19世纪，自然科学也取得了长足的进步，特别是19世纪70年代，心理学从哲学中分离出来，成为一门新兴的独立学科。心理学的发展，在理论上为人们研究犯罪人心理提供了坚实基础。

现代犯罪心理学是19世纪在西方国家产生的。犯罪心理学一词最早出现在明希（Munch）于1790年在纽伦堡出版的《犯罪心理学在刑法制度中的影响》一书中，该书是最早使用犯罪心理学作为书名的著作。奥地利犯罪学家汉斯·格罗斯（Hans Gross，1847~1915年）曾担任预审官和检察官。为了适用刑法，以及判别供述的可靠和保证量刑的正确，他通过人格问题来研究犯罪心理学。1897年，他的《犯罪心理学》一书面世，这是现代犯罪心理学诞生的标志。此后，由精神病学家、法学家撰写的犯罪心理学专著陆续问世。[2]

（三）现代犯罪心理学的发展

从20世纪初起，研究犯罪心理的学者和著作开始增多，许多心理学家在他们研究心理现象的过程中也对与犯罪有关的心理活动进行探索，如弗洛伊德

---

[1] ［意］恩里科·菲利：《犯罪社会学》，郭建安译，中国人民公安大学出版社2004年版，第144页。
[2] 吴宗宪：《西方犯罪学》，法律出版社2006年版，第232~233页。

（Freud，1856~1939年）着重从精神分析的角度研究人的心理，论述了人的罪恶感产生的根源，以及犯罪心理产生的内在动因。此外，心理学家进行的实验心理学研究使作为应用学科的犯罪心理学也得到了发展。例如，1904~1905年法国心理学家比奈（A. Binet，1857~1911年）和助手西蒙（T. Simon，1873~1961年）编制第一个智力测验量表，又称"比西量表"，经美国心理学家戈达德（Goddard，1866~1952年）修订，于1912年应用于狱内罪犯，结果发现大部分罪犯的智力有缺陷。德国心理学家斯特恩（Louis William Stern，1871~1938年）于1902年出版的《供述心理学论文集》，德国心理学家明斯德堡（Hugo Münsterberg，1863~1916年）于1908年出版的专著《在证人席上》等，都是关于供述和证据可靠性的应用性研究。1909年，希利（W. Alealy）在芝加哥创立第一所少年心理病态研究所，采用个案研究的方法和量表测量，对少年违法行为进行研究，并在1917年发表了《心理的冲突和行为不端》一书。

从20世纪20年代开始，国际心理科学进入了繁荣时期，心理科学的繁荣和发展，使犯罪心理学真正从犯罪学中独立出来，开始了自己的历史。自此，犯罪心理学不仅对犯罪人的生理因素、心理因素和环境因素进行综合研究，而且扩展到对犯罪对策心理的研究，供述心理、审判心理、矫治心理等学科应运而生，犯罪心理学学科体系逐渐形成，各种学说相继产生，如犯罪精神分析理论、犯罪精神病学理论、犯罪社会心理学理论、挫折攻击理论、犯罪社会学习理论、犯罪行为可操作性学习理论、模仿理论以及不同接触理论等。

## 第二节 犯罪心理学的研究现状

### 一、我国犯罪心理学的研究现状

由于众所周知的原因，心理学曾经被打成"伪科学"而被迫停滞数年之久，直到1978年党的十一届三中全会后，心理学才作为一门科学学科重新被重视起来。此后，心理学的各个应用学科犹如雨后春笋般破土而出。犯罪心理学也正是从这个时候开始才作为一门独立的学科开展教学与研究的。40多年来，经过广大理论工作者和实践工作者的辛勤努力，犯罪心理学的教学与研究工作都有了较大进展，取得了相当可喜的成绩，主要表现在以下几方面：

（一）论著发表为数可观

40多年来，我国学者一方面积极引介、翻译出版了一大批国外犯罪心理学著作，另一方面结合中国的犯罪情况开展深入的理论研究，出版了一大批犯罪心理学著作、教材，发表了大量的学术论文。

改革开放以来，我国学者一方面积极引介国外犯罪心理学著作，另一方面结合中国的犯罪情况开展深入的理论研究，出版了一大批犯罪心理学著作、教材，发表了大量的学术论文。

其中，翻译出版的犯罪心理学著作主要有：汉斯·格罗斯著《犯罪心理学》、美国柯特·R. 巴托尔著《犯罪心理学》、米切尔·T. 尼茨尔著《犯罪及其矫正》、汉斯·托奇著《犯罪与司法心理学》、日本山根清道主编《犯罪心理学》、森武夫著《犯罪心理学》、平尾靖著《违法犯罪心理》、安倍淳吉著《犯罪社会心理学》、中村希明著《现代犯罪心理》、苏联塔拉鲁欣著《犯罪行为的社会心理特征》、达尔戈娃著《未成年人犯罪的社会心理学问题》、B. H. 库德里亚夫采夫著《犯罪的动机》等。同时，还翻译了一些国外学者的论文，如苏联安东尼扬的《犯罪学中罪犯个性理论的基本特征》（陈重业译）。

在介绍国外犯罪心理学研究成果的同时，还编著出版了具有我国自己特色的犯罪心理学、青少年犯罪心理学和法制心理学等方面的专著、教材、工具书、论文集数百种。据不完全统计，仅20世纪90年代，就出版专著和教材共计71种，发表研究论文937篇。[①] 中国知网数据库的检索结果显示，从1980年起截至2021年年底共有期刊文献近3000项，共有博士或硕士论文数百篇，梅传强、吴宗宪、马皑等人还撰写了犯罪心理学方面的博士论文。不同时期有代表性的犯罪心理学论著有：林秉贤著《犯罪心理学纲要》（科学学与科学技术管理杂志社1981年内部印行，后于中国科学技术出版社2001年公开出版），该书被称为新中国的研究者自己撰写的第一部犯罪心理学专著；罗大华等编《犯罪心理学》教材，该书是新中国第一部犯罪心理学大学教材；[②] 邱国梁著《犯罪动机论》（法律出版社1988年版）；栗克元著《犯罪心理学通论》（河南大学出版社1993年版）；何为民著《罪犯改造心理学》（中国人民公安大学出版社1997年版）；罗大华、何为民主编《犯罪心理学》（中国政法大学出版社2007年版）；吴宗宪著《犯罪心理学总论》《犯罪心理学分论》（法律出版社2018年版）等。

(二) 人才培养成效显著

随着改革开放以后犯罪心理学研究在我国的兴起，各公安与政法院校相继开设了犯罪心理学课程，并积极编撰高等学校教材，中国政法大学、中国人民公安大学等高校还招收了犯罪心理学硕士、博士研究生。据统计，我国大陆现在从事法律心理学研究和实际工作的大约有两千人[③]，形成了一支犯罪心理学研究队伍，并建立了犯罪心理学研究的学术团体——中国心理学会法律心理学专业委员会

---

① 罗大华主编：《20世纪90年代中国法制心理科学研究》，中国政法大学出版社2002年版，第27页。
② 吴宗宪主编：《中国犯罪心理学研究综述》，中国检察出版社2009年版，第5页、第8页。
③ 《罗大华70华诞文集——犯罪与司法心理学》，中国政法大学出版社2006年版，第175页。

等，各省、自治区、直辖市亦有相应的学术团体。

（三）普及应用工作广泛展开

犯罪心理学界还积极开展普及工作，通过开展专题培训、专家咨询等方式，传播了犯罪心理学知识，使一部分政法部门的工作人员把犯罪心理学知识应用到实际工作中去。历经12年的努力，新中国专家自己研制的第一个全国性的罪犯心理量表——"中国罪犯心理评估个性分测验"于2006年通过鉴定，标志着《中国罪犯心理测试量表》第一阶段的研制工作获得了成功。[①] 同时，积极开展面向社会公众的普及宣传工作，并充分利用互联网、电视、报刊等媒介的传播优势开展普及应用工作。

（四）建立了学术成果展示平台

犯罪心理学的理论发展离不开学术成果的展示，为此，学术刊物就成为一个重要的学术成果展示平台，其中比较有代表性的学术刊物有《青少年犯罪问题》《犯罪研究》《犯罪与改造研究》《青少年犯罪研究》等，《中国人民公安大学学报》《西南政法大学学报》以及各公安、政法类院校的学报也刊发了大量的犯罪心理学研究成果。另外，由中国犯罪学学会主办的学术集刊《犯罪学论丛》已发行多卷。

（五）学术交流活动频繁

在国内层面，中国心理学会法律心理学专业委员会和中国犯罪学学会都会定期召开全国性的学术研讨会，其他各高校和学术团体也经常性地举办学术研讨会和讲座等，积极开展学术交流。同时，也积极开展犯罪心理学的国际交流，通过邀请国外知名学者来华讲学、参加学术研讨会等方式展开学术交流。近年来，我国学者还积极参加世界犯罪学大会等，提升国际学术交流的水平。

总的来看，近年来我国犯罪心理学的发展成效显著，当前的理论研究充满活力。我们有理由相信，随着我国犯罪心理学教学、研究队伍的逐步壮大，特别是越来越关注我国转型时期的犯罪问题，犯罪心理学这门应用性很强的学科，将在我国的社会生活中发挥越来越重要的作用，犯罪心理学学科本身也将得以长足发展。

当然，在肯定我国犯罪心理学发展所取得的成绩的同时，也应当清醒地看到，犯罪心理学研究还有一些需要进一步完善的地方。例如，犯罪心理学基础理论研究还比较薄弱，依附于刑法学的特征还比较明显，要在刑事一体化的视野之下，注重与刑法学、犯罪学等其他刑事学科的联系，同时又要更加注重自身学科性质、功能与任务的定位；犯罪心理学的研究方法应该不断改进，在研究中应该加强对现代科学技术手段的运用，以提高该学科的科学性；犯罪心理学的普及工作还要不断加强，以提高犯罪心理学为现实社会服务的质量，特别是要注重对罪

---

① 吴宗宪主编：《中国犯罪心理学研究综述》，中国检察出版社2009年版，第26页。

犯心理矫治的理论研究和实践运用；犯罪心理学的学术交流特别是国际学术交流还有待进一步加强等。

二、国外犯罪心理学的研究现状

犯罪问题是世界各国普遍性的社会问题，预防和治理犯罪已成为各国政府的主要工作任务之一，研究犯罪现象和犯罪主体的心理活动规律也成为热门课题，并产生了丰富的成果。那么西方犯罪心理学的研究现状又是怎样的呢？概括起来，现状大致有如下几个方面①：

（一）西方犯罪心理学研究人员情况

从一些国家的情况来看，西方对犯罪心理学进行研究的人员主要在以下机构任职：

（1）大学担任教育工作。由于大学的心理系、精神病系、犯罪学系、刑事司法系都开设犯罪心理学，所以，在这里有部分人员从事犯罪心理学的研究。

（2）研究机构中的人员。由于20世纪后半期的犯罪研究，普遍具有多学科整合的特点，所以，几乎在所有的犯罪和刑事司法研究机构中，都有犯罪心理学的研究人员。

（3）司法鉴定机构中的人员。当代国外犯罪心理学的重要工作之一就是对犯罪人进行刑事司法鉴定，所以，在很多刑事司法鉴定中，有一些专门的犯罪心理学专家。

（4）在刑事司法机构中工作。包括在众多的警察、审判、矫正机构中的人员，在这些机构中任职的研究人员，主要从事与具体个案有密切联系的工作，分析犯罪人的心理，勾勒犯罪人的特点，为警察侦破案件提供重要的线索和帮助。

（5）在其他部门工作或者任职。除了上述这些机构以外，还有些犯罪心理的研究人员在医疗机构、精神病院、私人机构等任职，或者在从事其他工作时对犯罪心理学感兴趣，长期从事这方面的研究。

（二）西方心理学研究的主要内容

（1）理论犯罪心理学

理论犯罪心理学，是以解释犯罪行为产生的原因为核心发展起来的犯罪心理学。这一学派可以分为几种：精神分析学理论、精神病学理论、正常个性心理学理论、社会心理学理论等，这些都从不同的侧面对犯罪心理加以研究，取得了许多成绩，为实践提供了许多指导。

（2）实践犯罪心理学

实践犯罪心理学是犯罪心理学中有关应用的总称。严格来说，犯罪心理学并

---

① 吴宗宪：《国外犯罪心理学研究现状》，载《青少年犯罪问题》1998年第5期。

不是理论学科，而是实践性非常强的学科，关注犯罪人的问题，尤其是犯罪人的心理问题。从国外的研究来看，这方面的研究成果主要有：对犯罪心理和犯罪行为的预测、对犯罪现象的心理学分类、对犯罪人的心理矫正、对犯罪行为的心理预防等。

（三）西方犯罪心理学研究方法的主要倾向

目前，国外的犯罪心理学研究方法很多，大致呈现出以下特点：

（1）研究的跨学科化

研究者们普遍认为，犯罪行为的发生是多种因素共同作用的结果，而不单纯由心理因素决定，因此，只有进行多学科的、全方位的研究，才能真正揭示出犯罪行为的规律，查明犯罪行为的根源；而要预防犯罪也必须从多方面共同努力。目前，将犯罪心理学同犯罪学、经济学、心理学、精神病学、社会学、遗传学、政治学等多学科结合起来研究，是一大趋势。

（2）研究实证化

犯罪心理学研究的实证化表现为研究的模拟化和实验化，研究者让人们在模拟情景中或者实验室中对特定的犯罪问题作出反应，从而测定犯罪人真实的犯罪情况。例如，美国的卡洛尔（John S. Carroll）1982年关于犯罪对策的模拟实验结果表明，决定实施犯罪的过程，是一个对制止犯罪的犯罪机会进行评价的过程；获益的数量是犯罪决策中最重要的因素。此外，研究者也越来越注重实际的调查研究。

（3）研究的深层次性

国外研究者一直比较重视应用精神分析学的理论和方法来分析心理异常的犯罪人的犯罪心理，以及对有些奇特案件的犯罪动机进行分析。犯罪心理学的深层次研究，既可以为法官准确地定罪量刑提供理论依据，又可以为矫治和改造罪犯服务。

（4）研究与运用相结合

国外犯罪心理学非常注重实际应用，主要表现在以下方面：其一，帮助警察部门侦破疑难案件。一些造诣精深的犯罪心理学家帮助刑事警察分析疑难案件犯罪人的犯罪动机、个性特征等，其目的是勾画犯罪人的轮廓。其二，在法庭上充当专家证人。一些犯罪心理学家通过犯罪人的精神状况、刑事责任能力、陈述的可靠性、证人作证的能力、证人证言的准确性等，从专业角度向法庭提供证词，帮助法官和陪审团就案件事实作出正确判断。其三，在矫正机构中进行犯罪矫治工作。一些犯罪心理学家在看守所、监狱，对罪犯进行心理测验和心理咨询工作，研究罪犯自杀、逃跑、暴力行为的可能性等。

(四) 西方犯罪心理学主要研究的问题

据吴宗宪的综述[①]，西方犯罪心理学主要研究以下问题：

1. 犯罪动机

本克斯（Banks，1975年）等的研究表明，所调查的大多数人认为，犯罪动机包括：可以不劳而获；迅速致富；进行犯罪而不受惩罚；父母对儿童没有权威。少数人认为，犯罪动机包括：人们缺乏宗教信仰；战争的效果；前途未卜。韦斯特和范林顿（West & Farrington，1977年）对少年犯的调查表明，最常见的犯罪动机是获利，在破坏财物和偷开汽车案件中，犯罪动机是享乐和追求刺激。他们的研究还发现，犯罪人在法庭上陈述的犯罪动机，常常具有最大限度地减轻其罪责的倾向。

2. 犯罪决策

卡洛尔（Carroll，1978年、1982年）的模拟研究表明，决定实施犯罪的过程，是一个对制止犯罪的犯罪机会进行评价的过程；人们在进行这种评价时，常常只考虑某一因素；不同的人所考虑的这种因素是不同的。认为犯罪决定包括两个阶段：（1）从四个维度（获益的必然性、获益的数量、惩罚的必然性、惩罚的严厉性）对犯罪动机的评价；（2）综合四个维度形成对犯罪机会的愿望的判断。70%以上的被试在决策时，只考虑其中的一个维度。根据所考虑的维度的频率表明，获益的数量是犯罪决策中最重要的因素。柯尼士和克拉克（Cornish & Clarke，1989年）提出了一种理性选择理论。他们以赌博和自杀行为为例，认为犯罪是犯罪人经过理智选择之后的行为；在犯罪决策过程中，犯罪人主要考虑犯罪的机会、奖励和代价三种因素，在实施犯罪行为过程中遇到障碍时，如果不会冒另外的险或付出另外的努力，犯罪人会选择能满足同样需要的另一种犯罪行为。

3. 犯罪预测

范林顿（1987年）评论了大量的预测研究，归纳出6类各种研究中提出的最有效的预测因素：（1）早年的吵闹行为、不诚实行为、攻击行为或反社会行为；（2）有害的子女养育方式，如残忍的、消极的态度或放任不管，严厉的或无规律的惩戒，疏于监督；（3）罪犯的父母或兄弟姐妹；（4）破裂家庭和由离婚或父母冲突引起的分离；（5）社会剥夺；（6）学习失败，表现为智力低、成绩差及逃学。当代的犯罪预测主要以少年犯罪为对象，但却呈现出长期追踪观察的趋势。例如，韦斯特和范林顿（1989年）等在伦敦进行的犯罪预测追踪研究，从被试八九岁开始，一直持续到被试32岁。

此外，少年犯罪心理及其预防、矫治仍然是西方犯罪心理学界的热门课题。

---

[①] 吴宗宪：《当代美英法律心理学研究概况》，载《心理学报》1991年第2期；吴宗宪：《欧洲大陆法律心理学述评》，载《心理学报》1996年第1期。

**【课后练习】**

《孟子·梁惠王上》:"无恒产而有恒心者,惟士为能。若民,则无恒产,因无恒心。苟无恒心,放辟邪侈,无不为已。及陷于罪,然后从而刑之,是罔民也。"

《论语·为政》:"道之以政,齐之以刑,民免而无耻;道之以德,齐之以礼,有耻且格。"

《商君书·靳令》:"重刑少赏,上爱民,民死赏。多赏轻刑,上不爱民,民不死赏。利出一空者,其国无敌;利出二空者,国半利;利出十空者,其国不守。重刑,明大制;不明者,六虱也。六虱成群,则民不用。是故兴国罚行则民亲,赏行则民利。行罚,重其轻者,轻其重者,轻者不至,重者不来。此谓以刑去刑,刑去事成;罪重刑轻,刑至事生,此谓以刑致刑,其国必削。"

请阅读上述材料,分析其中所体现的犯罪心理学思想,并思考中国古代犯罪心理学思想对当下犯罪心理学理论与实践的价值。

# 第三章  犯罪心理学的主要理论流派

【知识提要】

  在对犯罪原因的探究上,因为采用不同的研究方法而形成了不同的理论流派。犯罪生物学派是从基因、体型、内分泌、染色体变异、脑电波等生物因素分析犯罪原因而形成的理论流派;犯罪社会学派是从社会学的角度研究犯罪原因和探讨犯罪对策的理论流派,其中包含很多具体的理论学说;犯罪精神分析学派是通过对无意识、梦等问题的研究,对隐藏在人的心理现象深处的本能等进行剖析以探寻犯罪原因的理论流派。在学习时,不应只是了解不同流派的观点,更应了解不同观点提出的背景、采用的方法,理性评价不同观点的合理之处及不足之处,从中汲取不同理论的合理内核,使其服务当下中国犯罪治理的需要。

## 第一节  犯罪的生物学派理论

### 一、犯罪生物学派理论的产生

  意大利著名的精神病学家、犯罪学家、犯罪心理学家龙勃罗梭是该学派的主要代表人物。在龙勃罗梭之前,德国医生弗兰茨·约瑟夫·加尔研究了大脑和颅骨形状,认为犯罪原因存在于大脑的组织结构之中;法国学者贝内迪克特·奥古斯廷·莫雷尔创立了退化学说,认为犯罪分子就是像精神病人一样的退化现象。[①] 这些先驱的研究为龙勃罗梭提供了有益的理论准备,特别是哲学上实证主义的形成和达尔文进化论观点的传播,为犯罪生物学派提供了直接的理论前提。

  1870年,龙勃罗梭在对意大利著名的土匪头子维莱拉的尸体进行解剖时,惊奇地发现其头颅枕骨上有明显的凹陷处,龙勃罗梭将其称为枕骨中窝,它的位置如同低等动物一样,恰恰在枕骨中间,且小脑蚓部肥大。这一发现使得龙勃罗梭"好像一个茫茫黑夜的迷津者,猛然间看到了一条光芒灿烂的道路"[②]。之后,龙勃罗梭利用在监狱当狱医的机会,以犯罪人为研究对象,接触了大量的犯罪人和

---

  ① [德]汉斯·约阿希姆·施奈德:《犯罪学》,吴鑫涛、马君玉译,中国人民公安大学出版社1990年版,第112~113页。

  ② [美]理查德·昆尼等:《新犯罪学》,陈兴良等译,中国国际广播出版社1988年版,第49页。

丰富的犯罪统计资料，并对监狱收押的几千名犯罪人进行人体测量和外貌考察，运用生物学、遗传学、心理学等理论对犯罪人进行研究，发现许多犯罪人在生理特征和心理反应上都显著地与常人有别，因此提出了著名的"天生犯罪人"理论。

龙勃罗梭的"天生犯罪人"理论包括四个方面的主要内容：（1）犯罪人通过许多体格和心理的异常现象区别于非犯罪人；（2）犯罪人是人种的变种，一种人类学类型，一种退化现象；（3）犯罪人是一种返祖现象，是蜕变到低级的原始人类型；（4）犯罪行为有遗传性，它从犯罪天赋中产生。[①] 龙勃罗梭描述了天生犯罪人的特征，在生理特征方面，天生犯罪人具有异常大或异常小的头骨，狭窄的额头，大小不对称的耳、眼睛、颜面，突出的腭骨等；在心理反应方面，天生犯罪人最基本的特征是心理上的冷漠和精神上的无知觉状态，并由此导致其同情和怜悯的道德意识衰退以及缺乏顾忌和自我良心谴责等。这些外部生理特征是人类在进化过程前期野蛮人所具有的特征，这些特性通过隔世遗传表现在现代犯罪人身上。由此，龙勃罗梭认为犯罪是一种原始野蛮阶段的返祖现象，犯罪心理活动是由犯罪人的生理特征决定的。

1876 年，龙勃罗梭的名著——《犯罪人：人类学、法理学和精神病学的思考》（以下简称《犯罪人论》）问世，其理论基础是犯罪的生理遗传决定论。在该书中他将犯罪人分为三大类共七种：①"遗传的犯罪性"（Atavis – lutive Criminality），这类犯罪人先天已具有犯罪本性，因而命中注定要犯罪，在解剖了 383 名意大利犯罪人的颅骨之后，龙勃罗梭发现 210 名犯罪人都有上述异常特征，而 43% 的人则具有五种或者更多的异常特征。[②] 此类型又分为天生隔代遗传犯罪人、癫痫病犯罪人、精神病犯罪人三种。②"进化的犯罪性"（Evolutive Criminality），此类犯罪性是任何无法抵御其周围不良影响的人都可能导致的；此类型的犯罪人属于法律意义上的犯罪人，故又称为偶发性犯罪人。此类型包括假犯罪人、有犯罪倾向者、习惯犯三种。③在"不可抗拒的力量"（Irre – sistibe Force）支配下实施的"激情犯"，此类型犯罪人无体质异常，精神饱满，神经和情绪都灵敏，"其犯罪非出自机体的本性，而是基于愤怒、情爱或亲情等这些通常是无私的，甚至是崇高的情感"[③]。

可见，龙勃罗梭关于犯罪人分类的核心基础是生理特征。根据他的调查，先天遗传性犯罪人约占全体犯罪人的三分之一，而社会因素对犯罪的影响是非常有限的。当然，由于龙勃罗梭早年没有注意犯罪的社会与经济因素，也受到诸多抨

---

① ［德］汉斯·约阿希姆·施奈德：《犯罪学》，吴鑫涛、马君玉译，中国人民公安大学出版社 1990 年版，第 114 ~115 页。
② 吴宗宪：《西方犯罪学》（第二版），法律出版社 2006 年版，第 109 页。
③ ［意］龙勃罗梭：《郎伯罗梭氏犯罪学》，刘麟生译，商务印书馆 1938 年版，第 428 页。

击和批评。后来，龙勃罗梭也开始注意对社会因素的关注，并论述了文明程度、生活状况、宗教、家庭出身等社会因素对犯罪的影响。

**二、犯罪生物学派理论的发展**

龙勃罗梭的理论在 19 世纪末 20 世纪初有着重大的影响，至今仍有一些追随者。随着科学技术的进步，人们在他的研究基础上，对罪犯的生理因素作了广泛的探讨，不断丰富、发展和修正其理论，形成了一些分支学说，如体型说、血型说、内分泌说、染色体变异说及脑电波说等。

（一）体型说

体型说认为，人的体格类型可以影响其心理状态，甚至会影响到犯罪心理的形成。德国的精神病学家克瑞齐梅尔（Ernst Kretschmer，1888～1964 年）和美国的谢尔顿（W. Sheldon，1898～1977 年）是该学说的代表人物。克瑞齐梅尔在《体型与性格》一书中，将人体体型分为瘦长型（无力型）、矮胖型、斗士型（健壮型或运动员型）三种，该书后来的版本中又增加了发育异常型（发育不良型）。他认为犯罪人中，一般是斗士型的多，矮胖型的少。矮胖型人犯罪缺乏规律性，初犯多，容易改过自新而重返社会；瘦长型人犯罪的主要类型是盗窃和诈骗；斗士型人犯罪倾向较大，且物欲强，理性弱，自我控制能力差，容易产生暴力性的财产犯罪和性犯罪。谢尔顿将人的体型分为内胚层体型、中胚层体型和外胚层体型三种，并分别对应内脏优势型、身体优势型和头脑优势型三种主要气质类型。另外，美国犯罪学家格卢克夫妇对体型与少年犯罪的关系作了研究。

（二）内分泌说

内分泌说认为，由于内分泌腺对人体的新陈代谢、生长发育等生理功能起调节作用，因此，内分泌的失调会引起人的情绪、意志以至理智的变化，进而产生犯罪心理。在1921年出版的《内分泌控制人格》一书中，路易斯·伯曼认为内分泌腺的分泌状况决定着人格的类型，并据此将人格分为六种类型：（1）肾上腺型；（2）甲状腺型；（3）垂体型；（4）性腺型；（5）副甲状腺型；（6）胸腺型。例如，甲状腺亢进，会引起人的情感波动，易暴躁，甚至发生粗暴攻击行为。20世纪中期以后，内分泌说主要对睾酮、月经与犯罪的关系作了研究。性激素的过量分泌可使人性欲亢进，增强有力攻击性，削弱意志控制和道德感，容易发生性犯罪；女性在行经期间由于性激素的变化，容易焦虑、烦躁、易怒、神经紧张，情绪的波动起伏很大，并使犯罪的可能性增加。

（三）染色体变异说

染色体变异说主张，人的染色体数量异常是导致犯罪行为发生的原因。通常情况下，人类的染色体是 46 个，包括常染色体 44 个和性染色体 2 个。性染色体又分为 X、Y 两种，X 是女性染色体，Y 是男性染色体。若性染色体的配合是

XX，即为女性；性染色体的配合是 XY，即为男性。该学说的代表人物特里西娅·雅各布斯（Patricia A. Jacobs）通过比较研究发现，有些男性的性染色体出现异常，即性染色体中多了一个 X 或 Y 而成为 XXY 或 XYY 时，就容易出现情绪躁动、理智难以控制、攻击性强等心理特点，从而容易产生暴力犯罪和性犯罪行为，且初次犯罪的时间早。但有的研究者认为，虽然有些人的性染色体异常，但并没有犯罪；而有些性染色体异常的罪犯，暴力犯罪比染色体正常的犯罪人少得多。因此，在统计学上目前还没有足够的证据证明犯罪与染色体异常有密切的关系。

（四）脑电波说

脑电波说表明，犯罪行为的发生与脑电波的异常有关。人类的大脑皮层存在连续不断的电活动，如果将引导电极安放在头皮上，可以记录出大脑的电活动，所记录到的大脑电活动的图形称为脑电图；而通过脑电图仪记录在头皮上两点电极的电位变化，就叫脑电波。根据脑电图波形的频率和振幅的不同，可将正常的脑电图分为四种基本波形：α 波（alpha）在清醒、安静状态下出现，β 波（beta）在大脑皮层处于活动状态时出现，θ 波（theta）在情绪紧张或困倦时出现，δ 波（delta）在睡眠、极度疲劳或麻醉状态时出现。持脑电波学说的学者认为，犯罪行为的发生与脑电波的异常有关，特别是 δ 波与犯罪关系密切。当行为人处于情绪过度紧张或极度困乏时，δ 波出现，这时人会出现情绪波动，而此时的意识控制力很弱，会听任冲动的发生，因此在 δ 波状态下，容易导致冲动性、爆发性的犯罪行为发生。然而，有学者对此学说提出了异议，认为脑电波的异常不能作为判断犯罪者的标准。因为一般检查犯罪人的脑电波是在其犯罪以后进行的，怎能用事后的检测来研究行为时的犯罪心理？这是不科学的。

此外，人们还广泛探讨了遗传、种族、生物化学以及神经生理等因素与犯罪的关系。

总的来看，犯罪的生物学派理论将犯罪心理产生的原因归结为人的生理因素，认为人之所以犯罪，是由于其生理因素异于常人。显然，这种结论是极其片面的。因为人不仅具有生物属性，更具有社会属性。犯罪心理的产生、犯罪行为的实施，虽然离不开作为物质前提和基础的生理因素，但真正起决定作用的还是社会生活条件和人的主观能动性。犯罪生物学派理论把一些局部的、间接的生理作用夸大为整体的、直接的作用，忽视和否认社会因素对犯罪心理、犯罪行为的影响，显然是不够科学的。不过，现代科学技术已经证明，人的生理因素与其犯罪行为的发生之间有一定的关系，但并不是犯罪的决定因素，更不是犯罪的"原动力"。

特别值得一提的是，该学派采用直接观察、身体测量和身体解剖等科学实证的方法研究犯罪现象和犯罪人，创立了刑事人类学派理论，该学派无论是在犯罪学、犯罪心理学上，还是在刑法学上都具有极其重要的地位，对于推动刑事法学理论的发展功不可没。随着现代科学技术的迅速发展，该学派也特别注重运用先进的科学技术对性染色体、内分泌、脑电图进行测定，其研究方法值得充分肯定和借鉴。

## 第二节 犯罪的社会学派理论

### 一、犯罪社会学派理论的产生

犯罪社会学派实际上就是从社会学的角度研究犯罪原因和探讨犯罪对策的思想流派。该学派认为，犯罪的主要原因是社会因素，犯罪心理的产生和发展无不受社会因素的制约。李斯特和菲利是该学派的主要代表人物。

德国的犯罪学家、刑法学家李斯特（F. V. Liszt, 1851~1919年）是犯罪社会学派的代表人物之一。李斯特反对龙勃罗梭的"天生犯罪人"理论，他承认生理因素对人的心理、行为有重要的影响，但认为犯罪的产生，是犯罪人受到外部社会环境影响的结果，大众的贫穷是培养犯罪的最大基础。因此，他认为犯罪行为的产生应包括个人因素和社会因素两大部分，其中，社会因素是产生犯罪的决定性因素。

龙勃罗梭的学生、意大利著名的犯罪学家、刑法学家菲利（Enrico Ferri, 1856~1929年）进一步指出，犯罪行为的产生是个人因素、社会因素和自然因素三方面共同作用的结果（"犯罪三原论"）。个人因素包括生理因素和心理因素；社会因素包括政治、经济状况、传统、宗教、风俗习惯、家庭结构、教育制度等因素；自然因素包括气候、季节、地形、物产、自然灾害等。菲利认为：犯罪的产生，除了行为人人格上的因素以外，自然、社会因素对犯罪也有影响，有时社会因素对犯罪起主要作用，有时又可能侧重于个人因素或自然因素，不能过分强调某一方面因素的作用。他同时还提出了"犯罪饱和定律"，即影响犯罪形成的各个因素都有一定的限度，当这种影响因素达到一定量时，犯罪就会发生，且出现对等的关系；当上升到一定量后，犯罪也就饱和了。例如，当社会因素发生变化，犯罪也就随之产生，但一旦社会因素得到改善，犯罪也就达到饱和状态，犯罪率即停留在一定的量上，不再变化。

### 二、犯罪社会学派理论的发展

20世纪30年代后，犯罪的社会学派理论得到了蓬勃发展，出现了一些分支学说，如社会环境论、模仿论、文化冲突理论、社会异常论、标签理论、控制理论、学习理论等。而特别是20世纪70年代以前的主流犯罪学理论就是社会型犯罪学理论，它们都一致认为，犯罪人是心理上正常的人，他们有违法的动机，而这些动机是由各种犯因性社会条件造成的。①

（一）社会环境论

社会环境论认为，犯罪不是由犯罪人的生理因素决定的，而是由社会环境影响的。社会环境是犯罪的培养基，犯罪人则是细菌，当细菌进入培养基后就会产生犯罪。因此，社会环境在某种意义上是犯罪产生的主要因素。该理论完全否认生理因素，也忽视人的心理因素对行为的作用，把人的犯罪行为完全归结为社会环境的不良影响，显然是有局限性的。

（二）模仿论

模仿论是由法国著名的社会学家、犯罪学家塔尔德（J. G. Tarde，1843～1904年）提出来的。塔尔德认为，犯罪行为的产生不是先天遗传的，而是在社会生活中受社会因素的影响而模仿出来的。人类的社会生活过程就是一个模仿的过程，由于人与人之间互相模仿，社会才得以发展并保持稳定，因而模仿是人类社会生活中不可缺少的行为源泉。他于1890年提出了模仿的规律：人们之间接触越密切，越容易互相模仿；下层人物模仿上层人物；农民模仿贵族；小城镇和农村模仿城市。当两种互相排斥的东西同时流行，其中一种将取代另一种。他认为，"模仿"反映了人与人之间心理上的联系，犯罪也遵从一般的行为模仿规律。犯罪是社会造成的，社会因素是犯罪产生的根源，模仿则是传播犯罪的基本途径。正是人们在社会生活的互相联系、互相接触中，通过模仿学会犯罪进而传播开来的。后来的研究者认为，塔尔德用心理学的模仿规律来解释犯罪现象，是把复杂的犯罪现象过于简单化了。不过，塔尔德的理论批判了犯罪生物学派理论的缺陷，对后世的影响较大，同时，对犯罪社会学派理论的形成和发展起到了重要作用。

（三）不同接触论

不同接触论也译为差异结交论、异化交往论、不同联系论等，是由美国著名的犯罪学家萨瑟兰（Edwin H. Sutherland）在1939年出版的代表作《犯罪学原理》中提出来的。该理论认为，个体所实施的犯罪行为是在与他人的交往中，向与自己关系密切的人学来的。人们学习犯罪行为就如同学习其他正常行为一样，是在社会生活中学会的。因而，接触犯罪行为的机会越多，学习犯罪行为的机会也就越多。萨瑟兰将其理论归纳为九条主要内容：犯罪行为是学习来的；犯罪行为是在与人的交往过程中，通过人与人之间的互相影响而学到的；犯罪行为的学习，主要产生在与之关系密切的社会集团中；对犯罪行为的学习，包括犯罪方法、犯罪动机、犯罪技巧、态度、理由等；对于特定动机和冲动的学习，主要是

---

① 吴宗宪：《西方犯罪学》（第二版），法律出版社2006年版，第323页。

通过法律规范赞同或不赞同的确定性而学得的；犯罪行为的产生，是因为行为人违反法律的想法战胜了遵守法律的想法；人与人之间由于相互影响的频率、持续时间、顺序和强度的不同而影响到犯罪的学习；犯罪行为的学习过程与一般行为的学习过程是一样的；人类一般欲求和价值观念的理论不能用于解释犯罪，虽然犯罪行为也是一种欲求和价值观念的体现，但非犯罪行为也同样是一般欲求和价值观念的体现。该理论无疑可以用来解释一部分犯罪原因，但其缺陷也是明显的，因为它忽视了人的主观能动性，无法解释为什么在相同的环境下，有的人犯罪而有的人却并不犯罪。

(四) 文化冲突理论

文化冲突理论指出，不同国家、不同民族、不同的社会团体由于生活方式、价值观念和风俗习惯等方面的差异，导致了文化规范的不同。犯罪即不同社会集团的不同文化规范之间冲突的结果。该理论的代表人物是美国犯罪学家塞林（Thorstein Sellin，1896~1994年），他在1938年发表的著作《文化冲突与犯罪》中指出，在社会群体用来维护其成员一致性的各种各样的手段中，刑法占据着重要地位，而刑法是主流文化行为规范的表现，犯罪则是与主流文化相冲突的下层阶级和少数民族群体文化的产物；由于下层阶级和少数民族群体的文化与主流文化相冲突，所以，遵从下层阶级和少数民族群体的文化，就必然会产生违反刑法的犯罪行为。塞林认为，除了不同民族之间存在文化冲突外，不同阶层、不同团体、不同时期、不同地区的文化都存在冲突，所有这些冲突都可能导致犯罪。美国的另一位犯罪学家米勒（Walter Miller）也认为，犯罪是低阶层文化的正常反映；低阶层文化的核心包括诸如斗殴、酗酒、盗窃、不当性行为、爱耍小聪明、追求生活中的刺激、欣赏勇猛和坚强等。

(五) 社会异常论

社会异常论（又称压力论、紧张状态论、激发论等）认为，犯罪是行为人由于不能通过合法手段获得社会地位和社会财富而产生的沮丧和气愤的产物。美国社会学家默顿（Robert Merton）在《社会结构和反常状态》一书中指出，美国社会是过分重视实现目标结果的社会，成就和名利是这种目标结果的标准；美国的社会、学校、家庭和大众传播媒介都大肆宣扬竞争、个人奋斗和出人头地，把物质财富和社会地位作为实现文化目标的主要象征。但是，由于社会歧视性的阶级结构和种族等级的存在，不是所有人都能平等地得到实现这些文化目标的机会和常规手段，那些处于下层社会的阶级由于无法取得同中上层阶级竞争的优势，便会产生一种紧张状态，并导致破坏法律的行为发生。

(六) 标签理论

标签理论（Labeling Theory，又称标定理论、贴标签论）则主张，行为人变为罪犯的主要原因是社会给其贴上了"越轨者"的标签。所谓"贴标签"，就是立法者、司法者、社会舆论把某些个体定义为"越轨者"的过程。该理论的代表人物贝克（H. Becker）和利莫特（Edwin M. Lemert）认为，社会对确有一定越轨行为的人贴标签，反而刺激、加强或者促成了被标签者的恶性转化，从而进行更多的犯罪活动。

（七）控制理论

控制理论是指用社会控制的强弱来解释犯罪行为产生原因的一组理论，其代表人物有美国犯罪学家雷克里斯和赫希。犯罪的控制理论假定，驱使个人进行犯罪行为的动机，是个人人性的一个部分，每个人都是潜在的犯罪人。如果放纵自己的欲望的话，任何人都会自然而然地实施犯罪，因此，犯罪学研究的关键问题应当是"大多数人为什么不犯罪"的问题。人民之所以不犯罪，是由于存在抑制或控制我们不犯罪的各种力量的缘故；人民之所以犯罪，也是由于抑制和控制人民不犯罪的力量薄弱的缘故，而不是由于存在驱使他们犯罪的力量。[1]

（八）学习理论

20世纪50年代，美国心理学家班杜拉（A. Bandura）将此学派进一步发展。他认为，犯罪行为（特别是攻击行为）不是与生俱来的，而是后天习得的，犯罪心理的产生主要有三方面来源：（1）观察学习：包括家庭成员的影响和强化，人们所属亚文化的影响，广泛使用的宣传工具所提供的具有充分形象的范例等。（2）凭直接经验学习：行为人通过自己犯罪或错误行为结果的直接经验而形成。（3）生物学因素：适当的环境刺激激活了犯罪的神经生理机制，神经生理机制要限定攻击性反应的类型、决定感知和受影响的速度，因而它要影响犯罪心理和行为的模式。班杜拉认为，观察学习是最重要的，特别是家庭成员的示范和犯罪鼓励、父母的攻击和言语表情、亚文化的犯罪率、符号示范（如宣传暴力、色情的电影、电视、书刊等）对人们的犯罪心理和行为会产生直接影响。

（九）破窗理论

破窗理论的代表人物是哈佛大学的威尔逊（James Q. Wilson）及凯林（George L. Kelling）。他们通过实验研究发现，如果一个公共建筑物的一扇窗户损坏了并且没有及时得到修理，很快该建筑物的其他窗户也会被损坏；因为坏的窗户表明没有人关心它，那么损坏其他更多的窗户也不会有什么不良的后果。在此基础上，威尔逊及凯林提出了破窗理论，他们认为，公共场所或邻里街区中的乱扔垃圾、乱涂乱画、打架斗殴、聚众酗酒、强行乞讨等看似较小的无序和破窗一样，如果得不到及时整治，就会增加人们对犯罪的恐惧，导致社会控制力的削弱，从而引起更加严重的无序甚至犯罪。而如果警察和社区能够积极地干预这些可能诱发犯罪的无序环境，就可以有效地控制、预防和减少无序的累积和某些犯罪

---

[1] 吴宗宪：《西方犯罪学》（第二版），法律出版社2006年版，第381页。

的发生。其主要观点有：（1）无序与犯罪之间存在相关性；（2）大量的、集中的和被忽视的无序更容易引发犯罪；（3）警察通过实施规则性干预可以有效预防和减少区域性无序；（4）警察与社区应当建立合作关系，强化社区的自我控制力。

此外，副文化群论、社会生态学理论等都重视和强调社会客观环境对犯罪心理和行为所产生的影响。

犯罪的社会学派理论着眼于社会生活环境，强调犯罪行为的发生主要是受社会因素制约，反对"天生犯罪人论"和"遗传决定论"的观点，具有积极的意义，是有关犯罪研究的一大进步；有的理论在一定范围内还具有一定的说明力，能解释部分犯罪原因。但这些理论由于过分强调社会因素的作用，忽视了主体生理和心理因素对犯罪行为的影响，使得它们都存在不同程度的片面性和局限性。

## 第三节 犯罪的精神分析学派理论

### 一、犯罪精神分析学派理论的产生

在现代犯罪学的历史上，精神分析理论一度是占主导地位的现代犯罪学理论，曾代表现代犯罪心理学理论的主流。[①] 该学派产生于19世纪末20世纪初，创始人弗洛伊德（1856~1939年）在心理学领域开创的精神分析理论，在世界范围内影响极广。精神分析学派不仅扩大了心理学的研究领域，如对无意识、梦、过失与错误等问题的研究，而且在研究人的深层次的心理上，不满足于研究精神现象的"表面价值"，而是追本求源、寻根问底，对人的心理现象进行深刻的剖析；同时，在研究方法上所采用的"自由联想法"及荣格的"词的联想法"等，都成为心理学广泛采用的方法。许多名词术语，如"无意识""文饰作用""自卑感""优越感""内倾""外倾""补偿作用""投射作用""压抑作用"等都经历了实践的检验，成为心理学的流行用语。由于精神分析学派的研究主题涉及以往没有涉猎的关于人的心理深层结构、内在心理动力，以及对性问题的特殊注意，并把人的心理动力和能量都最后归结为性的问题，使得精神分析理论本身被披上了一层浓厚的神秘面纱。

该学派认为，人的许多行为都来源于无意识过程，是受性本能驱使的。人格的形成是生物欲望（力比多，libido）发展的结果。人格结构分为本我、自我、超我三个部分，这三部分互相渗透、互相作用，充满冲突，产生动力作用，支配人的行为。

---

① 吴宗宪：《西方犯罪学》（第二版），法律出版社2006年版，第240页。

(1) 本我或伊德（id）：是一个人生来所具有的各种本能冲动的总和。它的特点是无方向性、无逻辑性、未分化性；它只根据"快乐原则"活动，是人的一切特性的基础。

(2) 自我（ego）：是所谓"现实化了的本能"。当本我按照"快乐原则"进行活动时，由于本我只是混沌的欲望，无法与现实相接触，必然要通过与外部世界发生关系来实现自己的目的，在与外界相接触、相交往的过程中，追求快乐的目的行为必然受到现实社会的约束，在现实的反复教育下，认识到环境的危险，变得懂道理了，它控制本能和欲望，在现实允许的合理的生活中实现快乐的目的，即既要获得快乐，又要避免痛苦，因而从本我与现实矛盾冲突中就分化出了自我。自我按照"现实原则"进行活动，自我的作用就是要控制本我，与外界现实相接触，满足生理冲动，避免痛苦，同时又要在超我的监督和约束下，调解本我与现实的冲突。

(3) 超我（superego）：是以良心和批判能力为主体组合而成的，是道德化了的自我，它是人格中最后形成的最文明的部分，可以说是人的一种理想。它是在自我与现实的冲突中分化出来的，并在自我不能满足现实环境的要求时，满足个体的要求。超我包括两个部分，一方面是所谓的"良心"，这是一种是非感，谴责和惩罚违反道德行为的标准；另一方面是自我理想，这是确定道德行为的标准。因而超我按照"道德原则"或"理性原则"进行活动，它的职责是指导自我去限制本我的活动，同时，根据社会道德规范确定道德行为标准，以及对违反社会道德标准的行为进行惩罚。

精神分析学派认为，人格结构的三部分互相冲突、互相渗透、互相作用而构成一个整体。当这三部分彼此和谐时，即为正常人；而当行为人的人格结构与需要层次不能达到彼此和谐，在超我又有缺陷时，本我的盲目冲动就不会受到超我的约束、管制，因而就会产生违反社会道德的行为，或犯罪行为。

**二、犯罪精神分析学派理论的发展**

最先用该理论来解释犯罪心理和行为的并不是弗洛伊德，而是德国犯罪学家艾其浩，他认为，本我的盲目冲动和性本能是促使一个人犯罪的原动力；犯罪人的自我不完善、不成熟，使自身对行为的控制出现弱点甚至裂痕，于是，犯罪人便可能以急躁的、紧迫状态的冲动和焦虑释放本我；犯罪人的超我不完善、有缺陷，不能控制冲动性的本我。

此外，还有人用侵犯本能、利欲本能、性本能和权欲本能等来解释犯罪心理和犯罪行为。

（一）侵犯本能说

侵犯本能说认为，人之所以产生犯罪心理和犯罪行为，是由于人的侵犯本能突出发展所致。侵犯本能是动物在弱肉强食、适者生存的进化过程中,赖以维持自己生存的一种本能。人是由动物演化而来的,虽然在长期的演化过程中,这种野蛮的侵犯本能已逐渐消失,但不可能完全消失。在社会的约束和监督之下,人的侵犯本能处于隐蔽状态,但在发怒和激烈争斗时,它就会不自觉地流露出来。

（二）利欲本能说

利欲本能说宣称,人的生存欲望、需求是产生犯罪心理的原动力。生存欲求即利欲心,是人的一种内驱力。当一个人的利欲本能长期得不到满足时,便可能谋求不正当的补偿满足,从而诱发犯罪心理和犯罪行为的产生。

（三）性本能说

性本能说认为,性冲动是产生犯罪心理的唯一原因,是一切犯罪的原动力。甚至认为,"十个案子九个奸",有些刑事案件,虽然表面上是诈骗、抢劫、盗窃等财产性质的犯罪,或者是杀人、伤害等侵犯人身权利的犯罪,但是,隐藏在犯罪现象背后的真实动机却是满足性的冲动。

（四）权欲本能说

权欲本能说指出,人具有保存自己、追求优越、崇尚权力的欲望;当这种欲望长期得不到满足时,就会形成自卑感;犯罪就是人为了克服自卑感而进行的过度补偿的结果。

（五）挫折—攻击理论

与精神分析学派有关的挫折—攻击理论也有一定的影响。该理论代表人罗森茨韦克（Saul Rosenzweig）、多拉德（J. Dollard）和米勒（N. E. Miller）等认为,犯罪是个体受到挫折后产生的一种攻击反应行为。挫折是指个体在从事有目的的活动过程中,遭到干扰或障碍,致使其动机不能实现,欲求不能获得满足时的情绪状态。该理论认为,当一个人的动机受到挫折时,为了减轻心理的紧张情绪,使内心保持平衡,必然要通过侵犯攻击行为来宣泄内心的不满,因而侵犯攻击行为就成为最原始而普遍的一种反应。侵犯攻击行为的形式,往往受到欲求的程度、个体的人格特征以及挫折的突然性等因素的影响。一般来说,发生攻击行为之前,必定先有挫折;受挫折的强度越大,其攻击行为的强度相应亦大,反之,受挫折的强度越小,攻击行为的强度也就越微弱。一个人产生挫折,可以由多方面因素造成,而相应的攻击行为则可以从三个方面表现出来：一是内罚性反应,即把受到挫折的原因归咎于个体自身,对自己自责、损伤,甚至作出极端的自残行为;二是外罚性反应,即把受挫折的愤怒情绪和攻击行为指向社会、团体和他人;三是不罚性反应,即不把攻击行为指向任何一方,将其局限在最小的限度,或予以忽视。该理论认为,在这三种情况中,外罚性反应最容易导致暴力犯罪行为的产生。当一个人的欲求得不到满足时,个体即将这种激怒的情绪通过向社会或他人实施攻击行为或报复行为来得到补偿,从而求得心理的平衡。因该理论将挫折与产生攻击行为的关系绝对化了，且忽视法律、道德对人的影响，忽视个体自身的意志对欲求的控制和调节作用，因而受到了一些学者的批判。

综上所述，犯罪的精神分析学派理论将犯罪心理和犯罪行为的产生，归结为人的本能冲动，并认为人的先天本能是推动犯罪心理产生的原动力，这显然是不符合犯罪的实际情况的；该学派在研究方法上缺乏严格的科学性，并带有主观主义色彩；研究对象是精神病人而不是犯罪人，这就决定了其结论是荒谬的，它忽略了社会环境对犯罪心理和行为的决定作用，没有真正揭示出犯罪心理产生的实质。从客观效果上看，它实际上是在为犯罪人开脱罪责，因为按照该学派的观点，犯罪心理和行为的产生是无法抗拒的本能冲动，而不是犯罪人的有目的、有意识的心理活动和行为表现。显然，用精神分析的观点来解释犯罪心理和行为是极其牵强附会的。然而，该理论在治理和预防变态心理者犯罪方面还是有一定的实践价值的。[①]

**【课后练习】**

阅读下列材料并回答问题。

"惯常性犯罪人也经常表现出许多特点。这些特点可以归纳为：毛发稀少、缺乏力量、体重轻、头骨容积小、前额后缩、额窦发展明显、经常出现中前额骨缝和沃姆氏骨、早熟性骨结（特别是在前额）、颞颥弓突出、骨缝简单、颅骨较厚、下颌骨和颧骨凸出、突颌、眼眶歪斜、皮肤颜色较暗、毛发茂密、长着把柄状耳或者大耳、具有两种性别的特点。"

——摘自[意]切萨雷·龙勃罗梭：《犯罪人论》，黄风译，北京大学出版社2011年版，第226页。

"考虑到人类行为，无论是诚实的还是不诚实的，是社会性的还是反社会性的，都是一个人的自然心理机制和生理状况及其周围生活环境相互作用的结果，我特别注意犯罪的人类学因素或个人因素、自然因素和社会因素。"

——[意]恩里科·菲利：《犯罪社会学》，郭建安译，中国人民公安大学出版社2004年版，第143页。

问题：1. 上述材料分别反映了关于犯罪原因的什么观点？两者有什么区别？
2. 如何评价和认识"天生犯罪人"理论？
3. 如何评价和认识犯罪的精神分析学派？
4. 立足当下，我们应该从不同的犯罪心理学理论流派中学习什么？

---

[①] 梅传强主编：《青少年犯罪心理研究》，成都科技大学出版社1993年版，第28页。

# 第四章 犯罪心理生成机制概述

【知识提要】

需要是生成犯罪心理的基础,也是犯罪的人性基础。需要是指个体和社会生活中必需的事物在人们头脑中的反映。人的需要具有多样性,需要的内容不断生成,永无止境,总是处于永不满足的状态,呈现出永无止境性。但是,满足需要的方式要受到人类社会文化的制约,同时还要受到道德和法律的约束。犯罪的人性基础就是个体未满足的需要,其实质是满足需要的手段方式不被法律所认可且超出了社会心理的容忍度,即采取刑事法律所不允许的方式满足自己的需要。"犯罪心理生成机制"是指在犯罪心理的形成和发展变化过程中,各种影响因素之间相互作用的过程、方式和原理。"犯罪心理生成机制"的内容包括四个层次:第一层次是人格缺陷的形成;第二层次是犯罪意识的生成;第三层次是罪过心理的生成;第四层次是犯罪心理的转化。

## 第一节 生成犯罪心理的人性基础

### 一、心理与行为生成的基础——需要

(一)需要的概念

需要是指个体和社会生活中必需的事物在人们头脑中的反映。需要的产生是由于个体内部生理或心理上存在某种缺乏或不平衡状态。例如,血液中血糖成分的下降会产生饥饿求食的需要;而水分的缺乏则会产生口渴想饮水的需要;生命财产得不到保障会产生安全的需要;孤独会产生交往的需要;等等。由于有缺乏状态,才有对缺乏状态的平衡,进而有对缺乏之物的择取。因此,需要是人处于缺乏状态时体内出现的自动平衡倾向和择取倾向,当人们需要某种东西时,便会把缺少的东西视为必需的东西,为了求得心理平衡,人必须进行有关活动以获得所需之物满足需要。可见,需要是个体活动的积极性源泉,是人进行活动的内在基础和基本动力。人的各种活动,从饮食男女、学习劳动、创造发明,乃至犯罪行为,都是在需要的基础上产生的。一旦个体内部的某种缺乏或不平衡状态结束了,需要也就得到了满足。这时,个体内部又会产生新的某种缺乏或不平衡状

态，产生新的需要。

需要激发人去行动，使人朝着一定的方向行为，追求一定的对象，以求得自身的满足。需要越强烈、越迫切，由它所引起的行为倾向就越强烈；同时，人的需要也是在行为活动中不断产生和发展的。当人通过某种行为活动使原有的需要得到满足时，人和周围现实的关系就发生了变化，又会产生新的需要。这样，需要推动着人去从事各种活动，在活动中需要不断地得到满足又不断产生新的需要，从而使人的活动不断进行下去。可以说，追求需要的满足，是人类个体和社会发展的根本动力。正因如此，对人类的社会行为和各种社会现象的探讨，应该从人类的需要入手，以探讨人类的需要为出发点。[1] 日本学者西原春夫指出："行动的开端是意志，而其背后是欲求。当然，欲求的背后是动机，其背后还有生理要求。……要探讨行动的逻辑规律的开端，仍然要从'欲求'和'欲望'方面考虑，只有这样做才是适当的。"[2] 从犯罪心理的生成过程和机制看，无论是犯罪动机的生成，还是犯罪意识和罪过心理的形成，都与追求需要的满足有关。

（二）需要的类型

人的需要是多种多样的，可以按照不同的标准对它们进行分类。马克思把人的需要划分为物质需要与精神需要两个种类，以及生存需要、享受需要和发展需要三个层次。[3] 日常生活中，最常见的是采用二分法把各种不同的需要归属于两大类。例如，将其分为生物性（生理性）需要与社会性需要，或原发性需要与继发性（习得性）需要，或外部性需要与内部性需要，或物质性需要与心理性（精神性）需要，等等。

生物性需要是指保存和维持有机体生命和延续种族的一些需要。例如，对饮食、运动、休息、睡眠、排泄、配偶等的需要。此类需要人与动物都具有，但人类的生理需要与动物的生理需要有本质的区别。因为人类的生理需要的满足要受到社会生活条件的限制，特别是要受到社会习俗和道德等的约束。

社会性需要是指与人的社会生活相联系的一些需要。社会的需要表现为这样或那样的社会要求；当个人认识到这些社会要求的必要性时，社会的需要就可能转化为个人的社会性需要。社会性需要是后天习得的，源于人类的社会生活，属于人类社会历史的范畴，并随着社会生活条件的不同而有所不同。社会性需要也是个人生活所必需的，如果这类需要得不到满足，就会使个人产生焦虑、痛苦等情绪。社会性需要的种类很多，比较重要的有劳动需要、交往需要、成就需要、

---

[1] 该观点为陈忠林教授所提出。陈忠林教授认为："整个社会科学的根基在于人的需要及其满足需要的特有方式所组成的这一对矛盾。"参见陈忠林：《自由、人权、法治——人性的解读》，载《现代法学》2001年第3期。

[2] ［日］西原春夫：《刑法的根基与哲学》，顾肖荣等译，法律出版社2004年版，第91页。

[3] 《马克思恩格斯全集》（第3卷），人民出版社1972年版，第572页。

学习需要、获得尊重的需要等。

最近几十年来在西方和我国产生过重要影响的，是美国著名心理学家马斯洛（Abraham H. Maslow，1908~1970年）在1943年所提出的一种分类，他认为人类的基本需要是按优势出现的先后或力量的强弱排列成等级的，按其强弱和先后出现的次序需要可以分为五种[①]：

1. 生理需要

有机体为了生存和繁衍，对阳光、水、空气、食物、排泄、求偶、栖息等的需要。其产生的原因是有机体在生理方面有某种缺失感，而一旦获得满足，由缺失引起的驱力紧张状态就可得到减弱或消除。这些需要在所有需要中占绝对优势，如果所有这些需要没有得到满足，此时有机体会全力投入满足饥饿的服务之中。感受器、效应器、智力、记忆、习惯这一切都成为满足饥饿的工具。当人的肌体被生理需要主宰时，人关于未来人生观也有变化的趋势。例如，对于一个长期极度饥饿的人来说，生活本身的意义就是吃，其他任何东西都不是重要的。自由、爱、公众情感、尊重、哲学等都被当作无用的奢侈品弃置一边。人们在生理需要得到基本满足时，其他更高级的需要就会立即出现，这些更高级的需要便开始支配有机体。

2. 安全需要

人对无威胁、能预测、有秩序的生活环境的欲求。如对于稳定、安全、依赖、受保护，免受恐吓、焦躁和混乱的折磨，对体制、秩序、规律、界限的需要，对于保护者实力的要求，等等。如果生理需要相对充分地得到了满足，就会出现安全需要。

3. 归属和爱的需要

个人对友伴、家庭的需要。如人们都需要朋友、爱人或孩子，渴望在团体中与同事间有深厚的关系等。如果生理需要和安全需要都很好地得到了满足，归属和爱的需要就会产生。在人被归属与爱的需要所支配时，他会空前强烈地感到缺乏朋友、心爱的人或孩子；如果这类需要没有得到满足，一个人就会强烈地感到孤独，感到被抛弃，遭受拒绝，举目无亲，尝到浪迹人间的痛苦。

4. 尊重的需要

个人对自己的尊严和价值的追求。可分为两类：一是希望获得他人的尊重，如希望有实力、有成就、能胜任、有信心，以及要求独立和自由；二是指个人对自己的尊重，如渴望有名誉或威信、赏识、关心、重视和高度评价等。这些需要一旦受挫，就会使人产生自卑感、软弱感、无能感。

---

① ［美］亚伯拉罕·马斯洛：《动机与人格》，许金声等译，中国人民大学出版社2007年版，第16~30页。

5. 认知、审美和自我实现的需要

认知需要是指满足好奇心，寻求了解、解释和理解的需要；审美需要是指人都具有对真、善、美的事物的内在需求；自我实现的需要是指个人希望充分发挥自己才能和潜力的需要，或促使自己的潜能得以实现的趋势。这种趋势是希望自己越来越成为所期望的人物，完成与自己的能力相称的一切。如对充分发挥自己的聪明才智的需要，对认识自己与周围世界的需要，对艺术欣赏的需要等。

马斯洛还认为，这五种需要实质上是需要系统的五个层次。当低层次的需要因目的达到而获得满足后，高层次的需要就处于欲求不满状态，推动个体去行为以获得高层次需要的满足；当高层次的需要得到满足后，又推动个体去满足更高层次的需要。[①] 这样，需要及其追求需要的满足就成为人类个体心理和行为活动的基础。个体在追求需要的满足过程中不断充实和完善自己，使自己不断由幼稚向成熟、由低级向高级发展。例如，人在满足了生理、安全、归属与爱以及尊重需要的基础上，最终可能达到自我实现的需要。但是，为满足自我实现需要所采取的途径是因人而异的。自我实现的需要是人类需要结构中最高层次的需要，但不是每一个成熟的成年人都能自我实现，能自我实现的人是极少数的。

马斯洛的观点显然具有积极的、合理的成分和辩证的因素，对深入认识需要是有启发的。然而，该理论也有明显的片面性：一方面，它有机械主义倾向，忽视了人的主观能动性和高层次需要对低层次需要的调节作用，并把人的需要看成个人先天潜能或内在价值的显露，甚至把自我实现也看作与生俱来的本性，而不认为是社会要求在人的头脑中的反映；另一方面，该理论只看到了人的基本需要的递进关系和不同层次之间的矛盾对立统一，而忽视了同一层次不同类型的需要之间的冲突；他只看到了个体自身的需要之间的冲突，而忽视了个体与他人或社会的需要之间的冲突。

二、对人性的心理学分析

什么是人性？古今中外形形色色的思想家根据自己的理解和感悟，提出了不同的见解。例如，以自然法为核心的启蒙思想家认为，人性就是人"知善辨恶""择善弃恶"的理性；以最大多数人的最大幸福为追求目标的社会功利主义者主张，趋利避害才是决定人行为的终极动因；以全人类的彻底解放为最高理想的马克思主义者，则把自己的全部理论建立在了"人必须衣食住行"这一人类最基本需要的基础之上。[②] 马克思指出："直接属于人的本性的那些需要，他们的需要即

---

① 参见 [美] 亚伯拉罕·马斯洛：《动机与人格》，许金声等译，中国人民大学出版社 2007 年版，第 16~30 页；《马斯洛人本哲学》，成明编译，九州出版社 2003 年版，第 52~58 页。
② 参见陈忠林：《自由、人权、法治——人性的解读》，载《现代法学》2001 年第 3 期。

他们的本性。"① 可见，在马克思看来，人性实际上是人的各种需要的总和。其实，无论是启蒙思想家所昭示的理性，还是功利主义者强调的趋利避害，抑或是马克思主义作为基本出发点的"衣食住行"，都属于人们共有的不同层次的基本需要。理性是认知的需要，趋利避害是安全的需要，衣食住行是生理需要。因此，不同层次的基本需要就构成了人的本性。人性中既有生物性的成分（如对求食、避害、求偶、交配等个体发展和种族繁衍的需要），又有社会性的成分（如对学习、劳动、交往、名誉、社会地位、人格尊严等方面的需要），但主要的是社会性。因为在人的基本需要结构中，是以社会性需要和精神需要为主的。从静态角度看，人性是中性的，不存在善或恶的问题，因为它是人的基本需要，每个人都一样。然而，从动态角度看，需要不会自己满足，它必须推动人通过一定的行为方式才能获得满足；不同的人，追求需要满足的方式不同，所采取的行为手段也有差异，而行为的手段方式又必然会与他人和社会发生联系，不可避免地要受到社会规范（如道德、法律）的评价。因此，满足需要的方式不同，行为人与他人或社会就形成了不同性质的社会关系，也才会表现出是非善恶来。

（一）需要内容的无止境性

与其他生物相比，人的需要的一个显著特点是：需要的内容不断生成，永无止境；需要总是处于永不满足的状态。正如陈忠林教授所指出的："在绝大多数情况下，人的需要都是处于一种没有得到全部满足的状态之中。如果'乐天知命''随遇而安'，能较好地说明其他生物具有顺从大自然宿命安排的特点的话，那么，'人定胜天''制天命而用之'，才可能是人的需要属性的真实写照。"② 心理学的研究也表明：人的需要"除了短暂的时间外，极少达到完全满足的状态。一个欲望满足后，另一个迅速出现并取代它的位置"③。美国心理学家马斯洛也早就指出："人是一种不断需求的动物，……人几乎总是在希望什么，这是贯穿人整个一生的特点。而人因需求所引发的行动都趋于成为整体人格的一种表现形式，从中我们可以看出他的安全水平、他的自尊、他的精力、他的智力等各种情况。"④ 正是人类需要的永不满足的特性，推动了个体心理不断由低级向高级、由简单向复杂的方向发展；同时，也正是由于人类需要的永不满足，才激发了人类的创造潜力，促进了人类社会的不断发展和文明进步。可以想象，对个体而言，如果无所欲求、无所期盼，那么，其生活无异于行尸走肉、得过且过；对社会群体而言，若满足于现状，闭关自守，社会生产力将处于裹足不前的境地。

---

① 《马克思恩格斯全集》（第3卷），人民出版社1972年版，第326页。
② 参见陈忠林：《自由、人权、法治——人性的解读》，载《现代法学》2001年第3期。
③ 张爱卿：《动机论：迈向二十一世纪的动机心理学研究》，华中师范大学出版社1999年版，第49页。
④ 《马斯洛人本哲学》，成明编译，九州出版社2003年版，第1页。

人的需要内容的无止境性（或曰人的欲望的无限性、无穷性等），主要表现在两个方面：

第一，从横向方面看，对同一种需要而言，"人有'喜新厌旧'的特点，有不断丰富、发展其内容的要求"①。就拿生理需要来说，在"衣"方面，人不仅满足于御寒，而且还要追求穿得舒适、漂亮、美观、时尚；在"食"方面，人不仅和其他动物一样"食不厌精"，而且更有其他动物所没有的"精益求精"，追求色、香、味、营养俱全；在"住"方面，人不仅要求能够避风遮雨，而且还追求美观、安全、生态，从单间、套间到跃层、别墅，永无止境；在"行"方面，人类可谓费尽心机，花样百出，从利用自然力（如水的流动）、驯服动物航行，到现代各种交通工具的发明、应用，人类的要求是越来越快捷、安全、舒适；在"性"方面，人也绝不局限于满足传宗接代，而且更重要的是追求爱的升华、身心愉悦；在"安全"需要方面，人类追求的目标不仅是要逃避自然灾害，利用自然资源趋利避害，而且要尽可能地躲避一切危险，防止一切疾病，保持个体的身心健康和社会的有序发展。总之，人类为了同一种需要而不断追求满足的过程永无止境，而人的需要横向膨胀的这一特征，常常成为诱发其犯罪动机的内在根源。

第二，从纵向方面看，对不同层次的需要而言，在低层次的需要得到满足以后，人随即产生高层次的需要；当高层次的需要得到基本满足以后，人就会产生更高层次的需要；如此不断递升、循环。关于此问题，马斯洛的需要层次理论已有精辟论述，在此不再赘述。总之，"在这种永无止境的'没有最好，只有更好'的本性面前，人所面临的一切现实都可能成为限制其更高追求的障碍，……于是，希望打破这种枷锁，希望能够按照自己意欲的方式生活，就成了人所特有的一种需要：自我实现的需要。在我看来，人的这种需要不仅是区别于其他动物最重要的标志，也是人类社会前进的唯一动力。"②

正是由于人的需要内容丰富且难以完全得到满足，所以，它常常成为诱发犯罪的内在原因。在现实生活中，物欲、官欲、色欲等无限膨胀，常常成为腐败犯罪的根源。一些"公仆"，他们衣食无忧，甚至是丰衣足食，但一有机会仍然收受贿赂，沦为腐败分子；一些贪官污吏，从小贪、中贪，到大贪、特贪，最后是贪得无厌。需要的无止境，欲望的无限膨胀，是其犯罪心理的人性基础。

（二）需要满足的受制约性

与其他生物相比，人类需要的另一个本质特征是：满足需要的方式要受到人类社会文化的制约，同时还要受到道德和法律的约束。人类无论是追求生物性需

---

① 参见陈忠林：《自由、人权、法治——人性的解读》，载《现代法学》2001年第3期。
② 参见陈忠林：《自由、人权、法治——人性的解读》，载《现代法学》2001年第3期。

要的满足,还是追求精神需要或社会性需要的满足,都无一例外地要依赖于社会和他人;而动物则不尽然。也就是说,人自身只是提出需要的地方,而不是自己满足自己需要的场所。正是由于人追求需要的满足离不开社会和他人,所以,人追求需要满足的行为方式要受到社会道德和法律的约束。正如陈忠林教授所分析的:"人们常说,'人是社会性的动物',就是因为人的任何需要都只能在社会中,在个人与他人关系中,才可能得到满足。脱离了社会,人或是不能生存,或是退化为动物,除此之外,恐怕没有其他选择。人满足需要的特有方式决定了这样一个事实:即使在最合理的社会中,一个人希望按照自己方式生活的需要,也必然会受到同样希望按照自己方式生活的其他人同样的需要的制约,受到社会所能提供的物质条件和文化环境的制约,受到由他人同样的需要和社会条件所决定的社会容忍度的制约,受到反映他人同样需要和社会容忍度的社会规则、社会秩序的制约。"[①] 可见,人的需要满足的受制约性主要表现在以下方面:

首先,人的需要的内容要受到个体所处的时代的生产力、社会环境条件、社会文化氛围等方面的制约。不同时代,由于社会生产力发展水平不同,社会所提供和开发的物质资源都是有限的,社会不可能给每个人提供满意的环境。人们的欲望可以借助想象力无限膨胀,超越所处时代的生产力的限制,但对欲望(需要)的真实满足却不可能不受制于现实的生产力水平。例如,在科学技术不发达的时代,人们想上天飞行或者奔月旅游,就只是一种梦想,而这种梦想的实现,太空旅行需要的满足,无疑会受制于航天技术的发达水平。人们所处的社会环境和文化氛围不同,其满足需要的方式也是不同的。例如,偏远农村的经济条件和物质文化生活水平等与经济发达的大城市相比有一定的差距,而生活在经济相对落后的偏远农村的人,要想现实地过上和城里人一样的生活,就可能要受到社会环境和生活条件的限制。

其次,个人需要的满足要受到其主观能力等自身条件的限制。尽管人的欲望(需要)可以相同或相似,但并非每个人满足需要的能力都是一样的。不同的人,由于自身的身体和心理素质不同,所受的文化教育、职业性质、生活阅历等方面的差异,决定了满足需要的能力有大有小;即使是能力超强的人,由于自身的生理和心理的承受力有极限,也不可能满足任何需要。因此,个人本身的能力也是限制需要满足的一个主要因素。

最后,满足需要的方式要受到社会和他人的种种限制。个体在追求自身需要的满足时,至少不能严重剥夺或侵害他人同样需要的满足。如果个体不顾及自身条件和社会现实,不切实际地运用社会和他人不认可、不能容忍的方式追求需要的满足,同样可能成为犯罪的动因。无论是生理性需要还是社会性需要,其满足

---

① 参见陈忠林:《自由、人权、法治——人性的解读》,载《现代法学》2001年第3期。

方式迫使人对自己的需要内容及其满足方式都要有所约束和节制,不能过于放纵和任性,需要的满足始终是有限度的。

### 三、犯罪的人性基础与实质

从上面对人类需要特点的分析中可以看出,人的需要内容永无止境,"人心不足蛇吞象",而满足需要的方式又必然受到限制和约束。这样,在需要的内容与需要的满足度之间就存在冲突。"人的需要及其满足方式所组成的这一对矛盾,决定了现实中的个人自由,或者说个人按自己意愿方式生活的需要,不能不以满足人类更为基本的需要为基础(如生命、财产、安全),不能不以不侵害他人的同等自由(如秩序、名誉)为前提,不能不以不破坏提高社会整体需要层次的社会主流价值(如社会最基本的道德规则)为条件。这些基础、前提、条件的总和,就是现实中规定个人自由内容及其限度的秩序。就人的需要而言,这种秩序不仅是现实中自由的限度和保障,更重要的是,它也是人特有的比绝对的个人自由更为基本,因而也更应优先满足的需求。在这个意义上说,现实中的自由无非人类希望建立一种能最大限度地满足自己需要的合理秩序的反映。"[①] 如果个人有意蔑视社会主流价值,有意要冲破社会法律的约束,采取社会不认可的方式追求需要的满足,那么,就可能构成犯罪。因此,犯罪的人性基础就是个体未满足的需要,其实质是满足需要的手段方式不被社会所认可而且超出了社会心理的容忍度。

(一) 个体需要结构的不合理发展

从犯罪心理的形成和发展过程看,需要内容的失衡与满足需要的方式之间的冲突是其内在根源。需要内容的失衡又是由需要结构的不合理发展导致的。在正常情况下,人的需要结构中的各个部分和各个层次之间都应当是彼此协调发展的,而且需要的内容(包括物质需要和精神需要)总是与个体自身的现实状况(如能力和满足需要的现实条件等)相协调适应的。

需要结构的协调发展,是指高层次的需要是在低层次需要的基础上发展起来的,而已经形成的高层次需要又会对低层次需要有约束和调节作用,使人的整个需要结构成为有序的机能系统。犯罪人需要结构的不合理发展,主要表现为在低层次的需要上面无限扩张和膨胀,而没有往高层次的需要上面上升。例如,许多犯罪人(尤其是青少年犯罪人)生活目标短浅,胸无大志,他们往往追求吃得好、穿得好、玩得好,对物质的欲望与贪婪达到无止境的疯狂地步,甚至表现出一种病态,而对于社会名誉、自尊、社会成就等需要则考虑较少。

需要内容与个体现实状况的协调,是指个体的需要内容不能明显超过正常合

---

[①] 参见陈忠林:《自由、人权、法治——人性的解读》,载《现代法学》2001年第3期。

法满足的可能性。如果个体的需要内容明显超越了其现实状况，则会造成心理上的严重失衡，进而激起强烈的渴求状态，促使行为人采取非正常的、以侵害他人或社会利益为代价的反社会行为方式来满足其需要。也就是说，即使内容合理但在当前主客观条件下不能获得满足的需要，也可能激发犯罪动机。例如，在生理成熟超前而结婚年龄推迟的条件下，结婚之前青少年的性需要；工资收入较低而又想超前消费的需要；等等。上述需要不能轻易地说是"不良的"或"反社会的"，它们可以说是合理的，只是在现阶段的社会条件下无法获得满足，或其中的有些需要对某些人来说无法获得满足。如果行为人不顾及客观条件的限制、对需要缺乏必要的控制，就可能造成紧张的心理失衡状态，进而促使行为人运用社会不认可的方式满足需要。当然，如果需要的内容本身就是违背社会道德和其他社会生活准则的，如吸毒的需要、畸形的性需要、剥夺他人生命的需要等，那么这些需要就可能直接激发犯罪动机。

（二）满足需要的方式不被社会认可

俗话说："君子爱财，取之有道。"个体在满足自己的需要时，要顾及他人和社会的利益，采用社会所认可的方式。本来，欲望与需求人皆有之，无可厚非，但若采取严重侵害他人或社会利益的行为方式来满足自己的需要，那么，这种行为就可能是犯罪行为。

犯罪人的需要是多种多样的，与一般人相比，既有其自身的特点，又存在一些相同特征。但至少有一点与一般人不同，即他们在满足自己的需要时采用的手段、方式不恰当，或者违反了刑法。例如，有些人进行财产犯罪的需要是为了过富裕的生活，这种需要在一般人身上也有，不能说它本身就是"反社会的"或"不良的"。这类犯罪人的反社会性主要在于其有"非法占有他人财物的目的与行为"。

就犯罪心理的生成过程而言，其根源是人的需要及其满足需要的特有方式间的冲突。然而，人的需要与社会之间的矛盾并不是犯罪的直接原因，因为人的需要即便没有得到满足也未必要犯罪。犯罪的直接原因是由满足需要的特有方式造成的。如前所述，人与动物在满足需要的方式上的根本区别是人的任何需要都只能在社会中，在需要主体与国家、社会和他人的关系中得到满足，而无法在需要主体自身中得到满足；即需要主体只能是提出需要的地方，而不是满足需要的场所。人的社会性决定了人的需要满足的方式和手段必须依赖于他人或者社会[①]，否则，人要么不能生存，要么退化为动物。正是由于个人的需要之满足必定要与

---

[①] 如果不与社会和他人进行交互作用，离开了社会生活，人的社会心理就无从发展，这种人也不是社会意义上的人。例如，对那些自出生就被父母抛弃，后由野兽抚养长大的狼孩、豹孩、虎孩等兽孩的行为就不能进行刑法评价。

他人和社会发生联系,并且极有可能与他人和社会的需要发生冲突,所以,任何一个社会如果要有序地健康发展,就必定要确定一系列的社会生活的最基本的个人行为底线,用秩序规则对人性需要,以及满足需要的行为方式界定一个能够共处的安全范围。这些秩序规则就是对个人满足需要的方式进行限制的,包括道德和法律规范等,它们所体现的是社会对个人满足需要方式的认可情况及其心理容忍度。如果个人满足需要的手段和方式(外在行为)超出了社会生活共处的安全范围,就必然会侵害他人或者社会的利益,这种满足需要的方式就不会被社会所认可,若已到了社会和统治阶级不能容忍的地步时,这种行为即可能通过立法的形式被规定为犯罪行为。日本学者西原春夫指出:"一个人的欲求即使与他人的欲求产生冲突,如果不对其他多数人的欲求产生影响,或者影响很小,欲求的表现即行为就不会成为犯罪。它之所以成为犯罪,是因为多数人的欲求集中反映在刑法制定中,认为对它那种欲求的表现即行为不能放任不管。刑法是以针对不良行为的欲求产生的,如果没有要求制定刑法的人的欲求,刑法就决不会在当今世界出现。"① 也就是说,制定刑法的目的是规范人们满足需要的行为方式,以满足社会有序发展的需要。一种行为方式之所以被生成为犯罪行为,是因为这种行为方式会侵犯多数人的利益,而且会妨碍社会生活的正常秩序。

反过来,社会之所以有正当理由惩罚一个人的某种行为,也是因为这个人的这种行为违反了社会生活规范且对社会造成了损害;社会惩罚他,是为了让其信赖社会生活规范、避免其再次实施这种行为损害社会。② "损害原则"(Harm to Others)是可以对一个行为加以处罚的基本原则。英国学者密尔提出:"凡属社会以强制和控制方法对付个人之事,不论所用手段是法律惩罚方式下的物质力量或者是公众意见下的道德压力,都要绝对以它为准绳。这条原则就是:人类之所以有理有权可以个别地或者集体地对其中任何分子的行动自由进行干涉,唯一的目的只是自我防卫。这就是说,对于文明群体中的任何一员,所以能够施用一种权力以反其意志而不失正当,唯一的目的只是要防止对他人产生危害。……要使强迫成为正当,必须是所要对他加以吓阻的那宗行为将会对他产生损害。"③ 也就

---

① [日]西原春夫:《刑法的根基与哲学》,顾肖荣等译,法律出版社2004年版,第126~127页。
② 刑法机能主义认为,社会是由人们有秩序的交往构成的规范世界,只有当规范成为人们行动的标准性解释模式时,这个社会才是真实的。社会这一形态意味着规范性的联系,谁怀疑、否认、破坏规范,谁就是在扰乱社会,谁就不是社会中积极的合作者。因此,犯罪从本质上看,是规范的否认,是与规范的对抗。刑罚的机能不是保障犯罪人在将来不再犯罪的预防,而是坚持规范的正确性,保障规范的有效性。刑罚对犯罪的作用在于证实人们对规范有效性的依赖是正确的,而犯罪人是错误的,刑法的实质在于促进人们对规范的承认和忠诚。(参见[德]格吕恩特·雅科布斯:《行为责任刑法》,冯军译,中国政法大学出版社1997年版,第10页。)确认对社会生活规范的信赖,其实就是培养人们对社会主流价值的尊重意识和行为习惯。社会生活规范体现的就是刑法所保护的主流价值,社会规范意识也就是社会的主流意识。
③ [英]密尔:《论自由》,程崇华译,商务印书馆1959年版,第10页。

说，当个人使用不被社会所认可的方式满足自己的需要时，在其他法律不能调整的情况下，若不用刑法调整，就会危及整个社会秩序（包括法律秩序在内），以及严重妨碍绝大多数人的基本需要的满足。从这个角度看，国家动用刑罚权是迫不得已的。正因如此，有学者认为，犯罪的本质是侵犯了合法权益，而刑法的目的就是保护合法权益。① 其实，刑法不仅是一种行为规范，而且还是一种裁判规范，刑法的目的具有法益保护和规范有效性的维护二元性。作为行为规范，应将犯罪视作对国家社会伦理规范的违反，将刑法的功能定位于对现存公共秩序的维持，对行为本身的反价值性进行评价，以指导国民实施妥当的行为，并培植国民的法情感；作为裁判规范，在司法审判中，强调利用刑法规范的定型化规定限制司法恣意。②

王牧教授在分析犯罪的根源时也有类似的观点，他指出："人以各种方式、方法去满足自己的生存需要，这是必然的、本能的。人不同于动物，人有思想，有主观能动性，有相对自由意志，因而个人之间行为的差异性也是必然的。所以，人以各种不同的方式和方法去满足生存的需要是必然的。由于生存的需要，人又无法离开集体（社会），人只有在集体（社会）中才可能生存下去，集体（社会）成员之间的利益存在一致性，人生活在集体（社会）中是必然的。然而，由于个人与集体（社会）中的其他成员在生存的利益上又存在某些暂时的、局部的矛盾性，所以，个人与集体（社会）之间的矛盾冲突也是必然的。为了解决这种矛盾冲突，集体（社会）必然要制定一定的行为规范，以约束人们的行为。因而在人类社会中就必然会出现所谓的违规行为。总之，人们行为的差异性和规范要求人们行为的一致性的矛盾，决定了人类社会上的违反规范的行为将是永存的。"③ 也就是说，从人性角度看，犯罪是一种永恒的社会现象，不要奢望人类能够完全消灭犯罪，而只能是对之进行有效控制，除非整个人类的物质条件、道德水准和精神境界都达到了共产主义水平。其实，即使到了共产主义社会，人也不可能完全随心所欲地满足自己的任何需要，而只能是其人格发展更健康，自我约束机制更健全，自制力更强而已。冯军博士与当代德国著名的法哲学家京特·雅科布斯（G. Jakobs）认为，假定某人孤单地生活着，根本不知道其他人，那么，该个体只能根据快与不快而生活；只有当一群互不相关的个体变成一个群体，并且支持群体的存续成为个体的义务时，才产生了超越诸个体的规范；规范把个体变成人格体，主导交往，保障人格体在行动时相互期待人格体按照规范去行动。④

---

① 冯亚东、胡东飞：《犯罪既遂标准新论——以刑法目的为视角的剖析》，载《法学》2002 年第 9 期。
② 周光权：《行为无价值之提倡》，载《比较法研究》2003 年第 5 期。
③ 王牧主编：《犯罪学论丛》（第 1 卷），中国检察出版社 2003 年版，"编者前言"，第 2~3 页。
④ ［德］京特·雅科布斯：《规范·人格体·社会——法哲学前思》，冯军译，法律出版社 2001 年版，第 131~132 页。

社会规范不仅指导着人们的社会行为和交往,而且更重要的是对人们在社会生活中满足需要的手段方式的限制和约束。

(三) 犯罪的人性基础

为什么说需要是犯罪的人性基础？这是因为：行为人进行犯罪活动,作用于一定的客体,是为了满足其一定的需要,正是在这个需要的诱使下才产生一股内心冲动,进而发展成犯罪心理,最终实施犯罪行为。本来,个人的需要是正常的,是人性的体现,但需要的满足方式不能违背法律的规定,如果超出法定的界限满足自己的需要,就不是一种"善",而是一种"恶"。这种"恶"体现在主体的需要与法律伦理的冲突之上。[①] 当代著名思想家何宗思在分析中国人的人性时也有类似的观点,他认为："自私是天经地义的,非善非恶,就正如树要向上长,水要向下流,非如此,个体不能生存,群体不能繁衍。只有当某人的自私妨碍了他人的自私,才谈得上是恶；只有当某人在自私的同时又尊重或有利于他人的自私,才谈得上是善。"[②] 其实,这里的"自私"就是指个体对基本需要的追求,"妨碍""尊重""有利于"等是具体的满足需要的方式。

从犯罪人的角度看,犯罪人既然选择犯罪的方式去满足需要,这说明他对刑法所保护的价值持敌视、蔑视或轻视、漠视的态度,之所以有这样的态度,是与其人格有密切关系的。因此,人格的缺陷（反社会性）是行为人承担刑事责任的心理基础。

从个体的心理活动及其态度的形成过程和规律的角度看,需要也是心理活动的基础和态度形成的前提。这是因为：需要一旦被人意识到,就会激发人去满足需要,而人要满足需要就必定去认识满足需要的对象、手段和各种主客观条件。这样,需要就成为激发人们去认识客观世界和自我的心理活动基础。在对满足需要的对象、手段、条件等方面的认识基础上,人又必定会发挥自己的主观能动性,去创造或改变满足需要的条件,控制满足需要的行为方向和性质。这样,人的意志活动就被激发和产生了。需要是否得到满足,直接影响人的情绪活动及其性质,如果行为结果满足了人的需要,则人会产生积极情绪（如高兴、愉快、满意等）,反之,则产生消极情绪（如愤怒、悲伤、不满等）。情绪体验激发和强化态度的形成,而态度一旦形成,就使人的心理活动具有明显的倾向性,又会进一步激发人们去认识、去创造,产生新的需要并不断满足之。因此,需要是心理活动和行为的基础和源泉。

从国家惩罚犯罪人的角度看,也是为了满足国家和社会的需要。国家惩罚犯

---

① 李继红、肖渭明：《自由意志行为刑事责任论纲》,载《法律科学》1997 年第 2 期。
② 何宗思：《都是人性惹的祸》,载黎鸣：《中国人性分析报告》,中国社会出版社 2003 年版,"前言",第 5 页。

罪是为了控制、减少、预防犯罪，以便满足社会健康有序发展的需要；同时，也是为了满足社会大众（尤其是受害人及其亲朋好友）的报复心理的需要。如果将犯罪看成一种社会现象，由于这种社会现象直接与人的需要的满足有关，那么，犯罪这种社会现象就不可能彻底被消灭，犯罪现象的发生就是不可避免的，犯罪达到饱和状态也是正常的。①

## 第二节 犯罪心理生成机制的概念与内容

### 一、犯罪心理生成机制的概念

按照《现代汉语词典》的解释，"生成"一词的含义主要有形成、产生、生就等意思。② 本书所讲的"生成"也就是形成和产生之意。

"机制"一词在语义学上有四层含义：一是指机器的构造和工作原理，如计算机的机制；二是指有机体的构造、功能和相互关系，如动脉硬化的机制；三是指某些自然现象的物理、化学规律，如优选法中优化对象的机制；四是泛指一个工作系统的组织或部分之间相互作用的过程和方式，如市场机制。③本书所称的"机制"（mechanism）综合了该概念的基本意思，主要是指事物之间相互作用的过程、方式、原理和规律。

"生成机制"是指一个事物在形成和发展变化过程中，要受到哪些因素的影响？这些影响因素之间是如何相互作用和相互制约的？一个特定事物的形成，要遵循哪些法则，表现出哪些规律？

最先将"机制"概念引入心理学研究的，是美国心理学家武德沃斯（Robert Sessions Woodworth，1869~1962年），他将"机制"定义为一种或一组有目的的反应方式；并认为，人的活动包括驱力（drive）和机制，驱力发动机制，机制可以转化为驱力。精神分析学派则认为，机制代表由压抑而产生的意识的行为动因。其实，在心理学界所讲的"机制"，一般是指产生心理和行为的生理——化学过程。④

犯罪心理生成机制研究运用组织学和系统分析方法，将犯罪心理的形成和发展过程视为一个有一定组织结构和功能的、由各种内外因素共同参与的工作系

---

① 梅传强：《犯罪心理生成机制研究》，中国检察出版社2004年版，第72~88页。
② 《现代汉语词典》（2002年增补本），商务印书馆2002年版，第1128页。
③ 《现代汉语词典》（2002年增补本），商务印书馆2002年版，第582页。
④ 罗大华主编：《犯罪心理学》，中国政法大学出版社1997年版，第101页。

统。"犯罪心理生成机制"即指在犯罪心理的形成和发展变化过程中，各种影响因素之间相互作用的过程、方式和原理。

影响犯罪心理生成的因素主要有两大类：外在的客观诱因和主体内在的动因。"外在诱因"是指促成犯罪心理形成和发展的诱导因素，包括自然因素和社会因素（含犯罪情景因素）两个方面。自然因素是指促成犯罪心理发生和发展的自然条件。例如，特定的作案时间，犯罪场地和环境因素，风、雨、雷电等自然现象。社会因素是指影响生成犯罪心理的社会生活条件和促成犯罪的情景因素。例如，家庭、学校、社会环境中的不良影响因素，犯罪情景中受害人的不当表现及其对犯罪人的犯罪激发等。"内在动因"是促成犯罪心理形成和发展的主体内在动力因素，主要指行为人的人格因素，包括犯罪主体的生理条件和不良心理素质两个方面。生理条件主要包括行为人的先天遗传素质、年龄、性别、神经活动类型、内分泌、神经系统、体格等因素；不良心理素质则包括不良的需要、兴趣、价值观等个性倾向性，不良性格、气质、犯罪能力等个性心理特征，以及错误的自我意识等内容。一般而言，内在动因是基础，外在诱因是条件。当行为人的不良人格特征受到社会环境因素的刺激，就可能诱发犯罪动机、形成犯罪意识，进而转化为罪过心理状态支配行为人实施具体的犯罪行为。

需要特别注意的是，犯罪的各种诱因和动因并不均衡地作用于每一个人。换言之，在不同的行为人身上，各种诱因和动因的作用是不相同的。同种因素可能对有的行为人起主要的决定性作用，而对另外的行为人则起次要作用，甚至对有些行为人根本就没有起到促成作用。因此，在探讨犯罪心理时，不能忽视每个具体的犯罪行为人的特殊情况；在教育改造罪犯，矫治其犯罪心理时，也必须考虑其个性特点及其促成犯罪的主要因素。

用辩证唯物主义的眼光看，促成犯罪心理生成的各种影响因素同样遵循"外因是条件，内因是根本"的法则，即犯罪心理的形成归根结底是行为人自由意志选择的结果，是其主观能动性的具体表现。正因如此，行为人犯罪后，国家才有正当理由惩罚他，并以此表明对犯罪行为和行为人人格的否定评价。如果一个人的犯罪心理的形成不是出于其能动选择的结果，那么，这种犯罪心理即使外化成严重的危害行为，行为人也可以免除刑事责任。例如，胁从犯的犯罪心理就属于这种情况。在一个人的犯罪心理的形成和发展变化过程中，如果有的影响因素是行为人无法自由选择的，那么，由这些因素所导致的危害结果应当减轻或者免除行为人的刑事责任。例如，病理性醉酒后实施的危害行为、后天脑损伤后实施的危害行为等（当然，上述情况是排除了原因中的自由行为）。

犯罪心理的形成过程是一个非常复杂的问题。有的长，有的短；有的影响因素众多，有的影响因素单一。就具体的个体而言，犯罪心理的形成可分为三个阶段四个层次。三个阶段包括犯罪心理的萌芽期、滋长期和成熟期;① 四个层次即人格缺陷的形成、犯罪意识的生成、罪过心理的生成,以及犯罪心理的转化。就具体的犯罪性质而言,故意犯罪心理和过失犯罪心理的形成过程与机制也是有差异的。

## 二、犯罪心理生成机制的内容

个体犯罪心理的生成可分为四个层次:

第一层次:人格缺陷的形成。

个体在先天遗传素质的基础上,通过与后天社会生活环境中的不良因素的相互作用,导致个体社会化过程出现某些缺陷,进而形成不健全的人格倾向(人格缺陷)。由于个体人格决定着其对现实社会生活的态度和习惯化的行为方式,所以,一个人的人格不可避免地要受到社会生活准则和道德,甚至法律的评价。人格特征决定着一个人对现实的认知态度和情感倾向,决定着一个人用什么方式与现实社会环境发生作用,所以,它是心理活动和行为表现的基础;反过来,一个人的人格特征又总是通过他的外在行为反映和表现出来的。如果一个人在社会化过程中形成了不正确的社会态度,进而养成了不良的行为习惯,那么,这些人格缺陷就可能是生成犯罪心理的基础。也就是说,个体犯罪心理的生成是以其已有的人格缺陷为必要条件的,但并非充分条件;有人格缺陷不一定会生成犯罪心理(因为人格缺陷必须与相关的不良社会因素相互作用才可能转化为犯罪意识),但对于犯罪心理的生成,犯罪主体肯定存在相应的人格缺陷。人格缺陷的生成有个体的生物学因素(如先天不良的遗传基因和生理素质)的影响,但起主要作用的是后天社会学因素的影响,如家庭环境、学校教育、社会文化等。从刑事法学角度看,人格缺陷的内容包括不合理的需要结构、不正确的社会意识或态度、不良的性格特征(包括不良的行为习惯)等,但主要是行为人没有将社会主流价值观内化为指导自己行为选择的个体意识;人格缺陷的实质是反社会的价值观体系,即行为人对社会主流价值的敌视、蔑视或者轻视、漠视的态度。正是因为行为人具有这样的态度,所以,在合适的社会生活条件下,才会形成犯罪意识和罪过心理。因此,人格缺陷是生成罪过的基础,也是罪过的重要内容。人格缺陷是主观罪过的内在根据,主观罪过外化即生成犯罪行为;反过来,犯罪行为的严重性和危害性又直接反映了行为人主观上的恶性和人格缺陷的程度。可见,犯罪行为与

---

① 三个阶段的划分主要是从发展心理学和社会心理学角度出发,以人的社会化过程中社会性行为特征的获得为参考标准,将犯罪行为视为一种反社会行为。这种划分在刑法上没有特别意义,且犯罪心理生成内容的四个层次已经涵盖三个阶段。参见梅传强主编:《青少年犯罪心理研究》,成都科技大学出版社1993年版,第4~6页。

犯罪行为人是统一的整体。

第二层次：犯罪意识的生成。

在一定的社会条件的刺激下，需要结构的不合理膨胀，形成强烈的优势欲望（或者称为主导需要），使个体心理处于紧张的不平衡状态，激发个体通过一定的行为方式满足需要，以消除心理紧张状态，恢复心理平衡。由于人格缺陷的缘故，如果个体意欲使用社会不认可且不能容忍的方式去满足自己的需要，就会在需要的基础上形成犯罪动机；当犯罪动机与主体头脑中具体的满足需要的手段方式或对象相结合，就生成了犯罪目的或决意（统称为意识）。犯罪意识只是一种思想，是一种观念的东西，在此阶段由于行为人并没有实施具体的犯罪行为，所以，还不是刑法学意义上的"犯罪"，行为人也不承担刑事责任。过失犯罪和间接故意虽然对侵害对象没有明确的犯罪目的，但是，由于行为人满足其主导需要的愿望如此迫切，以至于不履行或不认真履行自己对危害结果应负的注意义务和防止义务，或者干脆放任对无辜对象的侵害，这说明行为人运用的满足需要的手段或方式还是不被社会所认可的。因此，从犯罪心理的生成机制看，犯罪的实质就是行为人运用社会不认可的方式满足自己的需要时，造成了对法律所保护的主流价值的侵害。过失犯罪和间接故意犯罪在此阶段的心理活动机制主要表现为主导需要的形成及其所造成的主体心理的不平衡状态。故意犯罪的犯罪意识反映了犯罪主体对法律的敌视或蔑视态度（具体表现为对合法权益的积极侵犯或不保护态度），过失犯罪的犯罪意识则反映了犯罪主体对法律的漠视或轻视态度（表现为对合法权益消极的不保护态度）。行为人之所以有这样的态度，显然是与其人格缺陷密切相关的。

第三层次：罪过心理的生成。

对故意犯罪而言，犯罪意识、犯罪动机与具体的满足需要的对象和方式相联系，在行为人头脑中形成满足需要对象（侵害对象）的性质或状态的明确目标或意图，即形成犯罪目的；在犯罪目的的指引和激励之下，犯罪意识与犯罪意志相结合，通过行为人的意志努力意欲将犯罪意识变为现实，这就促成了罪过心理的生成。可见，罪过心理的基础要素是认识因素，实质要素是意志因素。罪过心理形成后，在犯罪意志的作用下，通过犯罪主体的一系列心理活动及其所外化的行为方式，将罪过心理得以在现实中展开，并生成犯罪行为直至完成犯罪行为。对过失犯罪而言，由于行为人满足主导需要的愿望非常强烈，以至于自己的心理活动都集中和指向于与满足主导需要有关的事物和活动上，而对其他事物漠不关心乃至忘记了自己应尽的注意义务；或者虽然已经预见到了自己满足主导需要的行为可能产生危害社会的结果，但由于人格缺陷的影响，使自己产生认识错误，意志运用不当，最终并未有效地防止危害结果的发生。当然，过失犯罪之所以会对危害结果不注意或者产生认识错误，也是内外因相互作用的结果，即既有行为人人格缺陷和不良心理活动的作用，也有环境中不良刺激的影响。到底有哪些不良心理因素和环境刺激的影响，以及它们是如何相互作用的？则是本研究要深入探讨的问题。

第四层次：犯罪心理的转化。

在一定条件下，已经形成了的犯罪意识或者罪过心理都可能发生转化。犯罪心理的转化有两种情形：一是良性转化，主要表现为三种形式，即放弃犯罪、中止犯罪、不再犯罪。放弃犯罪主要是指行为人形成犯罪决意后，或者在实施犯罪行为的过程中，由于主客观条件的变化，使犯罪行为无法继续实施，被迫放弃；中止犯罪是指行为人形成罪过心理后，在实施犯罪行为（主观罪过在现实中展开）的过程中，犯罪意志转化为正常意志，有效地防止或者避免了危害结果发生的心理过程；不再犯罪是指行为人实施犯罪行为后，经过刑罚惩罚和教育改造后，悔过自新，真正改变了对社会的不正确态度，纠正了不良行为习惯，不再实施犯罪行为危害社会。二是恶性转化，也有三种表现形式，即执意犯罪、加重犯罪、屡次犯罪。执意犯罪是指行为人产生了犯罪意图后，进一步形成犯罪动机和犯罪目的，转化为罪过心理并最终外化为犯罪行为，危害社会；加重犯罪是指行为人在实施犯罪行为的过程中，又出现更严重的或新的犯罪动机，或者选择侵害刑法特别保护的特殊犯罪对象，或者对犯罪对象的侵害程度加重等；屡次犯罪是指行为人第一次实施犯罪行为后，或者受到刑罚惩罚和教育改造后，并没有改变对社会的不正确态度，又重新实施新的犯罪行为危害社会。可见，无论是良性转化，还是恶性转化，其实质都是犯罪意志的转化。从这里也可以看出，犯罪意志是犯罪心理的实质和核心内容，也是罪过的实质要素。犯罪心理的转化虽然表现为犯罪意志的转变，但是，这种转变同样是各种主客观因素综合作用的结果。[①]

## 第三节 刑事责任的人性分析

### 一、犯罪的不得已性质

从犯罪的内在个人根源看，人之所以犯罪是为了满足自己的某种需要。例如，在过失犯罪中，行为人满足需要的愿望是如此的强烈，以至于将自己的注意力全部集中于满足需要的对象和行为上，忘记了自己应尽的避免危害结果出现的注意义务；或者虽然预见到了危害结果可能出现，但注意分配不当，将主要精力用于追求自己需要的满足，而在防止危害结果出现上细心不足、措施不当，以至

---

① 梅传强：《犯罪心理生成机制研究》，中国检察出版社2004年版，第7~13页。

于导致了危害结果的出现。在故意犯罪中，行为人往往是在正常情况下难以满足自己的需要时才可能实施犯罪行为，这说明人的犯罪从某种意义上讲是迫不得已的。当然，这种"迫不得已"是行为人自己的心理感受，是其在正常情况下无法满足急迫的需要而不得已采取社会不认可的满足方式。不过，社会并不容忍和放纵这种"迫不得已"，因此，刑罚的启动也是不得已的。事实上，犯罪行为的发生，总是与行为人需要的不满足程度成正比，而与社会控制的有效性成反比。正如德国哲学家包尔生所指出的：社会是有罪的，因而也应受到惩罚，它产生具有犯罪倾向的个人，也为犯罪提供诱惑和机会。[1] 正因如此，人犯了罪，不能将责任全部归咎于犯罪人，社会应当承担一部分责任，这个责任就是社会要尽力教育、挽救犯罪人，要给他们创造不犯罪的条件。

其实，刑罚惩罚的对象并不是反映人性的需要，也不是惩罚满足需要的行为，而是惩罚追求需要满足的不当方式。正如意大利刑法学家帕多瓦尼所指出的："在大多数情况下，刑法规范的制裁对象，并不是所有侵害刑法保护法益的行为，而只是以某些特定方式侵犯该法益的行为。"[2] 从需要与犯罪和刑事责任的关系中可以看出：需要及其追求需要的满足是人类行为的内在基础，而人类需要的特点决定了需要的满足必须与他人和社会发生联系，也就是说，需要实际上是人类社会行为的内在基础，是人类社会发展的动力；为了保障社会的有序发展以及最大限度地满足绝大多数人的基本需要，社会生活准则（包括风俗习惯、伦理道德、法律制度等）要求每个人的需要满足必须遵循一定的规则、受到一定的限制，若个体不履行遵守规则的义务，用社会不认可的方式去追求自己需要的满足，严重侵害了他人和社会的利益，到了社会不能容忍的地步，触犯了刑法，构成了犯罪，就理所当然要承担刑事责任。在有些情况下，行为人在追求自己需要的满足时，虽然违反了刑事法律义务，但行为在当时情有可原，社会能够容忍、能够谅解，出于人性关怀的角度，也可免除行为人的刑事责任。这就是所谓的"期待可能性理论"。正如冯军博士所言，人是有眼泪的，刑法也应该对国民脆弱的人性倾注同情之泪，只要法律规范不是在一种常规的状况中被人敌视、蔑视或者漠视地破坏了，就需要刑法做出仁慈的义举。

正是因为犯罪（尤其是故意犯罪）是人性的一种极端表现形式，所以，刑罚对犯罪的控制作用是有限的。

## 二、刑罚的迫不得已原则

从人性角度看，虽然需要的内容本身并不是恶，但是，若无限制地追求需要

---

[1] ［德］包尔生：《伦理学体系》，何怀宏等译，中国社会科学出版社1988年版，第394页。
[2] ［意］杜里奥·帕多瓦尼：《意大利刑法学原理》，陈忠林译，法律出版社1998年版，第4页。

的满足，以至于到了严重破坏社会关系和法律秩序的地步，就会表现出明显的恶。因为个人用社会不能容忍的方式满足需要时，反映了个人对社会生活的蔑视态度，而支配这种态度的主观基础是行为人人格结构中恶劣的价值观。既然通过犯罪的手段满足需要能够给人带来快感，刑罚则是通过一定时期或方式的剥夺或限制个人的某些基本需要（如对财产、自由，甚至生命需要）的满足来给人造成痛苦以抑制其犯罪心理的生成，并且通过刑罚惩罚使犯罪人明确意识到需要在社会生活中的节制，自觉控制和约束自己的欲望，养成良好的行为习惯，最终形成适应于社会生活要求的健全人格。其实，法律规范就是通过关注人的行为方式，完成塑造公民良好人格和惩罚反社会人格的任务。虽然刑罚本身也是一种恶，是一种对人性强制压迫、禁锢的暴力，但若不借助这种以暴力和恶害为特征的普遍约束机制，对人类社会的每个成员进行他律，就会危及整个社会包括每个社会成员的生存。从某种意义上讲，刑罚的启动更是迫不得已的。

### 三、人性的刑事责任原则

既然犯罪行为的发生和国家启动刑罚权都是迫不得已的，那么，在犯罪行为和刑罚之间就必须有一个质与量的均衡，这既是法律公正价值的体现，也是人性的基本要求。日本学者西原春夫指出："刑罚法规的制定，就是在其限度内限制国民的自由，根据违法时所处以刑罚的种类，剥夺其他法律上予以保护的利益。因此，对于刑罚法规的立法，必须就由此而产生的利益和丧失的利益进行衡量比较。作这种衡量比较的当然是国家，具体地说就是立案当局。"[①] 国家与社会在惩罚犯罪、追究犯罪人的刑事责任时，也应当借助法律对惩罚权力进行明确限制。刑事法的主要任务就是要努力实现从社会需要、个人需要，以及国家需要三者之间的辩证关系中去规范刑罚的适用，去严格限定刑罚的种类和程度。虽然人的需要是产生犯罪的源泉，但它同时也是社会发展的动力和人性的表现，因此，人类社会应当对人的基本需要的合理满足方式进行充分尊重和保护。犯罪人也是人类的一员，他们也有基本需要的满足，社会和国家在惩罚犯罪人（剥夺或限制其某些基本需要的满足）的同时，也应当尊重其应有的人性、保护其应有的人权，使犯罪人自己感到罪有应得、罚当其罪，逐渐形成正确的社会意识。如果行为人承担的刑事责任明显超过了其实施犯罪行为所造成的对社会或他人的危害程度，那么，行为人对自己所受到的刑罚惩罚不仅不会诚服接受，而且极有可能产生更强烈的对立情绪和不满态度，形成更恶劣和反动的社会意识。这种不良的心理态度不仅会成为其抗拒改造的主观因素，而且还可能成为促使其重新犯罪的心理基础。

---

① ［日］西原春夫：《刑法的根基与哲学》，顾肖荣等译，上海三联书店1991年版，第41页。

由于犯罪具有不得已的性质，刑事责任若要体现人性关怀，就非常有必要在对行为人定罪量刑、追究刑事责任时，认真分析每个犯罪人犯罪的具体原因，站在行为人的角度看看犯罪不得已的程度，犯罪越是出于不得已的原因，刑事责任就越应该相应减轻或者从轻。[①]

**【课后练习】**

1. 如何认识需要与犯罪的关系？
2. 犯罪人的需要具有什么典型特征？
3. 如何理解犯罪心理生成机制的内容？
4. 如何理解刑法的不得已性？

---

[①] 梅传强：《犯罪心理生成机制研究》，中国检察出版社2004年版，第90~94页。

# 第五章 人格缺陷的形成

**【知识提要】**

人格缺陷是个体在社会化过程中，出现社会化障碍，未能将社会意识完全内化为个体意识，使个体意识与社会意识产生隔阂或对立。人格缺陷的形成，受到诸多因素的影响。人格缺陷之所以成为犯罪心理的基础，就在于行为人所持有的对社会规范的不正确态度。从刑法角度来看，犯罪人人格缺陷的实质表现为对社会规范的敌视、蔑视，或者漠视、轻视的态度。其中，敌视和蔑视态度主要是故意犯罪的心理基础，而漠视和轻视态度则主要是过失犯罪的心理基础。

## 第一节 生成人格缺陷的基础要素

就其实质而言，人格缺陷是一种精神现象，是一种心理特征，但这种精神现象的形成和表现有其相应的基础要素。先天的遗传素质和生理因素是人格形成和发展的物质基础，后天的社会生活条件则对人格的形成起着决定性作用。

### 一、生成人格缺陷的生物学基础

虽然人格缺陷的形成主要是个体受到了不良社会因素的影响，但是，先天的遗传因素、生理因素等是其不可缺少的物质基础。一个人犯罪的原因，除社会因素外，个人因素也极为重要。在犯罪的个人因素中，生理因素是基础条件。犯罪生物学派理论将犯罪行为的发生与犯罪主体所具有的某些生物学因素视为必然联系，虽然这种认识在很大程度上是片面的、极端的，但也不能否认生物学因素对个体社会化过程中人格形成的影响，并通过人格缺陷对犯罪心理和犯罪行为的生成发生作用。质言之，生物学因素是生成犯罪心理和犯罪行为必要的基础条件，而非必然的充分条件。

就遗传对人格影响的研究途径来看，大致可分为两种研究取向：遗传中心研究和特质中心研究。前者是从已知的遗传条件出发来探讨其行为的结果是什么；

后者是从有关的行为变量出发来探讨是什么遗传因素在影响着这些变量。[1]

目前，从已知的遗传因素来探讨其行为后果的研究尚且不多，主要散见于临床文献，即从已知的遗传缺陷出发系统地研究人格改变的情况。如果已知某一个体的性染色体 X 和 Y 数量上发生了变化，就可以系统地考察其人性特质改变的情况，也可以利用那些不带社会烙印的遗传特征（如血型）来考察它对人格特质的影响。

探索遗传对人格影响的主要途径是特质中心研究，即测量人格特质，并用数量遗传学方法来分解遗传和环境所起的作用。遗传力（herilability）是数量遗传学中的一个重要概念。所谓遗传力，是指用来测量一个群体内某种由遗传原因（相对环境影响而言）引起的变异在表现型变异中所占的比重。例如，在孪生子研究中估计遗传力，通常是根据同卵孪生和异卵孪生间的相关差而作出的。同卵孪生相关的平均值从 0.26 到 0.60，均值为 0.48；而异卵孪生相关的平均值从 0.00 到 0.37，均值为 0.24。可以看出，在人格问卷上同卵孪生子的平均相关值均大于异卵孪生子的平均相关值，说明同卵孪生子比异卵孪生子在人格特征上有更高的遗传力。据媒体报道，一对同卵双生子出生后即被分开抚养，从未见过面，到了 40 多岁重聚时，两人竟然穿着极为相似，发型相似，职业、嗜好也相似。[2]

综观这类研究，总的来说，遗传因素的重要性随着人格特征不同而呈现出不同的影响力，像气质和智力之类的特征，遗传影响较大；而像价值观、信念等特征，遗传影响甚小。

此外，胎内环境对缺陷人格的形成也有一定的影响。一个人的人格是遗传与环境的共同产物，从受孕的那一刻起，环境因素就对人格的形成起着作用。最早的环境是子宫，婴儿生长在充满羊水的子宫里，通过胎盘和脐带从母亲那里得到养料。不同母体的子宫环境是不一样的，有的母亲身体很健康，有的母亲则营养不良或受到药物影响。母亲身体是否健康会深刻地影响子宫的环境，从而影响新生儿的某些特征。例如，孕妇血清中的锌元素含量严重偏低会导致婴儿先天性畸形；有毒瘾的孕妇会使胎儿发育迟缓，婴儿可能天生染上毒瘾或存在畸形。这些特征虽然在婴儿出生时便已存在，却不是由遗传因素决定的。

## 二、生成人格缺陷的社会学基础

虽然缺陷人格的生成有遗传和生理因素的影响，但是，真正起主要作用或者说是决定性作用的还是社会因素。因为人毕竟是社会中的人，社会性是人的本质

---

[1] Loehlin J. C. "Psychological genetics, form the study of human behavior", In R. B. Cattell & R. M. Dreger (Eds), Handbook of modern personality theory. New York：John Wiley & Sons. 1977.

[2] 黄希庭：《人格心理学》，浙江教育出版社 2002 年版，第 16～19 页。

属性。离开了社会生活，人的社会心理（包括人格特征）就不可能形成，人就不是社会意义的人，也就不可能成为刑法的评价对象。因此，无论是健全人格，还是缺陷人格的生成，都必须具备相应的社会学基础。

(一) 家庭环境的影响

家庭是社会的细胞，是个体出生后最早接触的社会环境。家庭的各种因素，如家庭气氛、家庭成员的人际关系、家庭结构是否健全、双亲的养育态度等，对儿童的心理发展和人格塑造起着至关重要的作用。研究表明：如果家庭破裂，家庭气氛不和谐、紧张，或者对子女的教育方法不科学，对子女的要求太苛刻，或放任自流等，都可能使儿童产生强烈的挫折感，或对人生自暴自弃、悲观失望，或养成任性、反抗、粗暴的不良性格等。如果在儿童以后的生活中，这些不良的品质未能得到及时矫正反而进一步发展，就可能成为缺陷人格。

从小与父亲或母亲分开生活，或从小失去了双亲或单亲，会对儿童的人格塑造和行为养成产生重大的影响。有研究将育婴院的婴儿和在自己家中的婴儿进行对比，发现育婴院的婴儿一岁时与成人的关系更为疏离，很少对成人产生依附感，并且语言发育迟缓、情绪冷漠等。[1] 还有研究发现，弃儿有更多的心理疾病，更有可能变得具有攻击性、性格反叛以及难以相处；孩子生活在残缺家庭或寄养家庭中往往得不到父（母）爱，这种家庭环境很可能对人格的早期发展产生许多负面影响，如情感脆弱、缺乏自信、较为孤僻等；体贴、温暖的家庭环境能促进儿童成熟、独立、友好、自控和自主等特征的发展，而过度保护孩子、过度溺爱孩子的家庭环境，会促使儿童产生焦虑心理和嚣张跋扈的性格，并且常常缺乏爱心、耐性和挫折容忍力；只要不惹麻烦，父母便漠不关心的孩子，其成就动机和自我价值感都较低；经常受到体罚，孩子会变得难以管教，而且会有更多的攻击行为。一项对精神分裂症患者的家庭沟通方式的研究结果表明，与正常家庭相比，精神分裂症患者的家庭成员在交谈方式上较少彼此感应并且缺乏人际感受性，成员之间不愿意倾听对方的话语，很少有信息交往。[2]

(二) 学校教育的影响

学校教育是影响儿童心理发展的主导因素。如果学校教育的内容和教学方法不遵循儿童心理发展的特点和规律，过分压制儿童的个性发展，那么，长期压抑的结果就可能导致儿童个性发展畸形或变态。例如，老师对学生的打骂和歧视，可能导致其形成反社会人格；对青少年性教育的忽视，可能导致青少年对性问题的过分好奇，久而久之就可能逐渐形成性变态或性心理缺陷；片面追求升学率，学生的学习负担过重，可能导致神经衰弱、精神分裂症等。

---

[1] Provence S. & Lipton R. C. Infants in institutions. New York: International Universities Press, 1962.

[2] 黄希庭：《人格心理学》，浙江教育出版社2002年版，第25页。

在学校，老师培养学生德、智、体、美、劳全面发展。德育能够使学生形成良好的思想品德，树立正确的人生观和价值观；智育能够使学生掌握系统的科学文化知识与技能，促进智力发育发展；课堂教育是学校教学的主要环节，在传授知识的过程中，训练学生习惯于系统、有明确目的地学习，克服学习中的困难，可以培养坚定、顽强等性格特征；体育不仅使学生掌握运动技能，也能培养意志力和勇敢精神；美育使学生掌握审美知识，形成一定的审美能力，通过对美的理解和欣赏，正确区分美与丑、真与假、高尚与低俗、文明与野蛮，形成正确的审美情操；劳动教育可以使学生形成正确的劳动观，培养良好的劳动态度，建立良好的劳动习惯。

校风也影响学生人格的形成。良好的校风、班风促使学生养成勤奋好学、追求上进和自觉遵守纪律等人格特征；不好的校风会使学生形成懒散、无组织、无纪律等人格特征。

教师是学生的一面镜子，是学生学习、模仿的榜样。教师的言谈举止对学生人格的形成会产生潜移默化的作用。有威信的教师，学生往往会认真听取他的教诲，他的理想信念、道德情操、扎实学识、仁爱之心，以及对事业的热爱和对学生的负责等，都会对学生产生深远的影响；相反，没有学识、缺乏责任心和正能量的教师，不但学生不愿接受其教育，而且他的消极性格还有可能导致学生自暴自弃、不求上进、逃学厌学等。

（三）社会阶层的影响

社会阶层是一种普遍存在的社会现象，每个社会都存在不同的社会阶层（或社会阶级）。相较于较低阶层的人，较高阶层的人往往拥有更多的物质财富和个人声誉，在教育、医疗、就业等方面享受更多的资源，更能实现自己的理想。有研究表明，心理疾病与社会阶层有显著的相关性。例如，在美国，心理疾病较多地发生在较低社会阶层的人群之中。这是因为，社会阶层较低者常常面临引起心理疾病的诸多压力，如贫穷、被歧视、失业、缺乏医疗服务等。[1]

（四）社会文化的影响

人类文化是指全人类创造的文化，它是形成人格的决定性条件。人类创造了自己的文化，又把自己置身于一定类型的文化环境中。一个身体健全的儿童，虽然有继承文化财富的可能性，但是如果出生后由于某种原因，被剥夺了与人类文化环境接触的机会，就不可能形成人的心理和人格。狼孩、狗孩、猴孩等被动物抚育长大的人类幼童的事例，便充分说明了这一点。

民族文化是一个民族经过世世代代积累起来的文化集合。民族文化陶冶着一

---

[1] Kohn M. L. "Social class and schizophrenia: A critical review and a reformulation", Schizophrenia Bulletin, 1973, Vol. 7, pp. 60–69.

个人的民族性。民族性（或国民性）是指一个民族或一个国家国民的常见的、独特的性格，并且是异于其他民族或其他国民的。有学者认为，儒家文化传统形成了我们中国人的权威性以及顺众、勤俭、保守、谦让等性格特点。[①]

在现代社会中，受大众传播媒介中不良文化的诱导，特别是一些宣扬低俗淫秽、暴力色情、黑色反动、自残自杀等不良文化的影响，人格缺陷的形成更加容易。大众传播媒介所展示的不良行为范例，更容易直接使人产生模仿，特别是青少年群体，由于其心智尚未健全，所以对大众传播媒介中的不良文化缺乏正确认识和理性判断，极易受到这些不良文化的影响，久而久之就会实施越轨行为。

此外，恶劣的社会风气、动乱的政治经济形势、严重的精神污染、压抑的生存环境等都可能导致个体的社会化障碍，形成错误的社会意识和价值观念。特别是当行为人有不良人际交往后，成员间的不良行为相互传习、感染，更容易促使缺陷人格的形成。例如，反社会人格、偷盗狂、性变态等缺陷人格的形成与定型，多是受不良社会风气和不良人际交往的影响。

## 第二节 人格缺陷的形成机制与实质

人格缺陷是个体在遗传的生物学基础上，由于受到社会环境中不良因素的影响，出现社会化障碍，未能将社会意识完全内化为个体意识，使个体意识与社会意识产生隔阂或对立。有人格缺陷的个体往往不能正确理解社会规范和要求，反而有意冲破社会规范的约束。从形成机制来看，人格缺陷实际上就是个体社会化障碍的结果和具体表现。因此，要探讨人格缺陷的形成机制就必须从个体的社会化过程中找原因。

### 一、个体的社会化及其与环境的交互作用机制

从呱呱坠地的那一刻开始，人类个体就不停地与社会和自然界发生相互作用，就不断地认识世界、反映世界，并在此基础上改造世界，从社会生活和自然界中满足自己的需要。在这个过程中，个体意识逐渐形成和发展。人的心理活动逐渐由低级向高级、由简单向复杂发展，人的各种人格特征（包括认识能力、控制能力、社会情感、价值观念、社会态度等）和社会品行也就逐渐形成、定型并完善。社会化过程，既是个体的社会性获得过程，也是个体人格的形成过程。

（一）个体社会化的含义及其内容

个体社会化，是指个体在特定的人类社会物质文化生活中，通过与社会环境

---

[①] 黄希庭：《人格心理学》，浙江教育出版社2002年版，第27页。

（包括他人）的相互作用，形成适应于该社会与文化要求的人格，掌握该社会所公认的行为方式的过程，即个体由自然人转变为社会人的过程。在这个过程中要受到许多因素的影响，如家庭、学校、社会文化、社会环境、大众传播媒体、社会交往、社会价值观等。社会化的结果，使个体学习并掌握所处社会公认的人与人之间相处的最基本的行为规则和方式，形成适应于所处社会的基本要求的人格，即具备社会生活的基本常识和常情，掌握基本的劳动技能，确立基本的生活目标和价值观，认识自己的社会角色和所承担的相应的社会义务，使自己的行为符合社会生活的基本常理。也就是说，社会化的结果，是使个体懂得什么是正确的，什么是被社会所允许、提倡、鼓励的，以及什么是错误的，什么是被社会所禁止与反对的。同时，个体也随时随地对当前的社会环境以其自身的独特方式作出种种反应，反作用于环境，从而表现出自己的主观能动性。可见，通过个体社会化，个体不仅获得了人类社会生活的基本知识和劳动技能，掌握了所处社会环境的行为规范，而且能够获得自身的生活目标和价值观，形成作为社会中的人必须拥有的良心，认识自己的社会地位和社会角色，逐渐使自己成为一名合格的社会成员。

就其内涵而言，社会化可以用"人格的形成与发展""社会性的发展""社会态度的形成""社会角色的获得"等表达来具体体现。个体社会化具有以下特性：

一是生物遗传性。个体的社会化，是以先天的遗传因素和生理因素为基础的，如果个体有生物遗传和生理等方面的缺陷，则会导致社会化出现障碍（关于此问题，本节已做分析论证）。

二是社会制约性。个体从来到这个世界的那一刻起，就不以自己的意志为转移地置身于一个复杂的社会环境中，任何一个社会都会通过种种方法影响个体的身心发展，并力图使每个个体发展成为符合该社会要求的成员；个体接受社会的影响，其满足需要的行为方式不断被周围的人们所塑造，而个体则不断将社会要求和他人的影响内化为自己的个体意识，并进而形成相应的人格特征。正因为个体社会化具有社会制约性，所以，处于同一时代、同一民族、同一阶级，从事相同实践活动，或者生活在同一社会环境中的个体，他们的社会化具有某种共性。

三是个体能动性。个体既是社会化的客体，也是社会化的主体；个体在接受社会和他人影响的同时，也在反作用于他人和社会。伴随着社会化进程的推进，个体的生活经验不断增加，心理发展水平不断提高，个体的社会化不再是一个消极被动的过程，而是一个积极主动的过程，个体自觉而有选择地接受社会影响，形成自己的个体意识经验，建立起独特的自我，形成自己鲜明的人格特征。因此，个体社会化过程实际上也是个体的个性化过程。

四是终身持续性。个体自出生至死亡，一生中都不停地与社会发生相互作用。当然，在人生的不同时期，社会化的要求、内容和进程是有区别的。例如，处在成长阶段的个体，其社会化的主要要求是学习知识技能、掌握社会规范，形成符合社会要求的行事方式；成年后，社会化的要求是干好事业、抚养教育子女、赡养老人，承担自己作为社会成员应尽的责任和义务等。如果一个人到了成年阶段，还不能自觉遵守社会规范，则表明其社会化出现了障碍，人格形成就可能出现缺陷。个体的社会化过程贯穿个体的终生，这个过程可分为两个阶段，即社会化的初步完成阶段（从出生到成年，包括婴儿期、幼儿期、学龄初期、少年期、青年初期等）和继续社会化、再社会化阶段。

从个体社会化的具体内容来看，主要包括政治社会化、民族社会化、性别角色社会化、道德社会化和法律社会化等。具体分析如下：

政治社会化，是指使一个自然人变成政治人的过程，是将社会的政治观念内化为自己的政治意识的过程。政治社会化的结果，使人产生赞成或者反对某种政治制度的政治态度，形成明确的政治观念。人总是生活在一定的社会中，而任何社会总有一定的政治制度。统治阶级为了维护自己的阶级利益和统治秩序，必然会要求生活在自己统治下的社会成员自觉遵守所处社会的政治秩序，拥护社会所实行的政治制度，具有鲜明的政治立场和政治态度。如果社会成员试图以非法的方式改变这种政治制度，就可能触犯危害国家安全罪，并受到相应的刑罚惩罚。

民族社会化，是指使一个自然人变成具有民族意识的人的过程。所谓民族意识，是指对一个特定民族的风俗、传统、习惯等方面的认识。形成民族意识，能够使一个人具有本民族的自豪感、认同感、归属感，使一个人能够自觉遵守本民族的风俗习惯和文化传统；同时，也要理解和遵守其他民族的风俗习惯。一个人严重破坏其他民族的风俗，伤害了民族感情，其实质是妨碍甚至剥夺了别人的民族自尊感和民族归属感，如果到了社会所不能容忍的地步，就可能构成破坏民族团结、煽动民族仇恨和民族歧视等方面的犯罪，进而承担相应的刑事责任。

性别角色社会化，是指按照社会上关于男女两性性别特征的期望和行为特征的要求来规范自己行为的过程。性别角色社会化的结果，使一个人能够真正接纳和喜欢自己的性别特征，并使自己的行为符合社会生活对自己这种性别属性的要求。从传统观念来看，一般认为男性具有较强的事业心、进取心和独立性，敢闯敢拼，即具有"男性气质"；女性则富有同情心和敏感性，善于持家和哺育子女，对人温柔体贴，举止文雅娴静，即具有"女性气质"。

道德社会化，是指个体将社会道德规范内化为自己的道德意识，形成道德情感，并按照社会道德标准来支配自己的社会行为的过程。道德社会化的结果，是使个人具有明确的道德观念，个体若遵守了社会道德标准，就会受到社会舆论的赞许并感到心安理得；反之，若个体做了不道德的事情，就会受到社会舆论的谴责并感到内疚。不同的历史时期和社会生活条件下，道德标准有差异，道德社会化的内容也是不同的。个体的道德社会化应该以自己所处的社会生活环境中的主流道德意识为参照，道德社会化的方向是由社会舆论来导向的。道德社会化缺陷对于一个人犯罪意识的形成作用，不在于其道德内容的善与恶、美与丑比例的多少，而在于为犯罪意念、动机、目的的形成扫清了主观约束的障碍，并且提供了精神支持。

法律社会化，是指个体将社会的法律规范内化为法律意识，并以法律规范为依照调节自己社会行为的过程。具体而言，就是指个体把国家法律这一体现统治阶级和国家意志的、具有强制性的特殊社会规范，变成自己所理解和接受并自觉遵守的行为准则，进而内化为个人心理品质的过程。[1] 法律社会化的结果，使个体不仅学习掌握了法律知识、形成了法律意识[2]，而且能够按照法律规范来调节自己的行为，能够自觉遵守所处国家和社会生活环境中的各种法律法规，尤其是要遵守刑法规范。法律社会化与道德社会化有相同之处，但也有根本区别：个体若道德社会化出现缺陷，行为违反道德标准，就会受到社会和他人的指责；而若是法律社会化出现缺陷，行为违反法律规范，则要受到法律的制裁，若违反的是刑法规范，则要受到刑罚惩罚。法律是最低限度的道德，刑罚则是法律体系中最为严厉的惩罚。因此，法律意识是社会生活中最重要的主流意识，是社会有序发展的最基本的要求，当然也是统治阶级维护自己的统治秩序和阶级利益的意志反映。犯罪就是对这种主流意识的极端蔑视行为，而刑罚则是保障和维护社会主流意识的最为严厉的法律制裁。

（二）个体与社会环境的交互作用机制

个体的社会化过程实际上也是个体形成各种社会态度的过程。个体从自然人变为社会人的过程中，通过主观不断认识客观物质世界，逐渐对周围世界形成了一套固定的社会认知和社会态度。社会态度一旦形成，便成为人格的一部分，进而影响个体行为，使个体的行为发生倾向性的作用。如果个体形成了正确的社会态度，就会促使个体与周围世界取得平衡和协调发展；反之，如果个体形成了错误的社会态度，则会阻碍个体在社会生活中的适应，使个体与社会的关系紧张。

个体与社会环境的交互作用机制表现为：社会意识首先作用于个体，使个体经过模仿、服从、同化、内化等过程，将社会意识转变为个体意识，使个体形成

---

[1] 章恩友：《论犯罪人的社会化缺陷与重新社会化》，载《中国监狱学刊》2002年第6期。
[2] 法律意识是指个体关于法和法律现象的观点和态度的总称；它是社会法律现象在个体头脑中的反映。有学者认为，个体法律意识的功能结构可分为三个相互联系的亚结构：一是作为认识功能的法律知识，它是个体形成法律意识的前提和基础；二是作为评价功能的对法律的态度，它是影响个体实施合法或违法行为的关键性因素；三是作为调节功能的守法行为素养，这实质上是个体的一种抗诱惑能力、对行为的自控能力和良好的行为习惯，其完善与否，表明个体社会化的成熟程度，也是防止违法犯罪的重要关口。（参见罗大华、何为民、解玉敏：《司法心理学》，人民教育出版社1999年版，第37页。）

某种社会态度和人格特征；然后，当个体形成了某种社会态度，他就会以相应的态度来对待他人、对待自己、对待社会生活中的其他事物，吸收或者拒绝外界的影响，又形成新的态度或者改变已有的态度。当然，态度的形成过程不同于一般的认知活动，因为它不仅具有情感和意志等因素，而且比较持久和稳定，是个体人格特征的有机组成部分。

其实，家庭、学校、社会阶层、社会文化等对个体的影响，都是通过人与人之间的社会交往来实现的。正是通过人际交往，社会规范才能够在社会生活中传播。良好的人际交往促进社会规范的良性传播，这些社会规范会内化为个体的社会态度，进而实现个体按照社会规范进行活动的良性循环。

詹森（R. E. Johnson）在分析少年犯罪问题时，曾用下图说明家庭、学校、同辈群体等社会环境因素在犯罪少年人格发展中的作用。[①]

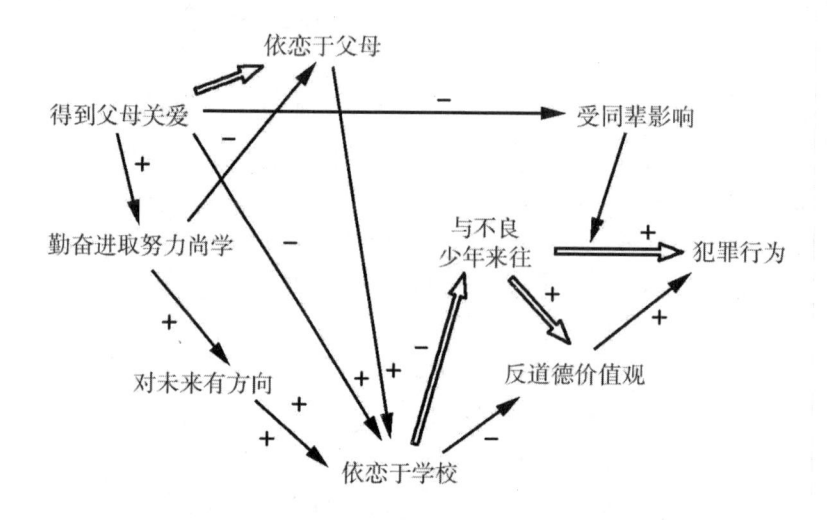

**社会环境因素与少年犯罪人格的形成**

（图中的单线箭头表示因素间的相关关系，双线箭头表示高相关关系；正负号表示正负相关）

从图中可以看出，父母对子女的关心与爱，与子女对父母的安全依恋以及子女的勤奋好学有关。依恋父母的孩子，入学后也依恋学校。他们很少与不良少年往来。相反，自幼得不到父母关爱而不能形成安全依恋的孩子，入学后也不会以学校为依恋对象，而受家庭以外同辈的影响较多，与不良少年来往频繁，逐渐形成反道德价值观，形成犯罪人格，最终有可能酿成犯罪行为。

---

① 转引自刘邦惠主编：《犯罪心理学》，科学出版社2004年版，第139页。

## 二、人格缺陷的实质与内容

犯罪人之所以犯罪，是为了满足自己的需要，获得一定的物质或精神利益。在追求需要的满足过程中，犯罪人采用了社会不认可的方式和手段，其结果是侵犯了法律所保护的价值（合法权益）。行为人明知或者应当知道自己行为的方式、手段可能产生危害社会的结果，却有意而为之，这说明行为人是有意蔑视或者漠视、轻视法律秩序，有意与社会的主流价值观背道而驰。行为人之所以要作出犯罪的决定，实施危害社会的行为，是其反社会人格或者人格缺陷所导致的，因此，在需要基础上形成的缺陷人格应当是行为人负刑事责任的心理基础。刑法就是通过强制手段培养社会成员健全的人格，使之形成与社会主流价值观念相协调的社会态度、养成自觉遵守法律规范的习惯，形成在满足自己需要的同时顾及社会和他人需要满足的社会意识，从而达到防卫社会、防止他人的合法利益和社会利益遭受侵害的终极目的。

到底哪些人格缺陷可能成为犯罪心理的基础，或者说犯罪人的缺陷人格有哪些表现？不同学者有不同的认识。例如，李斯特认为，"个人因素同样是主要的诱因，即使在微小的外界因素的诱发下，根植于犯罪人个性之中的特有的本性促使其犯罪。粗鲁、残忍、狂热、轻率、懒惰、酗酒、性堕落等逐渐导致行为人心理变态"[1]。犯罪行为的发生，正是在上述不良人格特征的支配下进行的。有学者认为，犯罪的根源是人固有的攻击、自私、纵欲、逆反、嫉妒五方面的人性劣根性。[2] 上述不良人格特征固然可能导致犯罪心理和犯罪行为的生成，但站在更高的抽象水平看，人格缺陷之所以成为犯罪心理的基础，就在于行为人所持有的对社会规范的不正确态度。质言之，不良人格特征是行为人人格缺陷的外在表现，人格缺陷才是形成犯罪心理的实质因素。

（一）人格缺陷的实质

有学者认为，犯罪人的人格缺陷主要是法律社会化缺陷。具体表现为：没有接受法律知识方面的教育，处于"法盲"或"半法盲"状态；认识水平偏低，是非不分，难以理解和接受法律规范；对法律持轻蔑态度，视法律程序为儿戏，不尊重与遵守法律；在遇到法律问题时，轻率地作出决定，不进行法律咨询，以致有意无意地违反法律；缺乏守法行为习惯，在日常生活中贪图利益，随意行事；不愿履行法律义务，如拒绝赡养老人、拒交个人所得税等；由于法律意识不健全，划不清合法与非法的界限，在理解与执行法律规范时发生困难，造成违法行

---

[1] 徐久生：《德语国家的犯罪学研究》，中国法制出版社1999年版，第9页。
[2] 皮艺军：《本能异化——关于犯罪本源的新思考》，载王牧主编：《犯罪学论丛》（第1卷），中国检察出版社2003年版，第307~326页。

为的产生，如防卫过当、刑事案件私了、因债务纠纷扣留人质等。①

我们认为，上述认识虽有一定的合理性（如认为犯罪人的人格缺陷主要是法律社会化缺陷），但是，该观点看到的只是表面现象，因而所罗列的表现形式并不全面，甚至不完全具有代表性（如认为犯罪人的认识水平偏低，是非不分等）。其实，从刑法角度看，犯罪人人格缺陷的实质表现是对社会规范持有敌视、蔑视，或者漠视、轻视的态度。正是因为有了上述态度，在一定的外在客观条件的作用下，这些态度的内容才会通过犯罪行为人的认识、情感、意志等心理状态表现出来，进而最终通过外在行为体现出来。事实上，人格缺陷的实质表现是犯罪意识和主观罪过的重要内容；或者更明确地说，人格缺陷促使犯罪意识和主观罪过的生成，主观罪过的外化又推动了犯罪行为的生成，因此，人格缺陷是生成犯罪行为的最深层次原因；同时，人格缺陷中的上述态度可以通过犯罪行为、主观罪过、犯罪意识等因素进行认定和证明。可见，人格缺陷、犯罪意识、主观罪过三者之间虽然具有不同的内涵，处于犯罪心理的不同层次和水平，但三者之间相互联系、相互制约、相互印证，是一个不可分割的统一整体；犯罪心理与犯罪行为之间亦是支配与被支配、反映与被反映的关系，它们也是一个统一的整体。正因如此，行为与行为人之间本来就是一个密不可分的有机整体，人格态度支配行为，反过来，行为也表征了人格。从上述分析可以看出，极端的客观主义或者极端的主观主义都是错误的。

为什么刑法学特别关注人格中的态度？这是因为，态度既是一个人的价值观的体现和反映，也是一个人心理活动和行为选择的基础。态度使人的心理活动和行为表现具有明显的倾向性。按照《心理学词典》的解释，"态度通常是指个体对于各种事物和现象（社会的和非社会的）所持有的一种协调一致的、有组织的和习惯化的心理反应。……态度是一种无法直接观察的内在心理历程，而只能间接地从当事人的言语表达和行为反应中去推断"②。《现代汉语词典》对态度的解释有两层含义：其一，是指人的举止神情，如态度大方等；其二，是指人对事物的看法和采取的行动，如态度端正、态度坚决等。③ 本书所称的态度，或者说是刑法学上的态度，是指人们对客观事物的具体看法及其所持有的一种协调一致的、有组织的、习惯化的行为准备状态和心理倾向。从构成内容上看，态度包含认识、情感、意志等心理要素和行为倾向要素，也就是说，态度是主观心理活动和外在行为表现的统一体。

态度这种心理倾向使人们对客观事物或者面临行为选择时，表现出明显的偏

---

① 罗大华等：《司法心理学》，人民教育出版社1999年版，第59页。
② 林传鼎等主编：《心理学词典》，江西科学技术出版社1986年版，第244页。
③ 《现代汉语词典》（2002年增补本），商务印书馆2002年版，第1221页。

向，并进一步影响到对行为表象的有意注意和对行为的意志努力程度。因此，态度对行为有直接的影响，能够对行为产生指导作用。态度不同，行为的性质和结果都可能有差异。正因如此，人格结构中的态度，常常是行为的基础；反过来，我们也总是从一个人的行为中去认识和推断其态度。

（二）人格缺陷的主要内容

从刑法学的角度看，人格缺陷的主要内容是对社会的敌视、蔑视或者轻视、漠视的态度。这些态度既是生成主观罪过的心理基础，也是主观罪过不同程度的表现形式。其中，敌视和蔑视态度主要是犯罪故意的心理基础，而轻视和漠视态度则主要是犯罪过失的心理基础。

1. 对社会的敌视态度

从词义上讲，"敌视"就是"当作敌人看待"的意思，相当于"仇视"[①]。对社会的敌视态度，即指行为人有意仇视社会，与社会为敌。这种态度是反社会人格中程度最严重、意识最清楚、意志最坚决、情感倾向最明显的心理活动。说它程度最严重，是因为这种态度与社会的主流价值完全背道而驰，与社会要求针锋相对，这种态度极易演变成犯罪意识和罪过心理，驱使个体实施犯罪行为；说它意识最清楚，是因为这种态度的形成往往是个体在社会生活中经常与社会对立和冲突的结果，个体自己对这种态度能够明确知道；说它意志最坚决，是因为这种态度的形成并非一朝一夕，而是个体长期通过自由意志选择的结果；说它情感倾向最明显，是因为这种态度本身就带有浓厚的与社会规范相对立的情绪色彩，这种消极情绪体验直接指向社会事物，反过来又会进一步加深个体的反社会意识，增强向犯罪意识、罪过心理乃至犯罪行为转化的意志力。

按照精神分析学的观点，这是一个人的人格结构中，本我畸形发展或者原始本能长期得不到满足，导致个体与社会不断产生冲突，而这种冲突又始终没有得到协调和缓解，个体对社会的不满情绪不断积累，最终形成对立情绪和敌视态度。对社会敌视的态度源于潜意识的本能冲动和欲望难以得到满足，而良知或内在的道德判断不足以压制该冲动和欲望，这是一种典型的人格缺陷。

从犯罪心理学角度看，当前在社会生活中，容易成为犯罪心理生成基础的对社会的敌视态度主要有：其一，不满、怨恨或者对抗的态度。这是一种情绪色彩非常浓厚的态度，行为人因为自己的需要长期得不到满足，而对阻碍自己需要满足的个人或社会所产生的不正确态度。这种态度既容易成为故意犯罪（尤其是侵犯人身权利犯罪、危害公共安全犯罪等）的心理基础，也容易成为过失犯罪的心理基础。司法实践中的杀人、伤害、爆炸、投放危险物质等故意犯罪的行为人，通常有此态度。例如，杨某海故意杀人案。杨某海曾因盗窃、强奸被处以2次劳

---

[①] 《现代汉语词典》（2002年增补本），商务印书馆2002年版，第269页。

教、1次判刑，因此，他产生了报复社会的强烈心理。2000年出狱后，在河南、安徽、河北和山东4省相邻的农村地区疯狂作案26起，已查明杀死67人，强奸23人，抢劫大批财物；他在多次被提审时，曾反复表达同样一个观点："为什么别人有的，我没有！"① 这足以看出他对社会的敌视和仇视态度。在过失犯罪的案例中也能够发现，由于犯罪行为人对自己从事的工作没有正确的认识，不喜爱自己的职业，或自认为受到不公平的待遇；或因与领导、同事或上级管理部门就应否改变目前的工作方式有激烈的冲突等，都可能使行为人产生心怀不满的怨恨或对抗态度，在这些心理态度的影响下，行为人在执行职务中常会缺乏工作的主动性和应有的责任心，显得工作消极、精神不振、注意力分散，从而容易忽视或遗忘自己应负的注意义务，实施容易引起事故的行为，以至于导致危害结果的出现。

其二，仇恨报复的心理态度。在社会生活中，有些人求官心切，求名心切，求富心切，急不可耐，一旦私欲满足不了，就思想偏激、心情浮躁、感情冲动、丧失理智，产生强烈的仇恨报复心理。有的人为了升官，竟雇用杀手谋害自己仕途上的竞争者；有的人为了快富，竟干起贩卖毒品、拐卖人口、绑架勒索、劫持旅客等伤天害理的勾当来；有的人当私欲得不到满足或者受到不公平待遇时，就发泄私恨，破罐破摔，疯狂报复。有的人向其他当事人实施报复，还有的人则向社会无辜群众实施报复，在公共场所犯下放火、制造爆炸、投放危险物质、驾车撞人等恶性案件。

2. 对社会的蔑视或轻视态度

"蔑视"意为瞧不起、小看。② "轻视"是指不重视，不认真对待。③ 其实，蔑视和轻视是同义词，都是指不把一个事物放在眼里。对社会的蔑视或者轻视态度，就是不重视社会要求，不把社会规范放在眼里。

行为人在满足自己需要的过程中，我行我素，只考虑自己的利益得失，不顾及他人与社会整体需要的满足。这是一种一切以自我为中心、极端自私的表现。社会生活中，任何人都不可避免地要与社会和他人发生种种联系。任何人的生存和发展，都不可能离开社会和他人的帮助与影响，同时，也不可避免地要受到社会生存和发展规则的约束。如果一个人无视社会规范，特别是不重视法律规范，那么，其社会行为就会肆无忌惮，其为了满足自己的欲望就可能会不择手段。显然，对社会的蔑视或轻视态度，可能导致行为人形成错误的社会意识，进而实施违反社会规范的行为，严重者可能构成犯罪。

按照精神分析学的观点，这是一个人的人格结构中自我无限膨胀而超我又相

---

① 《重庆商报》2004年2月2日（时事新闻版）。
② 《现代汉语词典》（2002年增补本），商务印书馆2002年版，第882页。
③ 《现代汉语词典》（2002年增补本），商务印书馆2002年版，第1030页。

对不足的结果。由于自我是按照"现实原则"进行活动的,所以自我的无限膨胀,就会驱使人格主体不择手段、不惜一切地追求需要的现实满足。本来,人格健全者在追求需要的现实满足时,要受到按照"道德原则"或"理性原则"活动的超我的控制和约束,使之不能违背社会道德规范的要求,不能违背人格主体的良心。然而,人格缺陷者正是由于其人格结构中超我相对不足,不能对本我和自我进行有效约束和控制,导致人格主体的行为违反社会道德要求,甚至触犯刑律。

在现实生活和司法实践中,容易成为犯罪心理基础的、对社会的蔑视态度主要表现为:其一,浓缩人生的社会生活态度。当前,在有些青少年中存在浓缩人生的社会生活态度。他们认为:"艰苦一辈子,不如潇洒走一回","吃苦一辈子,不如享受一阵子","多活几年受苦累,不如少活几年图快活",有的甚至认为"只要今天能享尽天下福,过上神仙般的日子,即便明天坐牢杀头也值得"。特别是在青少年共同犯罪中,这种浓缩人生的不良态度普遍存在。正是在浓缩人生的心理支配下,犯罪人为图一时的享乐、痛快、刺激而实施违法犯罪行为。还有的人在浓缩人生的生活态度影响下,进一步产生"孤注一掷"的心理,他们把人生看成一场赌博,认为"赌注越大,得利越多",甚至认为"这年头胆小的饿死,胆大的撑死",于是,他们敢于冒任何风险,孤注一掷,疯狂作案。这些"用自己生命做赌注的人"总认为"人生总有一死,与其窝窝囊囊过一生,不如豁出命去捞一把"。这种生活态度常常成为贩毒、抢劫、走私、绑架等犯罪人的犯罪心理基础。

其二,法不责众的侥幸态度。社会上有些人认为,"法不责众、法难治众","中国这么大,违法犯罪的人这么多,浑水摸鱼,被抓住的只是极少数"。这种法不责众的侥幸心理态度在共同犯罪,民营企业家犯罪和贪污、受贿等腐败犯罪中极为普遍。在共同犯罪(特别是有组织犯罪)中,由于犯罪行为的发生是多个人共同作用的结果,因此普遍存在罪责扩散心理,犯罪行为人总是把自己的罪责看得很轻。在民营企业家犯罪中,有些民营企业家明明知道生产销售伪劣产品是犯罪,但仍然以"别人这么做没事,我这么做肯定也没事"的侥幸心理麻痹自己,不断制假售假;有些民营企业家明明知道挪用侵占公司财产是犯罪,但仍然以自己智商过人、手段高明、计划缜密、不留痕迹的侥幸心理挪用侵占,大行监守自盗;有些民营企业家明明知道犯罪是要被追究刑事责任的,但仍然以自己有背景、有靠山、有"保护伞"进而不会被打击的侥幸心理实施犯罪,不将法律放在眼里。"千丈之堤,以蝼蚁之穴溃;百尺之室,以突隙之烟焚。"一旦民营企业家开始抱着侥幸心理实施犯罪活动,最终的结局必将是含泪铁窗,正所谓一失足成千古恨,空留"早知如此,何必当初"的满肠悔恨。在贪污、受贿等腐败犯罪中,行为人明知自己的行为是触犯法律的,但又普遍心存侥幸,不相信会被绳之以法。有些人还迷信于自己隐蔽的手法和高明的手段,认为可以瞒天过海,蒙混过关。以 2014 年山西"塌方式腐败"为例,落马的 7 名省部级干部中,包括 4 名省委常委。在该省所辖 11 个地级市中,7 个地级市均有干部接受组织调查。如此大面积的腐败,既有当地不良政治生态的影响,在很大程度上也是法不责众的侥幸心理在作祟,认为法一旦责众就会对当地政坛造成影响,企图可以蒙混过关。①

其三,"老实吃亏"的社会态度。当前,在各种不同群体中,有些人认为"老实吃亏""廉洁吃亏""守法吃亏""艰苦吃亏"等。可以说,"老实吃亏"是现实社会中非常流行的一种不良社会态度。有些人的犯罪,特别是领导干部的贪污腐败犯罪正是在这种不良心理的驱使下进行的。有的人在老实吃亏的社会态度影响下,逐渐产生"有权不用,过时作废""坐山吃山,靠水吃水"的错误意识,在这些不良心理的驱使下,一有机会便大肆进行违法犯罪。例如,河南省安阳市委原书记张某东在忏悔书里写道:"廉洁从政不吃亏,越过底线,一无所有。"②一些官员违纪违法、腐化变质,恰恰是认为廉洁从政会吃亏,以权谋私、以权兑现才不吃亏。正是这种错误的为官理念,让他们一步步坠入腐败犯罪的深渊。

其四,"补偿回报"的社会生活态度。"补偿回报"的社会生活态度的出现与相对剥夺感的增强有密切关系。相对剥夺感是美国学者斯托弗(S. A. Stouffer)提出的一种关于群体行为的理论,主要是指当人们将自己的处境与某种标准或某种参照物相比较而发现自己处于劣势时所产生的受剥夺感,这种感觉会产生消极情绪,表现为愤怒、怨恨或不满。一旦一个人在群体中的相对剥夺感开始不断增强,心理失衡后"补偿回报"的社会生活态度就会出现,进而诱发犯罪。从实践看,"补偿回报"的社会生活态度可能成为以下几类犯罪心理基础:一是公务员的腐败犯罪。有的公务员从自己掌握的权力中寻找"补偿",用"权"去换"钱",大搞"权钱"交易;有些领导干部认为自己前半生上过山、下过乡,吃过苦、受过累,建过功、立过业,现在该到寻求补偿、索取回报的时候了,后半生该与苦日子告别,尝尝享乐日子、潇洒日子的滋味了,这就为自己的贪欲找到了一种借口和心理安慰,于是,他们不择手段地贪污、受贿,或者进行其他违法犯罪行为。例如,贵州省某公安局缉毒大队长周某由一个战功显赫的缉毒英雄,逐渐演变为贩毒死刑犯,就是一个典型事例。③ 二是民营企业家犯罪。从近年来发生的民营企业家犯罪案件看,一些民营企业家之所以犯罪,就是在"相对剥夺"的失衡心理影响下产生了"补偿回报"的态度,以致在职业生涯中开始实施违法

---

① 人民网舆情监测室:《山西"塌方式腐败"样本分析 荡涤不良政治生态》,载《中国纪检监察杂志》2015 年第 3 期。

② 《河南省安阳市委原书记张某东忏悔书》,中央纪委监察部网站,载 http://m.ccdi.gov.cn/content/b5/3c/9394.html,最后访问日期:2021 年 12 月 5 日。

③ 《缉毒大队长贩毒案》,中央电视台《今日说法》,2004 年 3 月 22~23 日播出。

犯罪活动。例如，有案例显示，有些企业管理人员认为自己在公司勤勤恳恳、兢兢业业，上班常态是"996"，甚至有时是"007"，但最后升职加薪的却不是自己，一种强烈的失落感、不公平感在心中开始累积，久而久之，在失衡心理作用下就产生了强烈的补偿冲动，即利用自己的职务便利侵占了公司的大量资金。再如，有些民营企业家看到竞争对手通过官商勾结、违法经营、逃税偷税的方式不仅赚取了巨额利润，而且还获得了很多奖项和荣誉，对比之下，自己依法依规经营却什么也没有得到，随着时间的推移，这种"相对剥夺"的失衡心理会愈加强烈，最后自己也会模仿去犯罪。三是由受害人逆变为犯罪人的行为人。有的受害人（如被人偷、抢、骗等），当他们受到犯罪侵害后，不是通过正当的法律手段寻求帮助，而是在其他人身上寻求补偿。于是，他们通过"以牙还牙""以眼还眼"的方式报复社会和他人，以更加疯狂的犯罪方式从无辜人身上寻求补偿，逐渐由受害人变成"害人精"。例如，有些被拐卖的妇女，原本是受害人，但为了寻求补偿，便会协助犯罪人组织被拐卖的妇女卖淫或者强迫被拐卖的妇女卖淫，甚至还会帮助犯罪人强奸被拐卖的妇女。四是重新犯罪的行为人。有些刑满释放或者解除劳教人员，回归社会后，自以为以前受到的打击、处理不公正、不恰当，也会产生一种要把失去的损失夺回来的补偿心理，在这种心理的驱使下，他们又重新走上犯罪道路，成为惯犯、累犯。

其五，骄傲自满、自以为是的态度。某些担任了一定领导职务的公职人员，工作出色，有一定业绩，取得了较高地位和较大荣誉。在光环和荣誉面前，这些公职人员渐渐地沾沾自喜，忘乎所以，并开始独断专行，不允许他人提意见、提批评，大搞"一言堂"，不允许有不同的声音存在。他们利用手中的权力为所欲为，排斥异己，大肆贪污、受贿、耍流氓。他们之所以敢如此胆大妄为，是因为他们认为自己享有很高的地位或荣誉，即使做了违法犯罪的事，也不会有人怀疑，地位、荣誉可以掩盖自己的罪行。例如，有些优秀企业家，甚至是某些劳动奖章获得者犯罪，就是如此。另外，骄傲自满的态度也容易成为过失犯罪的心理基础。行为人自身的知识技能、经验等方面的能力本来尚有不足之处，对客观情况尚未作准确分析和充分的了解，但过高地估计了自己的能力和客观有利条件，或者过低地估计了可能遇上的障碍和困难，以致本来应该预见、可以避免的危害结果最终发生。以交通肇事罪为例，部分行为人无证驾驶，盲目相信自己的驾驶技术，认为即便没有驾驶证，凭借自己的驾驶技术也完全能够避免事故发生。行为人主观上的骄傲与盲目，难以和客观实际情况相匹配，最终导致重大交通事故的发生。

其六，自私自利的态度。自私自利、把个人利益凌驾于社会利益（集体利益或国家利益）之上的行为人，他们在进行动机和行为的方式手段选择时，常常不会顾及社会利益，甚至有意选择不被社会所认可的方式来满足自己的利益（需要），以至于故意实施犯罪行为；或者由于将主要精力集中在个人利益上，忽视了自己在社会生活中应尽的注意义务，以至于发生过失犯罪行为。

其七，贪图享乐的生活态度。在改革开放的大潮中，随着商品经济的发展，生活水平的提高，人们的享乐欲望愈加强烈。追求享乐的生活态度本是无可厚非的，因为趋利避害、追求享受是人的本性。但是，如果不顾及主客观条件，采取社会不认可的方式追求享乐，就可能成为犯罪的心理基础。以近年来不断攀升的民营企业家犯罪为例，无论是职场影视剧所展示的镜头，还是我们在现实生活中的所见所闻，民营企业家作为职场精英，给人们的印象都是高颜值、高学历、高收入，西装革履、意气风发、干净利落，有着让人羡慕的职业和收入，不可能与犯罪有关联，但近年来以民营企业家犯罪为代表的"白领犯罪"已经成为我国经济社会发展中不容小觑的犯罪现象。北京师范大学中国企业家犯罪预防研究中心2019年发布的《企业家刑事风险分析报告（2014—2018）》显示，在2013年12月1日至2018年11月30日的五个统计年度内，企业家犯罪案例共有6988件，企业家犯罪8965次，整体呈现出逐年递增的态势。其中，民营企业家犯罪数为7590次，约占企业家犯罪总数的84.66%，犯罪民营企业家共7215人，约占犯罪企业家总人数的85.77%。[①] 人们不禁要问，叱咤风云的职场精英为什么会去犯罪呢？而深入分析民营企业家犯罪案件中行为人的内在心理就会发现，贪图享乐的生活态度在一定程度上促成了犯罪心理的形成。例如，有些民营企业家通过艰辛创业积累了一定的财富后，不是想着如何对自己的财富进行科学管理和谨慎投资，而是认为自己成了有钱人，终于可以扬眉吐气了，开始在圈子里攀比、摆阔、斗富，开豪车、买豪宅、穿名牌、灯红酒绿、寻欢作乐、挥金如土，奢靡无度，将金钱视为衡量身份的唯一标准，认为价格越高、场面越大，自己越有面子，打造各种人设，而一旦千金散尽、挥霍一空、风光不再，为了维持巨额消费和填补精神空虚，这些民营企业家往往就会实施骗取贷款、贷款诈骗、合同诈骗、非法经营、非法集资、集资诈骗、职务侵占、挪用资金等犯罪行为，最终沦为阶下囚。除了民营企业家犯罪，实际上在其他犯罪中贪图享乐的生活态度也是犯罪的一大诱因。例如，有的人为了享乐，滥用职权贪污、挪用公款、收受贿赂、腐败至极；有的人为了满足膨胀的物欲，追求高消费，没有钱便铤而走险，实施盗窃、抢劫、抢夺、诈骗、造假售假，甚至走私、贩毒等。

3. 对社会的漠视态度

"漠视"就是冷淡地对待，不注意、不关心的意思。[②] 对社会的漠视态度，就意味着个体对社会要求和社会规范的不关心或不注意。

---

[①] 北京师范大学中国企业家犯罪预防研究中心：《企业家刑事风险分析报告（2014-2018）》，载《河南警察学院学报》2019年第4期，第19页。

[②] 《现代汉语词典》（2002年增补本），商务印书馆2002年版，第898页。

在社会生活中，无论是法律规范、道德准则，还是社会职责、业务守则等，都要求一个人的行为不能产生危害社会的结果。所以，对于具有刑事责任能力的人而言，其在社会生活中实施相关行为时，必须对该行为可能产生的社会危害有充分的认识，并防止危害社会的结果发生。尤其是从事具有一定危险性和风险性职业的人（如车、船、航天、航空器驾驶员，自动仪器、仪表操纵者，医生和建筑、煤矿、铁路工人及其指挥者等），其工作性质决定了这些人必须对自己的职业行为保持高度注意。如果行为人对工作持不负责任的冷漠态度，有注意能力且也有注意义务，却因为自己未尽注意义务而导致危害社会的结果发生，那么，行为人理应为自己的过失犯罪行为承担刑事责任。由此，对社会的漠视态度常常是生成犯罪过失的心理基础。

在现实生活和司法实践中，对社会的漠视态度主要表现为：其一，对工作不负责任的态度。从事危险职业工作者，缺乏责任感，对工作不负责、作风拖沓、自由散漫、思想不集中、技术操作漫不经心、随随便便，极易引起重大责任事故，造成过失犯罪。

其二，傲慢与偏颇的态度。态度傲慢者，每每妄自尊大、目空一切、自以为是、固执己见，把自己的片面经验当作有效、可靠的行为准则。在实际操作过程中，持傲慢和固执态度的人常听不进不同意见，并产生行为认知偏差甚至是认识错误；若是决策指挥者，更易酿成重大人身伤亡和财产损失事故。行为人不依据客观事实和实际经验，却对他人或事物持有某种特殊的感情或偏见，即为偏颇的态度。偏颇的态度常来自各种社会因素冲突所产生的种种不合公理的观念。受偏颇态度影响而实施某种行为，其决意和行为的倾向性十分明显，常常导致行为人忽视其应尽的注意义务和不为应作为的行为。

其三，冷漠和轻率的态度。行为人厌倦自己从事的职业，对个人利益的关心超过了对公共利益的关心，对自己的行为缺乏责任心，以冷漠和轻率的态度对待自己应尽的义务，容易因疏忽大意而导致过失犯罪的发生。

虽然上述对社会生活及其规范的不正确态度本身并不是犯罪心理，但在一定条件下可能转化为犯罪意识或者直接转化为过失犯罪的心理基础。

**【课后练习】**
1. 人格缺陷的形成主要受哪些因素的影响？
2. 如何理解人格缺陷的实质？
3. 人格缺陷主要包括哪些内容？

# 第六章　犯罪动机的形成与转化

【知识提要】

　　犯罪动机是推动或促使个人实施犯罪行为的内在起因，按不同的标准可以对犯罪动机作不同的分类。犯罪动机对犯罪行为具有激发、指向、维持和调节作用。犯罪动机和犯罪目的既具有联系，又存在明显区别。犯罪动机的形成一般通过三种途径，即犯罪人的需要促使形成犯罪动机、犯罪诱因引起犯罪动机和需要与诱因共同作用形成犯罪动机。在准备、实施犯罪行为及犯罪后，犯罪动机可能因为各种因素的影响而发生不同方面的转化。

## 第一节　犯罪动机的概述

### 一、犯罪动机的概念

　　动机是心理学中的一个重要范畴。这个词最初来源于拉丁语"movere"，意思是"推动"。但是，这一定义过于狭窄，难以阐明动机这一非常复杂的心理活动。所以，心理学中一般对动机一词所作的界定是：引起个体活动，维持已引起的活动，并促使该活动朝向某一目标进行的内在作用。[①] 这种界定包括三点含义：（1）定义中所说的活动，是指行为活动。动机本身不属于行为活动，只是一种促使行为活动发生的内在作用。（2）对个体的行为活动而言，动机不但具有内在的促动作用，而且在促动之后，对个体行为活动还有导向作用和维持作用。例如，动物觅食活动是一种外显行为，而在该行为的背后存在一个发生内在作用的饥饿动机。动物饥饿时，它的觅食活动是有目标的，它的活动始终是朝着有食物的方向。如果觅食活动没有结果，动物的饥饿不能解除，即表明原有的动机仍然存在。在此种情形下，由动机促动的觅食活动，仍将继续进行。（3）动机是行为的原因，个体某种行为活动所持续的时间，可长可短，通常视能否达到目的而定。饥而求食，渴而求饮，由该类动机促动的行为活动可能为时较短。而对人类的学习、社交、职业活动等来说，动机所促动的行为，持续时间相对较长。无论行为

---

　　[①] 张春兴：《现代心理学》，上海人民出版社1994年版，第489页。

持续时间的长短,行为背后的动机促动力总是不可或缺的,由此可见,动机对人类行为的重要性。

所谓犯罪动机,是指推动或促使个人实施犯罪行为的内在起因。犯罪人之所以犯罪,从其心理方面来看,就是由于存在犯罪动机的缘故,是犯罪动机发挥作用的结果,正是在犯罪动机的推动下,犯罪人才确定犯罪目的,选择犯罪方式,作出犯罪决定和实施犯罪行为的,因此,犯罪动机是推动犯罪人进行犯罪行为的直接的心理动力,是促使犯罪人处于实施犯罪行为的积极状态的内部原因。

## 二、犯罪动机的特征

显然,作为犯罪行为的一种内在推动力量,犯罪动机虽然同样具有一般动机的特征,然而又不完全相同。从犯罪动机定义中可以看出,犯罪动机有如下几个特点:

(一) 犯罪动机具有主观性

犯罪动机是犯罪人的主观心理活动,是犯罪人在实施犯罪行为的过程中特有的一种心理现象,它的形成和作用都反映着行为人的主观恶性程度及行为的社会危害程度。

(二) 犯罪动机具有相对性

犯罪动机是与犯罪行为相对的概念,犯罪动机之所以不同于一般的活动动机,就是因为它和犯罪人的犯罪行为相联系,没有犯罪行为便没有犯罪动机可言。犯罪动机引发的是具有社会危害性的犯罪行为。无论行为人的动机多么卑鄙和邪恶,只要它引发的行为不是具有社会危害性的犯罪行为,而是一个一般的错误行为或不道德行为,那么我们就不能把它称为犯罪动机,而只能将其看作一般意义上的动机。

(三) 犯罪动机具有动态性

犯罪动机是一个动态概念,它所反映的是一种动态心理过程。首先,犯罪动机往往是在动机斗争过程中形成的。在实际生活中,个体行为的动机常常不止一个,而是同时存在种种不同的动机。在各种不同动机之间会产生一定的心理冲突或斗争,犯罪动机的形成就是各种动机斗争的结果。其次,犯罪动机是不断变化的。因为犯罪动机既受犯罪人需要的决定,也受犯罪情境中许多因素的制约。犯罪动机自形成之时起就处于不断的变化之中,这种变化或者表现为强度的增强与减弱,或者表现为因犯罪行为的结束而消失,或者为其他犯罪动机或非犯罪动机所取代而表现为具体目标的改变和社会性质的变化等。

(四) 犯罪动机具有低级性

对一般人来说,其既有较低层次的生理需要,也有较高层次的社会性需要和精神需要。这些不同层次的需要,在个体身上协调统一地存在。生理需要的满足不是生活的全部，而是为了较高层次的社会性需要和精神需要，而且个人的生理需要的表现形式和满足方式也是与社会要求相统一的。但是，一些犯罪人的生理需要在其活动中的地位被无限扩大，满足生理需要和生活欲望成了其生活的唯一目的和所追求的目标；生理需要一产生，就不顾人类社会的任何禁忌，要不择手段地加以满足。因此，在犯罪动机中，低级的物质、生理需要引起的低级的犯罪动机往往占优势，而由较高的社会、精神需要所引起的犯罪动机的数量比较少。这主要是由犯罪人的文化教育、知识水平、生活环境以及由此形成的世界观及人生观等因素决定的。

（五）犯罪动机具有复杂性

犯罪人心理上并非只存在一种动机，而往往是多种动机并存，这些动机的内容、强度各不相同，构成了一个复杂的犯罪动机体系，其中起主要作用的是被犯罪人意识到的、强度大的犯罪动机。

### 三、犯罪动机的功能

从犯罪动机与犯罪行为的关系来看，犯罪动机有以下功能：

（一）激发作用

犯罪动机具有激起或引发个人进行犯罪行为的作用。犯罪动机是促使个人实施犯罪行为的直接原因，犯罪行为往往是由犯罪动机引起的，只有形成犯罪动机，才有可能产生犯罪行为。推动进行犯罪行为的犯罪动机，有些是从犯罪人的生理需要直接转化而来的，如物质需要转化为贪利动机、性需要转化为性动机；有些则是以犯罪人的社会性需要为基础产生的，如嫉妒、报复、怨恨等。

（二）指向作用

犯罪动机具有引导犯罪行为向某种目标或对象进行的作用。一定犯罪动机的产生，使犯罪人有了明确的犯罪目的或目标，从而对犯罪人的思维活动及行为活动产生约束、指导作用，使它们朝着满足犯罪人需要、实现犯罪动机的方向进行和发展，力求达到犯罪目的。这种功能发挥作用的过程，就是促使个人选择达到犯罪目的的手段、方式，预测自身行为的发展，寻找有利于犯罪的情境，排除各种干扰，实施犯罪行为的过程。

（三）维持和调节作用

犯罪行为产生以后，犯罪动机维持着犯罪行为的实施，使其针对一定的目标，并调节着犯罪活动的强弱和持续时间。如果犯罪行为达到目标，它促使个体终止这种犯罪活动，如果犯罪行为未达到目标，或当发现其偏离了预定目标时，就不断进行调整，使之不偏离原来的方向，它将驱使个体维持（或加强）这种犯罪行为，或转换方向以达到某种目标。由此可见，这种功能是伴随着其他功能一同发挥作用的。在实施犯罪行为的过程中，以及在实施犯罪行为之后，犯罪人会把已经取得的结果与他在行动之前确立的目的加以对比,用个人的价值观、信念及社会要求等对犯罪结果加以评价,然后再确定未来的行动。

**四、犯罪动机的分类**

为了更好地了解犯罪动机,可以按不同的标准对犯罪动机进行分类。

1. 根据犯罪动机形成的特点,可以将犯罪动机分为情境性犯罪动机和预谋性犯罪动机

情境性犯罪动机是在情境因素的作用下,在较短的时间内迅速形成的犯罪动机。对于犯罪者来说,由于事先没有思考和准备,所以这类犯罪动机在相当大的程度上,是由具体的行为情境和犯罪人当时的心理状态(特别是情绪状态)决定的。预谋性犯罪动机则是在较长时间内通过多次思考形成的犯罪动机。这类犯罪动机的显著特点是,它的酝酿形成和付诸实现有较长的时间。

2. 按犯罪人对犯罪动机意识到的水平划分,可以分为意识到的犯罪动机和未被意识到的犯罪动机

意识到的犯罪动机是犯罪人明确认识到其内容的犯罪动机。大多数犯罪动机都属于意识到的犯罪动机。未被意识到的犯罪动机是犯罪人没有认识到它的存在及其内容的犯罪动机。关于未被意识到的犯罪动机的概念,是新近才提出来的,对它的研究也较少。通常认为,激烈冲突下的犯罪行为的动机、犯罪人不能解释其原因的犯罪行为的动机等都是未被意识到的犯罪动机。

3. 根据犯罪动机的作用力,可以将犯罪动机区分为主导性犯罪动机和从属性犯罪动机

主导性犯罪动机,是指在犯罪人动机体系中比较强烈和稳定的犯罪动机,这种动机在犯罪行为的实施中起主要作用。从属性犯罪动机则是指在犯罪者动机体系中比较微弱的和易变的犯罪动机。从属性犯罪动机在犯罪行为过程中居于从属的、次要的地位。

4. 根据犯罪动机的内容,可以将犯罪动机分为贪利动机、报复动机、性动机、恐惧动机、好奇动机等

**五、犯罪动机与犯罪目的的关系**

所谓犯罪目的,是指故意犯罪行为人主观上期望通过实施犯罪来实现的结果。犯罪目的只存在于直接故意犯罪中,因为只有这种犯罪,才有希望结果发生的特点。至于间接故意犯罪和过失犯罪,由于犯罪的结果并不是犯罪人希望达到的,因此,也就无所谓犯罪目的。行为目的反映着人们要达到某种愿望的意志,但是目的本身不会带来任何结果,只有通过行为才能实现结果,或者引起客观事物的改变。根据犯罪目的与危害行为的客观方面是否有必然的内在联系,可以把

犯罪目的分为以下两种类型：(1) 只能通过特定危害行为才能实现的犯罪（如故意杀人罪中行为人期望被害人死亡的，只能通过实施能够引起他人死亡的行为才能实现）。在这种情况下，特定的危害行为是实现特定犯罪目的的唯一手段，犯罪的内容实际上就是实现刑法规定的危害结果，因此，行为人期望实现的结果与危害行为的客观方面之间有必然的内在联系。这种犯罪目的的内容已完全包含于直接故意的意志因素中，通常在刑法条文中未单独加以规定。(2) 不一定通过实施特定的犯罪行为才能实现的犯罪目的。如赌博罪中的营利目的，行为人既可以通过从聚众赌博行为中抽成来实现，也可以通过非法倒卖国家文物等其他犯罪来实现，甚至合法的经营行为来实现。在这种情况下，特定行为的客观性质与特定目的之间没有必然的内在联系（如聚众赌博也可以是为了无聊时打发时间而为），特定行为客观方面所包含的直接结果并不一定表现为特定目的中的结果（如聚众赌博本身并不必然给行为人带来营利的结果）。由于这种目的与特定的犯罪行为之间并没有内在的必然联系，所以只有在刑法条文有明确规定的情况下，才可能成为犯罪目的。

如前所述，犯罪动机是推动或促使行为人实施犯罪行为（以满足某种需要）的内在起因。通常，特定的犯罪动机与特定的犯罪行为之间并没有必然的对应关系。同一种犯罪往往可能是在不同的犯罪动机促使下实施的（如贪污罪，虽然都是以非法占有公共财物为目的，但犯罪的动机却各不相同，有的是由于腐化堕落，有的是为了贪图享受，有的却因生活困难等），同一性质的犯罪动机也可能促使行为人实施不同的犯罪行为（如基于报复动机实施故意杀人、故意伤害，或基于报复动机而实施诽谤、诬告陷害等）。显然，犯罪动机与犯罪目的既密切相连，又相互区别。

两者的联系具体表现为：

(1) 产生原因相同。犯罪动机与犯罪目的都来源于行为人过于强烈的或不良的、畸形的需要，是客观世界对行为人产生消极影响的结果，也是行为人对不良社会环境因素的反映。

(2) 从对犯罪行为所起的作用看，二者都对犯罪行为有重要影响。犯罪动机对犯罪行为主要起激发作用，犯罪目的对犯罪行为主要起导向作用，二者密切相连。

(3) 从表现形式看，犯罪动机与犯罪目的的区别也不是绝对的，犯罪动机往往表现为一定的犯罪目的，犯罪目的也必然是犯罪动机的反映。也就是说，在多数情况下，犯罪动机与犯罪目的是一致的，甚至可以互相转化。例如，侵犯财物动机可以产生盗窃、贪污、受贿等犯罪行为，以非法获得金钱为目的。因此，在具体分析案情时，可将二者结合起来考虑。

(4) 从相互作用看，犯罪动机与犯罪目的这两种心理因素是相互影响的。一方面，犯罪动机在形成过程中出现动机斗争时，势必影响到犯罪目的的选择；另一方面，犯罪目的实现与否，也必定会对犯罪动机起强化或弱化作用。

犯罪动机与犯罪目的又有很大区别，二者产生的时间、作用等并不完全一致。具体表现为：

（1）从产生的时间看，犯罪动机是犯罪目的产生的原因，即犯罪动机的形成在先，犯罪目的产生在后。

（2）从意识水平看，犯罪动机是一种比犯罪目的更内在、蕴藏得更深的心理成分。犯罪人对其犯罪目的的意识必定是清晰的，而对犯罪动机的意识则未必清晰。

（3）从对犯罪行为的作用看，犯罪动机向犯罪行为提供动力，回答"为什么要实施犯罪行为"的问题，起到推动犯罪行为的作用。犯罪目的决定犯罪行为的方向，回答"干什么"的问题，引导犯罪行为向预期达到的目标运行。

（4）从相互作用看，犯罪动机与犯罪目的在许多情况下是一致的，而在另一些情况下又不一致。两者的关系并非单一的，而是错综复杂的，有时同一犯罪目的可以来源于不同犯罪动机。例如，危害国家安全的犯罪目的，有可能出自金钱动机、报复动机、政治信仰动机等，但这些犯罪动机的强度须大体上与这一目的相适应。

（5）在实施犯罪过程中，常因犯罪目的的实现而使犯罪动机强化。犯罪动机的强化，又促使犯罪目的发生递进和不断升级。例如，由贪污数额小发展到贪污数额大，由一般的入室行窃（得逞后）发展到抢劫银行等。

## 第二节　犯罪动机的形成模式

犯罪动机的形成是内外因交互作用的结果。犯罪人的需要和外在犯罪诱因在各种动机的形成过程中所起的作用是不同的，因此，犯罪动机一般通过三种途径形成，即犯罪人的需要促使形成犯罪动机、犯罪诱因引起犯罪动机以及需要与诱因共同作用形成犯罪动机。

### 一、由内在需要引起的犯罪动机

在现实生活中，相当多的犯罪动机是犯罪人需要的直接体现，犯罪人的需要是引起这部分犯罪动机的直接原因。一般来说，犯罪人的需要可以表现为不同的强度水平。最初的、萌芽状态的需要，仅仅使犯罪人产生不安的感觉，由于强度微弱，所表达的信息模糊，所以还不足以在犯罪人的意识中明显地反映出来。处于这种状态的没有分化的、不明显的犯罪人的需要，就称为犯罪意向。随着犯罪人需要强度的增加，其需要的内容逐渐被个人所意识到，这时，犯罪意向便转化为犯罪愿望（在这里犯罪愿望是被犯罪人明显认识到其内容并企图加以实现的需要），它总是指向未来的能够满足犯罪人需要的对象。当犯罪愿望进一步增强，所指向的对象能够激起犯罪人的犯罪行为时，反映这种对象的形象或观念，就构成了犯罪活动的动机。因此，犯罪动机就是引起犯罪人进行某种犯罪活动、指引这种活动满足犯罪人需要的愿望。由此可见，只有在犯罪人的需要不断增强并转化为犯罪愿望，促使其实施犯罪行为时，犯罪人的需要才能转化为犯罪动机。

### 二、由外在诱因引起的犯罪动机

尽管犯罪动机相当大一部分是在犯罪人需要的基础上形成的，还有一小部分犯罪动机的形成则主要是由外部诱因引起的。有时，个人并无某种需要，但是由于外在的刺激或情境因素作用，也会引起犯罪动机，从而使个人实施犯罪活动。在这里，犯罪动机是犯罪人对适合进行犯罪的诱因所作出的心理反应。在司法实践中，个人因一定情境的刺激，可以即刻产生犯罪动机而立即进行犯罪行为，激情犯罪大多都是属于该种情况。正如苏联犯罪学家斯·塔拉鲁欣所说："犯罪动机可以由形形色色的原因引起。一些动机是由个人以前的不良道德造成的，这首先取决于内在因素；另一些动机在相当大程度上是由客观形成的外在情况引起并具有境遇的性质。"[1]

### 三、内在需要与外在诱因交互作用形成的犯罪动机

犯罪人需要的产生有一个过程，在需要产生的初期，需要本身并不强烈，犯罪人还不知道具体需要什么和怎样才能满足需要，仅有一定的犯罪意向。而在此时环境中出现犯罪诱因，这一诱因就会对犯罪意向起到一种刺激作用，从而使犯罪意向变得明晰，进一步形成犯罪动机。这里，犯罪动机的形成过程实际上是内部需要和外在诱因相互作用的结果。

一般说来，犯罪动机是在犯罪者的需要和外部刺激（目标或诱因）的基础上产生。但在实际生活中，个体行为的动机常常不止一个，往往同时存在各种不同的动机。在各种动机之间，会产生一种心理冲突，这就是动机斗争。在个体身上，复杂而多样的动机，以一定的相互联系构成某种动机体系。各种不同的动机所具有的地位和作用往往是不一样的。一些动机比较强烈和稳定，另一些动机则比较微弱而不稳定。我们通常把个体身上最强烈、最稳定的动机，称作主导动机或优势动机，较微弱的而不稳定的动机，称作辅助动机或非主导动机。显然，主

---

[1] ［苏］塔拉鲁欣：《犯罪行为的社会心理特征》，公人、志疆译，国际文化出版公司1987年版，第44页。

导动机对个体行为具有更大的刺激作用。在其他因素大致相同的条件下，个体往往采取与主导动机相吻合的意志行为。

主导动机与非主导动机是相对的，表现在个体身上，其不是固定不变的，而是随着个体所处情境的变化而变化的，主导动机和非主导动机可以相互改变和转化。

犯罪动机的最终形成，就是主导动机和非主导动机之间相互冲突、斗争的结果。这种动机冲突或动机斗争，既表现在犯罪预备过程中，也表现在犯罪实施的过程中，还表现在犯罪结束以后。非主导动机，又称为反对动机，犯罪者往往慑于法律的威严、道德的谴责，或恐名誉地位的丧失及对被害人的同情等，会产生强烈程度不一的反对动机。一般来说，初犯中这种动机斗争尤为激烈。违法犯罪者的动机斗争结果，取决于两种动机的强弱程度，如果反对动机成为主导动机，则犯罪动机就会受到抑制趋于消失，而主导动机是不良的反社会动机，个人欲求十分强烈，犯罪动机就会逐渐形成或加强。

在司法实践中，常见的影响犯罪动机冲突的因素主要有两个方面：（1）外部情境的刺激。例如，当外部情境因素与犯罪人原来的观察、设想不一致，或者突然产生意想不到的变化时，就会导致犯罪动机之间的冲突。（2）行为人的内部情绪变化。例如，被害人的正义表现使犯罪人良心发现时，就会产生内心冲突。

犯罪动机冲突的模式，也与一般的心理冲突模式相同。主要有三种：（1）双趋式冲突，即在两种犯罪利益不能同时获取时产生的冲突。例如，既想从事盗窃活动，又想从事诈骗活动，但无法同时进行两种活动时，犯罪人就会产生动机冲突，只能选择其中之一加以实施。一般来说，这种动机冲突较少发生。（2）双避式冲突，即在两种活动都很难避免时发生的动机冲突。例如，犯罪人既不想去杀害威胁他的人，又不堪忍受对方的欺负、折磨，在这种情况下，就会产生动机冲突。（3）趋避式冲突，即在既想犯罪又怕犯罪不顺利或犯罪后受惩罚时产生的动机冲突，这是最为常见的犯罪人的动机冲突形式。

## 第三节 犯罪动机的转化

### 一、犯罪动机转化的类型

犯罪动机的转化是指在准备、实施犯罪行为及犯罪后的过程中，犯罪动机在不同方面发生的变化。犯罪动机的转化主要表现为以下几种类型：

（一）表现为不同时间阶段的动机转化

在准备、实施同一种犯罪行为及犯罪行为结束的不同时间段，都可以发生犯罪动机的转化。在犯罪动机的形成阶段有一个动机斗争过程，有的犯罪者在犯罪实施以前还要进行计划准备活动，在这个过程中，由于内外因素的影响，犯罪者在确定主导犯罪动机以及是否实施犯罪等方面产生激烈的内心冲突，可能使犯罪动机发生转化。在犯罪实施过程中，由于犯罪情境中各因素的变化，也会引起犯罪人的动机冲突，特别是在继续进行犯罪与放弃犯罪实施、继续实施原来的犯罪与进行新的犯罪、采用缓和的犯罪手段与采用残忍的犯罪手段等方面的心理冲突，会引起犯罪动机的不同转化。在犯罪实施以后，由于犯罪经历，犯罪后的各种因素的变化等影响，也会引起犯罪动机的转化，特别是在逃避惩罚与投案自首、弥补犯罪后果与继续犯罪等方面的内心冲突，也会引起犯罪动机的不同转化。

（二）表现为不同发展方向的动机转化

这主要是在准备、实施犯罪的过程中，发生的所谓犯罪动机的良性转化和恶性转化。犯罪动机的良性转化，是指在准备、实施犯罪的过程中，由于内、外因素的影响，犯罪人放弃犯罪动机，停止犯罪行为或者减轻犯罪动机的反社会性，实施危害性较小的犯罪行为的情况。犯罪动机的恶性转化，是指在准备、实施犯罪的过程中，由于内外因素的影响，犯罪动机的反社会性增强和产生了更为严重的犯罪心理：一是同一犯罪动机的反社会性增强，主要表现为犯罪人最初只想实施较轻的犯罪行为，但是在实施犯罪过程中，由于不利因素的影响，使犯罪动机的强度迅速恶性膨胀，导致了更为严重的犯罪行为的产生。二是在犯罪过程中产生了新的更为严重的犯罪动机。例如，有一盗窃犯某夜潜入一户人家欲窃取贵重财物，但在行窃过程中发现熟睡中的房东是一名年轻、漂亮的女性，而且室内只有女房东一个人，该盗窃犯顿时产生了强奸女房东的想法，即在盗窃犯罪的基础上又产生了新的犯罪动机。但是，该盗窃犯在实施强奸行为时惊醒了女房东并遭到了强烈反抗，为了压制女房东的反抗，该盗窃犯又实施了足以使女房东毙命的暴力行为，这说明该盗窃犯在强奸犯罪的基础上又产生了新的杀人犯罪动机。

犯罪动机的转化与犯罪人实施犯罪所处的环境有很大关系，犯罪情境由人（犯罪人、被害人、执法者及其他现场人员）、物、事件、时间、地点等因素构成。当犯罪情境的各种构成要素都有利于犯罪的实施，产生推动犯罪行为实施的力量，或者推动犯罪行为实施的力量大于阻止犯罪行为实施的力量时，就会促使犯罪人迅速实施犯罪，或者实施更为严重的犯罪。反之，当犯罪情境的各构成要素都不利于犯罪行为的实施，产生阻止犯罪行为实施的力量，或者阻止犯罪行为实施的力量大于推动犯罪行为实施的力量时，就有可能促使犯罪动机向良性方向转化。

## 二、影响犯罪动机转化的因素

犯罪动机的转化,通常是犯罪人在犯罪动机形成后,由于主体因素变化、客观因素变化及其相互作用所带来的结果。这些主体因素和客观因素一般包括以下内容[①]:

(一)影响犯罪动机转化的主体因素

1. 生理状况的变化。一个人处于健康状态还是病理状态,对心理和行为都会产生影响。犯罪人在实施犯罪行为时,如遇疾病突发、精力不济,就可能放弃犯罪、停止作案。

2. 个性的影响。违法犯罪者的个性,容易促使犯罪动机的转化。如在情绪特征方面,恐惧情绪的产生,既可以形成犯罪动机的恶性转化,又可以形成犯罪动机的良性转化,因而其具有双向作用。同样,意志特征也可能对犯罪障碍有不同态度。

3. 犯罪经验的影响。犯罪人有无犯罪经验、有何种犯罪经验,对犯罪动机转化的影响是明显的。不同犯罪经验的犯罪人面临作案现场的情境变化时会做出不同反应。惯犯富有犯罪经验,大胆残忍,通常不会轻易停止作案,较难发生良性转化的情形。初犯缺少犯罪经验,遇有犯罪阻碍时,就可能停止作案;由于反社会个性还未定型,遇到被害人痛苦万状时,也可能产生恻隐之心,出现良性转化。

4. 犯罪工具、手段的变化。许多预谋犯罪,在犯罪预备时发现犯罪工具失灵或缺少,考虑到原计划的犯罪手段难以实施,会造成犯罪动机暂时消失或转移到新的犯罪动机的现象。

5. 共同作案人的变化。与同伙一起预谋犯罪,但在临到计划的作案时间时,发现同伙没有来,犯罪人一人可能感到胆怯而放弃犯罪动机,也可能更加激发其情绪,加剧犯罪动机(包括转移犯罪动机)。

(二)影响犯罪动机转化的客观因素

1. 环境的变化。犯罪人作案总是选择有利于犯罪的具体环境。但环境是会变化的,在实施犯罪时,当变化了的环境使犯罪人感到难以下手或迫使其作出新的考虑时,也会影响犯罪动机的转化。

2. 目标的变化。犯罪人总是选择了犯罪目标后,再去实施犯罪,但目标可能会发生变化。在实施犯罪的现场,犯罪人发现目标变化了(如财物被移动隐藏等),会影响到犯罪动机的转化。

3. 被害人态度的变化。被害人态度的变化也会对犯罪人产生重大影响。被害

---

① 参见邱国梁主编:《犯罪与司法心理学》,中国检察出版社1998年版,第125~127页。

人的反抗，对犯罪人可能起到反对犯罪动机的作用；相反，被害人懦弱胆怯、忍气吞声，则会对犯罪人起到助长其犯罪动机的作用。

4. 突发的障碍因素。客观条件和因素处于发展、变化中。对犯罪分子来说，在作案时会产生突发的障碍因素，这主要来自不能预见到的客观情况的变化。例如，犯罪分子在僻静处，对单身妇女实施抢劫，突然有行人骑车过来，或者是附近出现了警车，听到了警笛的声音，都会影响犯罪动机的转化。

上述影响犯罪动机转化的主体因素和客观因素，不是单向地、个别地发生作用的，而是交叉地、同时发生相互作用的。犯罪动机转化，是新的动机冲突的结果，这种新的动机冲突的过程，既可以延续一段时间，也可以表现为瞬间性的。

## 第四节 不明显的犯罪动机

犯罪动机虽然错综复杂，但也有一定的范围。就一般情况来说，各种犯罪都存在特定的犯罪动机，不致发生混淆。对于一些特殊的犯罪来说，存在部分犯罪行为与所出现的动机不相符合的情况，如在犯罪者故意伤害其心爱的人或杀害其向来崇拜、敬重的人的案件中，犯罪者实施犯罪的动机会让人难以理解，这就是所谓犯罪动机不明显的问题。对于这种情况，无法从一般犯罪动机的角度予以说明，只能从犯罪者的人格特征方面予以整体考察。从已有的相关研究来看，不明显的犯罪动机主要表现在少年和精神病人实施的犯罪中。

**一、少年犯罪人的犯罪动机**

由于心理（或精神）未成熟的原因，少年所实施的犯罪往往在思想上欠考虑。我们常常可以看到，少年犯罪中所出现的动机在成人犯罪中很难发现。因此，对于少年犯罪的动机，不能依照成年犯罪者实施犯罪所出现的动机观点予以理解，应当从少年心智尚未成熟的这一人格特点的角度进行理解，否则就难以认清其犯罪的真正动机。

（一）我国台湾学者的观点

根据我国台湾学者蔡墩铭的研究[①]，与成人犯罪相比，少年犯罪中常表现出下列特有的动机：

1. 好奇动机

少年由于血气方刚，富有冒险性，再加之社会见识少，容易因好奇而实施一些大胆的行为，并因此构成犯罪。

---

[①] 参见蔡墩铭：《犯罪心理学》，中国台湾地区黎明文化事业公司1979年版，第165~166页。

2. 娱乐动机

少年常热衷于娱乐活动，即使该娱乐活动会给他人造成伤害，也在所不惜。只求自己欢乐而不顾他人权益，这在成人犯罪中也不乏其例，但这种情况在少年犯罪者中较多，故值得研究者注意。

3. 自我显示动机

少年容易表现出虚荣心，想出人头地，但因受客观条件的限制，其难以达到相应的目的。自我显示欲望极强的少年，一旦认为无法以合法行为表现自己时，为了满足自我表现的需要，就会以实施犯罪行为来达到自我显示的目的。

4. 寻求刺激的动机

部分少年往往不甘寂寞，为调节自己单调的生活，不免外出设法寻找刺激。在寻找刺激的过程中，极易惹事，因而构成犯罪。由于被禁止的行为对少年来说往往富有刺激性，因此，少年为满足其寻找刺激的需要极可能实施犯罪行为。

5. 要求独立的动机

少年的成长会表现出要求独立自主的心理特点，对于少年的这种要求，若父母一味压制，则少年为满足该种需要，可能会实施犯罪行为。

（二）我国大陆学者的观点

学者邱国梁等人的研究也表明，青少年的犯罪动机除了具有犯罪动机的普遍性以外，还具有下列特殊性：

1. 犯罪动机的产生易为外界刺激（诱因）所引起

从青少年犯罪动机的产生方式来看，其很容易受诱因的驱使，这与青少年易受暗示、喜欢模仿的特点有关。这种形成犯罪动机的方式表明，这类青少年犯罪动机具有直观性、勃发性，不是事先计划、经过预谋的。这些违法犯罪的青少年，在平时不一定已形成坏的习惯，但在外境诱因的作用下，由于青少年情绪和情感、意志方面的弱点，迅速产生了犯罪动机，突然导致犯罪行为。

2. 犯罪动机易变化、不稳定

青少年犯罪动机在实施过程中具有易变性。一方面，在作案过程中，遇到情境的变化，如碰到阻力或障碍，往往情绪一激动，就会促使犯罪动机发生转化；另一方面，在作案过程中，犯罪动机不稳定，能偷则偷、可抢则抢，遇到异性则出现流氓行为。不少违法犯罪青少年在犯罪动机的实施过程中，一遇到挫折，还会产生攻击无辜之人的举动。这种犯罪动机的变化与转移，从动机斗争过程来看，往往是较短暂的，而且这种动机斗争的过程有时也是模糊的、不明显的。

3. 产生恶性转化的情况较多

青少年的犯罪动机不但容易转化，而且向恶性转化的情况较多。从违法犯罪青少年心理特征来看，认识的偏见和固执、情绪和意志的冲动性、性格方面的冒险性、人生观中的个人主义，都是促使犯罪动机产生恶性转化的消极因素。

#### 4. 犯罪动机有强烈的情绪性和情感性

青少年犯罪动机的强烈情感性和情绪性表现为以下几个方面：第一，情绪和情感本身成为动机因素，直接起着驱使犯罪行为的作用；第二，青少年犯罪动机在实施过程中，带有浓厚的情感和情绪色彩，伴随着激烈情感和情绪的产生；第三，青少年犯罪动机的变化和转移，容易受到情感和情绪的影响。青少年犯罪动机的这种特征，与青少年情绪和情感的特点是分不开的。

#### 5. 犯罪动机的未被意识到的特征比较显著

从青少年犯罪动机的特征来看，未被意识到的特征要比中老年犯罪动机更为显著，这是青少年的意识水平还不够高的表现。有些青少年罪犯，从犯罪动机来分析，含有未被意识到的成分，或者开始是属于未被意识到的动机，随后才发展成为意识到的动机。

### （三）少年犯罪低龄化的动机分析

"低龄化"的背后到底隐藏着什么样的动机？通过系统分析少年犯罪案件可知，少年犯罪近年来出现的"低龄化"趋势非无根之木，从教育缺位到情感缺失，从家庭失责到学校失教，任何一个成长环节的断开，都有可能让低龄未成年人产生犯罪动机。具体分析如下：

第一，与未成年人自身生理发育密切相关。在这个时期，未成年人从儿童逐渐迈向少年、青年，其形态、内分泌、机能等生理方面迅速发育，尤其生活条件的极大改善更是提早、加速了这个进程，这也是这种低龄化现象凸显的基础条件。正如2019年辽宁大连13岁男生试图强奸并杀害10岁女童案所显示出来的，13岁的男孩已然身高1米7，体重超过140斤，这种生理发育的急剧变化直接影响了未成年人的行为和心理。

第二，与未成年人的心理变化密切相关。在这个时期，未成年人逐渐从简单模仿者转变成复杂的参与者，在感情处理、个性认知、需求追求等方面有了新的挑战，由亲情依赖、认知输入、简单需求转向了对父母的平等审视、建构自我中心和需求的多元化。随着社会的发展，这些心理要求被越来越早地放大在未成年人面前，使未成年人的心理变化处于动荡不稳的状态，这加剧了其心理的矛盾与冲突。在已报道的低龄未成年人犯罪案件中，有多起都是不满父母、师长管教，不满被害人责骂，案件中也不乏人身犯罪、性犯罪、财产犯罪展现出来的对性、财产方面的需求。低龄未成年人的需求结构同儿童时期相比发生了很大的变化，不再局限于满足基本的生存需求，转而对物质、性以及情感的需求更为强烈。驱使低龄未成年人实施恶性犯罪的内在动力往往就是因为这些心理需要无法得到满足。

第三，与家庭环境影响密切相关。家庭环境从来都是影响犯罪心理形成发展的重要因素，对于未成年人犯罪而言，其处于特殊时期，受该因素的影响就更加显著、直接，家庭环境中的家庭成员结构的缺损、家庭经济结构的缺陷、家庭人员关系的不和谐，以及家庭教育方法不当、教育观念不正确等往往在未成年人成长的早期就埋下了犯罪的种子。"问题孩子"背后都有"问题家庭"的存在，绝大多数孩子误入歧途也绝非偶然。统计显示，未成年人犯罪低龄化案件中，留守儿童家庭、父母一方或双方服刑的家庭、过度溺爱家庭、家庭暴力、家庭经济条件差等，都可能极大刺激和影响未成年人的健康成长，导致其心理畸变。从这个意义上来说，低龄恶性犯罪的未成年人本身也是"受害者"。

第四，与学校教育的错位密切相关。学校是除了家庭之外给未成年人传授知识、技能和培养人生观、价值观、世界观的重要主体之一，但是，当前学校教育任务繁重、教育监督管理简单、教育体制分化等问题在客观上造成了学校教育在一定程度上出现了错位，并没有从实质上起到预防未成年人犯罪的作用。尤其是，学校教育中偏重知识教育，但法律教育和心理健康教育相对薄弱，未成年人内心的社会化自我约束没有形成，内心对法律缺乏敬畏。在很多现实案例中，低龄未成年人实施恶性犯罪行为之前，其外在行为轨迹并非"毫无预警"，而是早有征兆可循。例如，加害人存在不良行为，主要表现在沉迷网络游戏、吸烟吸毒、偷盗抢夺等。2019年辽宁大连13岁男生杀害10岁女童案中，加害人甚至还有多次尾随成年女性的"前科"，行为实施后甚至叫嚣"我虚岁14"；2018年沅江12岁男孩弑母案中，加害人在审讯中说"又没杀别人，我杀的是我妈"，内心严重蔑视法律，对生命毫无敬畏。由此可见，在知识技能学习之外，在未成年人内心社会化的自我约束形成方面，学校的教育、引导、监管并没有发挥我们期待的作用。

第五，与社会转型时期控制力减弱密切相关。社会的变化带来了多元文化的冲击，其中不乏犯罪亚文化的泛滥，大众传媒尤其是越来越便捷的网络工具和平台更是助推了这种趋势。未成年人犯罪低龄化就是受到了这种因素的影响。随着未成年人接触网络的时间越来越早，其受到的影响越来越大，网络科技触手可及，让未成年人在扩大视野的同时，也提早接触了一些不好的东西。就拿网络游戏来说，虽然能发挥一定的益智功能，但有些游戏充斥着暴力、血腥、色情等不良内容，对心智发育不够成熟的未成年人来说，其会对游戏中的角色和行为进行模仿，这也是未成年人犯罪低龄化的重要原因。此外，从实践案例来看，受网络上犯罪亚文化的影响，未成年人的反侦查能力也得到了极大提升，在犯罪前往往会进行精心策划和充分准备，在犯罪后会处理犯罪现场、毁灭犯罪证据，甚至还会故意引导舆论走向和警方的侦查方向。

## 二、精神病犯罪人的犯罪动机

精神病人疾病发作中的行为，无动机可言，但精神病人并非在心神丧失状态中实施了犯罪行为，虽然有犯罪动机出现，但因其属于异常人格，犯罪动机不同于正常人的犯罪动机。一般来说，精神病犯罪人在犯罪活动中常表现出来以下几种动机特征：

1. 缺乏作案动机或犯罪动机。他们的许多违法犯罪行为都是由意识和意志障碍引起的，是精神处于异常状态的结果。

2. 作案动机的奇特性。许多精神病犯罪人的犯罪动机常常使正常人难以理解，主要表现为不合逻辑，动机与行为极不相称，或者动机不是对客观世界的真实反映，而是在脱离现实的幻觉、妄想的基础上产生的。

3. 动机所指向的目标不确定。精神病犯罪人作案大多缺乏明确的目标，犯罪行为侵犯的对象往往是其附近或眼前的人或物体，一些精神病犯罪人犯罪行为的被害人往往是其亲属、朋友等。

4. 动机缺乏利己性。精神病犯罪人的违法犯罪行动是其病态心理的反映，他们的行动并不是为了获取什么利益。同时，在实施违法犯罪活动之后，他们也不加掩盖，缺乏逃跑等行为，被捕后也能如实交代，并表示悔恨。

5. 动机具有冲动性和无意识性。精神病犯罪者的情绪极不稳定，他们易被激惹，很细小的刺激就有可能引起暴怒发作，容易在一时冲动之下实施危害社会的行为，在冲动产生与行为实施之间缺乏思考的过程，甚至本人也不知道为什么会发生违法犯罪行为。

**【课后练习】**

1. 如何认识犯罪动机对犯罪行为的作用？
2. 请结合刑法学的知识，分析犯罪动机与犯罪目的的关系。
3. 犯罪动机主要包括哪些类型？
4. 犯罪动机为什么可能发生转化？
5. 犯罪动机的转化对我们预防犯罪有什么启示？

# 第七章 犯罪心理的主观差异

【知识提要】

犯罪分为故意犯罪和过失犯罪两类,犯罪心理的主观差异是指故意犯罪和过失犯罪所表现出来的心理活动方面的差别。故意犯罪是明知自己的行为会发生危害社会的结果,并且希望或者放任这种结果发生这一主观心理支配下的行为;故意犯罪的主观恶性更大,故意犯罪一般要经过犯罪决意、犯罪实施、犯罪停止等阶段,不同行为阶段具有不同的犯罪心理表现;如犯罪决意阶段的犯意出现、动机的选择、心理防卫,在犯罪实施阶段有犯罪预备、犯罪实行的不同心理表现,犯罪停止阶段存在犯罪中止、犯罪未遂和犯罪既遂的不同心理表现。过失犯罪是应当预见自己的行为可能发生危害社会的结果,因为疏忽大意而没有预见,或者已经预见而轻信能够避免,以致发生这种结果这一心理支配下的行为;过失犯罪分为疏忽大意的过失犯罪和过于自信的过失犯罪。过失犯罪与故意犯罪在主观恶性、认识和意志内容、心理机制等方面均存在差异。

犯罪心理的主观差异是指故意犯罪和过失犯罪所表现出来的心理活动方面的差别。由于犯罪的主观方面直接反映了犯罪人的人身危险性和主观恶性,根据定罪量刑的主客观相统一原则,犯罪的主观方面既是犯罪构成要件的组成部分,也是定罪量刑的重要依据。因此,对犯罪的主观差异的研究,无论是在理论上还是在司法实践中,都具有重要的意义。

## 第一节 故意犯罪心理

我国《刑法》第14条第1款规定:"明知自己的行为会发生危害社会的结果,并且希望或者放任这种结果发生,因而构成犯罪的,是故意犯罪。"这一定义指出,故意犯罪有两种:一种是行为人明知自己的行为会发生危害社会的结果,并且希望这种结果发生,即为刑法理论上的直接故意;另一种是行为人明知自己的行为会发生危害社会的结果,并且有意识地放任其发生,即为刑法理论上的间接故意。刑法理论将故意区分为直接故意和间接故意两种,对司法实践的意义在于:二者的社会危害程度不同,所应承担的刑事责任亦不相同。通常而言,直接故意的社会危害性大于间接故意,前者应当承担更重的刑事责任。

故意犯罪心理即与故意实施犯罪行为有关的心理活动之总称。犯罪心理学中所涉及的犯罪心理活动，绝大多数是故意犯罪心理。故意犯罪一般要经过犯罪决意、犯罪实施等阶段。在犯罪的不同阶段，犯罪人的心理活动有不同的表现特点和规律。在犯罪心理学理论上，故意可以从不同角度分为多种类型。最基本的可划分为如下两种：

第一，即时故意与预谋故意。即时故意，也称突发故意，是指行为人事先并无犯罪意图和策划，仅因突然出现的意外情景刺激，临时决意而实施犯罪的心理状态（此种故意支配下实施的犯罪称为激情犯或情景犯）。预谋故意是指行为人事前已有犯罪意图，并经过较为充分的思考、策划、准备才实施犯罪行为的心理状态。例如，某中学生经过多次踩点，待自己班主任午睡时翻窗进入班主任家中实施盗窃。盗窃过程中惊醒了正在屋内睡觉的班主任，行为人害怕日后遭受班主任的责难，遂临时从厨房拿出菜刀砍死了班主任。此案中盗窃行为属于预谋故意，故意杀人行为属于即时故意。一般情况下，预谋故意的主观恶性大于即时故意。

第二，确定故意与不确定故意。确定故意是指对于危害结果有确定的预见，并决意使之发生而实施犯罪行为的心理状态。不确定故意是指对于危害结果仅有概括的预见，并未考虑到发生何种具体结果而实施犯罪的心理状态。不确定故意又可分为概况故意（如行为人基于报复社会的动机，在人流密集的商圈安置定时炸弹。行为人能够认识到炸弹爆炸一定会伤及他人，但会伤及何人、伤及多少人，行为人并不确定）、择一故意（如同样基于报复社会的动机，行为人在自助餐厅的一杯饮料中下毒。行为人只意图杀害一人，并且知道该饮料会被某一个人喝掉，但具体何人会喝到该饮料而中毒，行为人并不确定）和可能故意（如家住高层的行为人因失恋而倍感痛苦和烦闷，看着楼下大街上牵手行走的恋人甚是不爽，就用手中的苹果砸向人群。对抛掷苹果能否砸到人、砸到谁，行为人自身并不确定，只具有可能性认知）。在司法实践中，划分确定故意和不确定故意的主要依据是结果发生的可能性是否本来或应该包括在行为人预见的范围之内。

## 一、犯罪决意阶段的心理表现

犯罪决意是由犯罪动机所推动的。犯罪动机所驱使的犯罪，在多数情况下并非即刻就可以达到目的，其中还有一个过程。犯罪人是否将以行为去实现其动机，主要取决于是否已有决定的犯罪意志，即是否已形成犯罪的决意。

### （一）犯罪决意的表现形式

所有故意犯罪均是先有犯罪决意，即先有实施犯罪行为的决心和意愿。这是故意犯罪必须具备的基本心理因素。犯罪决意因犯罪事件性质的不同、犯罪机遇的有无、侵犯对象及犯罪人个人心理品质的差异，有着不同的表现形式。一般而

言,犯罪决意有如下三种基本形式:

1. 预谋犯罪的决意

预谋犯罪即在实施犯罪行为之前,犯罪人对将针对何种对象实施何种犯罪行为,已有较明确具体的决意,并在犯罪手段、时间、地点、时机等犯罪的相关条件方面做了初步的甚至明确具体的策划。因此,预谋犯罪决意多出于对如何创造犯罪条件、选择犯罪手段的具体策划,应激对策的预备等因素进行深思熟虑的分析判断之后产生的。故意犯罪的目的越明确,行为效率就越高,其犯罪的决意也就越为自觉和坚决。例如,重庆周某华系列抢劫杀人案件中,行为人为枪杀被害人然后劫财的决意精心准备、踩点、实施犯罪,成功犯罪多起,潜逃多年,具有极大社会危害性。

2. 机会犯罪的决意

机会犯罪多为犯罪人虽有犯罪的思想因素,但事先并无特定的犯罪动因,亦无明确具体的侵犯目标和犯罪行为计划,但因适合犯罪机会的刺激,使原有的犯罪思想因素急剧恶性膨胀,在短时间内形成了犯罪决意,从而实施犯罪。这种决意因不曾经过事前的固定策划、反复权衡,具有一定的突发性。故行为上往往表现出较大的盲目性和无序性,行为结果通常难以达到期望目的,或出现行为人不希望出现的后果,如广东许某案件中,行为人面对银行ATM机故障而可轻松大量取现的偶然机会,无法抵住强烈的诱惑,临时产生非法取财的犯罪决意,最终实施了盗窃犯罪。

3. 冲动犯罪的决意

冲动犯罪的决意是指犯罪人本无特定的犯罪动机,但受某种因素即强烈刺激而诱发的激情所驱使或因某种突发的意外局面所窘迫而临时生成的犯罪决意。激情是一种极为强烈的情感,往往发生于强烈刺激或突然的意外变化之后。在强烈的激情驱使下,犯罪人对行为的自控能力显著下降,表现为感情的畸形激烈爆发,思维混乱无序,行为呈本能反应状态,近乎于无意识运动的动作。例如,某摔婴案中,暴戾之气较重的行为人因停车位置的琐事与推婴儿车的行人发生口角之争,在行人不愿及时让位时,行为人恼羞成怒、气急败坏,极其凶狠地将载有婴儿的推车高举头顶摔在地上,导致婴儿当场死亡。

(二)故意犯罪决意过程的心理表现

犯罪决意一般经历了犯罪意图的萌生,经对有利于犯罪和不利于犯罪的诸多因素,以及犯罪行为将产生的利与弊反复权衡之后而形成的。机会犯决意和冲动犯决意更系临时和突发生成,决意形成的心理过程一般较少反复周折或无明显的阶段性界限,但其形成的心理过程同预谋犯决意一样,都将大致经历以下三个阶段。

1. 犯意的出现

犯意即犯罪的意图或欲求。犯意的形成,是行为人的某种需要在不良心理因素的作用下而激发出来的。人的需要非常复杂,既有生理需要又有社会需要;既有物质需要也有精神需要。其中,物质需要是个体生存的前提和基础,精神需要是社会发展的产物,这两种需要既互相联系又相互制约。在社会生活中,个体因接受不同刺激的影响,产生各种不同的需要。当个体的需要结构超越了现实的可能性,或者满足需要的方式和对象违背法律规定时,则可能诱发犯罪意识。例如,不切实际地追求高消费和超前消费,不顾他人意愿而满足生理需要则可能分别诱发侵财犯罪犯意和性侵犯罪犯意的产生。

2. 动机的选择

犯罪人要实现其犯罪目的,就必须把犯罪的意识转化为犯罪的动机,因为犯罪动机才是实施犯罪的内在动力。在犯罪动机的形成过程中,主体一般要进行激烈的思想斗争,产生动机冲突,做出动机选择。这是因为,犯罪是一种严重的危害社会的行为,大多数犯罪人都了解实施犯罪行为的后果,因此不可避免地要结合自己的过往经验,以及实践中的各种主客观条件,反复权衡利弊。如果行为人认为犯罪的弊大于利,则可能放弃犯罪动机;反之,若行为人认为犯罪的利大于弊,则将进一步坚定犯罪决意,并进一步考虑犯罪的方法、手段、机会,以及如何逃避罪责等一系列与犯罪有关的问题。另外,许多犯罪人(尤其是初犯)在决意犯罪时,往往会产生一种恐怖感和罪责感。这种恐怖感和罪责感有时可使行为人摒弃犯罪动机,但决意实施犯罪行为的人,则可能尽量抑制心理上出现的罪责感,并找出种种借口进行自我辩解、为自己的违法犯罪行为寻找合理化理由。

总之,动机选择的焦点在于是否实施犯罪行为。由于犯罪人在强烈的畸形需要和不良心理因素的驱使下,迫切希望以犯罪行为来满足自己的某种欲望,因此多会排斥其他反对动机,选择犯罪动机。而一旦犯罪动机居于主导地位,犯罪决意也就随之形成,犯罪行为就将不可避免地被犯罪人付诸实施。例如,央视反腐纪录片《永远在路上》中揭示了一名原中纪委官员第一次受贿犯罪决意的产生过程。行为人在生活工作中一向勤勉守法,但在生活工作过程中也逐步产生了迷恋富人奢侈生活、不甘于自己相对平庸生活的心理变化。面对他人第一次给自己行贿,行为人内心也非常挣扎,既想收受贿赂又担心东窗事发、影响官帽和前程。但最终物质的贪婪占据了上风,行为人几经犹豫后还是收受了他人财物。犯罪动机压过了守法动机,最终产生了犯罪决意。

3. 经验和客观条件的影响

犯罪人的犯意和犯罪动机出现之后,最终决定实施犯罪,不可避免地要受过去的经验影响。凡具有刑事责任能力的人,都懂得犯罪并非寻常的行为,都具有犯罪不仅侵害他人利益,亦会使自己遭受刑罚惩罚的社会认知或经验。所以,多数人为满足自己的某种需要,会尽可能采取合法的手段,只有在合法手段无法满足需要的情况下,方可能产生犯罪意图。犯罪人选择任何犯罪行为,必然会依赖过去的相关经验。即使犯罪决意的形成，也会受各种直接或间接经验的制约和影响。在犯罪决意阶段，犯罪人必先将过去的经验予以再现，对是否实施犯罪反复考虑。在对犯罪方式、机会、成本、犯罪的利弊得失及案后暴露的可能性等问题没有充分的策划和估计之前，犯罪人一般不会轻易形成决意。

（三）故意犯罪的心理防卫机制

1. 心理防卫的概念

所谓心理防卫，是指一种自寻理由或采取某种行为使自己摆脱某种心理困扰的心理活动。

故意犯罪的犯罪人大都知道自己的行为是会受到法律惩罚的。因此，常常感到紧张、恐惧和受到良心的谴责，陷入一种极端复杂的心理状态之中。为使自己能摆脱这种困扰，犯罪人总会自寻各种理由来解释自己的行为，使之合理化，或采取某种行为转移自己的注意和思维的焦点，使这种心理得以淡化或消失。犯罪人的这种心理防卫并非面对他人进行，而是一种在内心自我掩饰、辩解和投射罪责的心理活动，是为自己的犯罪行为及心理活动进行开脱和辩解，使之合理化和淡化。

2. 故意犯罪人心理防卫的形式

（1）犯罪的合理化：就是行为人努力使自己相信犯罪有一定的原因，实属迫不得已，借以减轻或消除内心的犹豫和顾虑，以便能在心安理得的心境中进行犯罪活动，并在犯罪之后亦少为罪责所恐惧和苦恼。

合理化的理由多出于犯罪人主观认识并与社会行为准则相悖。其实质不是为了向他人进行辩解，而是为了安定自己的心理，是为了适应社会环境而采取的自我防卫措施，是犯罪人力图通过合理化把社会和良心的谴责限制在最小限度所做出的主观努力。

虽然这种合理化是毫无道理的，但这往往可以解释犯罪人的心理活动和行为动机。而且，深信自己行为合理的犯罪人，无论是犯罪的决意还是罪后的侥幸心理，都比其他犯罪人更为坚定。

（2）投射：是指犯罪人把自己的犯罪过错或行为的选择归咎于他人，认为自己之所以犯罪或应当犯罪是他人的行为或某种客观存在所导致的必然结果。投射实质上也是一种合理化的心理防卫形式。犯罪人常借此解脱自己的心理困扰，将自己应受社会谴责和法律制裁的行为责任，推卸于他人或某客观事物，以得到心理上的安宁。

（3）掩饰：即犯罪人自寻各种理由，自我辩解，认为自己的行为没有罪过或罪过不严重。这种心理防卫机制的实质虽属推诿、掩饰和强词夺理，但这表明犯罪人尚承认并非所有行为都为道德、法律所允许，所以，这类犯罪人改恶从善的可能性较大。

（4）转移：即犯罪人将自己决意犯罪或实施犯罪所产生的情绪，有意识地转移到其他方面，以获得紧张心情的减轻或消除，以便使自己能在犯罪活动中和案后进入轻松的心境，保持情绪上的稳定。

## 二、犯罪实施阶段的心理表现

犯罪决意形成后，并非都立即引起犯罪行为的实施。犯罪人还可能着手进行犯罪的准备或等待时机，并可能因与犯罪有关的情况的变化，做出提前或延缓甚至放弃实施犯罪的决意。单纯地形成犯罪决意或者产生犯罪意图还仅属于行为人的主观想法，因为还没有具体犯罪行为的实施（此时称为"思想犯"），所以还不构成任何犯罪。唯有人在犯罪决意支配下实施了具体危害行为时，才可被认定为犯罪并被定罪处罚。从行为阶段而言，犯罪行为具体可分为犯罪预备阶段行为、犯罪实行阶段行为、犯罪停止阶段行为，其中犯罪预备阶段行为和犯罪实行阶段行为统称为犯罪实施阶段行为。该阶段存在的主要犯罪心理如下。

### （一）犯罪预备阶段的心理

犯罪预备是对将要实施犯罪的准备，是犯罪决意的客观表露。犯罪决意还仅限于主观意图，并非行为；而犯罪预备已有犯罪的行为（刑法上称为预备行为），已构成犯罪。

犯罪预备仅见于一定类型的犯罪中，许多故意犯罪并无犯罪的准备行为。例如，冲动犯罪因一时激情迸发而实施，并无犯罪的预备行为。

除有些犯罪预备行为本身就构成独立的犯罪外（如为杀人而盗窃枪支），预备行为还不是犯罪的正式实施。但这个阶段各种心理活动的复杂程度并不亚于其他阶段。

#### 1. 犯罪预备的主要内容

犯罪预备的主要内容一般有：①准备犯罪工具；②学习犯罪技术；③收集有关情报；④熟悉作案环境（俗称"踩点"）；⑤排除实施犯罪的障碍；⑥勾结或教唆他人参与犯罪；⑦制订犯罪行动方案。

#### 2. 影响犯罪预备的心理因素

犯罪人为保证顺利地达到目的而不致暴露，总是在自认为准备充分后才实施犯罪。对犯罪人来说，准备程度如何，从某种意义上讲是"成功与失败"的关键。准备得越充分，达到目的的可能性就越大，自信心就越强。准备的质量，取决于犯罪人的知识、能力、性格、经验及其他有关的主客观条件。

准备过程往往是通过对现场和侵害目标的观察和凭借以往的经验，对可能出现的情况作假设、推理、预测来选择那些既不会被发现，又能达到目的的最好实施方案。方案确定后，犯罪人便决定付诸行动。单个人犯罪的预备和共同犯罪人的预备是有区别的。单个犯罪人的犯罪意图不为他人所知，如其预备行为不具备明显的犯罪特征，则不易为人洞察其端倪；而多人共同预备犯罪，由于需要互通情况、协调行动、了解彼此间的准备是否顺利及犯意坚决程度等，其犯罪活动暴露的可能性较大，从而会增加各个犯罪人的紧张心理。

3. 促成犯罪预备行为实施的外界因素刺激

在决意状态中的犯罪虽然可能随时进行犯罪的准备和实施活动，但行为是否进行，有时还取决于某种刺激是否存在或发生。例如，没有某种外界新因素刺激，虽已决意，但可能仍没有行为；而一经发生新的刺激，并同已有的犯罪因素相联结，将迅速促成犯罪人的预备犯罪行为的实施。

促成犯罪预备行为的实施有多种外界因素，主要有：①被害人突发的行为，如被害人提前出现，或将要长期外出或将另寻途径处理自己的财物等；②与犯罪无关的第三人无意识地为犯罪人提供了犯罪的方便条件，如提供犯罪工具、情报，擅离职守，排除了犯罪行为的障碍等；③犯罪人急于实施决意中的犯罪以达到其他目的，如杀死本欲除掉的仇人以便谋夺其将要处分的财物；④共犯之间彼此互相促进，参与共同犯罪的犯罪人多会注意其他共犯者的行为，如其中有的共犯者率先按预谋实行预备，将会刺激其他共犯者积极实行犯罪的预备，并形成相互促进、愈演愈烈的情况。

（二）犯罪实行阶段的心理

1. 犯罪实行阶段的行为与心理概况

犯罪预备阶段的行为受犯罪动机和犯罪决意所推动，但犯罪预备行为还未进入最实质的犯罪阶段，在此阶段已经出现了犯罪的机会，但很多犯罪人会基于诸多主客观因素而放弃进一步的犯罪。但如果已进入犯罪实行阶段（刑法上称实行行为，即符合某个犯罪构成要件、对具体法益造成实际侵害的行为），犯罪人通常不仅不会放弃现有的机会，还会主动寻找、创造行动的机会，以期将决意付诸实施，实现犯罪目的，满足犯罪动机。因此，在犯罪实行阶段，犯罪人的心理和行为的主要内容是：积极侵犯客体，实现犯罪目的；严守防御计划，不留犯罪痕迹；预防意外，随时准备应急；伪装现场，干扰侦查。

2. 犯罪实行阶段的具体心理表现

在犯罪实行过程中，犯罪人的心理状态是积极的、主动的，由于受特定作案现场的刺激，犯罪人始终处于复杂多变、难以完全自控的心理状态之中。一般而言，主要有以下表现：

（1）恐惧：恐惧是犯罪人实施犯罪时的基本心理特征，这是一种表现为自我保护的激进心理状态，是一种难以抗拒的心理现象。常表现为面色苍白、浑身无力、声音颤抖、情绪慌乱、思维散漫等。尽管犯罪人在犯罪前进行了准备，但犯罪的社会危害性和应负法律责任的严重性使犯罪人始终处于欲罢不能、行而生畏的矛盾的心理状态之中，即在实施犯罪前，作案的动机占主导地位，支配犯罪人实施犯罪；而在实施犯罪时，担心罪行败露的恐惧心理则占主导地位。因此，在尽可能实现目的的前提下，迅速结束犯罪活动是犯罪人心理活动的核心。恐惧一般会使犯罪人的思维和能力受到抑制，导致行为的慌乱和效率的下降。但恐惧达到极端之际，也可能导致犯罪人犯罪意念的恶性转化和体能的超常发挥，造成极其严重的后果。

（2）兴奋：犯罪人在实施犯罪行为之际，常陷入一种兴奋亢进的状态，对行为的后果毫无顾忌，甚至认为自己预定的防御计划过于保守、胆怯，而不顾一切地为所欲为。犯罪人在行为实施过程中，如受激情的支配，更容易进入高度的兴奋状态之中，常能调动身心的巨大潜力，造成严重的后果。

（3）欣喜：犯罪人实施犯罪时，如行为十分顺利，或得到了意外收获，常常会产生得意和欣喜的心理状态。这种意外的强烈刺激，使犯罪人呈现出强烈的兴奋状态，从而容易出现行为上的疏忽，留下破绽。有时，欣喜的心理也可使犯罪行为的暴烈程度走向两个极端。

（4）绝望和愤怒：犯罪人在实施犯罪过程中受到挫折，如机会的丧失、遇上强烈的反抗、行为的败露、同伙的不配合、自己行为的失败等，即可产生绝望和愤怒的情绪。在这种情绪制约下的犯罪人极易发生动机的急剧恶性转化，孤注一掷，铤而走险，实施更为严重的犯罪行为。

（5）冷静：犯罪开始时，犯罪人的心理一般都处于兴奋状态，有的犯罪人则可能因某种因素的刺激，在兴奋之余，出现异常的冷静。惯犯更是如此，他可以冷静地对犯罪的各个环节进行准确的分析判断，使犯罪动机得到最大限度的发挥，并思索作案过程，发现漏洞，予以弥补，策划如何逃避侦查。有的犯罪人还会冷静理智地控制犯罪行为的后果，不使之扩大和恶化，甚至自动中止犯罪。

3. 变更原定计划实施犯罪的心理

犯罪行为一般受计划的支配。犯罪目的达到犯罪行为即行终止，犯罪动机满足犯罪决意则随之消失。但是，如果出现下列情况，犯罪人则可能临时摈弃原计划，改变犯罪目的，形成新的犯罪动机，并采取相应的行为方式。

（1）犯罪人在实施犯罪过程中突遇意外的障碍：犯罪人在实施犯罪过程中突遇意外障碍的原因有很多，如被害人对犯罪人犯罪动机的错误估计，强烈的反抗，犯罪环境突出的变化等。犯罪人对突然的变化，常常会缺乏精神上的准备，恐慌之际，失去冷静。因犯罪人个性特点的差异，行为常表现出两个极端：一是停止犯罪行为，任凭捕捉，不敢反抗；二是凭借暴力孤注一掷，企图排除障碍而得以脱逃或者更加疯狂地犯案。例如，行为人在盗窃过程中被财物主人发现，为逃避抓捕，行为人用随身携带的匕首将财物主人捅成重伤。

（2）犯罪人在实施犯罪过程中突发新的犯罪动机：这种情形多见于以犯罪为常业的惯犯。之所以出现这种情况，一般是由于犯罪人的犯罪意志坚定，犯罪欲望强烈,再加之犯罪行为实施顺利,犯罪机遇较好。客观条件和犯罪人贪婪的心理结合,促使犯罪人胆大妄为,横生犯罪动机与决意,或继续加害同一犯罪对象,或扩大其攻击范围,如行为人入室盗窃成功后发现女主人独自躺在床上睡觉,于是临时产生强奸动机,进而实施了强奸行为。

### 三、犯罪停止阶段的心理表现

犯罪行为无论持续多久,最终均会停止下来。而犯罪的停止,可能是行为人主动停止,也可能是被迫停止,既可能是预期的犯罪行为全部实施完毕、预期犯罪目的全部达成后的停止,也可能是预期犯罪行为未全部实施完毕、预期犯罪目的未达成时的停止。不同犯罪停止阶段中行为人的心理具有不同的表现。

(一) 犯罪中止的心理表现

1. 犯罪中止的产生原因

犯罪中止是指行为人在犯罪实施过程中主动放弃犯罪或者在犯罪实施完毕后采取有效措施防止犯罪结果发生的行为状态,其实质为行为人主动放弃了原本可以继续实施的犯罪。尽管行为人犯罪决意已经产生,但由于受新的主客观因素影响,犯罪人一改初衷,主动放弃犯罪实施,在实践中并不鲜见。促使犯罪人放弃犯罪的原因固然十分复杂多样,但整体上可分为两种情形:

(1) 基于犯罪动机冲突而主动放弃犯罪。通常犯罪恶习不深的犯罪人,不仅犯罪前要反复权衡利弊,决意是否实施犯罪,在实施犯罪的过程中,仍不时存在犯罪与反对犯罪的动机冲突。当前者占主导地位时,犯罪人决意将犯罪实施到底;而当二者相互易位时,犯罪的决意和动机则将削弱甚至消失,从而主动放弃实施犯罪。例如,犯罪人认为犯罪得不偿失时,虽仍有犯罪的意愿,但也可能为保全自己,避免付出重大代价而主动放弃犯罪;犯罪人受社会伦理道德、宗教教义、迷信观念、法律规范的制约,在准备实施犯罪时主观上认为犯罪事态严重,产生重重顾虑,而动机冲突的结果是反对犯罪动机渐居主导地位,虽被压抑的犯罪动机并未彻底消失,但犯罪人亦可能主动放弃犯罪。例如,在犯罪过程中,行为人对被害人产生怜悯,不愿对被害人继续实施侵害,进而主动停止犯罪。再如,基于良心发现,行为人在实施犯罪过程中认识到自身行为的严重违法悖德属性而懊悔,主动停止了犯罪。犯罪动机的冲突、反对犯罪的动机占据主导地位是行为人主动放弃犯罪最主要的原因。

(2) 基于客观因素而主动放弃犯罪。犯罪人行为时所处的客观环境,有时可能阻碍和限制其实施犯罪。例如,自然现象的变化、地理环境的改变及社会情势的变化等,使犯罪人意识到犯罪行为继续实施已不可能,而考虑放弃犯罪。有时亦因犯罪人所接触的被害人的态度和行为刺激作用,使犯罪人认为非但犯罪目的不可能顺利实现,而且可能因自己的犯罪行为伤害自身,也可能放弃犯罪的实施。

2. 犯罪中止的情绪表现

犯罪中止最主要的因素是行为人犯罪动机的冲突及犯罪动机的消失。同时,犯罪人在行为过程中所产生的各种情绪也能直接或间接地影响其行为。这些因客观环境及其他刺激所产生的情绪,有时可促成其放弃犯罪。

(1) 失望:犯罪人在准备犯罪行为的过程中,遭受挫折,进展不顺利,对犯罪成功的可能性失去信心,因为心灰意懒而放弃犯罪决意和预备行为。

(2) 恐惧不安:犯罪人在准备或实施犯罪行为的过程中,恐惧心理增加,尤其是当意识到犯罪责任和后果严重而体验到恐惧不安情绪时,有时可能会抑制犯罪动机,动摇犯罪决意,促使犯罪人放弃犯罪的继续实施。

(3) 悔悟:已经实施或将要实施犯罪时,由于受到社会或家庭等各方面积极因素的影响,犯罪人猛然悔悟,从而放弃犯罪准备行为。

(4) 厌倦:犯罪人在预备或开始实施犯罪过程中,由于行为时客观外界的多种刺激,内心需要和欲求发生变化,对自己的行为产生厌倦情绪。如这种情绪对实施行为有显著影响,可使犯罪人放弃犯罪。

导致犯罪人放弃犯罪的心理因素还有很多,如共犯之间因分歧严重而分道扬镳,犯罪人对被害人忽生恻隐之心,等等。

(二) 犯罪未遂的心理表现

1. 犯罪未遂的产生原因

犯罪未遂是指犯罪人已着手实行犯罪,由于犯罪人意志以外的原因而未能完成犯罪的行为状态。犯罪未遂的实质为行为人基于主客观原因而被迫放弃或停止犯罪。这里所说的犯罪人意志以外的原因,既包括客观原因,也包括主观原因。客观原因即为客观障碍和客观条件的限制;而主观原因并非指犯罪人主观意图的改变,而是指客观情况所造成的主观上违背本意的决断或客观条件上的错误。因此,这两个方面的原因应具有不以犯罪人意志为转移的实质。正是这些原因使犯罪人被迫放弃犯罪或无法实施犯罪。

根据司法实践经验,造成犯罪未遂的原因有以下几类基本情况:

(1) 外界的障碍和阻力:客观障碍使犯罪行为无法进行下去,或使预期的结果无法发生。例如,被害人的发现及反抗、他人的阻止、群众及保卫人员的及时抓捕、自然力的破坏等。例如,行为人实施强奸过程中,因被害人系"女汉子",行为人被被害人及时擒获;再如,实施诈骗过程中已经被被害人及时识破,但被害人觉得行为人甚是可怜因而仍然给了行为人相应的财物,由于行为人取得财物的结果并非诈骗行为直接导致,也即客观上并未发生预期的结果,所以仍然是未遂。

(2) 自身行为能力的欠缺:犯罪人自己身体方面的原因障碍,使犯罪行为无法再进行下去,或使预期的结果无法发生。例如,犯罪人能力、体力、经验范围、技能的欠缺等；行为人有晕血症状，在实施杀人过程中，砍一刀下去后见被害人血流如注便一下晕了过去，等醒来时自己已被警察控制；行为人枪法不准，欲杀人但开数枪后均未打中被害人。

（3）主观认识上的错误：行为人由于对外界事物认识上出现偏差，导致出现了违背犯罪人主观意志的结果。例如，对犯罪对象、犯罪工具、犯罪结果是否已经发生等方面出现了错误认识，如误把假枪作为真枪实施杀人、误把男人当作女人实施强奸。

2. 犯罪未遂时犯罪人的心理状态

犯罪未遂时犯罪人的主要心理特点是为自己失策、无能、机遇不好而痛悔。因此，犯罪人常有以下心理状态。

（1）懊恼：犯罪人因犯罪手段失误而后悔不及，为自己手段不够谨慎、不够大胆，客观障碍的不期出现而未达到期望的目的而懊恼。这种失策后悔的心理将延伸犯罪人继续犯罪的侥幸心理或被捕后的抵触心理。

（2）悔恨：如实施犯罪前曾有人规劝、阻止或出谋献策遭犯罪人拒绝和蔑视，犯罪未遂后，犯罪人则可能产生悔恨的心理。有的犯罪人痛悔未听从规劝，坚持实施犯罪，结果触犯法律。这种犯罪人因有比较明显的悔罪心理，故而易为法律感化。有的犯罪人则痛感事前出谋划策者的影响，自己如依计行事，当不致失败，因而悔恨自己不该一意孤行，存有较强的侥幸心理。这种犯罪人一遇机会，很容易重操犯罪旧业。

（3）愤怒：犯罪人为客观原因的障碍，同伙和自己的无能、失策而导致的失败所刺激，愤恨不已。如未遂的原因是他人行为所致，犯罪人还可能迁怒于该行为人，寻机报复泄恨；如因被害人的行为导致犯罪未遂，犯罪人也可能寻机对其施加更严重的攻击。

（4）恐惧：由于犯罪未遂多是意外的、不以犯罪人意志为转移的原因所致，故犯罪人在犯罪过程中多有直接暴露；另因无暇顾及伪装和清扫现场，更有间接暴露的可能。故临场脱逃的犯罪人因其即将受到目标明确的侦缉，较之既遂的犯罪人，其恐惧心理更为严重。在这种心理的驱使下，自感罪不可恕的犯罪人多有极端行为，如弃家远遁、不顾一切采取冒险行为去完成未遂的犯罪，甚至自杀等。

（三）犯罪既遂的心理表现

犯罪既遂，是指在故意犯罪中具备了完备犯罪构成要件全部要素的情形。犯罪既遂后，大多数犯罪人因目的达到而停止犯罪行为；犯罪动机得到满足，犯罪决意也随之消失。在这一阶段，犯罪人的心理状态大致有如下几种：

1. 满足

犯罪人在犯罪既遂时达到了预期的目的，其物质上和精神上得到一定程度的满足，因而欣喜若狂。或肆意挥霍犯罪所得财物，或在同伙中哗众取宠自我吹谎，以求得物质和精神上的享受。犯罪人对自己犯罪成功一般都有满足感。这种满足感常常会强化犯罪恶习，滋生新的犯罪动机，导致犯罪行为的不断发生。

2. 弛缓

犯罪活动一般都是处于一种兴奋的状态中，犯罪既遂后，紧张、恐惧感减弱，兴奋状态随之消失，犯罪人会陷入弛缓状态。

3. 精神紧张、联想混乱

初犯、偶犯的这种心理现象特别突出，常常表现为情绪反常、行为无序、惶惶不可终日。这时犯罪人对外界舆论格外关心，常将他人的无意之举、寻常的无关事物同自己的罪行联系在一起，认为暴露在即，难以掩饰、控制自己的慌乱和紧张情绪。有的犯罪人甚至产生错觉、幻觉，出现被害妄想等精神症状。一些大案、要案的惯犯和累犯，虽能以种种方法转移、掩饰这种情绪，但心理上、行为上难免有许多反常现象。

4. 悔悟

有的犯罪人在犯罪既遂后，对犯罪行为及其后果痛悔、自责甚至企图自杀。这种心理状态多见于初犯和大要案犯。他们被复仇、泄愤、物欲、嫉妒等动机所驱使，在情绪极度冲动时实施了犯罪，理智恢复后，深感对被害人的恻隐、怜悯之情，威慑于法律制裁，听从各方的规劝而悔悟，产生有罪感。这类犯罪人多能自动投案，或听从规劝而自首。

5. 犹豫

犯罪既遂后，很多犯罪人常有强烈反复的思想斗争，在何去何从的问题上犹豫不决。处于犹豫状态中的犯罪人，常为如何选择出路而举棋不定，十分苦恼。这种犯罪人视外界因素的刺激及内部心理反应不同，最终作出不同抉择，如投案自首、弃家远遁、坐等观望、畏罪自杀等。因而对这种犯罪人，外界因素的影响至关重要。

## 第二节　过失犯罪心理

### 一、过失犯罪心理的概述

(一) 过失犯罪的概念和类型

1. 过失犯罪的概念

我国《刑法》第 15 条规定："应当预见自己的行为可能发生危害社会的结果，因为疏忽大意而没有预见，或者已经预见而轻信能够避免，以致发生这种结果的，是过失犯罪。过失犯罪，法律有规定的才负刑事责任。"从这一法条的规定可以看出，过失犯罪行为只有已经造成了严重后果，且法律有明确规定的，才构成犯罪而负刑事责任。"法律规定"是指刑法分则有关条文规定的过失致人死亡、过失伤害致人重伤或死亡、失火、交通肇事、重大安全责任事故等。

过失犯罪行为不是偶然产生的，而是有其固有的心理原因，且往往不止一种，而是多种原因共同作用的结果。因此，过失犯罪心理是研究与过失犯罪行为有关的心理活动和相关因素。

2. 过失犯罪的类型

从我国《刑法》第15条的规定可以看出，过失犯罪可分为疏忽大意的过失犯罪和过于自信的过失犯罪两种类型。

（1）疏忽大意的过失犯罪

疏忽大意的过失犯罪，是指行为人应当预见自己的行为可能发生危害社会的结果，因为疏忽大意而没有预见，以致造成危害结果的过失犯罪行为。这是一种无认识的过失犯罪。该种过失犯罪有两个特征：其一，是行为人应当预见到自己的行为可能发生危害社会的后果；其二，是行为人因为疏忽大意而没有预见。比如，行为人驾驶汽车在行驶过程中只顾低头刷微信朋友圈，根本没有注意车前方有行人过马路，而径行将行人撞死。对行人之死，行为人便属典型的疏忽大意的过失。

如何判断"应当预见"？有客观标准和主观标准之分。所谓客观标准是以个人在社会生活中应尽的预见义务（包括一般预见义务和职业预见义务）为标准，即一般理智正常的人能够预见，犯罪主体也应当预见；所谓主观标准是在某种具体情况下，根据行为人的主观条件（如智力、发育、文化水平、技术熟练程度等）为标准，分析他是否具有应当预见自己行为危害的能力和条件。显然，为了正确地判断是否应当预见，应将客观标准和主观标准统一起来考虑。整体上，客观依据（即一般正常水平的人在行为人所处的环境中对某种危害结果所能预见）仅仅是对疏忽大意过失初步判断的参考依据，而主观标准是依据个人的特征来判断行为人是否应当预见到自己的行为会发生危害社会的结果，应当作为认定疏忽大意过失是否存在的主要依据。

造成行为人疏忽大意过失犯罪的心理原因，主要有以下几种：①事业心、责任感不强，对工作草率粗心，马虎了事，不负责任，对个人利益的关心超过了对公共利益的关心，对自己的行为缺乏责任心，以冷漠和轻率的态度对待自己应尽的义务；②注意品质不良，如注意的稳定性差、广度不够，不善于将注意集中在自己应注意的对象上，易受外部情景干扰；③粗心大意，感知、记忆模糊，思维、判断有片面性；④缺乏必要的专业知识和熟练的技能，在紧急情况下判断失误，应激不良；等等。

（2）过于自信的过失犯罪

过于自信的过失犯罪，又称为轻信过失犯罪，是指行为人已经预见到自己的行为有可能发生危害社会的结果，但由于轻信这种危害结果不会发生或自己可以避免，因而采取了掉以轻心的态度，没有采取必要的防范措施，导致了危害结果发生的过失犯罪行为。这是一种有认识的过失犯罪。过于自信的过失犯罪也具有两个特征：其一，是行为人对自己的行为可能发生危害社会的结果有预见性；其二，是行为人轻信能够避免这种危害结果的发生，但事实上未能避免。例如，行为人驾驶汽车超速行驶，在100米外已经看到有行人横穿马路，行为人自视属老司机、驾驶技术高超，认为即使不减速也可有效避免碰撞而不减速继续行驶。未料行人在马路中间突然因腿麻而停了下来，汽车活生生将行人撞飞致其死亡。驾驶行为人的此种心态便属典型的过于自信之过失。

在司法实践中，过于自信的过失犯罪与间接故意犯罪之间容易发生混淆。其实，两者虽有相似之处，但区别却是明显的。过于自信的过失犯罪与间接故意犯罪的相似之处是：两者都预见到行为有危害社会结果的可能性。不同之处是：间接故意犯罪具有有意放任这种结果发生的态度，危害结果的发生并没有违背犯罪人的意愿；而过于自信的过失犯罪是轻信自己的认识、经验、技术和能力等能够避免这种结果，抱着侥幸不会发生的态度，危害结果的发生违背了犯罪人的意愿，是犯罪人不希望看到的、是排斥危害结果发生的。

造成行为人过于自信的过失犯罪的心理原因，主要有以下几种：①违反了注意义务，在紧急情况下出现了判断失误或措施不力，或应激不当，从而导致危害结果的发生。法律对注意义务的要求，因人而异，对于从事专门业务工作的人，除必须遵守普通注意义务外，还必须遵守本行业从业人员的特殊注意义务。如果违反这些注意义务并造成危害结果，则构成过失行为。注意义务包括预见危害的注意义务和避免危害结果的注意义务。行为人如对某种行为可能导致危害结果发生已有预见，且客观上尚有避免的可能，但仍实施这种行为，自信这样足以避免危害结果发生，以致引起危害结果最终发生，则行为人即因违反避免危害结果注意义务而构成过失行为。②自我评价过高。行为人对于自己的注意能力、应变能力估价过高，认为凭借自己的经验和能力完全可以排除出现的危险、避免危害结果的发生。于是，不顾一切地冒险，实施实际上已超出其能力的行为，结果导致危害后果的发生。亦有一些行为人对自己的技能、经验过于依赖，轻视困难、危险的存在，最终酿成事故，造成不可挽回的损失。

疏忽大意的过失犯罪与过于自信的过失犯罪既有相似之处，又有区别。两者的相同点是：无论疏忽大意的过失犯罪还是过于自信的过失犯罪，行为人都不希望危害结果的发生，但在主观上都存在罪过。区别点是：疏忽大意过失的行为人根本就没有预见到危害结果发生的可能性；而过于自信过失的行为人已经预见到危害结果发生的可能性，却轻信可以避免。

(二）过失犯罪心理与故意犯罪心理的区别

从实际发生的案例看，故意犯罪占绝大多数，过失犯罪只是很小的一部分。对于过失犯罪，法律有规定的才负刑事责任。过失犯罪，作为犯罪的一种特殊形式，它与故意犯罪虽然存在某些共同点，如都具有社会危害性，都是受行为人的心理、意识支配的，都具有罪过等，但是，过失犯罪心理与故意犯罪心理的区别却是显著的，主要表现在以下几个方面。

1. 犯罪人的主观恶性不同

就犯罪人的主观方面比较，故意犯罪与过失犯罪所包含的意识（认识）和意志因素是有区别的。

意识在这里是指犯罪人对自己的行为所造成危害结果在发生之前的认识程度。过失犯罪人的意识表现是"预见"（疏忽大意过失是没有预见），这种认识是不清晰、不明确、不充分、不肯定的；而故意犯罪人的意识则表现为"明知"，这种认识是清晰、明确、充分、肯定的。显然，过失犯罪与故意犯罪在认识的程度上有所不同。

意志在这里主要是指犯罪人对自己的行为造成的危害结果所采取的态度。过失犯罪在意志表现上是疏忽、轻信的心理态度，可以说危害结果的发生是违背了行为人的意志的。而故意犯罪在意志表现上是持希望或放任的心理态度，危害结果的发生正是行为人所期望的，或者至少是没有违背行为人的意志的。显然，故意犯罪的心理态度更为恶劣。

正是由于故意犯罪人的犯罪意识清楚、明确，且犯罪态度恶劣，所以，故意犯罪人的主观恶性和人身危险性都比过失犯罪人严重。正因如此，我国刑法分则的有关条款明确规定，同一类型犯罪，对故意的处罚要比过失重。例如，故意杀人罪的处罚明显重于过失致人死亡罪，放火罪的处罚明显重于失火罪。

2. 犯罪心理的内容不同

故意犯罪心理与过失犯罪心理在内容上是有区别的。故意犯罪心理一般包含明确的犯罪动机和目的，并且正是在犯罪动机的驱使下，行为人通过具体实施犯罪行为来达到犯罪目的；而过失犯罪心理则不包含犯罪动机和犯罪目的。过失犯罪人即使也有相应的行为动机和目的，但是过失犯罪所追求的目的并不是犯罪目的。例如，开车时为了赶时间而闯红灯撞死行人，赶时间是闯红灯行为的目的，但并非其犯罪目的。过失犯罪人没有造成危害结果的犯罪动机和目的，不存在犯罪意向和犯罪决意。

在心理原因上，故意犯罪人追求犯罪结果的出现，心理原因和危害结果之间存在必然性联系；而过失犯罪发生的偶然性较大，外部因素常起到重要的引发作用。

在注意的程度和品质上，过失犯罪心理与故意犯罪心理也有差别。过失犯罪心理主要表现为"不注意",即对危害结果应注意、能够注意而缺乏应有的注意,漫不经心、疏忽大意,或者虽然对危害结果有所预见(注意),但因过于自信,仍未予以足够的注意。而故意犯罪心理的注意程度较深,唯恐有丝毫疏忽和闪失,总是力求谨慎小心,以期达到预定的犯罪目的。此外,在注意品质上,过失犯罪人往往存在注意品质的明显缺陷,如注意转移不当、注意力不集中,或者注意分配发生错误、注意范围狭窄等。正是由于行为人存在注意品质的不良,才导致了过失危害结果的发生。而故意犯罪人的注意品质则不存在明显的缺陷。

3. 犯罪心理的机制不同

过失犯罪心理与故意犯罪心理的发生机制不同。过失犯罪没有犯意,也不具有犯罪动机和犯罪目的。过失犯罪行为不是在犯罪动机的支配下发生的,危害结果也不是犯罪目的所指向的。疏忽大意或过于自信所导致的危害结果,不是行为人的主观愿望,可以说是事与愿违,对已经发生的危害结果,多数人的态度是后悔和反省,他们的本意并不是犯罪。因此,过失犯罪的心理机制是:在各种主客观因素的影响下,行为人违反注意义务,导致注意失误,进而形成疏忽大意或过于自信的消极心理,由于心理失误必然导致行为失误,以至于最终发生危害社会的结果。

故意犯罪(特别是直接故意犯罪)有犯意,有明确的犯罪动机和目的,故意犯罪人追求或者放任危害结果的发生。因此,直接故意犯罪的心理机制是:在各种主客观因素的影响下,行为人首先是产生犯意,形成犯罪动机,明确犯罪目的;其次是在犯罪动机的支配下,为了达到犯罪目的而不惜实施危害行为,直至危害社会的结果发生。间接故意犯罪的心理机制是:行为人在实施追求其他目的(甚至是无目的)的行为时,明知自己的行为可能会发生危害社会的结果,仍在心理上放任这种危害结果的发生,在行为上不是设法改变自己的行为性质或方向,而是继续实行之,最终导致危害结果的发生。可见,无论是直接故意犯罪,还是间接故意犯罪,都没有违反注意义务,也不存在注意失误的问题。因此,过失犯罪与故意犯罪的心理机制是不同的。

## 二、引起过失犯罪的客观诱因

过失犯罪同故意犯罪一样,也是由客观诱因所引起的。由于过失犯罪所产生的危害结果是犯罪人不情愿看到的,是犯罪人不希望发生的,因此,引起过失犯罪的客观因素就可能比情愿(故意)犯罪的客观因素更为复杂一些。引起过失犯罪的客观因素虽然复杂,但综合起来主要有以下几类[1]:

---

[1] 参见罗大华主编:《犯罪心理学》,中国政法大学出版社1997年版,第312~316页。

（一）情境因素

情境是由自然环境、社会环境和人际关系等因素构成的对个人产生心理影响的综合性氛围。由意外情境构成的情境压力，是影响个体行为，导致工作失败，乃至造成过失行为的客观因素之一。意外情境是指自然现象和社会现象中各种正常联系或关系的中断或突变。由于这种中断或突变，是在主体无心理准备的情况下发生的，并且超出其经验与认识处置能力，就会对行为人的心理和行为产生不良影响。因此，一旦发生意外情境，行为人就有可能出现惊慌失措，应激不良，从而导致过失犯罪行为的发生。可能引起过失犯罪的意外情境主要有：

1. 自然方面的意外情境

（1）自然灾害

自然灾害是指不以人们主观意志为转移的由自然原因引起的灾害，如火灾、水灾、地震、雪崩、山体滑坡、海啸等。在自然灾害来临之时，有些负有特殊责任和特别注意义务的人（如消防队员、抢险救灾人员和各级行政长官等），依法不能为保护自己的利益而实施紧急避险，贪生怕死，只顾自己逃命，忘掉自己应负的责任，造成重大损失者，应负玩忽职守罪的刑事责任。对自然灾害负有预测、预报或通信联络责任的人员，如未能恪尽职守进行预报和传递信息，以致造成海上作业、航空、农业等部门缺乏预防措施，给人民生命财产造成损失者，也应负相应的刑事责任。此外，异常的自然条件，如大雾、冰雹、气流等，容易造成车船、航空事故，行为人稍一疏忽即可能发生车（机、船）毁人亡的惨祸。

（2）意外事故

因不服管理、违反规章制度而造成的重大人身伤亡和财产损失事故，虽然其危害结果不符合行为人的主观意愿，仍然应负相应的刑事责任。例如，违反危险物品管理的规定，在物资储存、运输过程中引起爆炸、燃烧；违章操作，引起机械事故的有关管理人员，凡其行为与危害结果之间有因果关系者，均应根据具体情节轻重，追究刑事责任。

（3）危险工作情境

如易燃、易爆物品的生产及管理，有毒、核辐射的工作环境，高空作业、带电作业以及其他危险工作环境，灯光昏暗、噪声过大、色彩纷乱、粉尘厚密等不良工作环境，黄昏、黑夜、交通高峰期等不利的时间因素等，往往使职工产生恐惧、不安和焦虑心理，在心理压力过大难以承受的情况下，如果操作、处置不当，或对外界变化未能做出正确反应，也容易造成危害后果的发生。

2. 社会方面的意外情境

（1）挫折

如市场竞争失败、事业上受挫、职业无保障（因过失或不称职被解雇）等，容易造成心理上的焦虑、沮丧，产生过失行为。

（2）变故

亲人死亡、失踪、婚变以及其他变故，影响情绪波动不安，均有可能产生过失行为。

（3）纠纷

在发生财产纠纷、知识产权纠纷、名誉纠纷、邻里纠纷等情况下，行为人心绪不宁，烦躁不安，易产生过失行为。

（二）舆论因素

舆论因素是指多数人对大家所关心而又有争议的问题所持的共同意见或态度。某种舆论一经形成，便会在客观上成为一种社会压力或社会支持，对有关的人或事发生影响。如果这种舆论不正确，造成错误的行为导向，便有可能促使个体产生过失或故意犯罪行为。

舆论因素的导向作用可分为两个层次：一是具体环境层次，二是社会风俗层次。具体环境层次的舆论是指在某一特定场合下，多数人的舆论压力导致行为人产生过失犯罪。例如，有些司机并不想违章抢道或高速超车，但在乘客或同事责备他是"胆小鬼"的情况下，贸然行事，造成危害性后果。社会风俗层次的舆论是指虽然不存在现实的舆论压力，但大多数社会成员多年来一直沿袭的某些观念和行为方式。有时沿袭旧风俗、落后观念，会造成过失行为。例如，男尊女卑观念造成丈夫殴打妻子致伤残，过春节放鞭炮引起火灾或人身伤害，结婚低俗闹洞房造成新娘含羞自尽等，这些过失犯罪行为在某些边远农村、山区，并不少见。

（三）工具因素

任何生产都须使用工具。工具的好与坏、先进与落后，对工作效率产生重大影响。工具因素也是造成过失的一个重要因素，一般在以下三种情况下易发生事故：

1. 使用熟练工具

熟练工具是行为人经常使用的、已经熟悉其性能和特点，运用自如的工具。正因为行为人熟练地掌握该工具，所以更容易产生疏忽大意或过于自信的心理，造成过失犯罪。例如，射击教员使用自己熟悉的枪支，忘了检查是否已卸掉弹匣，举枪瞄准扣动扳机，造成事件。此外，当使用熟练工具时，因为用得顺手，有时行为人疏于检查，对工具隐藏的故障不易察觉，容易发生意外事故。例如，司机开车前未发现刹车失灵，行车时造成交通肇事。

2. 使用陈旧工具

陈旧工具是指使用时间较长、性能有所减退的工具或超过使用年限的工具，有时仍在继续使用。例如，某些陈旧的机床、机械设备，蒸汽高炉，应淘汰尚未淘汰的车船、体育用品和器材等，因其超过使用期限、性能减退、故障增多，发生事故时性质也较严重。因此，一般不应使用陈旧工具，如不得不使用时，在使用前应严格检修，在操作中应密切注意瞬间发生的异常现象，以防止造成危险后果。

3. 使用高科技工具

现代科技的迅猛发展及其在生产、生活中的广泛应用，是当代过失犯罪率增加的重要客观原因。因为，一方面，现代科技使危险源成倍增加，如电气化、自动化、化学化、核能化工具以及人工智能的管理使用，使得操作上要求十分严格，稍有不慎，就有可能造成重大损失。另一方面，现代科技使从事危险工作的人员增多，加重了人们的心理负荷；同时对从业人员的业务素质、心理素质和操纵工具的准确、熟练程度和反应的敏捷性、及时性均有较高要求，素质不高和心理负担过重，也增加了过失犯罪的可能性。

除以上客观诱因外，有些过失犯罪（如交通运输等方面的过失犯罪）还与被害人的过错有着密切联系。例如，两辆汽车相撞，可能主要肇事者一方和被害者一方均有违反交通规则的地方，均应负不同程度的责任。汽车撞上骑自行车者，也可能是因为骑自行车者闯了红灯，违反交通规则所致。对于在过失犯罪中有过错的被害人，法律上称有责任被害人。有责任被害人的行为与过失犯罪行为的发生，具有某种因果联系或条件联系。有责任被害人包括以下四类：（1）实施违法或犯罪行为的被害人；（2）实施违背道德行为的被害人；（3）违反纪律，追求不正当利益的被害人；（4）有过失行为的被害人。据此可以说，被害人的违法违规及过错行为，是导致过失犯罪的一个重要客观原因。

### 三、过失犯罪人的生理和心理特征

过失犯罪的发生，除客观诱因的影响外，与犯罪主体的生理和心理方面的不良表现或缺陷也有一定的相关性。可以说，正是由于犯罪主体自身存在一定的过错，他才应对过失行为承担刑事责任。

（一）过失犯罪人的生理特征

在许多过失犯罪的案件中，我们都可以发现过失犯罪人处于不良的生理状态下，此时的生理特征正是造成某些过失犯罪的一种内在动因。容易造成过失犯罪的生理特征主要有以下几类：

1. 生理缺陷或疾病

有生理缺陷的人（如色盲、聋哑人等），由于其身体的部分器官存在功能缺陷，致使他们在感知觉和行动方面有许多障碍和不便。这些由于生理缺陷引起的困难有可能在肇事情景中成为过失的因素。

此外，因疾病而导致的身体机能的缺陷，尤其是感知觉系统有缺陷，就难免影响认识能力和反应能力，在特定情况下，也易于导致过失犯罪。在感知觉中，对过失犯罪影响较大的，是视觉和听觉感受性、辨别声源方位的能力等，如果行为人在以上方面存在不同程度的缺陷,就可能影响到对外界事物的正确感知和注意,造成行为失误,或酿成重大事故。

2. 疲劳状态

所谓疲劳是指持久的或过度的活动,使身体感觉不适和工作效率减退的抑制状态。疲劳有生理疲劳和心理疲劳(与厌倦相似)。人处于疲劳状态时,往往对外界刺激无法做出合理而正确的反应,对应注意的危险也因未能予以注意而引起事故。在现实生活中,因为疲劳而导致肌肉活动能力失调,灵敏性降低,无精打采,注意力分散,致使交通肇事或生产责任事故发生的案例并不少见。例如,据抽样调查结果表明,在公路运输中,因连续开车过于疲劳而造成的行车事故占事故总数的33%~56%。可见,疲劳状态是很容易引起过失犯罪行为发生的。

3. 麻醉与醉酒

麻醉品及酒类能够导致心身麻痹症,使心理活动与身体动作发生困难,进而导致行为人意识和意志失控。尤其是吸用麻醉品的人易成习惯,对于麻醉品的需求会越来越大,以致最终成为麻醉品中毒者。据研究,人在吸用麻醉品和醉酒之后,生理与心理会发生下列变化:(1)色彩觉和视觉能力下降,使人在辨认颜色方面容易发生错误;(2)触觉能力下降,使人不能靠触觉获取有用信息;(3)思考判断能力下降,血液中酒精浓度大于0.94%时,判断能力降低25%;(4)记忆力受阻,无法进行有效的识记,即使是平时记得很牢的东西,也回忆不起来;(5)注意力下降,不能有效地集中和保持稳定的注意,而且注意固执偏向一方,不能合理地分配和转移;(6)情绪不稳定,容易陷入激情状态;(7)性格发生暂时改变,如有的人在饮酒后一改平时谨慎、严肃的态度,变得说话随便,行动轻率。所有这一切变化,都容易使人做出错误的行为,引起重大事故,构成过失犯罪。

4. 其他生理因素

除了上述生理因素可能会引起过失犯罪行为外,过失犯罪人还可能具有以下生理特征:

(1)生物节律。行为人在生物节律循环周期的不同时期,其生理和心理表现各不相同。在低潮期尤其是高低潮转换期,人体生理变化剧烈,机体各器官协调功能下降,心理反应不灵敏,易于疲劳,情绪不稳定,判断力降低,活动易出差错。因此,容易发生过失犯罪行为。

(2)年龄与性别。年龄大小的不同,意味着心理成熟程度与知识经验多少的不同,因而也会影响人的心理和行为。据有关调查研究表明,在其他条件相同的情况下,年轻人更容易发生过失行为,在生产责任事故中,年轻人占大多数。此外,在过失犯罪行为中,也存在男女性别差异。一般来说,女性较为细心谨慎,注意力集中专一,相对不易造成事故;而男性较粗心和大胆,易分散注意,因而过失犯罪的可能性更大。从统计上看，男性过失犯罪者人数较多。不过，值得注意的是，过失犯罪行为的发生，更多的还是与行为人的事业心、责任感及性格等因素有关，而性别差异只起次要的作用。

（二）过失犯罪人的心理特征

一般来说，心理因素欠佳的人，容易导致过失犯罪。这是因为受欠佳的心绪所支配，行为人往往会自觉或不自觉地把注意力集中在影响其心绪的事物上，而疏忽对自己行为的应有注意，从而构成过失犯罪。可以说，不良的心理因素是导致过失犯罪的直接动因。

1. 过失犯罪人的认识特征

过失犯罪人不希望危害结果发生，但最终仍出现了危害结果。从过失犯罪人的认识上分析，表现为两种情况：一是对危害结果发生的可能性有预见、有认识；二是对危害结果发生的可能性毫无预见、毫无认识。无论哪一种过失，犯罪人的认识特征都可能存在缺陷。具体表现在以下几个方面：

（1）认识上存在错觉

错觉是指对客观事物不正确的认知觉。错觉可能是心理或者生理的原因引起的。同一分析器内部的相互作用，不同分析器所提供的信号不一致，当前知觉与经验相矛盾，或者思维推理上的错误等，都是造成错觉的原因。在生活实践中，错觉是经常发生的。例如，杯弓蛇影、草木皆兵、一朝被蛇咬十年怕井绳等都是典型的错觉现象。错觉，会导致行为上的失误。在司法实践中，因错觉造成的疏忽大意的过失犯罪行为是比较常见的。例如，过失伤害、过失杀人等都可能是因错觉引起的。

（2）注意品质不良或违反注意义务

注意是指心理活动对一定对象的指向和集中。它是人适应环境、掌握知识、从事实践活动的必要条件。注意涣散与分心是造成过失犯罪的重要心理原因之一。因为无论是疏忽大意的过失还是过于自信的过失，都是以不注意为前提的。注意有有意注意、无意注意与有意后注意之分。无意注意是无须作意志努力的注意；有意注意是受人的意志努力支配的注意；有意后注意是在有意注意的基础上，经过多次反复刺激而形成的习惯性注意，这种注意一旦形成，无须意识活动就能知觉到即将到来的刺激和危险。各项工作都需要从业者从事业心、责任感出发，对事物作出有意注意和有意后注意。注意力集中，就使人们在实践过程中清晰地反映外界的某一需要高度注意的事物，不受其他因素的干扰，因而就能正确无误地进行操作。而不注意和分心，则是一种注意过程中的失误。它不是对任何事物都没有注意（也有个别情况是因处于疲劳状态下而产生不注意），而只是对当前应该注意与负有注意义务和责任的事物没有注意。明明有危险却没有注意到，或者虽有所注意却没有充分地注意去避免危险，这样就容易造成危害社会的结果。通常，在无意注意干扰了有意注意、注意失去控制、注意分配与转移不当的情况下，都可能产生不注意状态，造成过失行为的发生。

（3）记忆缺陷与失误

记忆缺陷与失误，会造成行为偏离正确的方向。例如，遗忘、回忆中的障碍、再认中的错误，以及记忆过程中的抑制等，都会使行为人对外界事物的认识发生差错，导致行为的失误。在司法实践中，由于记忆失误而造成过失行为是屡见不鲜的。因为许多工作岗位都要求遵守严格的纪律和规章制度，这样才能保证安全。有的操作人员忘记了有关规定，违反工作纪律，构成疏忽大意的过失罪。再如，因遗忘丢失重要文件包，构成过失泄密罪；因忘记关掉煤气，造成失火罪；因忘记从枪中卸下子弹，造成过失杀人罪等，都说明遗忘和过失犯罪有密切联系。

此外，过失犯罪的发生，与行为人的不正确思维还有一定的关系。在疏忽大意的过失场合，行为人本应预见到危害结果的发生，但由于其智能低下，或思维有问题，知识经验不足，而没有预见到。这说明与其思维能力和水平有很大的关系。在过于自信的过失犯罪场合，行为人虽然预见到了危害结果，但由于其对自己的能力、知识经验，以及客观条件等估计不足，思维缺乏全面性和深刻性，最终未能避免危害结果的发生。

2. 过失犯罪人的情绪和态度特征

（1）过失犯罪人的情绪特征

情绪变化与过失犯罪的关系十分密切。情绪来源于需要的满足与否所产生的态度体验，反过来说，情绪又对人的全部心理活动和行为产生重要影响。特别是在强烈的刺激作用下产生的消极情绪，如恐惧、愤怒、狂喜、绝望、悲哀等，不但影响人的知觉、注意、记忆和思维判断的准确性及其效果，而且影响到人的行为，使决策出现失误，操作动作出现变形或异常。在此种情形下，行为人往往无法实施合理的行为（作为或不作为），容易构成过失行为。此外，过分冷淡的情绪，对人对事漠不关心甚至厌烦，会使行为人精神不振，缺乏应有的热忱，忽视或遗忘自己应负的注意义务、注意力分散，使本应防止的危险不能得到及时制止，因而容易发生事故。过分紧张和焦虑的情绪，会使内心失去平衡，对面临的危险手足无措，也极易造成过失行为。处于激情状态下的人则难以控制自己的言行，不能预见行为的后果，难以保持清醒的头脑，不能理智地控制自己的冲动，也容易引发事故。

（2）过失犯罪人的态度特征

态度是个体对各种事物和现象所持有的一种协调一致的、有组织的、习惯化的行为准备状态和心理倾向。它和人的思想意识密切相关。一般来说，对人对事态度不端正是过失犯罪的重要心理因素之一。社会上一些特殊的职业和工作，如车、船、航天、航空器驾驶员，自动仪器、仪表操纵者，医生和建筑、煤矿、铁路工人及其指挥者等，如果所持态度不当，就可能引起重大责任事故，容易构成过失犯罪。造成过失犯罪的不良态度主要有以下几种：

①不负责任态度。从事危险职业工作者，缺乏责任感、对工作不负责、作风拖沓、自由散漫、思想不集中、技术操作漫不经心、随随便便，极易引起重大责任事故，造成过失犯罪。

②对抗态度。由于对上级或管理部门心怀不满，持对抗态度，其注意力常难以集中，对规定的任务、要求和纪律忽视，对正确意见和批评不愿接受，因而容易引起事故，造成过失。

③傲慢和固执态度。态度傲慢者，每每妄自尊大、目空一切、自以为是、固执己见、把自己的片面经验当作有效可靠准则。在实际操作过程中，持傲慢和固执态度的人常听不进不同意见，并产生行为偏差和错误。若是决策指挥者，则更易酿成重大人身伤亡和财产损失事故。

④自私态度。把私人利益放在工作利益之上的人，在工作中往往会分散注意，去干私事，或因私人原因擅离职守，以致造成重大责任事故。

3. 过失犯罪人的意志特征

意志是人们自觉地调节行为、克服困难，以实现预定目的的心理过程。意志对人们的行为有控制、监督和调节的作用。虽然过失犯罪危害社会的结果，并不是过失犯罪人意志所努力追求的目的，但是，过失犯罪的发生与行为人的意志品质不良有着密切联系。例如，意志薄弱者缺乏自觉性和果断性，在紧要关头犹豫不决，坐失良机；或不能独立思考，人云亦云，不顾自身实际，盲目模仿他人，自不量力地采取行动；或仅凭一时激情，轻率鲁莽行事；或面对无效的愿望，完全听不进善意的劝阻，一意孤行，最终导致危害结果的发生。因此，无论是疏忽大意的过失犯罪人，还是过于自信的过失犯罪人，都表现出较明显的意志缺陷。

当然，人的意志品质常常受到生理特征、认识、情绪等因素的影响。过失犯罪行为的发生，并不是主要由意志品质决定的，而是多种因素综合作用的结果。

4. 过失犯罪人的性格与气质特征

性格是一个人在长期的生活实践中形成的对事物稳定的态度和习惯化的行为方式。它一旦形成便使人的外部表现具有鲜明个人特点，并贯穿在人的全部行为之中。由于性格是个性中具有核心意义的心理因素，它具体地表现出一个人的品德和世界观，因此，性格有好坏之分。大量的实例表明，消极的或不良的性格特征，有可能形成过失犯罪心理。例如，一个缺乏理想和信念的人，对待社会现实的态度特征和意志特征必然是以自我为中心，心胸狭隘，对人冷漠，对工作缺乏热情、毅力和责任心，这样的人就有可能出现玩忽职守的过失行为。急躁者、鲁莽者、自傲者、任性者、懒惰者、悲观者、粗心者、反应过于迟钝者等，也会在某种条件下，酿成过失行为。此外，也有学者认为，外向型性格者比内向型性格者更易发生过失犯罪行为，因为外向型性格者比较冲动、大胆。当然，该观点并没有得到统计实证。

气质是一个人生来就具有的稳定的心理活动的动力特征。由于气质是先天遗传的，所以，它不存在好坏优劣之分。每一种气质类型都有积极的一面，也有消极的一面。如果行为人表现出消极的气质面，如脾气暴躁、冒失冲动，注意力不稳定、心不在焉，固执己见、不听劝阻，无精打采、易于疲劳等，都有可能引起过失犯罪行为。不过，气质类型与过失犯罪行为之间没有必然联系。

5. 过失犯罪人的智能特征

智能是智力和能力的统称，能力是指一个人顺利地完成某种活动所必需的心理特征系统。一个人能力的高低直接影响到其活动的效率、质量和方式。人的能力分为一般能力和特殊能力两种：一般能力，又称为智力，是指从事一切活动所必须具备的基本能力；特殊能力，又称为专业能力，是指从事专业活动所必须具备的能力。在社会生活中，特别是在复杂的社会工作中，常常需要综合运用一般能力和特殊能力。因此，人们习惯上将一般能力和特殊能力合称为智能。行为人的智能高低也常常是引起过失犯罪的相关心理因素之一。通常，智能低的人发生过失的情况要多于常人，因为智能低的人，对一些易产生危险的技术性操作，掌握上有困难，或对其危险性估计不足；而且由于智能低反而无所顾忌，胆大妄为，所以易于发生过失。但有些智能高者自以为是，过于自信，忽视危险性的存在，也可能造成过失。整体上，智能固然是导致过失行为发生的一种心理因素，但不是决定性因素。不能以智能的高低来判断过失行为发生可能性的大小。

6. 过失犯罪人的无意识因素

许多研究表明，在过失犯罪中存在无意识现象。例如，苏联学者 M. T. 乌格列赫捷在1976年发表的《刑法中的过失罪过问题》一书中，从法学和心理学紧密结合的科学角度探讨了过失犯罪，他力求用现代心理学的无意识概念来解释过失犯罪。乌格列赫捷主张，过失犯罪的心理学方面就是不受意志和意识控制的冲动定势，由这种定势所引起的行为蕴含着造成社会危害结果的可能性。[①] 人在执行任务和进行实践活动中，必须意识清醒，集中注意，只有这样，才能保证完成任务与活动的顺利进行。然而，意识状态很难始终如一，偶尔因疲劳而打瞌睡或受药物影响，有可能陷入意识混浊状态，此时极易发生注意分散和操作失误而导致过失行为。从许多案例来看，无意识因素确实存在于过失犯罪之中。例如，在疲劳、酗酒和酒精中毒状态下，行为人意识不清晰，有部分未被意识到的倾向，这种无意识的成分会影响行为的灵活性和准确性，影响判断的正确性，进而导致

---

① 转引自邱国梁主编：《犯罪与司法心理学》，中国检察出版社1998年版，第265页。

过失犯罪行为的发生。此外，在冲动性行为、不良习惯和定势等引起的过失犯罪中，都存在无意识因素。

过失犯罪人除了具有以上心理特征外，其自我意识还可能存在缺陷。特别是过于自信的过失犯罪人，其自我意识的缺陷表现得更明显。例如，自我意识不完善、自我观察失当、自我评价过高、自我体验歪曲、自我监督放松等。正是由于行为人的自我意识出现错误，才形成了轻信能够避免危害结果发生的心理状态，以致事与愿违，酿成大错。

（三）过失犯罪人的不良行为习惯

过失犯罪行为的发生除了上述客观诱因和行为人的生理、心理因素外，还与行为人的不良习惯有一定的关系。

习惯是一个人在生活实践中，因多次重复某种行为而形成的自动化地去实施某些动作的特殊倾向。从习惯所具有的社会意义看，可分为有益的、良好的习惯和有害的、不良的习惯。后者对过失犯罪的影响不容忽视。因为当行为人习惯性从事某种不良行为时，常常忽视这种行为所包含的社会危险性，预见不到可能发生的严重后果，或轻信能够避免这种后果，从而导致过失犯罪。在司法实践中，容易导致过失犯罪的不良习惯有以下两类：

1. 日常生活中的不良习惯

在日常生活中，有些人的不良习惯在特定的场合下容易引起过失犯罪行为的发生。日常生活层面的过失被称为普通过失，相应的犯罪被称为普通过失犯罪。例如，卧床抽烟的习惯，如果抽烟人入睡，容易造成火灾；用危险方法开玩笑的习惯，如果用枪对准他人开玩笑，或在高楼平台上往下推挤他人开玩笑，容易造成伤害或致人死亡的过失犯罪；家长管教孩子的不良习惯，如棍棒教育、体罚教育等，容易导致过失伤害或过失致人死亡的危害结果发生。

2. 技术操作中的不良习惯

在工作中特别是在技术操作中，行为人必须要按照技术规范和要求进行操作，否则就容易引起过失犯罪行为的发生。技术操作层面的过失被称为业务过失，此类犯罪被称为业务过失犯罪。例如，超速开车的习惯，容易酿成车祸；建筑工程中，不按工期要求，盲目追求效率，提前竣工，容易留下事故隐患。此外，在技术性工作中，行为人还必须具备一定的技能并熟练运用。技能是行为人运用已有的知识、经验，通过练习而掌握的操作技术系统；熟练是通过练习而获得的、有意识的、自动化的动作。如果行为人不掌握一定的技能，或者虽有一定技术但不熟练，就不能轻松自如地进行操作，使大脑总是处于紧张状态，手脚处于忙乱状态之中，容易在忙乱中出错。尤其是自动化操作台和仪表系统，如果在技能掌握与熟练程度上有缺陷，一旦发生意外情况，就会出现操作失误，导致生命财产的重大损失，构成过失犯罪。

**【典型案例】**

孙某购买一轿车后，在未取得驾驶证的情况下，长期无证驾驶该车，并多次交通违法。2008年12月14日中午，孙某与其父母在成都市成华区一酒楼为亲属祝寿，其间大量饮酒。16时许，孙某驾驶轿车送父母到成都市火车北站搭乘火车，之后驾车折返至城东成东路向成都市龙泉驿区方向行驶。17时许，行至成龙路"蓝谷地"路口时，孙某驾车从后面冲撞A轿车车尾部。其后，孙某继续驾车向前超速行驶，并在成龙路"卓锦乘"路段违章超越道路中心黄色双实线，与对面车道正常行驶的B轿车、C轿车发生碰撞，致B轿车、C轿车内4人死亡1人重伤，并造成公私财产损失共计5万余元。交通警察接群众报案后赶至现场将孙某抓获，经鉴定，孙某驾驶的车辆碰撞前瞬间的行驶速度为134~138公里/小时；孙某案发时血液中的乙醇含量为超标。后成都市人民检察院认为孙某对其行为造成的"4死1伤"以及5万余元财产损失的损害后果在主观上具有犯罪故意，进而以"以危险方法危害公共安全罪"对孙某提起公诉。而孙某的辩护人认为孙某对该损害结果仅具有犯罪过失，应当只构成交通肇事罪。成都市中级人民法院经审理，认定孙某犯以危险方法危害公共安全罪，依法判处死刑，剥夺政治权利终身。四川省高级人民法院经二审，最终认定孙某犯以危险方法危害公共安全罪，判处无期徒刑，剥夺政治权利终身。

**【课后练习】**

1. 结合上述典型案例，分析故意犯罪和过失犯罪各自的行为与心理特征。

2. 结合具体案件，分析行为人的哪些心理和行为表现可用于区分故意犯罪与过失犯罪。

3. 分析犯罪故意、犯罪目的、犯罪动机之间的差异。

4. 分析不同性别、年龄、性格、智力、职业、学历等因素对过失犯罪的影响及其差异。

5. 分析如何实现对交通肇事罪、重大责任事故罪等常见多发过失犯罪的有效预警和防范。

# 第八章 犯罪心理的年龄差异

【知识提要】

　　各年龄阶段的人因生理特点、生活条件、婚姻状态、受教育程度、职业环境、社会化程度等差异，认知水平和行为方式不尽相同，从而在犯罪的数量、类型、手段、过程表现等方面均有较明显的差别。青少年的身心尚处于发育发展中，虽充满朝气与活力但整体不够成熟稳定，且具有多方面的矛盾性，并容易受外界因素的不当影响，进而容易实施违法犯罪，且犯罪的数量、类型、手段、心理反应等方面存有较大的波动性。中壮年人的身心基本成熟稳定下来，社会化程度高，认知水平和生活经验度高，生活压力、各种诱惑和不当需求增加，所实施的犯罪相对更智能化、更多样化、更稳定化。老年人的生理机能日益衰老退化，认知与反应能力日渐弱化、僵化，不当需求相对变少且固定，其实施的犯罪数量整体较少、类型相对单一、手段相对平和。

## 第一节　犯罪的年龄差异概述

　　年龄既是一个人生理成熟的标志，又是个体社会阅历深浅、社会经验多寡的标志；同时，它还是影响犯罪的重要因素之一。各年龄阶段的人因生理特点、生活条件、婚姻状态、受教育程度，以及职业环境等差异，实施社会行为的方式也不尽相同，从而在犯罪的数量、类型、作案方式，以及在犯罪过程中的表现等均有较明显的差别。因此，研究犯罪的年龄差异，比较不同年龄阶段的犯罪心理特点，对于有针对性地预防和治理犯罪，以及提高对罪犯的教育改造质量等都具有重要的理论和实践意义。

### 一、犯罪率方面的年龄差异

　　犯罪率的高低在不同年龄阶段的人口中呈不均衡分布，即一定年龄的人口在社会总人口中所占的比例与其在犯罪总人口中所占的比例是有所不同的，两者之间的比例关系可能表现出三种情形：其一，一定年龄阶段的人口在社会总人口中的比例高于其在犯罪总人口中所占的比例；其二，一定年龄阶段的人口在社会总人口中的比例与其在犯罪总人口中所占的比例大致相当；其三，一定年龄阶段的人口在社会总人口中所占的比例明显低于其在犯罪总人口中所占的比例。第一种情形称为犯罪的低发年龄段，而第三种情形则属于犯罪学和犯罪心理学研究中应予以重点关注的犯罪高发年龄段。

犯罪的高发年龄段是一个动态的年龄阶段。不仅在不同的文化背景和历史条件下，其具体的界定不尽相同；而且在相同的文化背景和历史条件下，由于男女性别的差异，男性和女性的犯罪高发年龄段也有所不同。

就男性的犯罪高发年龄段看，现代西方几个国家的情形大致如下：日本：30～40岁；美国：25～29岁；德国：21～25岁；法国：18～21岁。上述统计中有一个值得注意的现象，就是美、德、法三国男性的犯罪高发年龄大抵处于同一年龄层，而日本男性高发年龄段则明显滞后。理论上对此有不同解释：欧美学者趋向于认为，日本虽然也为工业发达国家，但由于其有着东方文化的背景，传统的家庭制度和团体精神犹存，家庭及社会对青少年的教育和督促仍然十分关注，因而青少年犯罪的比例较低，犯罪的高发年龄也较其他西方国家推后；而欧美国家的家庭制度早已解体，青少年与家庭的联系较为松散，加之推崇个人自由的传统，社会难以对青少年进行有效的管束，因而青少年犯罪突出，犯罪的高发年龄也相应提前。日本学者则认为，这一现象固然与日本传统的家庭制度不无关系，但同时还由于日本30～40岁的男性，正处于工作十分繁忙的年龄段，在社会的各个部门里拼搏劳动，因而犯罪率也相应增高。① 言外之意，该年龄段的日本男性是其社会生活中最为活跃的人群，他们在工作及日常生活中与他人和所处环境发生矛盾和冲突的机会最多，犯罪率也就随之增高。上述见解固然有相当的理由，但除此之外还应指出，这与日本少年法的规定也有着较直接的关系。其《少年法》第2条规定，"本法所说的少年，是指未满二十岁的人；所说的成年人，是指满二十岁以上的人"。可见，日本把20岁作为少年期的最高年限，这明显比世界上大多数国家所界定的少年期要晚，由此其犯罪的高发年龄段也相应推迟。

根据我国的统计资料分析，从1980～1989年十年间犯罪者的年龄构成看，14～17岁年龄组所占平均比例为21.87%，其中最高年份是1985年的23.78%，最低年份是1989年的19.07%，十年间的波动保持在20%左右。18～25岁年龄组所占平均比例为48.55%，十年间从1980年的39.84%一直上升到1989年的54.98%。26～50岁年龄组平均比例可分为两个时期，前5年（1980～1985年）维持了较高比例，达到35.72%；而后5年则呈现明显下降趋势，平均为24.7%。51岁以上年龄组所占比例约为2%。②上述资料表明，在我国犯罪总人口中，各年龄组所占比例的大小依次为18～25岁、26～50岁、14～17岁、51岁以上。此

---

① ［日］菊田幸一：《犯罪学》，群众出版社1989年版，第35页。
② 俞雷主编：《中国现阶段犯罪问题研究》，中国人民公安大学出版社1993年版，第66～67页。

外，根据我国学者的统计（见下图），"青少年成为犯罪的主体，其犯罪总数一度占到了全国刑事犯罪总数的70%到80%。但是，随后，这一比例开始逐年下滑。在20世纪90年代，青少年罪犯占全国罪犯的比例由1990年的57.35%下降到1999年的36.7%，十年间下降了20.7个百分点。'十五'初期，这一趋势仍然延续，2000年，青少年罪犯占整体罪犯的比例为34.54%，2001年为33.96%，2002年为31.05%，但是2003年起发展轨迹出现了细微变化，这一比例回升到31.22%，2004年上升到32.55%"[1]。由此可见，多年来，青少年均是我国犯罪的高发年龄群。

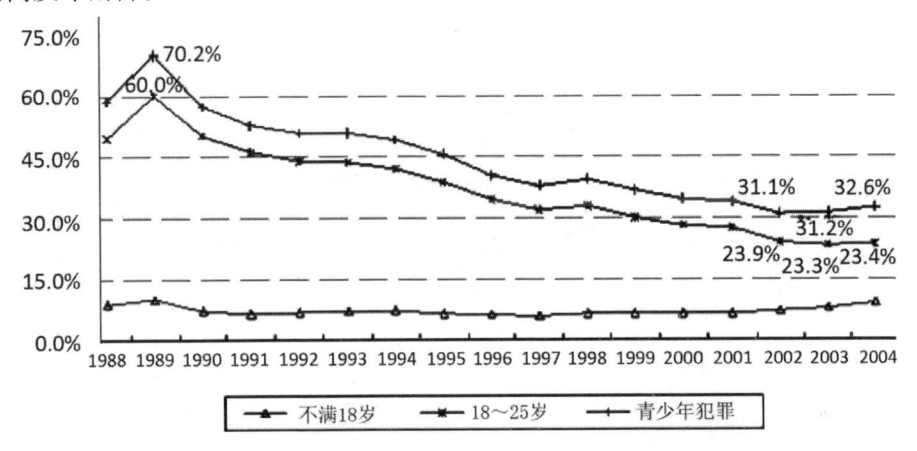

**1988～2004年全国青少年犯罪所占比例变化**

但值得注意的是，近年来随着社会综合治理能力和效果的提升，我国未成年犯罪量及其在整体犯罪量中的占比均有相应下降。相关统计数据反映，未成年人（14～17岁）犯罪量在整体犯罪量的占比已经低于该年龄段人口量在总人口量中的占比，进而表明未成年人已经不属于犯罪的高发年龄段。

一方面，相关人口统计数据反映我国14～17岁未成年人总数占全国总人口的比例为5%～6%。一是根据2010年全国第六次全国人口普查统计数据显示，14～17岁人口数占全国总人口数的比例为5.51%。[2] 二是根据2021年我国部分地区12～17岁人群接种某疫苗相关统计数据反映[3]，14～17岁人口数占比大体在上述比例范围内。例如，浙江省12～17岁人口数约为301万人，而经2020年全国人口普查，当地常住总人口为64567588人，12～17岁人口数在总人口数中的

---

[1] 鞠青：《中国青少年犯罪演进的定量分析》，载《青少年犯罪问题》2007年第5期。
[2] 《2010年全国人口普查资料：3-1全国分年龄、性别的人口》，载 http：//www.stats.gov.cn/tjsj/pcsj/rkpc/6rp/indexch.htm，最后访问日期：2021年10月15日。
[3] 《全国12～17岁人群接种数1.24亿剂次，接种人数超10亿》，载 http：//www.jksb.com.cn/html/xinwen/2021/0903/172768.html，最后访问日期：2021年10月15日。

占比约为4.7%。再如，甘肃省12～17岁人口数约为161万人，同样经2020年全国人口普查，当地常住总人口为25019831人，12～17岁人口数在总人口数中的占比约为6.4%。据此，当地14～17岁人口数在总人口数中的占比显然会更小，比例大体在5%左右。据此可估算，当前我国14～17岁未成年人总数占全国总人口的比例为5%～6%。

另一方面，相关犯罪统计数据反映我国14～17岁未成年人犯罪量在整体犯罪量中的占比为3%～4%。例如，2014～2019年我国未成年人犯罪的批捕量和起诉量见下图[①]：

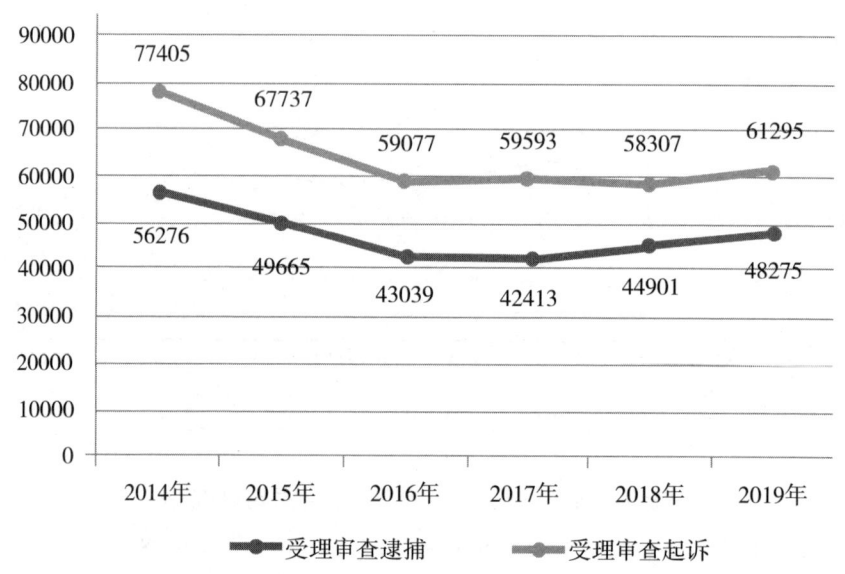

| 年份 | 受理审查逮捕 | 受理审查起诉 |
| --- | --- | --- |
| 2014年 | 56276 | 77405 |
| 2015年 | 49665 | 67737 |
| 2016年 | 43039 | 59077 |
| 2017年 | 42413 | 59593 |
| 2018年 | 44901 | 58307 |
| 2019年 | 48275 | 61295 |

**2014～2019年全国未成年人犯罪情况**

上述数据反映，2014年至2019年，全国检察机构受理审查起诉涉罪未成年人数量有明显下降趋势，目前稳定在每年6万人左右。该数据仅反映检察院受理审查起诉量，除去不起诉量，实际被提起公诉的未成年人会更少。但即便用此数据与当年全部起诉人数作计算，其占比也仅在3%～4%。2014～2019年，全国检察机关每年提起公诉的总人数分别为1391225人、1390933人、1402463人、1663975人、1692846人、1818808人[②]，受理审查起诉涉罪未成年人在公诉总人数中的占比分别为5.6%、4.9%、4.2%、3.9%、3.4%、3.4%。可见，近年来实际被提起公诉的未成年人在全部公诉人数中的占比仅在3%左右。

综上可知，近年来我国未成年人已不属于犯罪高发年龄段，转而成为犯罪低

---

① 最高人民检察院《未成年人检察工作白皮书（2014—2019）》。
② 《最高人民检察院工作报告（2015—2020）》。

发年龄段。

在各年龄组的社会群体中，青少年犯罪率较高，是现代众多国家所面临的一个普遍问题。尽管各国对青少年年龄段的界定不尽相同，但大致处于具有责任能力和成家立业之前的这段时期（13岁、14岁至25岁）。此青少年年龄大体属社会学和心理学意义上的界定，各国在法律和其他官方层面可能存在不同的年龄界定。比如，我国《中长期青年发展规划（2016—2025年）》中，将青年的年龄界定为14~35周岁。就人类的生命周期而言，这一时期正处于生命运动中的青春期，这一时期的个体虽然在身体和生理机能方面已得到充分发展，并在生理和心理上已产生了某些与成年人相同的欲求与冲动，但从正常的社会化过程看，仍然处于初级社会化阶段，人格体系尚未最终定型，社会的文化观念和情操与个人的需要和能力尚未合二为一，个体生理和心理上存在种种矛盾、冲突（详见青少年犯罪心理部分），加之现代社会生活中的各种不良影响（如价值观念的多元化、大众传播媒介的不良诱导等），以及青少年所特有的好奇、冲动和不够成熟的反叛精神，在与同龄群体的交往中，往往形成自己的亚文化，有着可能与成人社会大不相同的行为规范和生活态度，所有这些因素都有可能导致青少年的正常社会化过程的中断或扭曲，从而步入与主导文化相对抗的歧途，走上违法犯罪的道路。正因如此，青少年犯罪率较其他年龄阶段的犯罪率明显偏高。

就女性犯罪来看，其犯罪高发年龄段一般比男性要晚，如日本为40~50岁、法国为30~40岁，较之男性的高发年龄均推移了10年左右。在我国，据某市对255名女性犯罪者的统计，犯罪的高发年龄相对集中于26岁以上，其次依次为：19~25岁、16~18岁、14~16岁；另据对115名女性杀人犯罪者的统计分析，其平均年龄为34.5岁，16~20岁年龄组仅占1.7%，所占比例最大的年龄组分别是：36~40岁、31~35岁、26~30岁。这些抽样统计也同样表明了女性随着年龄增长犯罪反而出现上升的趋势。对这种现象，有的学者侧重于从身体素质方面作出解释，认为女性犯罪的危险原本比男性小，但40岁以后为女性特征丧失时期，故犯罪的女性随年龄的增长而增多。这种解释虽有一定的道理，但于今日的女性犯罪而言显然缺乏充分的说服力。在现代社会，由于生活普遍提高和医疗保健的极大改善，40岁左右的女性往往依然"女性十足"，并未见明显的中性化。纵然从生理学角度考察，女性犯罪的高发年龄之所以后移，大体上也应归因于40岁左右的女性已开始步入生命周期中的更年期，由于内分泌系统一定程度的紊乱容易导致一些异常的心理现象，如情绪不安、烦躁、失眠、易冲动等，从而对罪前情境更具敏感性，易于引起与他人纷争和实施侵害行为。

但是，犯罪本质上是一个社会概念，是社会生活矛盾的表现，对犯罪现象的深刻理解，只能主要着眼于社会生活本身。女性犯罪高发年龄的推迟，主要是由于女性社会经历和社会地位发生改变的结果。因为在少女和少妇时代，有来自父母和丈夫的庇护、关怀和约束，过着较为单纯和宁静的生活，参与社会生活的范围相对狭小，与人发生纠纷和冲突的机会也少；而年届中年时，女性开始承受真正的生活艰辛（家庭的变故、子女的抚育、生活的稳定、事业的追求等），并随着生活范围的扩大和生活阅历的增长，发生冲突的概率增加，加之此时女性的情感体验已不如年轻时代那样敏感、胆怯、羞涩，顾虑心理也大为减弱，遇有冲突往往不肯退让。尤其对于职业女性而言，中年时期是职业、生活的高峰，所涉及社会生活的深度和广度都远非青春时代可比，不仅在工作和日常生活中与人发生冲突的机会大大增加，而且实施犯罪的机会也相应增多。这些因素的存在，使女性随着年龄的增加反而更容易沦为罪犯。[1] 值得说明的是，以上关于女性犯罪年龄的统计数据，多为20世纪80年代中期以前的。事实上，自80年代末期以来的近十年间，女性犯罪的始发年龄和高发年龄也在提前，女性青少年犯罪（尤其是少女违法犯罪）已成为当前的社会热点问题之一。

## 二、犯罪类型上的年龄差异

不仅犯罪率的高低与年龄有关，而且犯罪类型与年龄也有联系。不同年龄阶段的人，由于生理发育状况、心理特点及生活阅历和活动技能等方面的差异，导致了实施犯罪行为的类型往往也有差别。

少年犯的身心发育尚未成熟，体力与生活经历都还相当有限，犯罪大多为普通盗窃、寻衅滋事及其他较轻微的罪行；到了20岁左右的青年期，随着活动能力的增强和各类需求的日益旺盛，实施抢劫、强奸、伤害等暴力性犯罪以及其他较严重的侵犯人身权利、财产权益和社会管理秩序犯罪的现象就大为增加。但此时由于生活阅历较浅，活动技能较低，尚难以实施诈骗类、伪造类、经济类、职务类犯罪等各种专业性较强、相对智能化的犯罪。而这些犯罪类型对于生活经历已较为丰富，活动技能趋于成熟的中年犯罪人而言往往更得心应手。当进入老年期，随着体力和思维能力的减弱，参与社会活动的范围与深度日益缩小，容易出现诸如固执、幼稚、偏激和多疑等异常心理，从而在犯罪方面出现相应的变化：实施犯罪的侵害对象多为反抗力微弱的儿童、妇女、有生理残疾或精神疾病者；在犯罪类型方面，多实施与其生活经历、体力和思维能力大致相适应的窝藏、教唆、奸淫幼女、传授犯罪方法、投放危险物质、纵火等非暴力型的犯罪行为。

## 三、犯罪手段上的年龄差异

不同年龄阶段的行为人，由于其体能和社会经验的不同，因而表现在犯罪的手段和方式上也有差异。例如，同样的财产犯罪，青少年易犯抢劫、入室盗窃等

---

[1] 张远煌：《现代犯罪学的基本问题》，中国检察出版社1998年版，第128~134页。

罪；中壮年人易犯诈骗、贪污、挪用公款等罪；而老年人则容易窝赃、销赃，顺手牵羊犯盗窃罪或利用封建迷信进行诈骗活动等。同样的性罪错，青少年易犯强奸、轮奸、卖淫、嫖娼等；中壮年人则可能是通奸、嫖娼或利用职权进行诱奸等；而老年人则可能利用职权或教养关系进行诱奸，且老年人侵害的对象多为幼女和精神病患者。在杀人犯罪方面，青少年伴随着情感冲动和矛盾激化而实施杀人的居多，因而在实施犯罪的时间、地点和方式等诸方面都很少顾及和选择，激情杀人较多；中老年人即使勃发出杀人的动机，但仍可能藏而不露，对由动机转化为实际侵害的条件往往有所考虑，并反复权衡利弊，因而实施谋杀的可能性最大。总之，青少年的犯罪手段和方式往往带有情境性、冲动性、体能性、团伙性、缺乏预谋性等特点；中壮年人的犯罪手段和方式往往带有预谋性、欺骗性、智力性等特点；而老年人的犯罪手段和方式往往带有非体能性、单独性和情境性等特点。然而，值得注意的是，近年来，青少年的犯罪手段和方式也逐渐显现出成人化和智能化的趋势。

## 第二节 青少年犯罪心理

青少年违法犯罪问题已成为一个非常严重的社会问题。青少年犯罪已出现犯罪低龄化、手段成人化、性质严重化的趋势，成为我国当前和今后一个时期的严重社会问题之一。加强对青少年犯罪原因的研究，加强对青少年犯罪的预防，根据青少年犯罪的特点，加紧制定一系列适合青少年的配套法律，借助社会各方面的力量和科学的理论，规范、挽救失足青少年和改造青少年犯罪分子，逐步从根本上解决青少年犯罪问题，是实现社会治安根本好转的重要措施。

一般来说，犯罪行为是在个体自身的犯罪心理支配下发生的，而犯罪心理的产生则是个体周围的外在不良因素和个体自身的内在不良因素相互作用的结果。青少年由于所处的是一个从幼稚走向成熟的时期，心理水平的发展不能完全适应生理的急剧变化，自控能力差，在不良的条件和环境下，易产生犯罪心理和行为。

### 一、青少年犯罪的身心基础

按照发展心理学中比较通用的划分标准，青少年时期是指少年期（11岁、12岁至14岁、15岁）、青年初期（14岁、15岁至17岁、18岁）和青年晚期（17岁、18岁至24岁、25岁）的统称；其中，少年期和青年初期又合称为"青春发育期"（或简称为"青春期"）、"未成年期"等。此外，伴随青少年犯罪低龄化、恶性化程度的加剧，我国社会涌现出较为强烈的降低刑事责任年龄的呼声。在此背景中,《刑法修正案(十一)》进行了积极回应,对最低刑事责任年龄作了调整:"已满十二周岁不满十四周岁的人,犯故意杀人、故意伤害罪,致人死亡或者以特别残忍手段致人重伤造成严重残疾,情节恶劣,经最高人民检察院核准追诉的,应当负刑事责任。"

(一)青少年时期的生理发育特点

从儿童发育到少年、青年,随着第二性征的出现,进入青春发育期,人的生理方面迅速发育,急剧变化,主要表现在以下几个方面:

1. 形态发育

(1)身高和体重的迅速增长。身高是身体发展的典型指标,体重是身体发展的量的指标。身高和体重在青春期开始后明显地比以前增长得快。据研究,身高增长速度的高峰,男性为12岁,年增长值平均为6.6厘米;女性为11岁,年增长值平均为5.9厘米。体重最高增长出现的年龄,男性为13岁,增长值为5.5公斤;女性为11岁,增长值为4.4公斤。正是由于身高和体重的迅速增长,少年才会出现成人感,由此引发身心冲突,同时,也就具备了实施犯罪的体能基础。

(2)第二性征出现。进入青春期,第二性征的出现,使整个身体明显地表现出男女两性的差异。男子第二性征包括长出体毛(胡须、腋毛、阴毛)、变声、阴茎和睾丸的发育、精液的分泌、骨骼变硬、肌肉发达、出现男性特有气味等;女子第二性征包括长出体毛(腋毛、阴毛)、子宫和卵巢的发育、月经初潮、乳房隆起、骨盆扩大、皮下脂肪增加、出现女性特有的气味等。第二性征的出现,既增加了少年成长的烦恼和矛盾,同时又大大扩展了青少年的需要范围,无论是生理上的需要还是心理上和社会上的需要,都较儿童期有了质的飞跃。有的青少年正是由于需要从正常途径得不到满足,才走向邪路,实施违法犯罪的。

2. 内分泌变化

个体发育速度在青春期由缓慢转向迅速,而青春期的发育要受到一系列内分泌变化的影响。在青春期以前,内分泌的变化很小。所谓青春期的到来,就是由于上丘脑促进腺释放因子分泌量的增加。下丘脑的变化影响着附近的脑垂体前叶,促使性腺激素分泌增加,结果又造成卵巢或睾丸形态上的增长,以及分泌的性腺激素的水平也相应提高。这一系列反应和变化,反过来又作用于下丘脑。

在青春期,下丘脑与垂体前叶分泌的激素迅速增长,与成人相差无几。这些激素主要有:(1)脑垂体前叶分泌的促卵泡成熟激素、促黄体生成激素、促肾上腺皮质激素、促甲状腺素和生长素等;(2)甲状腺分泌的甲状腺素;(3)卵巢或睾丸,以及肾上腺皮质分泌相应的性激素,其中,卵巢分泌雌激素、孕激素和少量雄激素,睾丸分泌雄激素及少量雌激素,肾上腺皮质除分泌肾上腺皮质激素外,还产生雄激素。以上各种激素的系统作用,引起青春期身体的发育和性发育;同时,青春期的情绪变化也是受激素支配的。

3. 机能发育

（1）脑机能。由于在青春期之前，脑的重量和容积已相当于成人的95%，因此到了青春期，脑的重量和容积的增加是有限的。主要是皮层细胞的机能在迅速地发育着。同时，在13~14岁时，脑电波又出现一次"飞跃"现象（第一次"飞跃"现象出现在6岁左右），表明机能方面的成熟。但神经系统由于受到甲状腺机能旺盛的影响，表现出不稳定性，易疲劳。

（2）肺、血管和心脏的机能。在青春期，肺活量、血压和脉搏，都显示出男女差异。男性的肺活量和血压的增长高于女性；而脉搏的频率随年龄增长而逐渐下降，男性的递减次数要高于女性。

（3）肌肉机能。肌肉的增长以15~18岁为最快，肌肉的力量也随着年龄而增长。握力在15~18岁阶段增长最快，弹跳力在10~12岁阶段增长最快，背力在12~15岁阶段增长最快。通常，这三种肌肉力量到了青春期，女性明显低于男性。

（4）运动能力发展。随着青春期的到来，运动能力明显增加，跑、跳、投掷、游泳等各项运动的一般能力，主要有体力、持久力、爆发力、敏捷性、柔软性、平衡性等。运动能力要受身体形态、机能发育的影响。在青春期，男子的体力、持久力和爆发力均高于女子；在敏捷性方面，男女的性别差异不明显；相反，女子在柔软性、平衡性方面优于男子。正是由于男性的体力明显高于女性，所以，在暴力犯罪中，男性青少年所占的比例远远高于女性青少年。

（二）青少年犯罪的心理成因

青少年不仅是"社会学习者"，还是"社会参与者"。他们不仅要学习、掌握社会的知识、技能、价值标准和行为规范，也要介入社会生活，参与社会关系系统，对已有的社会经验和社会观念进行再生产和再创造。实际上，青少年的社会化过程是被动性和主动性、个性和社会性冲突融合的过程。在这个过程中，青少年会产生各种各样的心理和生理上的需求，如亲情需求、个性发展需求、认同需求和生理需求等。如果这些需求不能得到适度平衡，青少年就很容易产生各种心理问题，甚至走上违法犯罪的道路。从实际中发生的案例分析看，这里的不良因素包括：

1. 亲情满足失衡

青少年的社会化始于家庭，家庭是承担青少年初次社会化的天然的第一环节。人的基本技能的掌握、社会规范的接受、生活目标的确定、生活方式的形成以及社会角色的培养，最初都是在家庭中形成的。因此，家庭是个人生活和成长的第一课堂，家庭环境如何直接决定和影响着子女的健康成长和发展。青少年亲情满足失衡主要表现为两个方面：一是由于家庭结构缺损而造成青少年亲情失落。例如，基于父母离异、留守等因素，不少青少年面临亲情失落、家庭关爱不足等问题。再如，当前我国存在较为突出的留守儿童问题，数量庞大的留守儿童尤其是农村地区的留守儿童面临着明显的家庭结构缺损或不健全问题。2013年全国妇联发布的《我国农村留守儿童、城乡流动儿童状况研究报告》指出,全国17岁及以下的农村留守儿童有6102.55万。二是由于家庭溺爱或高压而造成青少年人格的缺陷。在青少年成长过程中,青少年缺乏健康的父爱或母爱是导致青少年违法犯罪的主要家庭诱发因素。

2. 个性认知失衡

心理认知失衡包括性格缺陷、随意盲目等。青少年的心理尚处于发育期,尚未完全成熟;同时人生观和价值观也没有完全形成,思想简单,判断能力较低,因此正处在心理"断乳期"和行为"危险期"。同时青少年相对比较敏感、好奇、喜欢模仿、爱冒险,喜欢吸收新事物。受这些心理特点的影响,青少年自我控制能力比较脆弱,加上社会经验比较少,在一定内外因素作用下,容易走上与社会相对抗的犯罪道路。在青少年犯罪案件中就表现为犯罪动机简单,作案没有明确目的,一般没有事先预谋,多属一时感情冲动,带有很大的盲目性和随意性。这些特点在青少年犯罪群体中也得到了充分体现。所以青少年犯罪以激情犯罪一时冲动为多,这点不仅体现在闲散青少年身上,而且在中学生违法犯罪人员中也体现得非常明显。

人的性格是由先天和后天两种因素造成的,它具有相对稳定性。性格缺陷是指与社会要求不相容或者妨碍个人社会化的一种消极性格,如固执偏激、狭隘自私、轻率鲁莽、敏感多疑等。青少年走上违法犯罪之途往往和其性格缺陷有着不可分割的关系,从一定意义上来说,性格缺陷是各种致罪因素在一个人身上起"化合反应"的催化剂、溶解剂。同时,很多青少年由于文化素质较低,分辨是非的能力较差,其涉世的无知性、盲目性导致其很难应付来自社会各方面的影响,经不起诱惑,很容易被别人拉拢、利用,或控制不住自己的情绪,意气用事,不计后果等,从而走上了犯罪的道路。

3. 多种需求失衡

当从少儿时期进入青春时期,青少年原先的自我同一性遭到破坏,平静的内心平衡被打破,自我出现分裂和危机,进而出现种种不良行为反应。并且,青少年既想挣脱父母亲人的羁绊,又找不到相对明显的归属,因此前所未有的心理矛盾和心理冲突,使青少年常常处于精神困惑、矛盾和不可自拔的心理冲突之中。其需要选择一定的行为来投射自我及实现自我价值。一些进入违法犯罪团伙的青少年,之所以会实施团伙性违法犯罪,一个很重要的因素就是他们在这里找到了失衡的群体认同感和归属感。

青少年在成长过程中,会产生各种新的需求,如认同需求、经济需求和生理需求等基本需求。但这些需求不能完全得到满足,所以产生各种问题,包括走上犯罪的道路。青少年为满足自我实现,一般而言都追求一定的群体归属感,也就是青少年会通过相互认同来获得自我认同，通过群体的共同性获得情感的相互依赖。这个时候的青少年，心理上正处于重新建构阶段，也就会产生人际交往和社会参与，需要一定的经济投入。而这种经济方面的因素，还不是青少年个人能完全承受或者解决的，加上社会上普遍存在的盲目攀比和追求超前享受消费陋习等，很容易导致青少年因在经济方面失衡而进行违法犯罪。财产型违法犯罪一直是青少年违法犯罪的主要类型就是明证。

（三）青少年时期身心矛盾与犯罪的关系

青少年时期，心理上的发展与生理上的急剧变化，突飞猛进的发育不能协调、同步，表现出较明显的身心矛盾，即心理发展相对滞后与生理发育相对超前的矛盾，可能使青少年陷于不安、苦恼、忧虑、矛盾的状态，而这些矛盾冲突就可能成为青少年犯罪的动因。其具体表现如下：

1. 旺盛的精力与调节能力低的矛盾

青少年生理机能的迅速发育，使他们的活动量增大，日常的生活、学习之余仍有大量的剩余精力、体力，而大脑对其活动的调节、控制能力又相对薄弱。因此旺盛的精力常常用之不当，当受到外界不良因素影响时就可能用于暴力性的犯罪活动之中。

2. 兴奋性高与控制能力低的矛盾

青少年时期，内分泌系统的迅速发育对青少年的生理和心理都会产生重大影响，特别是对情绪的影响更大。这是由于青少年腺体的发育，内分泌非常旺盛，大脑常常处于兴奋状态，导致青少年的情绪兴奋性高，容易冲动。但由于青少年的大脑皮质尚未完全成熟，自我控制能力低，所以很容易出现冲动性和情境性犯罪。

3. 性发育成熟与道德观念缺乏的矛盾

青少年时期，随着身体的快速发育，性机能逐渐发育成熟，青少年产生了强烈的性意识和性感，有接触异性的要求，也有了性的欲望和冲动。然而，他们又缺乏组建家庭和负担家庭的法律道德责任与经济能力，从而产生了性生活的生物性和社会性的矛盾。如果在这一时期的青少年不能正确处理好这对矛盾，那么，他们就不可能正确对待两性关系，就可能放纵自己，对自己的行为不加约束、控制，从而强化这对矛盾，进而导致性方面的违法犯罪。例如，广西一少年沉迷于色情影片不能自拔，对一名幼女实施了强奸。现代社会随着营养状况的好转，青少年的生理有普遍早熟的现象，而结婚年龄却相对推迟，这就更加激化了这对矛盾，使青少年的性适应期延长。有的青少年在黄色、淫秽的电影、录像、书刊的刺激下，为了发泄生理性冲动，不惜实施强奸、轮奸等性犯罪；或者为了嫖娼而不惜实施抢劫、盗窃、诈骗等财产犯罪。总之，在青少年犯罪中，性犯罪的比例是相当高的。例如，据学者的一项针对2010年全国未成年犯罪的抽样调查显示，未成年强奸、猥亵妇女犯罪占全部未成年犯罪总数的17.2%，位居第二。① 另据最高人民检察院的数据显示，2016年至2020年，全国检察机关受理审查起诉未成年人涉嫌强奸罪的人数为17936人，占全部涉罪未成年人的30.76%。②

（四）青少年时期的心理冲突与犯罪的关系

青少年时期是一个人从幼稚走向成熟、从依赖走向独立的时期。如上所述，在这个时期，会出现许多身心矛盾冲突。不仅如此，在青少年时期，人生的许多重大问题（如升学、就业、恋爱、婚姻等）需要解决，因此不可避免地也会产生许多心理上的矛盾冲突，如果这些矛盾解决不好，就可能成为青少年犯罪的心理基础。青少年时期的主要心理矛盾有以下几种：

1. 孤独感与强烈的交往需要的冲突

随着青少年成人感的增强，有许多内心秘密、思想、感情不愿轻易向他人吐露，表现出明显的心理闭锁，由此产生孤独感。青少年心理闭锁的形成，一是由于自我意识的变化，对自己、对他人的认识不便诉说。二是由于成年人有时过多指责、批评、讥讽、嘲弄，不能正确地对待青少年，使他们觉得若将自己内心的秘密告诉别人不仅无济于事，反而自取其辱，所以不如将其压抑在心底。这种闭锁性导致青少年在心理上与成年人产生隔阂，不愿与其交流思想、感情，因而产生孤独感。但这种孤独感并不是青少年所希望的，他们渴望被人理解，希望与人（特别是同年龄人）交往，希望在人际交往中有一定的地位，希望能在同龄人中出类拔萃以维护自尊，因而人际交往的需要较为强烈。这种在心理上既感到孤独又渴望交往的矛盾，可能使青少年陷于苦恼的境地。他们不愿意与父母和老师沟通，却希望与同龄伙伴拉帮结伙，有的甚至离家出走，出外寻找"友谊"。由于他们的社会阅历浅，在复杂的社会生活中容易被人引诱，稀里糊涂地就加入了犯罪团伙，不知不觉地就走上了犯罪道路。

当前，留守儿童犯罪是值得社会高度警惕和关注的现象。据最高人民法院有关部门在2013年的一份统计显示，全国留守儿童犯罪约占全部未成年人犯罪的70%，且呈逐年上升趋势。而留守儿童犯罪高发的一个重要原因在于家庭结构的不健全、父母亲情关怀和教育的缺失，使大量留守儿童产生极大孤独感，引发强烈社会交往需要。在交往过程中其极易受人引诱、蛊惑、沾染不良习性，进而实施违法犯罪行为。

2. 独立性与依赖性的冲突

随着成人感的产生，青少年对自己估计过高，强烈要求独立与自主，想从心

---

① 关颖：《未成年人犯罪特征十年比较——基于两次全国未成年犯调查》，载《中国青年研究》2012年第3期。

② 最高人民检察院《未成年人犯罪白皮书（2020）》。

理上改变过去依赖成人和受成人监护的状态，即青少年试图从心理上割断与父母的依赖关系，离开父母的管束，完全独立。但由于他们大多没有经济来源，且社会生活经验欠缺，不能适应错综复杂的社会环境，因此，青少年在生活上还得依赖父母，在社会上还得依赖成人。这种在心理上想独立，而在实际生活中又不得不依赖父母的矛盾，可能激发子女与父母的冲突，使代沟裂痕加大。在现实社会中，有的青少年因对父母的严格管束十分反感，进而实施家庭暴力，甚至杀害家庭成员的案例也屡见不鲜。比如，2013年5月，某县原法院院长及其女儿被其亲生儿子雇凶杀害案件引发极大社会关注。还在读高中的儿子狠心地雇凶杀害父亲和姐姐，原因在于行为人长期受到父亲和姐姐较为严格的管教，进而产生了反叛和报复动机，以期通过将父亲和姐姐杀害而获得自由和解脱。

3. 好奇心强烈与辨别能力相对较低的冲突

青少年对一切都感到新奇，对自己不了解的现象、不理解的问题都表现出强烈的好奇心和求知欲。但由于他们的社会经验不足，认识能力差，对许多社会现象和科学的准则还没有自己定型的见解和观点，容易受暗示而模仿，自觉或不自觉地受一些不良因素的影响。看问题时以偏概全、固执己见，自己认为正确、符合自己兴趣爱好的知识就瑕瑜不分地吸取，以致受到不良的社会风气和一些宣扬暴力、色情的不良文化的影响而走上犯罪道路。

4. 强烈的情绪冲动与理智控制较弱的冲突

青少年时期，情绪的兴奋性高，情绪的两极变化大，具有极大的冲动性，既表现为热情、活泼，强烈而不稳定，又容易急躁、激动、感情用事。有时当个人需要受到限制而不能得到满足时，就会产生挫折感，因而产生强烈的不满情绪，这时理智的控制能力显得无能为力。为满足自己的需要而采取简单、粗暴的方法，完全不顾及社会危害性及行为可能造成的后果，或不择手段，向有关当事人或无辜群众实施攻击行为，进行报复。在这种强烈情绪下产生的违法犯罪行为，行为人的理智很难控制，造成的后果也非常严重，但他们事后往往为此后悔不已。正因如此，在青少年犯罪中，激情犯罪、冲动犯罪较为普遍。

5. 理想与现实的冲突

青少年时期是人生中的美丽春天，青少年对未来充满了憧憬、向往和希望，因此，青少年的愿望非常多，理想很远大。随着抽象思维的发展，青少年的想象力变得非常丰富，当个体的需要不能得到满足时，他们往往靠想象来营造未来的蓝图，靠幻想来构造将要达到的目的，以求得心理上的平衡。当这种不切实际的幻想一旦破灭，美妙的境界被打破，青少年就往往陷于不安与苦恼之中。有的青少年很难从幻境中解脱出来，从而导致精神上出现病变；有的甚至把这种苦恼与不安转化成对现实社会的不满情绪发泄出来，误认为自己理想的破灭是社会或他人造成的。因此，他们总是寻找机会侵害社会或者他人，从而产生犯罪行为。例如，广东一高中生虽家境贫寒，但从小立志高远、刻苦学习，在义务教育阶段学习成绩一直优异。但进入高中后，面对更繁重的学业任务和更激烈的竞争，其心态未能保持稳定，成绩持续下滑，考上优异大学的希望日益渺茫。在不断的现实挫败中，其理想不断破灭，进而心态扭曲，对成绩比其优异的同学产生敌意，进而在校园中持刀砍死同学，致多人伤亡。

### 二、青少年犯罪的行为特征

20世纪80年代初期以来，我国的青少年犯罪，不仅类型广、数量多、成员复杂，而且影响恶劣。正因如此，青少年犯罪问题已成为社会各界普遍关注的热点问题。青少年犯罪与其身心特点是分不开的，青少年时期固有的心理和生理特点，决定了他们的犯罪行为具有以下特征：

#### （一）模仿性和易受暗示性

模仿和易受暗示是青少年的典型行为方式。青少年（尤其是18周岁以下的未成年人）很容易模仿他人或受他人暗示而发生违法犯罪行为。例如，电影、电视、录像、小说和现实生活中的某些暴力、色情的情节，极易成为青少年人模仿的对象，从而发生模仿性犯罪行为。在现实生活中，很多青少年的犯罪手段、方法、侵害对象的选择，以及反侦查的措施等确实都是从电影、录像、不良书刊中模仿和学习得来的。例如，西安市一名15岁的少年因为看多了"黑帮片"，竟拉着6名比自己年龄还大的同伙成立了一个叫"太子党"的犯罪团伙，穿着统一的服装，拿着砍刀等凶器疯狂抢劫作案。[①]

此外，青少年人也容易在他人的暗示下发生犯罪行为，这种暗示既可以是言语暗示，也可以是面部表情暗示或手势动作暗示。正是基于未成年人易受暗示的特点，成年人教唆未成年人犯罪容易得逞。不仅如此，在青少年团伙犯罪中，相互暗示现象也普遍存在。由于群体犯罪的环境气氛的影响，青少年犯罪人的行为会相互感染，相互影响，以致加重犯罪的危害性。

随着信息网络日趋便捷和发达，各种不良信息包括违法犯罪信息也不断夹杂、涌现而出，日益引发"网络模仿症"，尤其是不少青少年开始模仿各种网络中的不良行为而实施违法犯罪。如何有效规范网络信息和净化网络空间，减少和预防青少年违法犯罪，值得社会各界共同关注和努力。

#### （二）情境性

青少年的情绪容易受具体情境所激发，与此相适应，青少年的犯罪行为往往是由具体情境引起的。情境是指有利于犯罪行为发生的环境和气氛。由于青少年

---

① 《西安15岁少年仿黑帮建"太子党"统一着装疯狂抢劫》，载http://news.cnwest.com/content/2013-10/19/content_10200777_3.htm，最后访问日期：2013年12月20日。

的犯罪动机容易为外界诱因所引起，因此，当外界存在适宜的犯罪环境和机遇时，就容易促使青少年人产生犯罪动机。情境性特征表明了青少年初次犯罪多是偶发的。犯罪机遇的出现，诱发了他们的犯罪动机，这一过程比较短促，使犯罪行为的发生缺乏详细、周密的预谋和计划。例如，14周岁的初中生曾某和其15周岁的室友黄某，密谋趁自己班主任午休期间翻窗进入其卧室中实施盗窃。正当二人成功盗窃财物准备离开房间时，正午休的班主任因响动而醒来，看到了拎着财物欲离开的曾某和黄某。二人原本未打算伤害班主任，但担心班主任会在今后的学习生活中给予报复，于是就地取材，用班主任厨房的菜刀和地上的木棒将班主任当场杀害。曾某和黄某杀害被害人的行为便是被害人突然醒来这一偶然因素所引发，就属于典型的情境犯罪。

(三) 戏谑性

青少年时期，人的好奇心特别重，正因如此，那些新颖、奇特、刺激的游戏，对青少年具有很强的吸引力，可以成为他们的行为动机。有些青少年由于道德水平低下，精神生活贫乏，对正当的学习、工作和娱乐活动缺少兴趣或不能持久参加，往往觉得精神空虚，生活无聊。在这种情况下，为了追求刺激，他们会置道德和法律于不顾，不计后果地去实施犯罪行为。青少年的戏谑性犯罪行为，较多地表现为强奸罪、寻衅滋事罪、盗窃罪、抢劫罪和杀人罪等。这些青少年犯罪人对自己的戏谑心理缺乏调节和控制，以侵害他人为乐，满足自己低下的精神欲求，因此危害性大，特别是团伙性的戏谑性犯罪行为，其后果更为严重。例如，2006年7月末在福建省某市曾发生过一起恶性刑事犯罪案件，两个少年为了锻炼胆量而模仿电视剧中的黑社会行为持刀抢劫游戏机店，并杀死一名无辜者。在现实社会生活中，常见的中学生或其他未成年人的"下暴"现象、"欺凌"事件，大多数都带有戏谑性。

(四) 情绪性

青少年时期，人的情绪非常复杂、丰富，由于其缺乏理智，对行为的控制力较弱。因此，青少年的行为表现出明显的盲目性和冲动性特点。青少年犯罪常常可能由冲动所致，在冲动性犯罪行为中，某种强烈的情绪体验起着动机作用。在冲动性犯罪行为产生的过程中，青少年对行为是否会触犯法律，会造成什么后果等缺乏考虑。侵犯行为多在意识水平低或是未被意识到的状态下发生，只感觉到愤怒、恐怖、嫉妒和怨恨情绪达到了极点，唯有立即向引起其情绪的客体直接发泄或转向无关当事人进行发泄才能使心理紧张有所减轻。这种冲动性的犯罪行为，往往会导致极为严重的社会危害性。

(五) 反复性

青少年犯罪行为的反复性主要表现在三个方面：一是他们往往会连续作案，特别是作案成功后，有了需要获得满足的体验和犯罪的经验，犯罪动机得到了强化，就会继续寻找机会实施更严重的犯罪行为。二是青少年犯罪人在刑满释放或解除教养后，由于意志薄弱，经不起外界不良因素（如"哥们儿义气"、他人歧视、物质诱惑等）的刺激，会重新走上犯罪道路。三是青少年犯罪人在服刑或教养期间，容易产生"交叉感染"，即青少年犯罪人从其他犯罪人处"学习""借鉴"新的或者"更成功"的犯罪类型、技巧和经验，从而形成新的犯罪动机或者强化既有的犯罪动机，以致在重返社会后，更熟练、更多花样地实施犯罪。青少年犯罪行为的反复性，主要与其人格发展不成熟、意志薄弱，以及不良习癖等因素有关。

（六）暴力性和团伙性

青少年依仗自己精力充沛、体格强壮的优势，在犯罪的手段和方式上，多采用与体能相关的手段，如抢、打、杀等。在司法实践中，抢劫、强奸、轮奸、伤害、杀人、绑架等严重的暴力犯罪绝大多数都是青少年所为。据相关统计数据反映，我国近年来未成年人的暴力性犯罪尽管有所下降，但占比仍然很高。2016年至2020年，全国检察机关受理审查起诉未成年人涉嫌故意杀人、故意伤害致人重伤或死亡、强奸、抢劫、贩卖毒品、放火、爆炸、投放危险物质等八种严重暴力犯罪（因统计口径关系，将全部故意伤害、走私贩卖运输制造毒品犯罪均统计在内）分别为22028人、19954人、17936人、18172人、15736人，占全部犯罪人数的比例分别为37.29%、33.48%、30.76%、29.65%、28.63%。[①] 由此可见，未成年人实施的暴力犯罪约占到所有未成年人犯罪的三分之一，未成年人犯罪的暴力性特点较为明显。

此外，青少年时期，由于交往需要十分强烈，青少年容易合群，喜欢拉帮结伙，形成团伙犯罪。近年来，重大、特大刑事犯罪案件绝大多数都是青少年团伙所为。青少年犯罪团伙凭借人多势众，称霸一方，进行流氓、盗窃、强奸、抢劫、打架斗殴、行凶杀人、扰乱公共秩序等犯罪活动，作大要案，连续作案，严重危害社会治安，腐蚀广大青少年群体。例如，据中央综治委预防青少年违法犯罪办公室和中国青少年研究中心联合组成的"流动青少年权益保护与犯罪预防研究"课题组在2007年对全国八省市总共3427名违法犯罪青少年的调查统计资料显示，高达72.9%违法犯罪青少年称其在校读书期间经常或有时有同学拉帮结伙的经历。[②]

**三、青少年犯罪的心理特征**

青少年时期为什么是犯罪的高发期？青少年犯罪低龄化的原因是什么？所有

---

① 最高人民检察院《未成年人犯罪白皮书（2020）》。
② 陈卫东等：《我国八省市青少年违法犯罪状况调查报告》，载《中国青年研究》2009年第2期。

这些问题都是与青少年时期固有的心理和生理特点相关的。

**（一）青少年的生理发育尚未完全成熟**

青少年生理发育还不完全成熟，缺乏抵御外界诱惑的生理机制。青少年时期虽然个头长高了、体格变大了，但是大脑皮层和神经系统尚未完全发育成熟，这就决定了青少年理智缺欠、意志薄弱，当遇到外界不良诱惑时，往往感情冲动，难以抵御诱惑。这就是为什么黄色淫秽的书刊、电视、手抄本等不良文化对青少年的腐蚀作用远远大于对中年人和老年人的腐蚀作用。

**（二）青少年的体能强壮、精力充沛**

从犯罪行为所需要的体能来看，青少年时期是人生中精力最充沛、体力最强壮的时期。有的青少年因精力过剩，便不顾对象和方式地发泄，甚至不惜以恶作剧的方式进行暴力犯罪。此外，青少年的感情易冲动，胆大妄为，这就决定了青少年犯罪具有典型的重体力、重暴力、凶残等特征。

**（三）青少年的欲求最多、最强烈**

青少年时期是个人欲求最多、最强烈的时期，当正常渠道不能满足欲求时，便可能采用非法的手段和方式去获取满足，从而诱发违法犯罪。青少年时期既是人生中的美丽春天，又是人生中的多事之秋，因为人生中的许多重要问题都要在此阶段得到解决或奠定基础。例如，对升学、就业、恋爱、消费、人际交往，以及对事业成功、荣誉、社会地位等，都有强烈的需求。当这些正常的需求得不到满足时，就容易产生挫折感，严重的会形成对社会或他人的不满情绪，进而促使行为人用非法的手段去获取满足。

**（四）青少年遇到的矛盾最多、最复杂**

青少年时期是人生中矛盾最多、最复杂的时期，也是挫折和磨难最多的时期。青少年时期由于生理的迅猛发育与心理发展水平不平衡，造成了青少年内心的冲突加大，形成了各种错综复杂的矛盾，而这些矛盾的解决又并非一朝一夕的事，加之个人和社会生活中的各种挫折和冲突，使有的青少年感到悲观失望、力不从心，甚至怨天尤人。在这些不良情绪的刺激下，青少年很容易用歪曲的甚至是非法的方式来发泄内心的不满和矛盾。也有的青少年经不起挫折和磨难，好吃懒做，不务正业，企求不劳而获，不惜铤而走险，以身试法。

此外，由于现代社会物质生活条件的好转和营养状况的改善，青少年的生理早熟，使性的体验感提前，加之现实社会中性适应期的延长，可能是青少年性犯罪低龄化的主要原因。当然，不良文化的泛滥、社会风气的败坏、腐败现象的存在等，都对青少年的犯罪心理起到了激发作用。

**四、网络对青少年犯罪心理形成的影响**

随着科技的发展，互联网也迅速发展。网络渗透到我们生活的方方面面，尤其是对接受新生事物非常快的青少年产生了诸多不良影响，导致青少年滋生犯罪心理。网络可能会使青少年产生不同程度的交往障碍，导致其性格孤僻、不合群，缺乏责任感，甚至产生欺诈心理等。网络使青少年减少了现实交往的时间，甚至疏远了现实实际与人交往的环境。网上虚拟世界的交往并不能代替现实生活，而网络在很大程度上减少了青少年与社会互动、交往的密度和强度，使得青少年本应得到强化的人际交往能力大大降低，且沉溺于网络中，使他们产生孤独与压抑，加之本身心理不成熟、调适能力差，这种情况很容易让他们产生心理危机和人格障碍。

网络对青少年的早期社会化产生的消极影响主要是，让青少年把绝大多数业余时间都放在互联网上，大幅度减少了他们接受家长和老师对其教育的时间，减弱了家庭、学校培养他们树立正确的价值观的影响。严重沉迷网络的青少年，甚至会排斥和脱离原有的生活环境，荒废学业，厌学、弃学，导致自身处于早期流失社会的严重危机中。

互联网为我们提供了大量的信息，使我们的生活更加丰富，而且信息交流更加方便。但同时，互联网上的信息也并不完全健康，一些信息对青少年的心理影响并没有多少好处，甚至还会使青少年的心灵被毒化。在现实生活中，因为受到互联网的不良影响而犯罪的案例，可以说不胜枚举。特别是青少年的强奸、抢劫、绑架等犯罪，很多都是受到了互联网的不良影响。同时，随着信息网络犯罪的不断增长和翻新，很多青少年在他人的引诱与物质利益诱惑中，成为诸多信息网络犯罪的重要参与者或帮凶，如电信网络诈骗、帮助信息网络犯罪活动罪、非法利用信息网络罪等犯罪中的青少年主体占据非常高的比重。因此，要预防青少年犯罪，除家庭、学校等方面外，还必须加强互联网管理，净化互联网环境，彻底清除垃圾信息与不良网络对青少年的毒害。

## 第三节　中壮年人犯罪心理

从发展心理学角度看，中壮年期是壮年期和中年期的统称，年龄阶段是指25周岁至60周岁；从犯罪形态看，中壮年人犯罪是整个犯罪现象中的典型形态；从犯罪数量来看，中壮年人犯罪在全部刑事犯罪中仍占有较大的比例。虽然中壮年人犯罪的案件数量没有青少年犯罪数量多，但是，中壮年人犯罪的社会危害性却可能远远大于青少年犯罪和老年人犯罪。中壮年人犯罪，特别是职务犯罪，直接关系到党风廉政建设问题，因此，加强对中壮年人犯罪心理的研究，对于有效防治国家公务员犯罪、反腐倡廉，树立良好的社会风气等，都具有重要意义。

### 一、中壮年人犯罪的身心基础

中壮年人犯罪的特征,与其所处年龄阶段的生理发育、心理发展和社会角色是分不开的。

(一) 中壮年期的生理发育特征

进入壮年期,人的生理发育完全成熟,并保持着较高的机能水平。随着年龄的增长,各种器官会逐渐衰退。特别是人到中年,精力不如青少年旺盛,体力不如青少年强壮,这就决定了中壮年人犯罪更多的是依赖智力和经验,而不像青少年那样过分依赖体力。进入更年期,由于内分泌的减少,甚至有些内分泌腺体逐渐枯竭,停止分泌激素,导致女性绝经,有可能出现更年期综合征,表现出心理烦躁、失眠、盗汗等特征。在这种不良的心理状态下,行为人有可能为一些生活中的小事而发怒,甚至产生过激的违法犯罪行为。在现实社会中,有些家庭暴力案件和邻里纠纷案件的发生,与当事人正处于更年期有直接的关系。

(二) 中壮年期的心理发展特征

进入中壮年期,人的心理发展已经成熟,知识经验丰富,情绪较稳定,理智控制能力强,个性发展基本定型,不同于青少年时期的心理特点,主要表现在以下几个方面:

1. 认识特征

与青少年相比,中壮年人的认识范围广,理解能力强。除受教育较少或没有受过教育,生活和心理发展有缺陷以及经济贫困造成社会化缺陷等因素外,大多数中壮年人都具有较为广泛的认知范围。除具备所从事的专业技能外,上至国家大事,下至民情风俗,都有一定程度的了解。由于认识内容丰富,使他们能根据自己的人生观、价值观及所形成的思维模式,判断、识别所遇到的各种问题,得出自己的结论。同时,由于他们积累了较多的知识和经验,所以能很快地学会一些犯罪手段和技术,实施新的犯罪行为。如果中壮年人在认识方面知行不一,错误观念牢固,就可能成为惯犯、累犯和确信犯。例如,因错误的政治信仰或封建迷信而犯罪的中壮年人,具有与社会传统观念相背离的人生观、价值观、是非观,但他们确信自己的观念是正确的,在这些错误思想观念支配下,"确信"犯罪"有理"。例如,宗教型恐怖主义犯罪就是典型的"确信犯",即行为人笃信某些宗教的教旨教义并遵照实施客观上错误但自以为正确的极端行为。值得注意的是,不少青少年也被恐怖组织灌输错误、极端思想进而被"洗脑",心甘情愿地沦为恐怖分子,使得不少青少年也成为确信犯。

2. 情绪情感特征

中壮年人的成熟也表现在他们的情绪方面。中壮年人的情绪较为稳定,具有较强的克制能力,较少出现冲动行为,因此,中壮年人犯罪的理性色彩较重。但是，由于社会化程度及个性的差异，中壮年人在情绪方面也表现出较明显的个别差异。一些平时少言寡语、较为内向的中壮年人，如果长期压抑自己的紧张、愤怒情绪，就有可能因某一诱因的出现而产生与平常表现截然不同的暴怒性激情发作，导致极为残忍的暴力行为，造成严重的犯罪后果。同时，中壮年人的情感深沉、强烈、责任感较重，对自己向往的事物充满理智感，但是，如果情感对象违背了他们的意志，妨碍了他们的正常生活时，他们的美好情感就会丧失殆尽，而代之以冷酷无情，成为穷凶极恶的犯罪者。

3. 意志特征

中壮年人由于经受了长期的生活锻炼以及挫折和困难的磨炼，因而意志坚定，这与青少年时期的意志薄弱形成鲜明对比。表现在犯罪行为上，当中壮年人确定某种犯罪目的后，就会不惜一切代价，以不懈的努力去实施这种目的，不达目的誓不罢休。正是由于中壮年人的意志坚定而顽固，所以，一旦他们形成了错误的思维方式和坏习惯等就不容易得到改变。正因如此，对中壮年犯罪人的教育改造要比对青少年犯罪人的教育改造困难。

4. 个性特征

中壮年人的个性特征基本定型。首先，在个性倾向性方面，中壮年人的需要复杂多样，既有衣、食、住、行、性等方面的生理需要，又有躲避危险和痛苦、追求安乐、健康和幸福方面的安全需要。同时，还具有组建幸福家庭、与人交往、获得亲朋好友的爱等归属需要；追求一定的社会地位和名誉、获得社会赞许与承认、追求权力，以此来获得自尊的需要；以及发挥聪明才智、最大限度地挖掘潜力，以此来满足自我实现的需要。由于这些需要广泛而复杂，加之中壮年人正处于"上有老、下有小"的时期，社会负担较重，如果正常渠道和手段不能满足以上需要，有的中壮年人就有可能以非法的手段来获得满足，甚至不惜以犯罪的方式来满足私欲。例如，财产犯罪、经济犯罪、性犯罪，特别是职务犯罪等在中壮年人犯罪中都比较普遍。在动机特征方面，中壮年人比青少年更容易产生动机冲突。这是因为中壮年人在社会生活中已经有一定的地位，扮演着多种角色，思想也远比青少年成熟。因此，他们出于不同的个人需要，基于不同角色的要求，往往会产生多种多样的动机，而这些动机之间又往往会彼此发生矛盾冲突。中壮年人的人生观、世界观、价值观等都已形成并逐渐定型。如果中壮年人（特别是领导干部）在以上观念上存在错误、消极、腐朽的认识，就有可能实施犯罪行为。例如，轰动全国的深圳宝安一信用社主任邓某某（男，41岁），利用职务之便，从1997年7月起，先后作案90多次，贪污亏空2.3亿元巨款，用于糜烂、腐败的生活。他花了2000多万元包养了四个情妇，赌一日跑马就输掉300多万元。①

其次，在个性心理特征方面，中壮年人的性格特征逐渐定型，对自己、对他人、对社会等都有明确的态度，并且具备了与此相适应的行为方式。同时，在家庭、社会、工作单位中还承担着相应的社会责任。如果中壮年人的性格不良或有障碍，也容易推动其实施犯罪行为。在能力特征方面，中壮年人由于受过多年的学校教育和职业训练，大多具有一技之长或兼有多种技能，这种能力特征使其在从事多种活动时，均显得得心应手。如果中壮年人将其能力应用于犯罪活动，则犯罪容易得逞。正是由于中壮年人的能力强、知识经验丰富，所以，他们的犯罪手段非常隐蔽、高明，充满了智能化特征。例如，利用计算机、信用卡或其他高科技手段和技术犯罪，诈骗犯罪，伪造犯罪，贪污，走私，预谋杀人等犯罪。正是因为中壮年人犯罪的智能化程度高，所以，其社会危害性常常比青少年犯罪更严重，特别是经济领域里的犯罪，动辄就是几百万元、几千万元，甚至上亿元。

此外，中壮年犯罪人的自我意识也常常存在缺陷，他们对自己的看法和评价不客观、不真实。他们总喜欢与人攀比，进而产生自我失落感。为了自己所谓的面子、自尊，不惜以身试法。

**二、中壮年人犯罪的特征**

近年来，随着社会转型的急剧推进，人们的价值观念和思想意识发生了较大变化，加之不良社会风气的影响，社会生活中存在腐败现象。经济和金融领域里的犯罪十分严重，触目惊心；国家工作人员（特别是领导干部）利用职务之便，以权谋私，贪污腐化，违法犯罪的现象也时有发生，并引起了党和政府，以及社会各界的普遍关注。以上犯罪的主体，绝大多数都是中壮年人，因此，中壮年人犯罪呈现出以下态势和特征。

（一）犯罪数量特征

从犯罪的数量上看，中壮年人犯罪虽然不及青少年犯罪多，但危害性更大，影响更恶劣。特别是贪污、受贿、造假、玩忽职守等犯罪，不仅会严重败坏党风和社会风气，而且会给国家和人民的财产及生命等造成巨大损失。

（二）犯罪类型特征

从犯罪的类型上看，中壮年人犯罪的类型很广泛，种类繁多，但主要集中在经济（财产）方面，以及与腐败有关的犯罪。中壮年人犯罪，其类型可以涉及刑法分则所规定的所有类型，其中，又以财产犯罪、经济犯罪、职务犯罪等为主。而且，数罪并犯、交叉犯罪的现象比较突出。例如，通过贪污、受贿获得大量不义之财后，腐化堕落、吃喝嫖赌，然后，又收买杀手杀害知情人或其他人。

---

① 参见《华西都市报》1999年4月20日，第3版。

（三）犯罪手段特征

从犯罪的手段上看，中壮年人犯罪多带有隐蔽性和智能化的特征。他们在实施犯罪行为之前，精心策划，积极伪装，表现出较大的隐蔽性；在犯罪过程中，毁灭证据、转移作案现场；犯罪后，对如何应付侦查、审问等都进行了积极的准备。在选择犯罪的手段和方式上，中壮年犯罪人一般要反复权衡、认真比较。他们会尽可能选择非暴力的手段，运用现代化的科学技术、交通工具、通信设备，以及其他智能手段来达到犯罪目的。例如，在现实社会中，金融诈骗、伪造货币和证件、走私、套路贷等犯罪，绝大多数都是中壮年人所为。例如，厦门远华特大走私案、"e租宝"集资诈骗案、昆明泛亚有色金属诈骗案、"广西一号传销案"、兰州特大"夺命"套路贷案等案件。

（四）犯罪行为特征

中壮年人犯罪，在行为上具有典型的预谋性、独立性和功利性的特点。中壮年人在实施犯罪之前，大都经历了一个从产生犯罪动机、明确犯罪目的，到犯罪决意形成、着手实施犯罪预备的过程，犯罪的预谋性较为突出。他们不仅在犯罪之前就有周密的计划和准备，而且能明确意识到为什么犯罪，要达到什么目的。正因如此，中壮年人犯罪的成功率较高，也不易侦破。由于中壮年人有主见，自我意识较强，凡事都有自己的想法，因此他们较少因为模仿别人而犯罪，多是按自己的意图去实施犯罪行为。由于自制力较强，在犯罪中较少互相感染。所以，中壮年人的犯罪行为具有独立性特点。不仅如此，与青少年犯罪的戏谑性和情境性不同，中壮年人的犯罪还带有明显的功利性。他们常常将犯罪行为作为达到其他目的的手段，如果不能从犯罪中得到某种利益，他们不会选择犯罪，更不会把犯罪本身当成刺激和戏谑活动。

# 第四节　老年人犯罪心理

随着社会的进步、生活水平的提高、卫生保健事业的发展，人类寿命逐渐延长，老年人在社会总人口中的比例逐渐增加。如今，老年问题已成为世界各国带有普遍性的社会问题之一。进入老年期，人的身心要发生一系列质的变化。如果老年人不能有效地调节和适应这些变化，就可能出现歪曲的解脱方式，甚至产生违法犯罪行为。尽管这类犯罪人数不多，但影响极其恶劣，尤其是对社会主义精神文明建设，有着特别的破坏作用。研究老年人犯罪心理，对于预防和治理老年人犯罪问题，搞好社会主义精神文明建设、树立良好的社会风气、使老年人安度晚年等，都具有重要的理论和实践意义。

一、老年人犯罪的内涵

什么是老年人犯罪？多大年龄才算是老年人？所谓老年人犯罪，概括来说，就是指 60 岁以上的人所实施的犯罪。这是一种以年龄为标准对老年人犯罪所下的定义，即为老年人规定一个起点年龄，达到这个起点年龄的人即为老年人。尽管年龄标准具有个体差异，不能反映每个人进入老年期的时间，但它整齐划一，便于掌握，因而广泛运用于社会科学研究领域。德国著名犯罪学家施奈德、凯泽、阿尔布莱希特等人对老年人犯罪所下的定义都是：老年人犯罪是指年满 60 周岁及 60 周岁以上的老年人实施的犯罪行为的总和。

最早从年龄结构研究出发定义老年人的是瑞典学者桑德巴，他把老年人的起点年龄定为 50 岁。当今各国老年人的起点年龄并不完全一样。1956 年联合国的一项研究报告曾将老年人的起点年龄定为 65 岁，1982 年联合国在不否定 65 岁标准的情况下又提出以 60 岁作为老年人的起点年龄。

我国若以退休年龄为界限的话，男 60 岁以上、女 55 岁以上已基本步入老年人的行列了。1996 年 10 月 1 日起施行的《老年人权益保障法》第 2 条规定："本法所称老年人是指六十周岁以上的公民。"但是，2011 年通过的《刑法修正案（八）》关于老年人犯罪刑事责任的规定，将老年人的范围界定为已满 75 周岁的人。本书认为，刑法关于老年人犯罪的规定更多是为了解决刑事责任问题，主要基于"矜老恤幼"理念对高龄老年人犯罪予以适度从宽处罚。而犯罪心理学对老年人犯罪的关注则主要在于把握老年人的身心基础以及老年人犯罪的心理特征。结合老年人的身心特点，把我国老年人的起点年龄定为 60 周岁，以 60 周岁为标准便于正确估量老年人口变动对社会经济的影响，更适合我国的国情。一般来说，在整个社会犯罪中，老年人犯罪的比例是很低的，在整个老年人口中，犯罪的比例也是很低的。可是，随着人口老龄化进程的加快，老年人犯罪问题也变得越来越突出。老年人犯罪具有自己的独特之处。因此，对老年人犯罪进行探讨和研究非常必要。

二、老年人犯罪的身心基础

老年人犯罪的方式、手段、类型等，是与老年期的生理、身体变化，以及心理发展规律相适应的。因此，研究老年犯罪心理，必须先探讨与之相关的生理和心理变化规律。

（一）老年期的生理变化特点

老年期的心理和行为的变化，在很大程度上受制于生理的变化，主要表现在以下几个方面：

1. 运动系统的变化

进入老年期,肌肉水分减少,收缩和舒张能力都降低,关节不够灵活,肌肉容易疲劳。因此,老年人在外观上整体表现为动作迟缓、乏力、拙笨、动作幅度小等特征。这就决定了老年人的活动范围越来越窄,活动方式越来越单一。70岁以上的老人还容易出现运动障碍。正是由于老年人的运动系统功能退化,体能下降,老年人不太可能像青少年那样实施严重暴力性犯罪。即便使用暴力,他们侵害的对象通常也只能为儿童、孕妇、残疾人、老人等体能较弱者。

2. 感觉系统的变化

进入老年期,特别是65岁以后,各种感觉系统的结构和功能都会发生退行性变化,但每种感觉系统的退行速度并不均衡。在视觉方面,视觉适应性和视敏度等都显著降低。在色觉方面,对蓝、绿色的感觉下降较大,而对红、黄色的感觉能力变化不大。在听觉方面,对高频率声波的感知能力下降较多,对音调低的声音和感知能力下降较少,对声音的分辨和识别能力显著下降。在嗅觉和味觉方面也有明显变化,老年人通常对咸味比较敏感。此外,触觉、痛觉和温度觉等皮肤感觉也有一定程度的减退和迟钝。正是由于老年人感觉系统的衰老,导致其感知觉和记忆能力发生衰退或降低。这使得老年人一般不能进行智能型犯罪,也不能实施需要精心的作案准备和高度紧张的作案过程的犯罪,其犯罪过程一般比较简单。这种特点还使老年人容易产生各种被害猜疑,由于耳聋眼花,经常将与自己无关的言谈错误地理解为对自己的责骂或侮辱,因而有可能在这种被害猜疑的驱使下实施报复性犯罪行为。

3. 神经系统的变化

进入老年期,神经系统也会发生相应的衰老变化。主要表现为神经信息的传导时间延长、调节和支配内脏器官活动的植物性神经功能下降、脑的重量减轻、脑电图慢波化、大脑皮质的诱发电位的反应潜伏期延长、脑血管自我调节机能减弱等。这些变化说明,进入老年期后,大脑反应的速度和准确性都有一定程度的减弱,甚至还可能发生老年性智力障碍,如衰老性痴呆。正是由于老年人神经系统的功能降低,可能导致其认识发生错误。例如,一些老年人错误地认为,老年人违法犯罪不会受到追究或者会重罪轻判,因而目无法纪,倚老卖老。还有一些老年人认为自己来日不多,而子孙们却来日方长,所以宁可牺牲自己的名声、自由,也要尽力满足子女的各种要求。在这种错误认识的支配下,实施各种以权谋私或者贪污、受贿等犯罪行为。

4. 性机能的变化

传统的观念认为,老年人由于性激素的枯竭、性器官的形态变化,而没有性欲求,更无性行为。其实不然,新近的众多研究有力地批驳了以上论调,纠正了以上误解。生理学和医学的研究表明,进入老年期后,新陈代谢的减弱、性激素的减少枯竭，会导致女性闭经、男性精液分泌量和精子产生量的减少，并由此而导致性欲在某种程度上的减退、性生活频率的降低、性反应的迟缓。但这并不意味着老年人的性欲和性生活的丧失。事实上，在老年犯罪类型中，性犯罪一直是比较突出的类型。据江苏、重庆、广东等地司法机关的统计显示，老年人的强奸、猥亵等性犯罪的案件量都处在老年人所有犯罪的前三位置（侵财类犯罪、职务类犯罪、性犯罪整体位于老年人犯罪的前三位，不同地区的具体位次有所不同），而且还有增多趋势。

5. 其他方面的变化

老年期除在神经系统、感觉系统、运动系统和性机能等方面的变化外，其他方面的生理机能也会呈衰退下降趋势。例如，内分泌系统的活动明显降低，激素的分泌量显著减少，有的内分泌腺甚至枯萎；循环系统的机能也会下降，心脏的活动能力逐渐减弱，肺活量减少等。总之，进入老年期后，整个新陈代谢的活动水平都会降低。

（二）老年期的心理变化特点

老年人由于生理上的衰老，以及社会关系、社会地位、社会角色等的变化，必定会引起一系列的心理变化。

1. 智力的变化

老年期智力变化的总趋势，是各种基本的认识能力逐渐下降衰退，但衰退的速度并不一致。例如，知觉能力的衰退最快，50~69岁下降为76%，70~89岁下降为46%；记忆能力衰退次之，50~69岁为83%，70~89岁为55%；思维能力（比较与判断）衰退较缓慢，50~69岁下降为92%，70~80岁尚能保持在68%。老年人智力的衰退，并不意味着是他们学习能力的终结，"活到老，学到老"已成为人们的口头禅，学习对于缓解智力衰退具有重要意义。但是，如果老年人对周围发生的事漠不关心，毫无兴趣，不随时使用脑子，就可能发生老年性痴呆，或出现言语障碍。特别是70岁以上的老人患这些病的比例较大，由于智能有障碍，就可能是非不分而出现违法犯罪行为。

2. 情绪情感的变化

心理学的研究表明：进入老年期，人的情绪与情感会发生相应的变化，主要表现为：

（1）容易产生消极的情绪情感。老年人由于生理上的老化、心理机能的衰退，以及社会交往、社会地位的改变，很容易产生消极的情绪和情感体验，如孤独感、凄凉感、嫉妒感、失落感、寂寞感、老而不中用感、忧郁感等。通常，年龄越大，感到孤独、抑郁、多疑、焦虑的情况等也越严重。对于老年人中存在的这些不良情绪，如果不能有效地进行自我调节，就可能激发老年人为了宣泄这些不良情绪，以引起社会对他们的注意、唤起人们的尊老意识而发生违法犯罪行为。

(2) 情绪体验强烈。由于老年期中枢神经系统有过度活动的倾向和较高的唤起水平,老年人的情绪体验较为强烈。尤其是随着老年人适应环境能力和应变能力的降低,其消极情绪体验的强度反而有所上升。这就使得一些老年人犯罪往往带有激情性和冲动性,特别是因家庭纠纷或邻里纠纷而犯罪的老年人,其情绪的冲动性表现得尤为明显。

(3) 情感需要经常得不到满足。老年人由于身心衰退和生活环境的改变,因而在情感方面产生了许多新的需要。例如,对扩大交际范围、丰富晚年生活的需要;对子孙的感情依赖,要求老伴理解和安慰的需要;以及丧偶者对再婚的需要等。但由于老年人的适应能力降低,以及社会对老年人关心不够等原因,他们的这些需要往往得不到满足,从而产生挫折感,并以紧张、焦虑、敌视的情绪表现出来。严重的则会在挫折感的驱使下,实施攻击性犯罪行为。

3. 意志特征的变化

与中壮年人相比,老年人的意志较薄弱。首先,表现为控制能力降低,尤其表现在对性冲动的控制力减弱。有些老年人明知奸淫幼女是犯罪,且对幼女的身心健康会产生极大的摧残,但就是控制不了自己的性冲动而犯罪。其次,表现为不良行为习惯、行为方式难以改变,具有极强的守旧性、习惯性和固执性。正因如此,老年犯罪难以矫正,复发率高。

4. 性心理的变化及再婚心理

老年人的性机能衰退,可能导致性欲下降,或性活动的方式发生变化,但并不意味着老年人就没有性欲求。性并不只意味着性交。观看异性的容姿尤其是偷窥异性裸体、观看电影或电视里的色情镜头、浏览网络上的淫秽视频或图片接吻、手淫、阅读色情小说等都可以称为性活动。由于自身生理的限制,老年人的性活动可能多数转向上述非性交活动。正是由于老年人存在性欲求,也是为了寻找精神寄托、寻求生活上的互相照顾等原因,丧失配偶的老人对再婚问题表现出较迫切的要求和向往。如果老年人(特别是老年男性)的性欲始终得不到满足,长期受压抑,就可能以间接或直接的形式表现出来。间接表现,如人格变异、丧失生活的兴趣、莫名其妙地忧愁、家庭矛盾加剧等;直接表现,如观看色情电影或视频,欣赏报刊网络中的色情描述和图片,手淫,甚至会发展到猥亵、奸淫幼女,公公觊觎儿媳而引起家庭冲突等,由此而产生一系列与性有关的违法犯罪行为。

5. 人格的发展变化

据日本心理学家长岛1977年的研究,老年期的人格特征主要有以下五点:①自我中心性:顽固、任性;②猜疑性:胡乱猜测、嫉妒乖僻,是由于感觉能力的衰减所造成的对外界认识的困难;③保守性:讨厌新奇的东西、偏好旧习惯,原因在于记忆能力和学习能力减退;④疑病:过分关注自己的身体变化,而对外界事物的兴趣减弱；⑤牢骚：由于把握不住现实，总爱发牢骚、喋喋不休，好回忆往事。① 此外，人格测验的结果还表明，老年人的疑病、歇斯底里、抑郁、妄想症、孤独感、焦虑感等倾向较明显。如果这些人格障碍没有得到较好的调适，就可能导致老年人的人格变态或精神异常，并可能由此而产生违法犯罪行为。例如，有的老年人性格敏感多疑，常因被害妄想而发生防御性的犯罪行为，即在加害行为没有出现时就先侵害别人；也有的老年人自我中心倾向十分严重，并以任性、固执的形式表现出来。因此，他们特别关注自己的身体状况、情绪变化，十分固执地维护自己的日常起居习惯和交际方式，不允许子女加以干涉，或者经常为自己贮存一些衣物、食品，直至腐烂变质也不让人处理。老年人的这种自我中心和固执态度常常容易引起家庭矛盾，造成人际关系的紧张，进而有可能导致激情犯罪或预谋犯罪的发生。

此外，老年期还容易出现一些常见的精神障碍，如老年期脑器质性精神障碍、老年期功能性精神病、老年期神经症等。在以上各种精神障碍状态下，老年人都可能出现危害他人或自我毁灭（如自杀）的行为。

### 三、老年人犯罪的特征

随着社会环境和个体因素的变化，我国的老年人犯罪有上升趋势，值得社会高度重视。例如，针对浙江省老年人犯罪的统计资料显示，1995年，61岁以上老年犯罪人共182人，占全部刑事犯罪人数的3.56%；到了2005年，该年龄犯罪人数增至608人，占比达到5.38%。② 河南省社旗县老年人犯罪占全部刑事犯罪量的比例由2010年的2.98%上升到2014年的6.92%。③ 北京市海淀区人民法院的数据显示，自2008年至2018年，法院刑事案件结案数量总体呈下降趋势，但与此相反的是，老年人犯罪率却呈现上升趋势。老年人由于自身的体能下降，精力不足，心理功能衰退，智能衰弱，因而与青少年犯罪和中壮年人犯罪都有较大区别。老年人犯罪具有以下几个特征。

（一）犯罪手段的非暴力性

老年人犯罪，不像青少年犯罪那样残忍，不顾后果，充满暴力，而是在作案前有准备，作案中有节制，稳扎稳打，留有后路。从犯罪手段来看，老年人由于年老体衰，所实施的犯罪多为非暴力性的。例如，伪造、诈骗、侮辱、诽谤、纵火、赌博、奸幼等，这些犯罪以不需要很大体力、身体危害性较小为特征。而那

---

① ［日］井上胜也等编：《老年心理学》，江丽临等译，上海翻译出版公司1986年版，第158页。
② 张应立：《人口老年化进程中的老年犯罪问题初探——以浙江省老年犯罪为例》，载《吉林公安高等专科学校学报》2008年第1期。
③ 李应敏：《论老年人犯罪的案件的特点、成因及预防对策》，载《公民与法》2015年第4期。

些需要爆发力的故意杀人罪、伤害罪、抢劫罪等，一般也是以不太需要体力和大幅度的活动方式进行的，如趁被害人毫无防备或熟睡时进行犯罪。老年人犯罪不仅手段多样、缺乏暴力，而且动机还比较隐蔽，给自己留有退路。例如，当前老年人犯罪中的一个主要类型就是性犯罪，而老年人性犯罪多数或基本上不使用暴力或暴力相威胁，而是诱骗或以自己的权势、地位或教养关系等相胁迫。案情一旦暴露，往往只承认是通奸而不承认是强奸。

（二）犯罪形式的单独性

老年人犯罪的组织形式以单个犯罪为主，极少结伙犯罪，这与青少年或中壮年人的团伙犯罪有较大区别。老年人犯罪的单独性是由于他们敏感多疑、不相信他人造成的。他们不仅不相信同事、子女、亲友、邻居，也不相信犯罪同伙。老年人罪犯有自己比较丰富的社会经验，犯罪时通常不与人合作。这是为了犯罪行为的隐蔽性和逃避打击，而采取"天知、地知、我知"的单独作案方式。一个老年人被告在审讯中吐露："我如果多与一个人在一块作案，就多一个暴露目标，我一个人做坏事一个人清楚，你们掌握我多少罪行，我心里也明白。"这说明老年人犯罪心理是很狡诈的。

（三）犯罪类型的相对集中性

受体力的限制，老年人通常无法实施暴力犯罪行为。从犯罪类型上看，老年人犯罪主要是财产犯罪和性犯罪。财产犯罪主要包括盗窃、赌博、贿赂、窝赃、诈骗等；性犯罪的侵犯对象主要是幼女或有生理缺陷（如听障、痴呆）的妇女。有的老年人也可能因为容留妇女卖淫而构成性犯罪。

（四）弱势群体常常成为老年人的犯罪对象

老年人由于生理、心理等的变化，能侵害的对象也受到一定的限制。老年人罪犯经常把儿童、妇女、痴呆、残疾或生病者作为侵害对象。与此紧密相关的还有，老年人的犯罪对象往往是他们比较熟悉的人。他们经常是预谋已久，并通过较长时间的交往骗取信任之后再进行作案。在老年人针对弱势群体的性侵犯罪中，这一点表现得尤为明显。

（五）主体日益高龄化，受教育水平低

八旬以上老年人犯强奸、盗窃等类犯罪早已不是什么新鲜事，犯罪主体的高龄化是我国和各国老年人犯罪的一个突出特点。我国的老年人犯罪人群中，除有高龄趋势外，在受教育程度方面，主体文化水平有上升趋势，但总体文化水平仍偏低。例如，据一份有关老年人犯罪的统计数据反映，文盲、小学、初中文化水平的犯罪主体占63%，高中及以上文化水平的犯罪主体占37%。[1] 所以相较而

---

[1] 林靖：《近十年老年人犯罪逐年上升 多为盗窃罪和诈骗罪》，载https：//baijiahao.baidu.com/s？id=1615098284779922644&wfr=spider&for=pc，最后访问日期：2021年10月25日。

言,受教育水平低是我国老年人犯罪的特点之一。

（六）农村老年人犯罪多

在我国农村地区,老年人大多依照自己的经验和当地的风俗习惯为人处世,对于法律非常陌生,法律知识缺乏,法治意识淡薄。当前,我国正在进行的普法宣传工作,还需进一步加强针对农村老年人的宣传教育。一方面,老年人由于对法律不了解,经常因为不懂法而犯法;另一方面,由于法治意识淡薄,自我约束能力差,存在侥幸心理,也容易出现知法犯法的情况。

（七）老年女性犯罪数量占比非常低

与老年男性相比,老年女性随着年龄的增长,犯罪率要比老年男性低。所有年龄阶段的犯罪中,男女犯罪量的比例大致为9:1,而老年女性犯罪所占比例更低。例如,根据2002年天津市社会转型时期犯罪主体性别构成调查报告,女性老年犯罪的比重下降较快,与1993年的2.2%相比,2002年仅占0.8%。另据统计,2002年女性罪犯犯罪时最大年龄为59.69岁,而男性则为76.61岁,这说明女性60岁后犯罪极少,与老年男性犯罪形成强烈对比。这和女性、男性生理、心理特点有很大关系,而随着年龄的增长,他们的这些变化也使他们的行为有很大不同。

**四、老年人犯罪的心理分析**

（一）老年人犯罪的动机分析

尽管老年人犯罪的情形是多种多样的,但究其动机,主要有以下几种:

1. 追求享乐,欲壑难填

有的老年人为了追求金钱物质享受,不惜以偷、骗、搞封建迷信活动,甚至行凶杀人等方式来满足个人的需求。

2. 心胸狭窄,斤斤计较

有的老年人遇事易产生心理郁结,常为一件小事而计较,产生对立情绪,逐渐走上犯罪道路。在现实生活中,有些家庭不和睦,婆媳关系紧张,有的老年人在受到媳妇的热嘲冷讽、白眼之后,一气之下,投毒杀害家庭成员。

3. 精神空虚,无所事事

有的老年人离（退）休后为了摆脱精神空虚,便采用各种方式予以消解和缓解,借以打发余生。例如,聚众赌博,观看黄色录像或书刊后为了寻求不健康的精神刺激而奸淫幼女等。

4. 不堪虐待,以身试法

有的老年人由于在家庭中受虐待,生活无着而产生逆反心理,以犯罪方法残害家人,作出如杀人、投毒、伤害、纵火等报复行为。

5. 维护尊严，铤而走险

有的老年人由于长期以来处于发号施令、左右他人的地位，离（退）休后，不能有效地改变角色，当自以为"权威"受到影响时，便不惜铤而走险，以服他人。

6. 恶习较深，重操旧业

一些恶习较深的老年人顽固不化，犯罪意识已无法遏制，一有机会便重操旧业。例如，组织反动会道门、引诱容留妇女卖淫、教唆他人犯罪等。

7. 倚老卖老，藐视法律

有的老年人依仗自己岁数大，以为别人奈我不得，遇事置法律于不顾，进行各种违法犯罪活动，最后弄得身败名裂。

8. 清廉一生，走入歧途

有的老干部在退休或退居二线前后，不惜用经济犯罪的手段来发财致富。这些人清廉一生，但晚节不保，最后落得追悔莫及，影响极坏。

9. 老无所养，生活无着

现实生活中也有一些老年人生活无着落，为了求生，便采取盗窃、诈骗等手段来满足自己的生活需要。①

（二）老年人罪犯改造的心理分析

老年人罪犯在案发被捕之后，普遍存在对刑罚的抗拒心理，给审讯和改造工作造成一定的困难和麻烦。主要表现在以下几个方面：

1. 不认罪

老年人罪犯由于社会经历丰富，对于自己的行为及后果有充分的思想准备，因此，不肯轻易认罪，对于法庭和监管所都采取无所谓的藐视态度。有的老年犯"倚老卖老""一顶、二赖、三狡辩"，供词或者残缺不全，或者前后矛盾，或者不真实。劳动改造也是软磨硬泡，较难对付。

2. 自卑心理

老年人罪犯年龄都在 60 岁以上，有的已是古稀之年，少数已是"耄耋老人"。他们犯罪后感到无颜见人，更不好向子女后代交代，加之自己年老体弱多病，风烛残年吃官司、蹲大牢，怕没有活着出去的一天了。于是，自责、自卑、绝望、混天度日，精神不振，行为懒散，装聋作哑，无病呻吟，不服改造。

3. 心神丧失

老年人罪犯由于年龄大，思维迟钝，被判劳改后，心理压力过重，加剧了他们自身的各种器官功能减退，影响神经系统正常活动进而失去正常的认识能力和判断能力，表现出一种间歇性或经常性的心神丧失的精神状态。有的干脆装疯卖

---

① 甘元新、万锋：《老年人犯罪原因初探》，载《人民公安报》1990 年 8 月 24 日。

傻，扰得监狱不安宁，监管干部遇到这种罪犯最伤脑筋，不仅一般的管教方法无效，更严重的是影响群犯的情绪，给管教工作带来许多麻烦和困难。

4. 希望政府宽大处理

多数老年人罪犯能认罪服法，他们在失去自由的铁窗生活中回顾自己漫长的一生，痛恨自己不守晚节，更加思念自己的家庭和亲人。因此，渴求假释、减刑、保外就医、监外执行等法定的宽大政策，普遍企求政府宽大处理。但由于他们的体能减弱，难以在劳动改造中多作贡献来立功减刑。因此，主要是以不断地提出要求，遵守监纪监规来求得政府的宽大处理。

**五、老年人犯罪的预防措施**

老年期生理和心理衰退的特殊情况，决定了对老年人犯罪的预防不同于对青少年犯罪和中壮年人犯罪的预防。老年人犯罪的原因是多种多样的，既有客观因素的不良影响，又有主体自身的缺陷原因。要预防老年人犯罪，就必须从老年人主体方面，以及家庭和社会等客观方面入手。

(一) 老年人的自我预防

首先，发挥余热，积极为社会作贡献。老年人由于体力和精力衰退，不得不离（退）休，但这并不意味着"老了不中用了"。事实上，老年人的智慧、实践经验等都是一笔宝贵的社会财富。老年人应积极发挥余热，为社会作出新贡献。一方面，有益于社会；另一方面，又有利于老年人健康心境的保持，使之感到老有所为，老有所用，心情愉快，精神有寄托。在这种情况下，他们很少会去从事违法犯罪活动。

其次，培养健康的兴趣爱好，多参加有益的活动。老年人从繁忙的工作岗位退居下来后，最容易感到空虚，无所事事。如果能培养起健康的兴趣爱好（如养花、养鸟、钓鱼、打门球等），多参加有益的社会活动（如参加关心下一代工作委员会所组织的活动），则老年人的精神生活就充实了，不会因为空虚无聊、悲观失望而走上违法犯罪道路。

最后，活到老，学到老，提高认识水平。有的老年人不学习知识和法律，随着年龄的增高，与社会的脱节程度越来越高，老年性痴呆发病率上升。老年性痴呆表现为记忆衰退，判断力失常。加上老年人离（退）休后与社会联系减少，使得一些老年人对法律的认识模糊。例如，他们虽然知道强奸是要判刑的，但对强奸罪的犯罪构成并不了解，有的老年人认为与幼女在"外面碰碰"是不道德行为，而不知道是犯罪行为；也有的老年人认为与精神病、低能、痴呆妇女发生性行为是出于女方同意，甚至是女方主动的，属通奸行为，而不是强奸。在老年人性犯罪中，属于认识错误的占有相当大的比例。

## （二）家庭预防

在我国的家庭伦理道德中，历来都提倡尊敬老人，赡养老人。然而，在现实生活中，确实存在有些老年人因家庭矛盾激化而走上违法犯罪道路的现象。家庭在预防老年人犯罪中应注意以下几个方面：

首先，要大力弘扬尊老爱幼的传统美德，树立良好的家风。古人云："家人有严君焉，父母之谓也。父父子子，兄兄弟弟，夫夫妇妇，而家道正，正家而天下定矣。"意思是说，家有严父慈母，父母像父母的样子，子女像子女的样子，兄弟、夫妻等各自身份明确，家庭和睦、安定，家庭兴旺发达则天下安定。在团结、和睦的家庭气氛下，老年人受到尊敬，感到精神充实，老有所依。为了给后代树立良好的榜样，老年人会严格约束自己的行为，不会轻易实施违法犯罪行为。

其次，要坚决贯彻执行《老年人权益保障法》，依法保障老年人的合法权利，严肃处理歧视、虐待老年人的事件。让老年人学法、懂法，知道如何用法律手段来维护自己的合法权利，而不是用非法的手段来报复家人或维护尊严。

最后，子女对丧偶老年人再婚问题应予以理解和支持。老年人丧偶或离异后，晚年生活孤独寂寞，单调乏味，精神空虚，很多丧偶或离异的老年人迫切希望能再婚，找一个伴侣。老年人再婚，既是精神寄托的需要，也是性生理和性心理平衡发展的需要。因为老年性生活是晚年精神生活的重要组成部分，大多数的老年人对性生活感兴趣。老年人丧偶或离异后，就成为老年"性失业者"，与老年性犯罪有密切联系。子女应理解父母的苦衷，决不能将老年人再婚看成"老不正经""老色鬼"等。现实生活中，有的老年人就是因为再婚问题得不到子女的理解和支持，而造成精神压抑、苦闷，最后走上违法犯罪道路的。

## （三）社会预防

首先，要建立和完善养老保险制度和社会救济制度。使老年人老有所养，老有所依，生活有着落，不至于为了生计而走险犯罪。

其次，要加强对离（退）休人员的管理工作。各单位应设立专门的机构加强管理离（退）休人员，不至于使他们处于放任自流、无组织约束的状态。同时，还应组织老年人参加各种有益的社会活动，丰富老年人的精神生活。

最后，要加强对老年人的法治宣传教育工作，提高老年人的认识水平，使老年人知法守法。

**【典型案例】**

2015年10月18日19时许，湖南省邵东县的李某云（女，在校教师）在小学宿舍楼遇害。警方经现场勘查和走访排查后发现，在校学生刘某（13岁）、赵某（12岁）、孙某（11岁）有重大作案嫌疑。10月19日，办案民警在当地网吧内将三人抓获。经查：10月18日上午，三人一同到网吧上网，中午，其中两人提出到小学玩耍。周末学校大门紧锁，三人便翻墙进入。其中一人因为感到肚子饥饿，便撬开学校小卖部的门，盗走了一些食物。之后，独自守校的被害人在操场发现了他们，劝说他们离开。因担心被害人报警，三人临时起意将被害人杀害。三人先用棍棒击打被害人的头部，继而追打至厕所，并用毛巾捂住被害人口鼻，最终致其死亡。后三人将被害人尸体藏匿在被害人宿舍内的床底，并在现场用墨水对血迹进行喷洒覆盖，然后再用抹布和拖把对血迹进行了处理。逃离时，三人搜走了被害人的手机及2000余元现金，还反锁了被害人的宿舍门。后淡定"泡网吧"直至被抓获。办案民警称，在审讯期间，三人表现得"太平常了，太冷静了，好像什么事情都没发生过一样"。媒体披露三人均为留守儿童，长期沉迷于网络暴力游戏。

【课后练习】

1. 结合上述典型案例，分析青少年犯罪的类型、手段与心理特征。
2. 比较青少年、中壮年人和老年人在财产犯罪中行为与心理的异同。
3. 分析网络对不同年龄犯罪人的影响和应对措施。
4. 分析犯罪低龄化和犯罪老龄化各自的成因和应对措施。

# 第九章　犯罪心理的性别差异

【知识提要】

　　男女在生理、心理、社会角色等方面存在较为明显的性别差异，这是犯罪存在性别差异的基础和前提。男女两性犯罪在数量、类型、手段、形式、处遇等方面存在显著差异。女性犯罪的成因除生理因素外，心理因素主要在于认识能力低下、个人需要畸形发展、依附心理严重、意志控制力薄弱，社会因素主要在于性别角色社会化、不良文化影响、不良家庭教育和不良社会交往。女性犯罪类型已较为多样化，但性犯罪、财产犯罪和杀人犯罪相对更集中且更能体现女性犯罪的特征。

　　犯罪心理的性别差异，是指男女两性在犯罪的行为特征、心理活动等方面所表现出来的差异。男性和女性由于在身体素质、生理结构，以及社会角色等方面都存在典型的差异，因此，反映到犯罪问题上，男女两性在犯罪的数量、类型、手段、方式，以及犯罪心理和行为的具体表现等方面都有区别。研究犯罪的性别差异，探讨女性犯罪心理的特征，对于深入了解犯罪的本质和规律，有效地治理犯罪，特别是预防和矫治女性犯罪等，都具有重要的理论和实践意义。

## 第一节　影响犯罪性别差异的因素

　　男女两性在犯罪心理、犯罪行为上的差异，是由于男性与女性各自所具有的生理特征和心理活动特点，以及社会角色所决定的。因此，在比较男女两性犯罪的差异时，必须先探讨引起这些差异的生理、心理和社会因素。

**一、影响犯罪性别差异的生理因素**

　　犯罪心理学的研究表明，影响犯罪性别差异的生理因素主要集中在三个方面：遗传基因、性激素，以及脑的差异。

　　（一）遗传基因

　　在胚胎发育过程中，性别的分化是由染色体的不同促成的。在细胞内携带遗传物质的23对染色体中，22对为"常染色体"，另一对为"性染色体"，人的性别就是由这对性染色体所决定的。男女两性的性染色体的组合是不同的，男性的性染色体包含一条 X 染色体和一条 Y 染色体（XY 型），而女性的性染色体则包含两条 X 染色体（XX 型）。男性的精子可以带"X 性染色体"，也可以带"Y 性染色体"；而女性的卵子则无一例外地都是带"X 性染色体"的。带"X 性染色体"的精子和卵子的结合而形成的子代是女性（XX）；而带"Y 性染色体"的精子和卵子的结合而形成的子代是男性（XY）。

遗传基因不同，可能会对男女两性的心理和行为产生不同的影响。例如，染色体畸变相对容易发生在男性身上（如唐氏综合征），从而导致男性智力障碍者的人数超过女性。而且同是某些染色体畸变，在男女两性身上对其智力的影响也是不同的。如性染色体分布中数量上的错误在人类中是常见的，男性中如果多出现一个 X 染色体（XXY 型），则会产生一种特殊的睾丸异常，使之不能生育，并使智力轻度下降。而在女性中，一个多余的 X 染色体（XXX 型）一般不会对生育产生影响，对智力的影响也不像对男性那么严重。现代科学已经证实，染色体的变异会影响人的犯罪心理和行为。

（二）性激素

雄性激素和雌性激素实际上同时存在于男女体内，只是含量不同而已。如睾丸酮既存在于男子体内，又存在于女子体内。女子体内的睾丸酮由肾上腺分泌（而男子体内的睾丸酮则是由睾丸分泌），它在女子体内的含量仅为男子体内含量的六分之一。

性激素水平不同，在个体发育的两个阶段上会对行为产生重要影响。第一个阶段是出生前（胚胎发育至出生时期），内分泌学家将这个阶段发生的激素作用称为"组织效应"。这个时期的性激素分泌对神经系统、生殖系统都会产生组织性后效。对动物研究发现，怀孕的雌性鼠被注射了睾丸酮之后，生出来的雌性后代在成年以后无法表现出雌性性行为，一般认为这种现象的发生是因为睾丸酮以雄性方式"编组"，从而使这些雌性后代出生时就带有雄性器官。

第二个阶段是青春期及其以后的时期。这个阶段的性激素作用被称为"激活效应"。上述在胎内接受过睾丸酮影响的雌性鼠后代会在这个阶段表现出雄性性行为。

上述动物研究能否推广到人类还是成问题的。但已有研究发现，当胎儿在母体内处于易接受过量性激素的发育关键时期，如女性胎儿暴露于过量的雄性激素或孕激素之中时，出生后不但其生理上可能会发生变态，智力也有所提高。

（三）脑的差异

下丘脑的性别差异是胎儿发育过程中脑组织分化的结果，决定着激素的垂体分泌形式——周期性的还是非周期性的。女性的下丘脑控制着垂体周期性地释放激素，产生月经周期，而男子的下丘脑则控制着相对稳定的垂体激素分泌。

大脑半球的偏侧性发展也可能与性别角色差异有关。偏侧性是指在某种程度上由一侧半球而不是双侧半球所控制的特殊功能,即人类大脑半球的功能是有差异的。例如,一般来说,大脑左半球具有高级的、抽象的言语作用;右半球具有比较形象的、具体的非言语作用。男女两性智力活动在大脑半球的反应部位,大脑发育成熟前(尤其在学龄前阶段)是有差异的。美国科学家曾发现,男女婴儿在听讲故事或音乐时用脑的部位正好相反,通过对三个月婴儿的脑电波测试,发现女孩对童话故事和音乐的反应部位是在脑的左半球,而男孩则在脑的右半球。不过,当男女儿童的大脑成熟以后,这种差别就消失了。这种情况的存在,与男女两性大脑发育的速度和水平是相关的。一般来说,女孩大脑左半球神经细胞树突的成长及神经髓鞘的形成等都比男孩领先,而男孩的大脑右半球神经细胞树突的成长及神经髓鞘的形成较为领先。到了青春期,这种差别逐渐消失而趋于平衡。

男女两性大脑半球发育速度和水平的差异,不仅导致了智力活动在大脑半球的反应部位有所差异,而且也导致了男女两性大脑半球偏侧性功能发展的差异。而大脑半球偏侧性的差异,又导致了男女两性在空间能力和言语能力上的差异。

除上述因素外,男女两性在体格上的差异(如在第二性征上的差异)等也会对犯罪性别差异产生影响。然而,生理因素对犯罪性别差异的具体作用机制目前还未完全弄清楚。就已知的情况来看,它只在极少的方面起作用或起间接作用。男女的生理特点是性别标定的依据,但这也不是绝对的。在偶然的情况下,生理的男性被标定为精神的女性时,周围的教养环境(如把男孩当作女孩养)也可以使他获得女性的心理特点。

**二、影响犯罪性别差异的心理因素**

由于男性与女性在生理发育上的差异,特别是在青春期后,男女两性在生理机能、体态、内分泌、性机能等方面都有明显的差别,这就奠定了男女两性在心理方面存在差异的物质基础。男女两性在心理上存在以下差异。

(一)认知特点

女性的形象思维能力较强,而男性的抽象逻辑思维能力较强。因而女性的思维特点偏重形象性、具体性。女性的语言表达能力、感受性和知觉速度等都比男性强,女性对声音的感知优于男性,女性善于辨别色彩而男性善于辨别图形。女性的机械识记能力强,观察仔细,而男性观察事物时注意整体而忽略细节,其数学能力、空间想象力比女性强。正是由于男女两性存在认知差异,因而在诈骗等犯罪案件中,女性较男性更容易上当受骗成为受害者。

(二)情感和意志特征

男女两性内分泌和植物性神经系统调节的差异,影响到情绪情感的差异。青春期的女性情绪情感丰富,感情细腻,富于内心体验和敏感性,容易因一些小事而引起强烈的情感反应,特别对否定性质的情绪体验深刻,情绪的稳定性差,行为举止容易受心境的影响,使她们长时间处于被情绪感染的体验中。情绪情感的起伏性大,多种性质的情绪体验交错刺激,陷入情绪之中,被情绪所左右,容易引起内心的强烈冲突和矛盾。而且情绪体验深刻,容易受情绪的感染支配而感情用事。正因如此,女性极易受暗示。由于女性意志力薄弱,且带有明显的情绪色彩,当意志控制不了情绪的爆发而成为感情的俘虏时,容易在激情状态下实施伤害、杀人等突发性犯罪行为。也正是由于女性的意志受情绪影响大,所以,其意志行为常常表现为冲动性、偏激性、无批判性等特点。

(三) 个性特点

社会心理学和发展心理学的研究表明,男女两性在个性方面存在以下差异:

1. 攻击性

攻击性包括生理上的攻击行为和语言上的攻击行为。攻击性的强弱是男女两性在个性和行为方面最为显著的差异之一,男性往往比女性富有攻击性。当受到刺激时,男性表现出愤怒,甚至大动干戈;而女性却焦虑不安,甚至自责。由于男女两性在社会化中的性别角色差异,女性逐渐懂得如果自己富有攻击性会遭到大家的嫌弃,而男性却正好相反,他们则会受到鼓励。男孩如果调皮捣蛋会受到褒奖,而女孩却会受到惩罚;男孩总是模仿影视中富有攻击性的男子汉,而女孩却模仿缺乏攻击性、受到保护的女性。此外,在幼儿园、小学中女教师占多数,小姑娘比男孩的认同感高。因此,同样来自女教师的惩罚,对女孩的攻击性有制止的作用,但对男孩却往往使他更富有攻击性。正是由于男性的攻击性比女性强,所以,在犯罪行为上,暴力犯罪人绝大多数都是男性。且男性的犯罪手段往往带有攻击性、暴力性、直接性,而女性的犯罪手段则具有非暴力性、间接性等特点。

2. 支配性

支配性有两种表现:其一,支配他人,以获得别人的顺从并以此作为满足;其二,对别人所施与的影响予以抗拒,这从相反方向体现了个人的自我支配感。众多研究表明,男性与女性相比,男性更具有支配欲,而女性则更具有顺从性。具体表现为,男性能够自我决定,遇事有主见、果断;女性则显得遇事优柔寡断、胆小怕事、信心不足。有些女性正是由于支配感不强,在遇到挫折和不快时,容易走极端,对生活失去希望和信心,从而产生破罐破摔的消极心理,或者凭感情用事,实施某些在正常情况下不可能实施的犯罪行为。

3. 自信心

一般认为,女性的自信心低于男性,与此相适应,她们的自我评价也低于男性。正是由于女性缺乏自信心,并且有较强烈的恐惧成功感,因而在事业上、成就上受到一定的影响。男性由于具有较高的自信心,往往夸大自己的实力,对自己的估计常常过高。男女两性在自信心方面的差异,反映到犯罪问题上,就可以明显看出:女性犯罪无论是在数量上,还是在犯罪率上,都远远低于男性。这是与女性的自信心差、胆小怕事相关的。

4. 移情作用

移情作用是指一个人感受到他人正在感受的情绪;或者把自己的感情倾注到别人身上,认为别人也具有类似的情绪反应。可见,移情作用有两种表现形式:一是表现为一个人感觉到别人的情感时,引起自己的情绪反应。例如,别人快乐,自己也快乐;别人痛苦,自己也痛苦。二是表现为一个人以自己的情绪情感状态去理解别人的情绪反应。例如,自己快乐,以为别人也快乐;自己痛苦,以为别人也痛苦。心理学的研究表明,女性比男性更容易产生移情作用。女性容易动感情,富有同情心,稍微触动便潸然泪下,而这正是产生利他行为的原因。正是由于女性容易产生移情作用,所以她们常常容易被人利用,上当受骗,甚至成为被害对象。

5. 受暗示性

一般认为,女性比男性更容易受暗示。女性比男性更多地考虑别人对自己的反应和态度,对团体的压力更为敏感,因而女性易受他人影响,容易产生从众心理和从众行为。正是由于女性易受暗示性,对团体有较高的遵从性,所以当女性加入犯罪团伙后,她们往往会自觉地服从团伙,并利用自己的性别优势拉拢和引诱其他女性加入犯罪团伙。

### 三、影响犯罪性别差异的社会因素

男女两性在犯罪方面的差异,主要是由性别角色社会化决定的。而性别角色差异的形成,又是受以下社会因素所影响。

(一) 文化背景

人类学家依照人们取食与满足需求的方式,将文化划分为五种主要类型,这五种不同的文化从宏观上提供了性别角色社会化的原则,构成了男女性别角色的形成和发展的重要背景,对男女的性别角色地位产生了不同的影响。

1. 狩猎与采集文化。男女两性在这种文化形态中共同获取食物。男性以狩猎为主,但成功机会不多,因此部落的生计主要靠妇女采集食物。由于劳动分工在性质上说是基本平等的,故男女角色地位差别不大。

2. 园艺文化。这种文化中维持生计的手段是种植与饲养家禽家畜。由于科技落后,他们不懂得土壤保持与牧草种植,经常需要寻觅新的牧场。男性成员流动性大,女性成员固守家园并控制家庭生活资料,因而女性地位较高。

3. 农业文化。农业文化的一个主要特征是运用机械器具从事耕耘。由于耕耘的土地也需要防备他人侵占,所以在这种社会中男人的气力具有很高的价值,因此，男性的地位远高于女性的地位。女性角色的主要价值是生儿育女。

4. 游牧文化。在这种文化中，最有价值的是身强力壮、能够驯服牲畜的男人，女性角色地位很低。游牧文化倾向于塑造好斗、攻击性强的个性。

5. 工业化社会文化。工业化社会中实行的是商品经济。由于生产方式的机械化、自动化，体力不如男人的女性也可以进入生产的行列。因此，比起其他四种文化来，工业化社会更具备男女平等的社会文化基础。

(二) 家庭

心理学研究表明，个体的早期经验对其人格的形成和发展具有非常重要的意义。而个体的早期经验主要是从家庭中获得的。

社会所提供的性别角色模式将影响父母对不同性别孩子的抚养方式。例如，进行不同的打扮，授予不同类型的玩具，鼓励其参加不同的活动等。父母对孩子的要求也因性别而不同，他们常常认同或鼓励男孩子的顽皮，鼓励男孩子多干体力活、学习父亲的角色；鼓励女孩子斯文、学做家务、学习母亲的角色。当男女儿童的活动倾向出现以后，父母还会继续通过各种方式予以强化。他们会对孩子做出的自认为是合乎性别角色的行为（如小女孩玩布娃娃、顺从、喜欢与人交往，小男孩好动、不愿受约束、要求自主等）报以微笑、告诉和鼓励，而对他们认为不合乎性别角色的行为会加以阻拦和制止。这样，男女两性的活动倾向会愈加明显，他们各自的合乎性别角色的活动方式也就逐渐地最终被固定下来。于是，女性的活动就逐渐定向于人，善于交际，富于感情；而男性的活动则逐渐定向于物，喜欢探究，勤于思索。他们在心理和行为上各自的特色，也会愈加明显，并逐渐地在相应的活动中固定下来。许多事例都可以证明，受社会文化影响的家庭抚养方式对儿童性别角色的形成与发展会产生最直接的、最初的，也最有力的影响。

(三) 学校

学校是个体社会化的第二个重要场所，是家庭和广阔社会联系的中间环节。孩子的性别角色观念在这里得到扩展和加深。学校对孩子的性别角色发展的影响主要通过两种媒介进行：一是教科书，二是教师。学校教科书一般都存在宣传性别角色刻板印象的倾向。社会上存在的性别角色观念会被反映到教科书中。例如，教科书中内容关于男女主角的比例（内容以男性为主角的多于以女性为主角的情况），所表现的性别形象的差异（如领导者、科学家、文学家等杰出人物多为男性，而作为女主角的形象大都是家庭妇女，或一般职业妇女）。在托儿所和幼儿园中，教职员几乎是清一色的女性。在很多学校（特别是高校）中担任领导职务的多是男性，在教育男女同学时区别对待，都会对学生的性别角色观念产生影响。

### (四) 大众传播媒介

大众传播媒介在性别角色社会化过程中也起着十分重要的作用。例如，电影、电视、文艺作品、报刊、网络等都是传播性别角色观念的有效渠道。一位学者曾分析了大约 200 个电视商业广告，发现男性较多地以广告产品的知识权威或专家身份出现；女性则多以保健、美容、化妆等受用者的身份出现。这类宣传无形中影响了男女角色的分化。在文艺作品中的情况也颇为相似。[1] 此外，在报纸、杂志、网络上对犯罪问题的有关报道，以及电影、电视、录像等对犯罪人物形象的刻画，都提供了犯罪性别差异的模式和范例。

## 第二节 男女两性犯罪的比较

### 一、犯罪数量上的差异

在犯罪数量上，女性犯罪远远少于男性犯罪。在 20 世纪 80 年代中期以前，我国犯罪人总数中女性与男性的比例约为 1∶10。但随着农村剩余劳动力的增加、城市下岗职工的增多、人口流动性的增强、女性社会生活参与度的提升，女性犯罪呈现出不断上升的态势。尽管女性犯罪数量增长较快，但从总的发展趋势来看，女性犯罪数量仍明显低于男性犯罪数量。

其实，女性犯罪数量大大低于男性犯罪数量，这并不是中国特色的犯罪现象。在不同的社会制度和历史条件下，女性犯罪人在犯罪人总数中所占的比例都明显低于男性。但同时这种犯罪数量的性别差异又存在较大的不确定性，在不同国家或不同地区其差异的程度较大。犯罪统计学的先驱者——比利时的阿道夫·凯特勒 19 世纪的实证研究结论是，男性犯罪比女性犯罪多 4 倍多；根据美国联邦调查局的统计，该国 1969 年女性犯罪的百分比比男性少 6 倍多。进入 21 世纪 90 年代，西方主要发达国家的女性犯罪比例介于 15%～25%。其中，女性犯罪比例最高的德国和美国，1990 年分别为 24.5% 和 22.6%；法国女性犯罪的比例相对较低，并且较为稳定，1990 年为 15.1%，1992 年为 14.48%，1993 年为 14.3%。[2] 从统计资料看，在十年浩劫前，我国女性犯罪人数在犯罪总人数中所占比例要低于西方国家，大约为 10%，最高的年份为 12%～15%；但十年浩劫以来，特别是近十年来，女性犯罪的增长速度超过了男性。据统计，与 20 世纪五六十年代相比，我国青少年犯罪增加了 2.5 倍，而女性犯罪却增加了近 10 倍。某市

---

[1] 王敏主编：《社会心理学导论》，成都科技大学出版社 1998 年版，第 78～80 页。
[2] 张远煌：《现代犯罪学的基本问题》，中国检察出版社 1998 年版，第 122 页。

提供的一份调查报告，比较典型地说明了近年来女性犯罪的上升速度：1991年、1992年、1993年，女性犯罪分别比1990年增加了37%、62%、244%，且目前仍呈上升趋势。① 上海市某区1999～2001年的女性犯罪相较于1998年的增长率分别为25%、37%和43%；北京市一中院2006年公布的一份女性调研报告显示：2003～2005年，该院审结的女性犯罪量分别占当年全部刑案的12.7%、13.9%和15.4%；连续3年，女性犯罪增长率均超过男性。② 至2015年，中国监狱女囚犯的人数已占总囚犯人数的6.3%。在过去10年，中国男性囚犯人数增加了10%，而女性囚犯增加了46%。③ 由此可见，尽管我国的女性犯罪数量和犯罪率都比男性低，但是，女性犯罪的上升趋势却十分明显，上升的绝对数很大，已引起了社会各界的普遍关注。特别是25岁以下的女青少年犯罪增加，已成为一个令人瞩目的社会热点问题。

为何在犯罪数量上会出现较明显的性别差异？对此问题有各种解释。有的理论从伦理学角度出发，认为犯罪是违反道德的行为，女性的道德观念比男性重，故女性犯罪较少。有的理论侧重于心理学方面的解释，认为犯罪多需主动的心情和积极行为的能力，而女性既缺乏主动的心情，又缺乏行动的能力，故女性犯罪较少。还有的理论偏重于社会学方面，认为犯罪是反社会的行为，犯罪率与行为人参加社会生活的程度呈正比关系，女性在家庭中的时间较多，参加社会生活甚少，因而女性的犯罪率低。

上述诸说虽然都有一定的道理，但比较而言，第一种观点较为勉强。与其说女性道德观念比男性强而较少犯罪，不如说女性的天性较为柔顺、服从，不如男性富有竞争性和攻击性，更容易受传统观念的约束和羞耻心较重。从而在行动上顾虑更多和更为审慎，因此，女性较少犯罪。

## 二、犯罪类型上的差异

女性由于体格、体力、体能的限制和心理特点的局限，在犯罪类型的选择上不同于男性。男性在犯罪类型上多选择与体力、智力相当的暴力性、攻击性、智力性强的犯罪，如盗窃、杀人、抢劫、强奸、伤害等重大暴力犯罪；而女性则多利用其生理特点进行犯罪，如性罪错行为，以及利用社会对女性的尊重和信任进行犯罪，如利用姿色抢劫、诈骗、偷盗、拐卖人口等犯罪。此外，从总的方面看，男性犯罪所涉及的类型非常广泛，而女性犯罪的类型却相对集中。我国在这

---

① 李兰其：《青少年犯罪：预测、预防、综合治理》，航空工业出版社1994年版，第247～248页。
② 陈英芳：《初探女性犯罪》，载《山西省政法管理干部学院学报》2002年第3期。
③ 《数说中国女性犯罪：从女性犯罪特征看两性差异》，载https://www.163.com/lady/article/DRBC4HAT00267VA9.html，最后访问日期：2021年10月25日。

方面尚未见详尽的官方统计资料。不过,从各地的调查统计看,女性犯罪的种类主要集中于与其社会生活联系较为密切的财产型犯罪、与婚姻家庭相关的犯罪和性罪错方面的犯罪,如盗窃、诈骗、重婚、杀人、卖淫等;而实施危害国家安全或公共安全等方面犯罪的比例则很低。然而,值得注意的是,近年来女性犯罪的领域不断扩展,除以前的几类典型犯罪外,还涉及更多的犯罪类型,如金融诈骗、非法经营、贪污贿赂、走私、贩毒、伪造发票与证件、侵犯知识产权等犯罪,犯罪类型向多方面发展。整体而言,侵财型犯罪、故意伤害类犯罪和性犯罪仍是女性犯罪的主要类型。

以下是学者对2011年不同类型犯罪中男女比所作的统计(负号仅用于改变图表方向,对数值本身无特殊含义),能较为直观地反映男女犯罪在类型上的差异。[①]

■ 女性　■ 男性

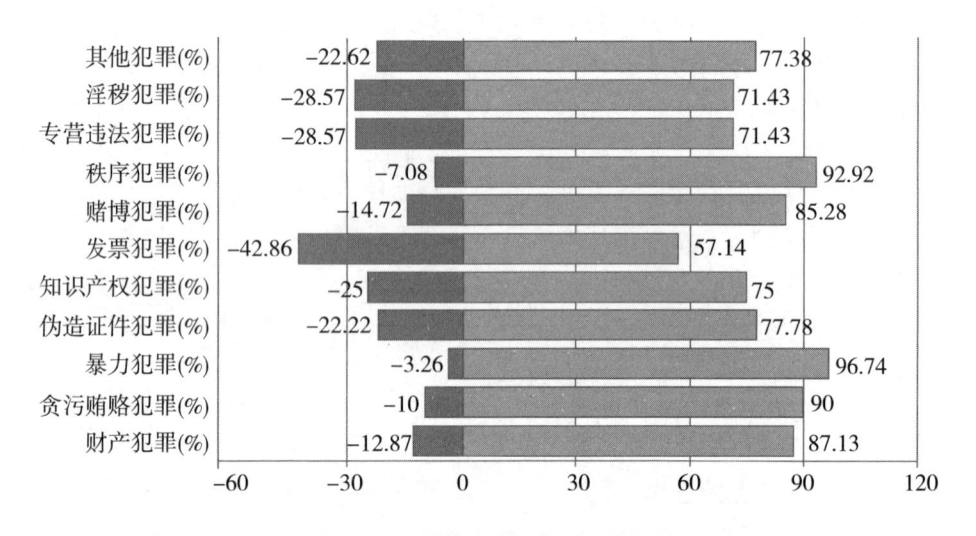

| 犯罪类型 | 女性(%) | 男性(%) |
|---|---|---|
| 其他犯罪(%) | −22.62 | 77.38 |
| 淫秽犯罪(%) | −28.57 | 71.43 |
| 专营违法犯罪(%) | −28.57 | 71.43 |
| 秩序犯罪(%) | −7.08 | 92.92 |
| 赌博犯罪(%) | −14.72 | 85.28 |
| 发票犯罪(%) | −42.86 | 57.14 |
| 知识产权犯罪(%) | −25 | 75 |
| 伪造证件犯罪(%) | −22.22 | 77.78 |
| 暴力犯罪(%) | −3.26 | 96.74 |
| 贪污贿赂犯罪(%) | −10 | 90 |
| 财产犯罪(%) | −12.87 | 87.13 |

**2011年不同类型犯罪中的性别比**

在其他地区和国家,男性犯罪与女性犯罪也存在类型上的差异。例如,我国台湾地区学者林纪东在《刑事政策学》一书中做过如下归纳:(1)女性几乎完全不发生的犯罪,为强盗、强奸、恐吓、强制猥亵、过失伤害、渎职等;(2)女性犯罪数甚少的犯罪,为脱逃、暴行、伤害、骚扰、伪造有价证券、盗窃、诈骗等;(3)女性犯罪率甚高的犯罪,为放火、失火、杀婴、遗弃和堕胎。上述分类的方式和出发点是可取的,但是所涉及的具体犯罪种类似乎只能适合于妇女社会地位极为低下的社会环境,而不能准确反映现代社会中女性犯罪的特点。在当今社会中,

---

① 熊谋林:《生命周期研究:性别、年龄与犯罪》,载《青少年犯罪问题》2013年第1期。

女性所涉及的生活领域与男性已相差无几。因此，很难说哪种犯罪女性绝对不能实施，并且女性犯罪在一定程度上还有向"男性化"特征转化的趋势。尽管如此，男女两性在犯罪类型上的差异还是客观存在的。例如，法国警方1993年的犯罪统计资料表明，男性在犯罪总数中所占比例（男女性别比）最为突出的犯罪是：危害国家基本利益罪占98.95%；爆炸罪占98.33%；盗窃机动车占98.07%；猥亵占97.45%；非法携带武器占96.94%；工地上的盗窃占96.7%；违反驱逐令或禁止入境令占96.64%；盗窃货车上的货物占96.38%；强奸罪占96.03%。而女性在犯罪总数中所占比例（女男性别比）最为突出的犯罪是：有关违反青少年监护方面的犯罪占64.37%；残害婴儿罪占57.41%；签发空头支票占35.94%；其他违反支票管理规定的犯罪占35.35%；违反禁止在银行从业规定的犯罪占33.90%；盗窃高级陈列物品占31.39%；侵犯人身的犯罪占17.69%。[1]

关于男女两性在犯罪类型上的差异之原因，有学者从以下几个方面予以解释[2]：

首先，女性的权力意识和公共生活的关注兴趣一般要逊于男性。就人类的需要而言，借助一定手段支配和影响他人的权力欲望并非男性的专利，事实上，权力意识构成了人类活动的基本社会动机之一。但现实生活中，由于受传统文化的约束和广大女性尚有待克服的自身偏见的影响，权力领域很大程度上仍然是逻辑性的一块世袭领地。女性参与权力生活往往只能由占据社会生活中心的男性去安排，这就是为什么在各级党政要员的任命和选举中一定要规定女性占一定的比例，以确保女性最低限度的参政议政之权。与女性追逐权力意识的弱化相适应，女性参与社会生活的广度和深度整体上不及男性，由此决定了与政治信念、权力的追逐和运用相关的一些犯罪，较少发生在女性身上。

其次，某些体质和心理因素也限制了女性的犯罪行为。就体质而言，女性可谓犯罪中的弱者，在各种需要以身体的力量为条件或后盾的犯罪中，女性涉猎的可能性明显较少。例如，抢劫、暴力杀人等。在心理方面，尽管现代社会女性的法律地位与男性平等，但两性之间社会分工的不同也是客观存在的。除职业生活外，操持家务、抚养子女仍是女性日常生活的基本内容，加之女性因母子关系形成发乎自然的母性爱，使其具有比男性更为突出的忍耐和献身的特殊性格。从而更容易克制自己的欲念和冲动，但同时这也说明了由于日常家庭事务在女性生活中所占比重较大，由此引发的冲突和矛盾容易导致相关犯罪的发生。例如，因家庭矛盾激化而引起的家庭暴力案件。

最后，就业余生活方式而言，男性更具有富于冒险和寻求感官刺激的心理特

---

[1] 张远煌：《现代犯罪学的基本问题》，中国检察出版社1998年版，第123页。
[2] 张远煌：《现代犯罪学的基本问题》，中国检察出版社1998年版，第125页。

征。男性在业余生活中较女性更容易沾染上各种不良习气，如酗酒、赌博、吸毒、斗狠等，显然，这些不良习气正是诱发犯罪的重要原因。

我们认为，以上分析有一定的道理，但是，犯罪类型的性别差异并不是绝对的。男性与女性在犯罪类型上所表现出来的某些差别，是与其身体、生理、心理等特征密切相关的，主要还是由其身心差异决定的。

### 三、犯罪手段上的差异

男女两性在生理结构、心理机制和社会角色等方面的不同，决定了两者在犯罪手段上也呈现出差异。与男性犯罪相比，女性犯罪较为突出的特点有：

1. 作案手段的非暴力性。女性由于体力不足而往往"扬长避短"，利用自己女性的魅力和不易引人警觉和怀疑的社会心理，去实施各种与其"身份"相适应的犯罪。例如，在财产犯罪方面，女性一般所涉及的主要是扒窃、盗窃商场小件物品，或以性别掩护实施诈骗、色情抢劫、麻醉抢劫等犯罪形式；而很少撬门扭锁入室行窃或公然暴力抢劫。

2. 犯罪行为的隐蔽性。与女性内在情感体验较强、不轻易表露心声和行为较为谨慎的一般人格特点相适应，女性实施冲动性犯罪的甚少，女性犯罪的手段较为隐蔽、间接。女性在犯罪意图的产生与犯罪行为的实施之间有一个较男性更为明显的动机斗争过程。犯罪行为的过渡是其反社会性日益强化，最终战胜适应社会动机的逻辑结果。也正因如此，女性在犯罪前大多精心准备，反复策划，具有较强的预谋性。例如，在女性杀人犯罪中，预谋性表现得十分突出。据某劳改农场对其关押的180名女杀人犯的调查，属于激情杀人的只占5%，绝大多数都是经过深刻的动机斗争后，选择适当的方式和手段实施的。女性杀人的手段，多用下毒，或趁被害人熟睡、昏迷等失去反抗能力时实施；这与男性杀人时直接、面对面的实施手段是有区别的。从理论上讲，正是由于女性犯罪的隐蔽性，有可能增加女性犯罪的隐案量，同时加大查处女性犯罪的成本投入。例如，据天津市有关部门统计，1990年入狱的88名女犯中，每个女犯被抓获的平均时间值为1年零8个月，而当场作案被抓获的只占3.8%。[①]

3. 女性犯罪具有较明显的逆变倾向性。所谓逆变倾向，是指女性在初次犯罪遭受制裁之后，人格的自尊比较难以恢复，"破罐破摔"的心理倾向较为突出，且犯罪后的改造难度大。出现这一现象的原因，除与女性犯罪的预谋性较强有关外，主要是由于女性的自尊感较男性强烈而又脆弱。而刑事责任的追究意味着对行为人不良人格的最严厉的社会谴责，因而在刑事制裁之下，女性自尊感的丧失远较男性为甚。这就在相当程度上动摇了女性改恶从善和追求新生的原动力。同

---

[①] 张远煌：《现代犯罪学的基本问题》，中国检察出版社1998年版，第126页。

时，不容忽视的一个社会现象是，女性犯人受到的社会歧视往往比男性犯人更为严重。当她们重新步入社会生活时，在婚姻的缔结、家庭的重建、职业的选择、事业的追求以及自我形象的重树等方面都面临着严峻的压力，从而使其重新适应社会的过程较男性更为艰难。

综上可见，男性在犯罪手段上多采用具有主动、进攻性的暴力手段。而女性由于体力上的限制、社会经验的不足，以及缺乏胆量、自身的忍耐性等特点，在犯罪手段上具有被动性、欺骗性、非暴力性、隐蔽性的特点，且在犯罪中多利用女性的性别特点作掩护。不过，值得注意的是，近年来，女性犯罪的暴力性倾向也逐渐增加，如杀人、抢劫、伤害等暴力案件上升势头明显，且有些女性的犯罪手段也是极其残忍、令人目不忍睹的，如山西男童被伯母挖眼案、黑龙江桦南孕妇杀人案、重庆巴南妇女砍死幼童案等。

### 四、在共同犯罪中的地位和作用的差异

一般情况下，在共同犯罪中，男女两性的地位和作用有所不同：男性一般都处于主导地位，是犯罪集团的领导者、组织者和具体实施者；而女性在共同犯罪中则处于从属地位，她们常常扮演"黏合剂"的角色。即犯罪集团在没有女性加入之前，一般都是临时性的、松散性的；当女性加入后，团伙成员通过腐朽的生活方式巩固了团伙成员之间的联系，使犯罪团伙逐渐稳定、巩固。如果女性成员又以自己的性别特点作掩护，拉拢、引诱其他女性加入，那么，以这些女性为纽带，将带动更多的男性加入犯罪集团。这样，犯罪集团就像滚雪球一样，逐渐由小变大，甚至发展成黑社会组织。

在共同犯罪中，女性犯罪人常常起到男性犯罪人起不到的作用。例如，在绑架儿童的案件中，往往是女性犯罪人去欺骗和引诱被害人。此外，在色情抢劫、诈骗等案件中，也常常是由女性犯罪人去引诱被害人。又如，窝赃、销赃等犯罪活动，女性也比男性更适合。

可见，女性在共同犯罪中虽然处于被动、从属地位，但是，她们对于犯罪集团的巩固和发展，起到了男性犯罪人起不到的作用。尽管她们当中有很多人都有一个从受害到害人的发展过程，然而，女性在集团犯罪中的腐蚀性和消极作用是十分明显的。

### 五、犯罪处遇上的差异

由于人类的某些共通理念，人类社会对犯罪行为的反应，也存在不同程度的性别差异，即男女两性在犯罪上所受到的处遇是有区别的。这种趋势主要表现在两个方面：其一，在大致相同的犯罪条件下，女性遭受逮捕和起诉的比例常常低于男性；其二，在处罚上女性适用缓刑和轻刑的机会也较多。这是因为，我国有

关法律明确规定对相应女性犯罪人予以从宽或优待。例如，死刑不适用于怀孕的妇女；女性在怀孕、哺乳期间，监禁刑可在监外执行等。有些女性利用这一法律规定钻空子，企图逃避惩罚。国外的情形也差不多，如据日本的调查统计，1963～1972年，日本男性疑犯和女性疑犯被起诉的平均比例分别为67.3%和45.6%；被判处缓刑的，男性犯罪人和女性犯罪人的平均比例分别为51.1%和72.5%。[①] 可见，社会对女性犯罪的处遇要比男性轻缓些。

## 第三节 女性犯罪的心理与社会成因

女性犯罪，同其他犯罪现象一样，其犯罪心理的形成都是人的大脑神经系统活动的产物，除受生理因素的影响外，还要受社会因素的影响。对女性犯罪来说，其犯罪心理产生、形成和发展，是在生理基础之上，基于性别差异和社会因素，从而带来了女性异于男性的心理特征。

### 一、女性犯罪的心理成因

（一）认识能力低下

女性犯罪，特别是青少年女性犯罪，其在青春期，由于认识能力低下，还没有树立起正确的道德是非观念，分不清真善美与假恶丑，缺乏辨别是非、好坏、善恶的能力，容易受外界不良影响，因愚昧无知而上当受骗。而且有的青少年女性对法律的认识淡薄，当受到不法侵害时，不是诉诸法律、依靠法律来保障自己的合法权利，而是忍气吞声，甘愿堕落，或采用报复的手段，采取违背国家法律和社会规范的行为进行报复。

（二）畸形发展的个人需要

一个人的需要反映出他的世界观和道德评价，一般来说，人能够在社会中、在社会规范之内自觉地调整并满足自己的需要。而青少年女性罪犯的需要往往是脱离现实条件去追求物质需要、精神需要以及低级情趣的生理需要。她们贪图享乐，自我显示，爱出风头，好逸恶劳，贪图钱财和舒适享乐的生活，追求超前消费。对高档的生活用品，从羡慕到向往，而个人的物质需要同其经济收入、社会需要处于相对立的地位，为了达到目的，就不择手段，以身试法。同时在青春期，性意识的萌发，导致性冲动的出现。但由于性知识缺乏，不懂得性的社会责任和法治观念薄弱，把性生理冲动引起的性心理冲动，误认为是性爱心理，从而导致性的放纵，盲目追求情趣低下的生理需要及其伴随的物质需要，把追求这种

---

[①] 张远煌：《现代犯罪学的基本问题》，中国检察出版社1998年版，第127页。

需要当作生活的目标，进而滋生了大量与卖淫、淫秽物品等相关的性罪错行为。

（三）强烈的依附心理

由于女性生理特点的原因，女性在体力、臂力、腕力上都不如男性，参加社会活动的范围和活动能力也不如男性，缺乏社会经验，缺少胆量，迫使她们的犯罪活动要依靠他人的帮助才能达到犯罪目的。在这种情况下，她们或组成团伙以增加自己的胆量、增强安全感，或寻找靠山、依附男性，寻求保护。男性罪犯也利用女性罪犯的依附心理，合谋作案，将女性作为诱饵进行其他刑事犯罪。如在拐卖人口犯罪中，往往利用社会对女性的信任和尊重，以女性出面哄骗、诱拐，不会引起他人的注意，以达到拐卖的目的。例如，重庆一赵姓女子，因对其公司男老板产生依恋，便对其言听计从。男老板利用赵姓女子色诱当地官员并发生性关系，偷录性爱视频后对涉事官员实施敲诈勒索。该案便属于女性具有强烈依附心理、男性有效利用女性实施犯罪的典型例证。

（四）意志控制力的薄弱

意志是人在控制、调节行为，克服困难，达到目的时所表现出来的一种心理活动。而犯罪女性的意志往往受情绪的影响较大，一旦受到外界诱因的刺激，就很容易产生冲动，控制能力弱。而且在行动中缺乏主见，容易被说服而受到暗示，盲目听从别人的安排、指挥，任人摆布。在正确的意志方面又显得十分脆弱，在改恶从善时表现出反复性大，没有力量去克服自身的冲动和畸形的需要，因而一般悔改很困难。

## 二、女性犯罪的社会成因

（一）性别角色的社会化

性别角色是因为性别上的差异而获得的社会地位和身份。性别角色的最初影响是在家庭中获得的。在家庭中，由于性别的不同而受到不同的待遇，使其了解了自己的性别身份。男性、女性在与父母和其他家庭成员的交往中学会和掌握了性别角色的社会意义和行为规范，并不断调整自己的言谈举止以符合社会对性别角色的要求，并将这种角色固定在其意识中。如男孩调皮捣蛋往往受到褒奖，而女孩却会受到惩罚、谴责；男孩懒散一些也会被原谅，而女孩若不修边幅就会被人讥笑；对男孩可放任一些，其外出交往的机会多，而女孩往往被局限在家里，外出交往的机会很少。在家庭中性别角色得到充分的发展。

对性别角色社会化影响最大的因素是社会文化。由于人们所处的社会地位、阶层不同，接受的外来文化信息的影响不同，因此不同阶级社会、不同社会阶层的人，其性别角色也就有所不同，特别是性别角色的刻板印象对女性的影响很大。社会刻板印象是指人们常常将人分为若干种类，而对每一类的人有一套或强或弱的固定看法，这种未必有科学根据的看法或印象，就称为社会刻板印象。社会中的男性在性别上的定向是成就定向、工作定向，而女性则是情感定向和家庭定向。对男性要求征服、冒险、竞争、刚毅和野心勃勃；对女性则应柔顺、服从、被动和富于自我牺牲。违背这些规范的，将承受违规的巨大压力。而且社会中认为女性应具备的优点是：温柔、善良、有耐心、细心、开朗、大方。在职业的分工上也有着传统的模式：男耕女织。男性总是与干大事业、有成就相联系；女性总是在活动范围较小、与服务性的工作联系在一起。现实生活中家庭的分工也是循着男主外、女主内的模式，这种性别角色的概念普遍地渗透到生活的各个领域，使人们对男性、女性的性别角色有了一个固定的看法。

社会文化因素中对性别角色社会化影响的另一方面是我国的传统文化。我国是有着2000多年封建历史的国家，以儒家思想为主的传统文化对我国的影响很大。儒家思想所提倡的"三纲五常""三从四德"和恪守妇道，对女性进行了明确的等级限定和行为规范限定，以致"重男轻女"的意识根深蒂固。在我国部分文化落后地区这种重男轻女的现象影响到生育、读书等方面，如果妇女生女孩便遭歧视、虐待，女孩接受义务教育的权利在有的地方也被剥夺。

随着科学技术的发展和社会的进步，我国也颁布了一系列保护妇女权利的法律，女性的地位有了天翻地覆的变化，女性的政治、经济、社会地位比以前有了很大的改变。女性在政治、经济上获得了与男性平等的权利，越来越多的妇女走上社会，参与社会生活，男女两性的性别角色有了新的含义。女性在人际交往、社会经验、个人能力、智力等方面的差异逐渐缩小。改革开放以来，妇女就业机会增多，特别是农村妇女从相对贫穷的山区农村进入大城市，城市的各种政治、经济、文化信息、生活习惯对她们的刺激很大。而传统的性别角色对她们的限制，使她们很难适应城市生活，因而产生矛盾。为了解决这些矛盾，妇女犯罪的机会随之增加。随着男女平等的广泛实行以及从事较高地位工作的妇女增加，女性不断进入新的领域，也不断向决策管理层次渗透。这不仅非常艰难，也是对旧的性别角色分工的挑战，而且也使女性在经济领域、金融领域的犯罪机会增加。

(二) 不良文化的影响

改革开放的实行，使西方的一些不良文化也乘虚而入，接踵而来的是对我国政治、经济、文化的渗透，表现在几个方面：一是西方资产阶级所宣扬的"性解放""性自由"思潮对女性青少年的影响较大，使一些女青年盲目追随西方思潮，在异常性爱心理的支配下，把自己的身体作为资本和商品进行卖淫活动，以满足其性欲并获取钱财。二是电影、电视、录像、书刊等文化作品宣扬暴力、色情和腐朽的生活方式给人以强烈刺激，直接教唆并诱发女青年犯罪。三是文化市场管理不善出现的漏洞。夜总会、影剧院、录像厅、舞厅等娱乐场所成为播放、宣扬黄色文化的场所，而管理部门对这类场所的管理往往不尽如人意。在打击、治理期间，这类场所有所收敛，然而一过"打击"时期，又照常成为黄色文化的宣传场所，令管理部门很头疼。这是因为我国在改革开放的深化期间，管理方法和手段都落后于社会的迅速发展，因而在文化市场管理中出现一些消极因素，这些消极因素就成为犯罪产生的客观原因。

(三) 不良家庭教育

家庭教育的作用，无论从教育学还是心理学的角度来说，对人的教育作用是其他任何教育方式不可取代的。家庭环境是对人生进行启蒙教育的最佳场所，也是塑造性格的最佳环境。所以说家庭对人的个性的形成起着基础性的作用，因而它对女性犯罪心理的形成、发展也起着重要作用。家庭中的不良因素对女性犯罪的影响主要表现在：家庭教育方法不当，家庭结构发生变化带来的不幸，家庭成员中有不道德行为或违法犯罪者，重男轻女的家庭等，家庭中的这些不良因素都可能诱发女性犯罪心理的形成，成为形成犯罪动机、实施犯罪行为的诱因。

(四) 不良人际交往

社会生活中离不开人与人之间的互相联系、互相交往，在交往中通过互相传递信息、情绪感染和行为影响，来实现人们在思想意识、兴趣爱好、个性性格等方面的互相交流。人际交往对人的一生起着极其重要的作用。良好的人际交流可以对青少年的社会化起到积极的作用，而不良的人际交往所起的坏作用也非常大。处于青春期的女性青少年由于生理、心理特征的影响，比男性更喜欢交际，渴求友谊，喜欢结交朋友。但如果交友不慎，结交坏朋友，不良人际交往就成为导致女性犯罪的一个重要因素。特别是女性与异性朋友交往，如果因为家长或教育者的原因，不尊重其生理、心理发展规律而一味批评、阻挠，甚至责骂，女性在这种压力下只得屈服，且会给身心的发展带来不利的影响。而有的女性青少年在正常交往受到阻碍、挫折后，对异性的好奇心、神秘感反而增强，将与异性的交往转为秘密进行。在交友中难免会有好朋友或有劣迹行为的朋友，稍有不慎，就会被腐蚀、威胁参加犯罪活动，如与有不法行为的异性朋友交往，被同化后就会参与其犯罪。

女性罪犯不良的人际交往有以下表现：一是在不良交往中被同化。有的女性青少年是在与不良朋友的交往中，自觉不自觉地接受其不良的思想意识、价值观念，模仿、学会一些坏习惯、不良行为，并在自身的心理中发生主观认同从而走上犯罪道路的。二是在不良交往中交叉感染。不良朋友间的互相影响、感染可以成为犯罪的直接动机，而且会对犯罪动机起到强化作用。因为互相交往时，可以产生一种情绪感染，在犯罪过程中如果出现恐惧、紧张心理可以互相壮胆。同时还会消除紧张感，增强安全感，减轻罪责感，强化犯罪动机。三是在不良交往中传授犯罪知识、交流犯罪经验、学习犯罪方法、手法，使犯罪技能越来越熟练，犯罪手段越来越高明，后果越来越严重，社会危害性加剧。

## 第四节　女性不同犯罪的心理分析

近年来，女性犯罪引起了社会各界的普遍关注。女性犯罪不仅数量和比例在逐渐上升，犯罪类型也在不断扩展，而且女性犯罪低龄化的倾向也十分明显。当前女性犯罪尽管涉及的类型已经开始多样化，但性犯罪、财产犯罪和杀人犯罪等相对更集中且更能反映女性犯罪的特征。

### 一、女性性犯罪的心理特征

女性性犯罪是女性犯罪的主要形式之一。女性性犯罪心理的形成，主要原因是生理发育的提前、早熟与心理发展滞后的矛盾。在青春期，女性随着性机能的迅速发育，第二性征出现，性激素分泌量增加，月经初潮的来临，标志着女性性生理的成熟。随着社会的发展进步、人类物质生活水平的提高、饮食营养的改善，女性生理的发育和成熟普遍提前。而性生理发育的年龄越小，对心理的影响越大，因为性生理的成熟给女性生理上带来了较强的性冲动，随之产生对异性的爱慕、好奇、神秘、思恋等情绪，进而产生性意识和性要求。而青春期的女性对性生理的成熟却缺乏心理准备。一是因为此时女性的认识能力较低，不能正确认识性的生理特点和性的社会责任，对于提前成熟的性心理不可能有正确的认识。二是缺乏控制能力和抵制各种诱惑的能力。在社会日益发展的今天，各种信息对女性的刺激增大，在接受了外界的各种诱惑、刺激后，却缺乏分析、综合能力去辨别好坏、美丑、荣辱，表现出心理发育滞后。

(一) 女性性犯罪心理特征

1. 异常的性意识

伴随女性性生理机能的成熟，女性的性意识相应产生。但作为一个社会成员，在满足生理需要的同时，更重要的是符合社会需要、受社会条件制约，只有这样，才能真正成为一个社会人。女性性意识的萌发、产生是随着性生理的成熟而出现的，由对异性的好奇、神秘，逐渐发展为受异性的吸引、爱恋。想接近异性，出现"单相思""早恋"，从异性身上寻求精神寄托和安慰，并将青春期性的萌动当成性爱，试图对这种性的冲动产生尝试，从而与他人发生两性关系。有的女性受到色情文艺作品的不良影响而盲目模仿、学习，从而产生错误的性意识、性道德。有的女性在对待婚恋与性的问题上，对性的社会责任、性道德与婚恋关系缺乏正确认识，错误理解两性关系甚至认为恋爱就是用性欲来满足双方，从而以身相许甚至不惜帮助男友或丈夫实施性侵犯罪，以向对方表达忠诚和爱意。

2. 畸形发展的性需求

性需求是人类性行为的基本动力。性的需求是人类社会发展过程中维持个体生命和延续种族发展的源泉，不仅是一种生理需要，也是一种社会需要。这种需要既要受人类自身性道德意识的约束、限制，还要受社会生活条件的制约。只有在这种条件下，个体自身性的需求才能获得满足，也才能得到社会承认。性犯罪的女性，往往有着畸形发展的性需求，一方面不懂得什么是正确的情爱，受性欲的驱使，玩弄男性，诱骗男性，随心所欲发泄性欲。另一方面把追求性的放纵、满足性欲作为人生追求的目标，以满足生理性的需要作为人生最大目的，从而纵情恣欲，大搞淫乱活动。例如近年来有多名私生活糜烂的女性官员被查处，这些女性官员被通报"搞权色交易、钱色交易""在婚姻存续期间与他人发生不正当性关系""与他人通奸""生活腐化，贪图享乐"。这些女性或直接沉迷于性行为的享乐中，或利用性行为换取不当的权力、物质等利益，进而构成相应的违法犯罪，体现了较为明显的畸形性需求。

3. 缺乏控制的性意志力

性犯罪女性的意志薄弱是其心理特征的又一表现，表现为由于缺乏起码的道德、伦理规范的约束以及强烈的性需求，使她们一有冲动，就想得到满足，而不顾社会的谴责和法律的制裁。有的女性把自己的生理特点作为满足性欲的资本，频繁的性生活使她们产生强烈的性冲动，也使她们的异常性心理得到巩固和强化，从而逐渐形成一种生理定势，意志力的控制显得脆弱、无能为力，无法控制、调节强烈的性欲求。

4. 贪慕虚荣的性格缺陷

性格是对现实的稳定态度以及与之相适应的惯常的行为方式的个性心理特征。性犯罪女性在性格上的缺陷主要表现在：愚昧无知，分不清善恶、荣辱，举止轻浮、行为不检点，虚荣心强，好吃懒做，自尊心太弱；为了显示自己，喜欢出风头，引人注目，以引起异性的注意；喜欢听别人毫无根据的吹捧逢迎，夸大优点，掩饰缺点，靠吹牛来满足自己的虚荣心；行为轻浮放荡，言谈举止粗俗，总想在异性面前显示自己的漂亮、魅力，以能赢得异性的喜欢，以对异性有吸引力来满足自己的虚荣心。由于性格上的缺陷，她们只要能满足自己的虚荣，就可以干自己不愿干的事，可以让人任意摆布、支配。正是由于性格上的这些弱点，使她们走上犯罪道路。

(二) 女性性犯罪的社会危害性

1. 严重摧残了女性的身心健康

女性性犯罪使女性的身心健康受到摧残。女性性犯罪不仅在生理上使女性受到损害，心理也不能得到健康的发展，如患有各种性器官疾病和妇科疾病，而且形成畸形发展的性意识，贪慕虚荣，追求性刺激，好吃懒做；通过性犯罪来获得生理快感，并且以追求这种刺激作为人生的最大目标；一有冲动，立即想得到满足，使其逐渐堕落，道德沦丧，严重影响自身的生理和心理健康。不仅如此，女性的性犯罪还影响未来一代母亲的道德面貌。她们由于自身道德沦丧，缺乏正确的世界观、人生观，当她们组成家庭时，无法担负起教育好下一代的任务。相反，有前科的女性在家庭中往往起到"模范""榜样"的作用，耳濡目染，子女模仿、效法母亲的行为，影响子女的健康成长，甚至起反面作用，使子女走上违法犯罪的道路。

2. 具有极大的腐蚀性

此特点表现在三个方面：一是女性对同性的腐蚀诱惑作用；二是以性犯罪作为一种媒介，诱发其他犯罪；三是女性在同伙中的凝聚力作用，增加犯罪恶性程度。

从女性性犯罪的事实来看，女性之间在交往上和接触上没有障碍，在兴趣、爱好、思想感情上的许多一致性使她们易于互相交流情感体验，产生心理上的共鸣。一旦误入歧途，很容易使经常与之交往的女性受到感染而堕入犯罪。而且这种感染、诱惑就像滚雪球一样，影响面越来越大，她们越陷越深不能自拔。有女性成员参加的犯罪，特别是团伙犯罪，团伙成员一方面互相玩弄、荒淫无度，互相寻找强烈的刺激；另一方面在犯罪手段上，利用女性的姿色、生理特点进行其他犯罪。例如，利用女色诱惑、勾引男性，进行抢劫、贪污、行贿、诈骗、盗窃，达到侵吞财物的目的；利用女色进行杀人、强奸、伤害等犯罪危害人身权益和公共安全。总之，以性作为一种媒介，作为一种手段，不仅进行性犯罪，而且还诱发其他犯罪。

女性在团伙犯罪中其腐蚀性的另一表现是女性的支配地位对团伙成员之间有一种凝聚力量，这种力量能使团伙成员紧紧团结起来，增加团伙成员的向心力。而女性罪犯也利用自身的生理特点，赢得异性的欢心、羡慕，利用异常的性意识、紊乱的性关系来达到支配、控制异性的目的，将团伙成员牢牢地控制在她周围，使团伙成员间的关系由松散到逐步稳定，逐渐形成一个以性为纽带而凝聚起来的团伙组织。在这种情况下，有的男性为了在女性面前逞强好胜，显示"男子汉"的威风而进行暴力犯罪，或为了讨女性的欢心，不惜铤而走险。因此，女性以性作为手段，不仅可以增强团伙成员的凝聚力，也增加了犯罪的恶性程度。

3. 严重影响了社会风气

许多学者都认为，女性犯罪是衡量一个社会道德风貌的标志，特别是女性性犯罪对社会的影响更大，会造成家庭关系紧张、破裂，离婚率增加，使家庭解体，失去教育子女的职能，子女或离家出走或成为流浪儿的结果。他们在社会化还未完成前，过早流入社会，又不具备辨别是非的能力和无经济来源，从而成为犯罪的后备军。她们利用色相诱惑、腐蚀、勾引、拉拢其他人进行性犯罪，或为满足其畸形膨胀的物质需要进行财产犯罪，或在团伙中挑唆，引起流氓斗殴、聚众闹事，危害社会治安。女性性犯罪，为炫耀自己的性行为，满足生理需要，强烈地追求感官刺激，并"言传身教"，极易使一些青少年受到腐蚀和毒害而进行性犯罪。

**二、女性杀人犯罪的心理特征**

女性犯罪的类型虽然以性犯罪和侵犯财产罪居多，但这两类犯罪引起的其他暴力性犯罪也对社会有巨大的危害，如女性杀人犯罪。尽管女性杀人犯罪的比例没有性犯罪和侵犯财产犯罪的比例大，但女性杀人犯罪的社会危害性大，特别是有些大案、要案对社会的负面影响更大。因此，研究其犯罪特点有重要意义。女性杀人犯罪的心理特点主要包括以下几个方面：

（一）认识狭隘，报复心理严重

多数女性杀人犯的道德认识水平低劣，法治观念淡薄，心胸狭窄，虚荣心强。有时为恋爱、婚姻中的矛盾和纠葛而杀人；或夫妻为家庭琐事发生矛盾和争吵，一时情绪冲动而杀人；或为工作中的不公正待遇而杀人；或贪慕虚荣，贪图享受，好逸恶劳，为追求权势、金钱、性欲的满足而杀人；或遭受虐待，不是诉诸法律，以法律来保护自己的合法权益，而是采用杀人的方法图谋报复，以解心中压抑之恨；或充当第三者，与他人发生不正当性关系，破坏他人家庭，进而与奸夫合谋杀害自己的丈夫或对方妻子。正是由于她们的道德认识低劣，所以，在情绪冲动时，容易因心胸狭隘而实施报复性犯罪行为。当情绪恢复正常后，许多女性杀人犯又往往为自己的犯罪行为后悔不已。例如，湖南省高级人民法院女法官被杀案中，女犯罪人原本系被害人的同乡和校友，仅仅因为行为人向被害人打招呼、要求被害人关照其案件审理而遭被害人拒绝，便心生怨恨、起意报复。应聘被害人所在小区保洁员，摸清被害人生活轨迹后，在小区车库将被害人砍杀致死。该案是一起典型的基于女犯罪人心胸极为狭隘、报复心理极其严重而导致的恶性杀人案件。

（二）杀人起因多是情欲纠葛

女性杀人犯罪，原因有如下几类：一是因家庭纠纷，矛盾激化引起的杀人。这种情况或是婚前没有感情基础，婚后性格不合；或婚前以貌取人，一见钟情，或看上对方的财产、住房等，婚后感情不和，影响家庭和睦，一旦法院不判决离婚，或一方不同意离婚，就极易感情冲动，丧失理智，贸然行事，走上杀人犯罪的道路。另外，在现实生活中，因婆媳关系不好、姑嫂关系恶化、遭受家庭暴力而引起的女性杀人案件也比较普遍。二是男女一方或双方奸情暴露而杀人。这种情况常常是由于第三者插足所引起的。例如，一方喜新厌旧有外遇；或女性与人通奸，引起男方不满；或妻子不堪丈夫的虐待，外出寻求同情、温暖而与他人通奸；或妻子婚前行为不端，婚后恶习不改而与他人勾搭成奸等引起奸情杀人。三是报复杀人。有的女性或对领导不满,或因邻里纠纷对邻居怀恨在心,或因贪慕虚荣、嫉妒心强,对他人财产不满而报复杀人。四是因过失而杀人。除上述几种故意杀人情形外,也有不少女性在生活工作中因为注意力分散、麻痹大意、行为鲁莽、态度消极、操作不娴熟等原因而出现过失杀人的情形。

从以上四种情形看,女性杀人犯罪的产生,多是与恋爱、婚姻、家庭等方面的纠纷和矛盾有关,且被害人多为与她们的生活联系密切的人,如恋爱对象、公婆、丈夫、子女、邻居、同事、朋友等。所以,女性杀人犯罪呈现出非常显著的"杀熟""杀亲"特征。

(三) 女性杀人犯罪前及犯罪过程中动机斗争明显

女性杀人犯罪前往往心理矛盾激烈,动机斗争明显。在爱与恨、干与不干、得与失等方面考虑较多,反复权衡。由于被害人多为自己的亲属或熟人,有的甚至是自己曾经最爱的人,或因有小孩等情感关系夹杂其中,所以,在是否杀人的问题上心理异常矛盾、复杂、激烈。在犯罪过程中,心理活动受情绪情感的影响也较大,杀人犯罪行为常常表现为冲动、疯狂,意志的控制能力相当薄弱,情感冲动掩盖了理智。有的女性在杀人犯罪中甚至表现出十分冲动、残忍、不计后果等特点。正因如此,女性在杀人犯罪前,往往有一些征兆,如心神不定、丢三落四、情绪低落等。

(四) 女性杀人犯罪的手段隐蔽,欺骗性强

女性在决定杀人犯罪前虽然有些犹豫、动机斗争明显,且有一些征兆,但一旦当她们下定决心实施杀人犯罪时,又会不露声色,暗自进行;行为表现出较大的欺骗性,且选择的犯罪手段常常是隐蔽的、间接的,或者唆使其他男性实施。绝大多数女性杀人犯在实施杀人行为前,都是蓄谋已久,计划周密,处心积虑,考虑再三,表现出隐蔽、含蓄的特点。有的甚至极具欺骗性,表面上夫妻关系正常,甚至妻子对丈夫格外关心、体贴,温情脉脉,实则暗藏杀机,伺机下手。

### 三、女性财产犯罪的特征

随着社会的发展,越来越多的妇女走上社会,从事许多社会工作。我国实行改革开放的经济政策后,妇女就业机会增多,特别是许多农村妇女从田间地头走向城市,成为城市的打工一族。由于商品经济的发展,受丰富的物质财富的刺激,部分女性在现有的物质生活与自身经济承受能力方面发生矛盾。当这种矛盾发展到不可遏制时,部分女性为了获取财富,满足自己日益膨胀的需要而进行财产犯罪。女性为获取财产的犯罪形式多种多样:盗窃、诈骗、卖淫、拐卖人口、走私犯罪等;有的女性因职业关系,通过贪污、受贿、偷税、漏税等犯罪形式获取财产。总之,女性在各自的活动领域内通过各种形式的犯罪活动,达到获取财产、满足畸形需要的目的。

（一）女性财产犯罪的动机

女性财产犯罪的动机是多种多样的，主要有以下几种：

1. 好逸恶劳，贪图享乐

此类女性由于认识水平低下，在自私自利的人生观以及利欲心理的驱使下，好逸恶劳。她们不是用自己的辛勤劳动和汗水来获得物质利益，而是厌恶劳动，企求不劳而获。她们贪慕虚荣，追求物质享受，崇尚"金钱万能"。为了获取财物，她们常常利用工作、职务之便进行贪污、受贿、走私等犯罪，或者直接进行诈骗、盗窃等犯罪。

2. 满足虚荣心

此类女性为了自身能受人尊重，引起别人的羡慕，在生活上追求高消费和超前消费。当自己现有的经济条件不能满足高消费的需要时，就可能铤而走险、走歪门邪道，从而实施财产犯罪行为。

3. 为了做个贤妻良母

有的女性为了家庭的稳定，或为了子女上学，或为了获取丈夫（或者恋人、情人）的爱，或为了讨公婆喜欢，做个贤妻良母而进行财产犯罪。其目的是获得亲友的爱、满足日益膨胀的物质贪婪欲求。为了达到对财物的占有，可以不择手段进行各种犯罪活动。受这种动机驱使的女性财产犯罪人，被称为"母爱型"犯罪人。例如，有些女性靠贪污、挪用公款等财产犯罪来供丈夫、子女，或者恋人、情人等享乐。

（二）女性财产犯罪的行为特征

1. 通过性犯罪的方式来获取财产

这类女性丧失了伦理道德观念和法治观念，认为女性的身体就是本钱，她们往往利用自身的生理特点，以出卖肉体来获取钱财。有的女性犯罪人认为，出卖肉体是无本万利的事，既可以及时行乐，满足生理需要；又可以挣钱，且钱赚得多，赚得快；还可以免去进行其他工作所需的辛苦，是一举两得的事情。在强烈的对财物占有的需要上，部分女性在性犯罪中处于主动地位，只要能满足物质上的要求，甘愿出卖肉体，出卖灵魂。许多卖淫妇女更是毫无伦理、道德可言，屡犯不止，不以为耻，反以为荣。女性以自身的肉体做交易来满足对物质财产的占有，这种行为对社会的危害性大，并影响社会治安和社会风气。

2. 女性利用工作之便进行财产犯罪的情况比较突出

现代社会，一些与金钱打交道的职业多为女性所承担。例如，银行系统、证券公司、财务结算公司，以及企事业单位中的财会部门等。有些职业女性利用自己与金钱打交道的机会，大肆进行贪污、盗窃、挪用公款等财产犯罪。

3. 利用性别优势，单独或伙同男性犯罪

近年来，不少女性利用人们对女性的尊重、同情或爱慕，单独或者伙同男性进行诈骗、敲诈勒索、盗窃等财产犯罪。例如，不少女性以恋爱或结婚为名骗取男性的财产，或者在与男性约会过程中盗窃男性财物，或与男性合谋在与他人开房过程中以"抓嫖""捉奸"等名义敲诈勒索；有些女保姆盗窃主人钱财，或与男性合谋诈骗或敲诈勒索主人钱财；有些女性在车站、码头等地方编造谎言乞讨骗钱。此外，女性扒窃犯罪人，女性拐卖妇女、儿童的犯罪人，女毒贩等，都常常是利用女性的性别特征或优势作掩护而实施犯罪。在现实生活中，色情抢劫、色情诈骗等案件，往往是女性与男性合谋实施的。

**【典型案例】**

　　黑龙江省佳木斯市桦南县的白某与妻子谭某自由恋爱后结婚，双方感情一直很好。婚后白某偶然得知恋爱期间谭某对自己有过不忠行为即出过轨，并对此事无法释怀，对妻子存有怨恨并对自己与一个非处女的女性结婚的事实感到沮丧。白某经常因此而殴打辱骂妻子，但事后又特别后悔，会主动向妻子承认错误并更加关爱妻子。谭某虽经常遭受白某的殴打与辱骂，但并未怨恨和疏远白某，反而认为确实是自己的错、是自己的出轨行为伤害了白某。在多次尝试消除白某的心结未果后，谭某提出可以找一个年轻的姑娘供白某性侵，以消除白某的心结进而确保两人回归正常的恩爱生活。白某同意。谭某帮丈夫物色女孩供其性侵的提议具有玩笑性，谭某并未放在心上。但经白某多次催促和要求后，已经怀孕的谭某虽心怀忐忑但仍尝试到大街上以自己肚子疼需要帮助为由试图将相中的女孩骗到家中。经两次尝试未果后，2013年7月24日，谭某在自家楼下的大街上成功将一名实习女护士骗至家中。在家等候的白某欺骗女孩喝下被下过迷药的饮料致其昏迷，后白某对被害人实施奸淫。在慌乱中奸淫未遂，害怕事情败露，白某与谭某合谋将被害人杀死。后二人将被害人的尸体装入一行李箱并将其抛掷野外。后二人被抓，谭某在被羁押期间顺利生产。2014年6月16日，佳木斯中级人民法院公开宣判，以强奸罪、故意杀人罪判处白某死刑，以强奸罪、故意杀人罪判处谭某无期徒刑。2015年1月30日，白某被执行死刑。

**【课后练习】**

　　1. 结合上述典型案例，分析女性在犯罪类型、手段、心理方面的特征。

　　2. 分析女性相较于男性在违法犯罪中的优势和劣势。

　　3. 分析卖淫嫖娼行为的心理因素、社会原因、社会危害和法律规制。

　　4. 实证调查当前女性犯罪的数量、类型、行为特征、行为人特征等内容。

　　5. 分析女性如何在婚恋等社会交往中更好地甄别、应对各种风险，以防止被害和施害。

# 第十章  犯罪心理的经历差异

【知识提要】

根据犯罪人的犯罪经历不同，可以将其分为初犯、累犯和惯犯，这三类犯罪人在犯罪过程中的心理特征和行为表现有较明显的差别。在学习中，要注意结合不同犯罪人的行为特征和个体差异，准确认识各自所呈现出的典型心理特征。

犯罪心理的经历差异，是指犯罪人在实施犯罪时有无犯罪经验，过去是否进行过类似的犯罪，以及犯罪嫌疑人在刑事诉讼的不同阶段的心理活动特点。根据犯罪人的犯罪经历不同，可以将其分为初犯、累犯和惯犯。这三类犯罪人在犯罪过程中的心理特征和行为表现有较明显的差别，初犯、累犯、惯犯无论是在犯罪心理上，还是在犯罪手段和方式上，都有一些普遍规律。因此，研究犯罪心理的经历差异，对于深入探讨不同类型的犯罪心理特点，提高侦查、审讯、矫治效率等，都具有重要的理论和实践价值。

## 第一节  初犯、累犯、惯犯犯罪特点之比较

### 一、初犯、累犯、惯犯的概念

初犯是指第一次实施违法犯罪的行为人。它是相对于累犯而言的。不过值得注意的是，犯罪心理学上所讲的初犯与刑法学上所讲的初犯有些差别。刑法学上的"初犯"是指第一次受到有罪判决的人，即实施了符合犯罪构成要件的行为并受到相应刑事制裁的人；而犯罪心理学上的"初犯"是指第一次实施违法犯罪的人，它可能是第一次受到刑罚惩罚的人，也可能是尚未受到刑罚惩罚的人。例如，未达到刑事责任年龄的人。对比可知，犯罪心理学上的"初犯"是相对于行为而言的，而刑法学上的"初犯"是相对于法律制裁而言的，两者之间既有可能同一，也有可能存在差异。

关于累犯的概念，我国《刑法》第65条、第66条作了明确的规定。根据以上法条规定，累犯是指被判处有期徒刑以上刑罚的犯罪分子，刑罚执行完毕或者赦免以后，在五年内再犯应当判处有期徒刑以上刑罚的故意犯罪（普通累犯）。第66条还规定：危害国家安全犯罪、恐怖活动犯罪、黑社会性质的组织犯罪的犯

罪分子，在刑罚执行完毕或者赦免以后，在任何时候再犯上述任一类犯罪的，都以累犯论处（特别累犯）。可见，普通累犯的构成必须符合三个条件：其一，罪质条件，即前后两次犯罪行为都是故意犯罪，具有初犯经历；其二，刑罚条件，即前后两次犯罪，都应被判处有期徒刑以上的刑罚；其三，时间条件，即后罪是在前罪的刑罚执行完毕或者赦免以后五年内实施的。特别累犯则没有时间条件的限制。

惯犯是指反复实施同类犯罪，已经形成犯罪恶习的犯罪人。惯犯与累犯不同，累犯已受过法律制裁，具有监禁体验，而惯犯不一定受过刑罚惩罚，也不一定有监禁体验；普通累犯不限于实施同一类犯罪，而惯犯原则上是实施同一类犯罪；惯犯一般是将犯罪行为作为谋生的手段，而累犯则不一定是以犯罪为生。在现实生活中，常见的惯犯有盗窃惯犯、扒窃惯犯、抢劫惯犯、诈骗惯犯、赌博惯犯、卖淫惯犯等。

### 二、初犯、累犯、惯犯的年龄特征

初犯多发生在青少年时期，18～25岁是青少年初犯集中的一个年龄段；而中年人、老年人相对来说，初次犯罪所占的比例甚小。随着我国青少年犯罪的增加，特别是近几年来，青少年犯罪问题已成为我国的一大社会问题，刑事犯罪年轻化、低龄化趋势明显，青少年犯罪在整个刑事犯罪中所占的比例呈连续上升的态势，出现了一个又一个犯罪高峰。随着犯罪高峰期的再现，青少年初犯的犯罪率也随之增加，每年都有相当数量的青少年初犯加入犯罪行列。近年来，15～16岁这一年龄段的初犯人数不断增加，并且青少年初犯的人数越来越多，青少年初犯的低龄化趋势也越来越明显，违法犯罪的最小年龄向前移了1～2岁，由15岁、16岁、17岁向14岁、13岁、12岁的初犯年龄前移，有的省、市的调查材料表明，违法的最小年龄为10岁、9岁。例如，发生在2018年的湖南六年级男童持刀杀母案、2019年的大连13岁男童杀人抛尸案。因此，犯罪成员中初犯年龄偏小已经成为刑事犯罪的一大特点。而中年人、老年人其生理、心理发展已成熟、稳定，虽然也有初次犯罪者，但其初犯比例大大低于青少年初犯。所以，从年龄特征来看，初犯绝大多数都处于青少年时期；而累犯、惯犯的年龄分布较广，既有青少年，也有中壮年人，还可能有老年人。

### 三、初犯、累犯、惯犯在犯罪手段方面的特点

对于初犯来说，由于受社会不良风气和从小形成的自私自利、好吃懒做、小偷小摸等不良行为习惯的影响，加之没有犯罪的经验，初犯在犯罪前往往缺乏心理准备，缺乏预谋，犯罪手段一般较简单，大多借助犯罪工具，犯罪时心慌意乱，动机斗争激烈；正是因为初犯缺乏犯罪经验和犯罪技术，他们在作案过程中

往往会留下许多痕迹物证。青少年初犯由于势单力薄，不具备犯罪技术，其犯罪后果的社会危害性相对较小。但有的青少年初犯也会借助犯罪团伙或有不良行为习惯的松散组织来达到犯罪目的。此外，初次犯罪一般都是由比较具体的犯罪诱因所引起的。

对于累犯和惯犯来说，由于有犯罪的经验，经历了初犯、再犯的阶段，犯罪意识强烈，反社会心理严重，已形成了根深蒂固的犯罪信念。由于多次作案，从失败与成功的体验中，在与同伙的交流中，逐渐积累了犯罪经验，已掌握了一定的犯罪技术，因而犯罪时有计划、有预谋，心狠手辣，冷酷无情，甚至有的犯罪人在犯罪过程中表现残忍至极，犯罪手段干净利落，现场留下的痕迹物证很少，并具备相当的反侦查经验，犯罪后往往采取转移侦查视线、转移赃物、破坏现场的手段，以图逃避惩罚。

### 四、初犯、累犯、惯犯在情绪方面的特点

初次犯罪时，情绪特点一方面表现出紧张和动机斗争激烈，既想克制不良欲望的增长，又克制不住不良需要的畸形发展（因意志控制能力差所致）；既想通过犯罪达到目的，但又惧怕法律的惩罚；同时是非观念、道德、情感尚未完全消失，因而初次犯罪时情绪的波动、起伏较大。如果对有初犯嫌疑者进行正确引导，其犯罪行为完全可以避免。初犯情绪的另一个特点表现为激情犯罪较多，特别是青少年初犯，血气方刚，情绪情感极易被外界诱因所激发，哪怕是一句不顺耳的话、一个不顺眼的动作、一件不顺心的小事，都有可能刺激其产生强烈的激情冲动。而激情一旦产生，自身很难控制住情绪的猛烈爆发，在激情的支配下，就很容易干出自己事后也后悔不已的傻事来。

累犯、惯犯的情绪特征表现为缺乏人与人之间正常的感情交流，缺乏怜悯心和同情心，因而表现在犯罪过程中，不会像初犯那样轻易被情感所左右，而是表现为犯罪意志坚定，犯罪时残忍、野蛮、冷酷无情，对别人的生命毫不珍惜、没有人性、凶残粗暴的特点。

## 第二节 初犯心理

### 一、初次犯罪的心理状态

初犯心理是指行为人第一次实施犯罪行为时的心理活动。第一次犯罪，往往要经历许多矛盾，既有对犯罪所要达到的目的追求、向往，又惧怕法律的惩罚；同时，道德、良心与犯罪心理也在进行激烈的斗争。具体表现为以下几种心理状态：

(一) 侥幸心理

初犯在实施犯罪行为前，侥幸心理十分突出。行为人的初次违法犯罪，往往希望成功，希望达到个人目的，满足自己的不良需要，所以，第一次实施犯罪行为时，行为人都比较自信。他们自以为犯罪行为不会被发现，抱着试一试的心理去实施；也有的行为人认为，自己没有前科，是第一次犯罪，对犯罪对象和犯罪的时间、地点都考虑周密，并制订行动计划，可保万无一失，对犯罪得逞估计过高；还有的行为人轻视司法机关的办案能力和惩罚力度，特别是见到自己周围确实存在个别有过犯罪经历但却没有受到应有的刑罚惩罚的事实，这种示范效应将更加强化初犯的侥幸心理。正是因为初犯在犯罪前存在侥幸心理，所以，他们在经过激烈的动机斗争后，选择了犯罪动机而抛弃了反对动机，最终实施了犯罪行为。

(二) 紧张、恐惧心理

初犯在犯罪行为进行过程中，紧张和恐惧心理占优势。这是因为，在犯罪行为的发生过程中，作案现场往往危险四伏，充满了紧张气氛，这就要求犯罪人注意力高度集中，胆大心细，意志坚定。而初犯由于没有作案经验，害怕被人发现、被抓获，受到法律的惩罚，所以在实施犯罪行为时胆怯心慌、草木皆兵、做贼心虚；常常表现为行为紧张，手脚不灵活，且有多余动作，说话的口音变粗、结舌，心跳激烈，口干，冒冷汗，脸色发白等。在这种紧张、恐惧的心理状态支配下，初犯有可能放弃犯罪动机，中止犯罪；也可能因过度紧张而暂时性丧失自我控制能力，使犯罪动机向恶性转化，进而实施更为严重的犯罪行为。例如，有的初犯入室盗窃时，刚好被事主回家碰见，犯罪分子一紧张，便产生了杀人灭口的动机。

(三) 悔过心理

大多数初犯在第一次实施犯罪行为后，总会感觉到来自社会舆论的压力和法律惩处的恐惧，同时还没有丧失一般人所具有的良心和道德，明知犯罪行为是损人利己、完全违背社会道德的，因此，犯罪后又愧疚不已，非常后悔自己的所作所为。特别是看到自己的犯罪行为给受害人和社会造成不可挽回的灾难（如致残或殃及无辜）时，初犯在良心上会受到责备、产生内疚感。在这种悔过心理的支配下，有的初犯会对自己的犯罪行为后果予以补救，尽量减少犯罪给受害人所造成的痛苦；也有的初犯正是在悔过心理的驱使下，投案自首，改过自新。不过，值得注意的是，初犯的这种悔过心理常常是不稳定和不彻底的；一时悔过并不等于真正悔改，有的初犯时过境迁，又会重操旧业。因此，如果不及时捕捉初犯的悔过心理，并抓住时机做好教育与转化工作，那么，初犯的这种悔过心理就很可能一闪即逝，很快为其作案带来的刺激和成功体验所淹没，导致其犯罪心理的恶性发展，逐渐走向惯犯、累犯的道路。

除上述心理状态外，初犯在实施犯罪行为后，还可能出现惊恐、心虚甚至自暴自弃的心理表现。这是因为，大多数初犯在作案后，总觉得自己的破绽已被人发现，处处有人注意或监视自己，他们心惊胆战、惶惶不可终日，甚至风声鹤唳、草木皆兵；他们对外界舆论、周围群众的反应格外关心，对有关事物神经过敏、行为异常。例如，坐卧不安、食不甘味、精神恍惚等。初犯的这些反常行为常常会成为破案的线索。此外，有些青少年初犯在受到刑罚惩罚后，容易产生消极悲观情绪，甚至自暴自弃。

## 二、初次犯罪的动机分析

初犯在实施第一次违法犯罪时，常常有强烈的动机斗争。在犯罪前，表现为恐惧与侥幸、作案与不作案的动机斗争；在实施犯罪行为时，既想满足自己的不良欲求，同时又受到道德、良心的谴责，还担心受到法律的制裁；在作案结束后，面对自己的危害行为后果和公安机关的侦查攻势，初犯还会产生是逃避侦查，还是投案自首的动机斗争。因此，在动机的取舍上犹豫不定，干与不干，犯罪与否，斗争激烈。当不良欲求膨胀、驱使行为人实现犯罪目的的动机占据主导地位时，行为人就将实施违法犯罪。同时，由于第一次犯罪，犯罪心理不成熟，思想较幼稚、单纯，行为具有盲动性。因此，概括来看，初次犯罪的动机往往有以下表现：

### （一）好奇

好奇这种动机特征，在青少年初犯身上表现得十分明显。青少年由于年轻好胜，血气方刚，冒险心理严重，加之对社会事物理解不深，往往出于好奇而实施大胆行为，因而构成犯罪，其行为常带有盲目性和盲动性。例如，有的青少年在淫秽书刊、色情影视剧的刺激下，会对异性和性行为产生强烈的好奇心，在这种好奇动机的驱使下，就极易实施强奸犯罪行为。

### （二）自我显示

有的青少年自尊心强，总想有所作为，因而逞强好胜，好表现自己而自我显示。但由于客观条件的诸多限制，行为人的愿望很难得到满足，一旦他们通过合法的行为无法表现自己时，为了满足自我表现的需要，就可能采用犯罪的方式，以实施犯罪行为来达到自我显示的目的。

### （三）寻找刺激

有的行为人不安于普通人的平静生活，认为普通人的生活呆板、枯燥，毫无生气。为了调节生活，不甘寂寞，便外出寻找刺激，但在此过程中极易惹是生非，寻衅滋事，违法犯罪。例如，一些在社会游荡的青少年，因打架斗殴、强奸猥亵、盗窃抢劫等行为被警方抓获后，问及犯罪动因，有相当一部分人做出了"酒后手痒""无聊好玩""寻求刺激"的回答。

### (四) 要求独立

这也是青少年初犯中常见的动机。在青少年自我意识开始确立的时期，青少年有了独立自主的要求，不喜欢父母一味地包办、代替、压制，不喜欢父母啰唆，希望有自己独立的人格、见解、生活方式、喜好等。如果父母不考虑青少年的这些心理、生理发展带来的变化，一味地强迫青少年适应自己所设想的前途和生活方式，对他们管得过多、过宽，就可能事与愿违，适得其反。有的青少年就是因为受不了这种约束，为了满足独立自主的需要，摆脱父母的束缚，进而外出寻求自己所认同的"独立、自主"而走上违法犯罪道路的。

### 三、初犯的心理转化及预防

初犯大多反社会意识不强，或是因法治观念淡薄而一失足成千古恨，因此作案后，大多有紧张、不安、恐惧、悔恨的心理表现，自我责备、自我反省，害怕见到以前熟悉的朋友、同学、邻居，羞愧之心尚存，受道德谴责的心理压力大。这类初犯，一般能知罪悔改，认罪服刑，重新做人。但重要的是要防患于未然，对在思想、品德、行为习惯等方面表现出不良苗头的青少年，根据其生理、心理特点，要对他们加强法律教育、品德教育和政治思想教育，树立共产主义理想，养成自尊、自爱的美德和高尚的情操，养成良好的行为习惯，建立起学校、家庭、社会相结合的教育管理体制。家长和教师对孩子的教育要注意方式方法，循循善诱，以教育为主，做好榜样的模范作用，减少不良的教育方法对青少年的影响。同时，要创造良好的社会环境，形成良好的社会风气，努力减少或消除犯罪心理产生的环境因素，做到防微杜渐，预防犯罪，也使其已形成的犯罪心理向良性转化。

有的初犯，第一次犯罪后或因未受到法律惩罚，侥幸逃脱制裁，或因犯罪后虽然受到处罚而无重新做人、改恶从善之念，反而变本加厉，使犯罪心理向恶性转化。所以，有的行为人初次犯罪后，尝到犯罪的"甜头"，也有了犯罪的体验，又侥幸逃脱了惩罚，不良的需要不仅未能受到抑制，反而进一步畸形膨胀，为了满足日益增长的不良需要，就可能再次犯罪。而当经历了初次、再次甚至多次犯罪后，犯罪意识由弱转强，犯罪恶习由浅到深，进而初犯时的畏罪、悔恨心理消失，代之以胆大妄为，由初次犯罪时动机斗争的激烈演变为动机斗争趋于平缓。这时他们已积累了一些犯罪经验，犯罪技术也日益提高，具备一些反侦查、反审讯经验，犯罪心理向恶性转化。针对这类犯罪人，要采取惩罚与感化并用的手段，一方面，通过惩罚使他们在参加劳动改造的同时，洗心革面，明确认识自己的罪行，认罪服法，重新做人，改变犯罪习惯，转化犯罪意识，消除不良的犯罪欲求，使其犯罪心理得到矫治；另一方面，对他们要晓之以理、动之以情，实施教育、感化、挽救的方针，关心他们的健康成长，对他们的思想、生活、劳动严加管理,帮助其改正错误的思想意识,淡化犯罪体验,割断与外界不良环境的联系,使其心理朝着健康的方向转变。

## 第三节　累犯心理

根据我国《刑法》的规定,累犯是指受过一定刑罚处罚,并在刑罚执行完毕或赦免一定时间内又再行犯罪的罪犯。犯罪心理学上所研究的累犯概念,比刑法学上的累犯概念在所受刑罚处罚的种类、犯罪的时间间隔以及再犯罪名等方面都要广些,没有刑法学上累犯的概念严格。这里,累犯的概念主要是相对于初犯而言的,在一定意义上可以与再犯同时使用。

### 一、累犯的人格特征

行为人初次犯罪受到法律惩罚后,有的初犯经过强制劳动改造,认识到了犯罪的社会危害性,并愿意改邪归正、重新做人,因而出狱后能过正常的社会生活,不再危害社会;但也有些初犯出狱后,由于自身的人格缺陷,经受不起外界刺激的诱惑,不能改恶从善,而是重操旧业,继续犯罪作恶。初犯之所以会发展成累犯,与其人格特征有关,主要表现在以下几个方面:

（一）好逸恶劳

有的行为人从小没有养成良好的劳动习惯,轻视和厌恶劳动,他们好吃懒做、好逸恶劳,为了生计,往往采用不正当的手段,铤而走险,甚至多次以违法犯罪的方式来满足自己的需要。同时,累犯有了犯罪的经验,并在关押期间结交犯罪同伙,学到了更高超的犯罪技能,如果他们在强制劳动中没有转化其犯罪心理,也没有养成良好的劳动习惯,那么出狱后就有可能再次犯罪。

（二）意志薄弱

有的犯罪人在监狱接受劳动改造时,还是认罪服法,愿意改恶从善的;但当其刑满释放后,由于意志薄弱,经不起内心不良欲求的冲动和外界不良因素的诱惑,同时难以适应正常的社会生活,很快又会重新犯罪,成为累犯。

（三）错误的自我意识

有的犯罪人刑满释放后,其家庭和社会对他们冷眼相待,甚至加以歧视,由于感受不到家人的关爱和社会的温暖,忍受不了别人的冷嘲热讽,他们可能会离家出走,流浪社会,从而结交上不良朋友,为了生活需要,又走上犯罪道路。

## 二、累犯的心理特征

### （一）强烈的反社会意识

累犯由于认识水平低，对道德、法纪的观念模糊，是非不分，不仅不以自己的犯罪为耻，反而对人民、对社会怀有强烈的不满，认为犯罪是"有理的"，犯罪是"被迫的"，坚持与人民、与社会为敌，反复以犯罪的方式来对社会进行报复，用以发泄自己的复仇情绪。他们分不清真善美与假恶丑，认为胆子大、敢拼命就是真正的英雄，"哥们儿义气"就是友谊，"想干什么就干什么"就是自由，他们的精神支柱就是吃喝玩乐的享乐观和封建主义的哥们儿义气。他们的这种反社会意识，对他们的犯罪行为起着决定性的作用。反过来，犯罪行为的实施，又强化着反社会意识，使其犯罪意识更顽固。

### （二）情绪、意志特征

与初犯相比，累犯由于具有直接的犯罪经验，以及在羁押和服刑场所学得的各种间接犯罪经验，因此其犯罪技能较全面，对于作案更加得心应手，不像初犯那样紧张、兴奋，而是显得冷静、平稳。与惯犯相比，累犯由于曾受监禁之苦，所以更为畏惧刑罚，他们在作案时更为谨慎，遇到障碍，他们会暂时放弃此次犯罪，以求全身而退。在情感方面，累犯缺乏初犯所具有的同情、怜悯心理，取而代之的是冷酷无情，他们把自己的快乐建立在别人的痛苦之上，在作案时，对受害人的痛苦求饶常常无动于衷。有些累犯出狱后，曾希望获得正常人的各种情感，恢复正常的社会生活状态，但当其希望被现实的遭遇打破时，又会反其道而行之，否定自尊和尊重他人，缺乏同情心，情感麻木，继续追求各种低级情感。

在意志特征方面，累犯也比初犯表现出更多的不良倾向。累犯意志特征的两极性较为明显，即一方面累犯的意志薄弱，自制力差，经不起犯罪引诱，重新走上犯罪道路；但另一方面，累犯实施犯罪的意志又比初犯强，他们的犯罪意志坚决，不达目的誓不罢休，意志活动内容有较大的破坏性。

### （三）动机斗争的复杂性

累犯在实施犯罪前往往有一个复杂性的动机斗争过程。犯罪人受满足私欲的迫切性的驱使，极想作案，但过去犯罪成功的经验和失败所带来的痛苦，又使他们考虑再三，不断地权衡利弊。特别是想到犯罪行为若被查获，又将重新过失去自由的监狱生活，这使他们心有余悸；加之亲朋好友的规劝，又使他们犹豫不决，不敢作案。然而，一想到犯罪成功所带来的满足感以及满足私欲的迫切性，犯罪人内心就发生了强烈的冲突。当物质和精神的满足所带来的喜悦感，大于内心的恐惧不安时，就会产生侥幸、冒险心理，并且这种侥幸心理逐渐占据主导地位，在这种心理状态的支配下，累犯会逐渐坚定其犯罪的决心和信心。另外，由于累犯被判过刑、坐过牢，在狱中没有认真接受劳动改造，没有养成良好的劳动习惯，反而对社会不满，认为社会对他们不公，对社会、对人民产生强烈的抵抗情绪。这种不良情绪极易成为他们出狱后实施犯罪行为的报复动机。有这种报复性观念的累犯，会逐渐将犯罪视为一种"合理化"行为，作案时心安理得，很少有明显的动机斗争。怀有这种心理状态的累犯，常常将自己的监禁经历视为对犯罪的补偿，认为自己不再亏欠国家、社会和他人，甚至认为自己失去的远远大于得到的，因此，要通过再犯罪来补偿曾经受过的监禁之苦。对于这种累犯的改造是比较困难的，他们再犯罪时，其社会危害性往往比初犯更为严重。正因如此，累犯的人身危险性要比初犯大得多。

## 第四节 惯犯心理

惯犯，是指反复多次地实施同类违法犯罪行为的罪犯。我国刑法学对于惯犯概念没有一个统一的解释，只是在刑法分则中对几种犯罪，如惯窃、惯骗、以赌博为业的犯罪等规定要从重处罚。犯罪心理学所研究的惯犯与刑法所研究的惯犯在概念范围和着眼点上有所不同。犯罪心理学所研究的惯犯主要是指反复多次地实施同类犯罪行为，以犯罪为常业，并且形成了犯罪习惯，将犯罪作为一种谋生的手段，或以犯罪所得为主要生活来源的犯罪分子。

### 一、惯犯的行为特征

（一）犯罪行为的连续性

惯犯由于受反社会意识的支配，与人民、社会为敌，犯罪动机强烈，犯罪欲求畸形发展，又具有一定的犯罪经验。因此，惯犯经常连续作案，一旦有犯罪机遇，绝不放过，即使没有犯罪机遇，他们也会创造条件进行犯罪。并且，惯犯在每次犯罪前都要制订周密的行动计划，选择作案对象、时间和地点，还有一整套犯罪中应付紧急情况、反侦查的手段和办法。所以，惯犯往往多次犯罪，连续作案，有的甚至是团伙犯罪，由于成员之间心理相容性的调节作用，团伙成员在心理、意识上互相影响、渗透、感染、传习，从而加重犯罪恶性，使他们在短时间内连续多次进行犯罪活动。例如，连续抢劫、连续盗窃、连续诈骗、连续贪污等。可以说，惯犯的犯罪行为已成为一种习惯性的行为。

（二）犯罪行为的残忍性

惯犯由于有多次犯罪经历，犯罪经验丰富，从而犯罪行为习惯化、自动化，也促使其人格特征犯罪化，表现为实施犯罪行为时心狠手辣、冷酷无情、野蛮残忍，毫无怜悯之心，毫无人性可言，有的惯犯甚至用被害人的痛苦取乐，将被害人的痛苦求饶、呻吟作为一种满足，这种畸形的人格特征使惯犯在实施犯罪行为过程中表现得残暴、歹毒，对社会、对公民的危害性很大。

（三）犯罪行为的疯狂性

惯犯畸形的犯罪人格和强烈的反社会意识，使他们形成对社会和人民的仇视，因而他们的犯罪行为带有极度的疯狂性，表现为胆大妄为，不思后果，敢于玩命，心狠手毒，不仅连续多次犯罪，而且敢于制造大案、要案、特大案件，产生轰动效应，施以恶性大的暴力行为，动辄杀人，视人命为草芥，而且还对受害人施以惨无人道的摧残、折磨，并将受害人杀死后毁尸灭迹等。其行为野蛮、残忍、令人发指，具有极大的疯狂性。例如，有些抢劫、杀害出租车司机（特别是女出租车司机）的惯犯，常常是将女司机先强奸后杀害，再毁尸灭迹。

（四）犯罪行为的狡诈性

惯犯由于多次反复实施同类犯罪，掌握了丰富的反侦查手段，积累了丰富的作案经验，他们不仅极易再次实施犯罪，而且犯罪行为也会变得极其狡诈，也给侦查工作带来很大困难。惯犯在作案之前，一般都要制订周密的行动计划，既要精心选择作案的对象、目标、时间、地点，又要考虑通过什么样的方式实现犯罪目的更为合理；同时，还要周密考虑作案过程中可能出现的意外情况。为此，他们非常注意和重视收集、研究各种信息，一旦条件成熟，就立即着手实施犯罪行为。虽然惯犯的犯罪行为非常狡诈，但由于他们作恶多端，失道寡助，而且多次的成功体验也往往使他们在作案过程中得意忘形，导致百密一疏，留下破绽，其最终的结局必定会印证"多行不义必自毙"的古训。惯犯无论多么狡猾，终将受到法律的严惩。

此外，惯犯的犯罪行为还具有坚决性，他们一经实施犯罪行为，不达目的决不罢休。为了达到犯罪目的，他们既可以变换犯罪手段、方式，也可以忍受挫折，同时还会想方设法排除障碍，不到万不得已不会自动中止犯罪行为。

## 二、惯犯的心理特征

惯犯是从初犯发展而来的，初次犯罪后，如果没有得到及时的打击、处理，行为人的犯罪心理就可能得到强化，连续多次作案后，其犯罪行为就会变得习惯化、连续化、坚决化、狡诈化；与此同时，其犯罪心理特征将逐渐巩固、定型。

（一）反社会意识的顽固性

惯犯的犯罪观，主要表现在仇视和对抗社会管理制度，坚决与社会为敌方面，他们将对社会管理的敌视用重大、恶性犯罪的方式来发泄；他们不以犯罪为耻，反以犯罪为荣，并将犯罪作为谋生的手段，将犯罪所得作为腐化生活的来源，甚至以犯罪为职业。正是因为惯犯的反社会意识十分顽固，所以，他们在犯罪时心狠手毒、疯狂残忍、不计后果，社会危害性极大。反过来，他们犯罪行为的多次实施，又不断强化其反社会意识，对社会的敌视情绪不断加强，致使他们的反社会意识更加顽固。

（二）需要结构的畸形化

需要是人的心理结构中最主要、最基础的因素，是激发人的积极性和推动其行为的活动动力。但是，人的需要受客观条件的制约，满足需要的方式也必须符合社会发展规律。而惯犯的需要结构往往是对需要无休止、贪婪地追求、索取。每一次犯罪的成功，都使他们不良的需要得到满足，从而强化其不良的需要结构并膨胀出新的需要，进而一次又一次地犯罪。同时，由于惯犯的犯罪行为的多次重复，使得犯罪行为习惯化，也使其需要结构出现泛化现象，即一方面，他们的不良需要结构不断膨胀；另一方面，他们又把犯罪活动本身作为一种需要，并且只有通过犯罪活动才能达到满足。因此，许多惯犯的犯罪行为不仅仅是为了畸形需要而犯罪，而是为了犯罪本身，将犯罪作为满足需要的方式，犯罪的需要结构畸形发展。

（三）犯罪习惯自动化

惯犯由于多次重复地实施犯罪行为，犯罪对于他们已不像初次犯罪那样只是作为满足某种需要的手段，而是成为他们调整心理平衡的一种需要。对他们来说，犯罪已经是习以为常的事，并且犯罪习惯在犯罪时是自动化、习惯性地出现。这种犯罪习惯自动化的形成，与惯犯自身的心理特征及外界不良客观环境的影响有直接的关系。犯罪人反社会意识及不良需要结构的形成，犯罪成功带来的喜悦与满足，都会强化其犯罪心理，使他们的犯罪心理逐渐稳定下来。同时，多次反复地实施犯罪行为，使他们的犯罪经验不断增多，犯罪意识不断强化，犯罪欲求更加强烈，犯罪习惯就渐渐形成了。每当有了犯罪机遇，犯罪条件成熟时，他们就会自然而然地实施犯罪行为。而此时惯犯的动机斗争已不再像初犯的动机斗争那么激烈、尖锐，而是趋于平缓，犯罪行为的实施往往出现自动化、习惯化的特征，而这种自动化行为对惯犯本身来说也难以摆脱。所以，这种犯罪行为的习惯化，反过来又进一步强化其犯罪心理，不断把他们的犯罪行为推向更加严重、更加危险的境地。

**【课后练习】**

1. 初犯、累犯和惯犯在犯罪的行为表现上有何差异？
2. 如何认识初犯的典型心理特征？
3. 刑法规定对累犯从重处罚的根据是什么？
4. 如何有效地预防犯罪人重新犯罪？

# 第十一章  犯罪心理的组织形式差异

【知识提要】

犯罪既可能独自实施，也可能以共同犯罪或者有组织犯罪的形式实施。一般共同犯罪和有组织犯罪的行为表现不同，二者所呈现出的典型心理特征也存在明显差异。特别是对于有组织犯罪而言，由于其社会危害性更大，要更加注重有组织犯罪形成和发展的心理诱因，通过把握其心理特征，为瓦解犯罪组织和惩治、预防有组织犯罪提供帮助。

犯罪心理的组织形式差异，是指在共同犯罪中，因实施犯罪行为的人数多少、犯罪成员之间相互关系的差别而表现出来的犯罪人在心理活动和行为特征等方面的差异。

## 第一节  犯罪的组织形式概述

### 一、犯罪组织形式的分类

关于犯罪组织形式的分类，我国《刑法》第25条第1款规定："共同犯罪是指二人以上共同故意犯罪。"第26条第2款规定："三人以上为共同实施犯罪而组成的较为固定的犯罪组织，是犯罪集团。"由此可以看出，犯罪的组织形式可分为一般共同犯罪和有组织犯罪两大类。其中，两人以上共同故意犯罪是一般共同犯罪；犯罪集团所实施的犯罪是有组织犯罪，即三人以上参加的、具有一定组织形态的共同故意犯罪。有组织犯罪又可进一步细分为组织较松散或临时纠合在一起实施有组织、有计划犯罪的一般性质的有组织犯罪，以及人数较多、人员相对稳定、组织严密、有计划、有分工、经常实施某种或多种犯罪的带有黑社会性质的有组织犯罪。

值得注意的是，在司法实践中，根据犯罪学和犯罪心理学的研究，曾经有过"犯罪团伙"和"团伙犯罪"的提法，但该种提法不仅缺乏明确的法律依据，现行刑法已经对犯罪集团有明确的定义，而且学界也从未将"犯罪团伙"和"团伙犯罪"作为学术研究的基本概念，"一个有趣的现象是，竟没有发现一篇将团伙犯罪与有组织犯罪联系起来的文章。这不能不引起我们的深思"[1]。因此，本书认为今后应不再使用"犯罪团伙"和"团伙犯罪"的称谓，而将其统一为"犯罪集团"和"有组织犯罪"的称谓，这也是基于立法规定和"刑事一体化"的必然要求。

**二、共同犯罪的行为特征**

（一）一般共同犯罪的行为特征

共同犯罪行为是指各共同犯罪人的行为都指向同一犯罪事实，彼此联系、相互配合，它们与犯罪结果之间都存在因果关系。可见，各共同犯罪人所实施的行为，必须是刑法意义上的行为，即必须具备严重的社会危害性，且各共同犯罪人的行为形成一个相互配合的统一的犯罪活动整体。如果共同实施的犯罪是结果犯时，在发生犯罪结果的情况下，每一共同犯罪人的行为都与犯罪结果之间存在因果关系。一般共同犯罪的行为特征有以下表现：

1. 实施犯罪行为的共知性

实施犯罪行为的共知性是指各共同犯罪人在实施犯罪行为前，不仅知道自己的行为会造成危害社会的结果，而且也知道其他共同犯罪参与人的行为会发生危害社会的结果。也就是说，实施犯罪行为是共同的意向，而非过失；如果一方是故意，另一方是过失，则不构成共同犯罪。可见，在共同犯罪中，无论是主犯还是从犯，对其行为的意向和目的追求，都具有共同的认识。

2. 犯罪行为危害的共同性

无论共同犯罪的参与人在共同犯罪中扮演何种角色、所起作用大小有何不同，他们都共同造成了社会危害，对犯罪行为的后果承担共同责任。即使是帮助犯、教唆犯，虽未直接实施犯罪活动，仍然以其提供犯罪工具、查看犯罪地点、排除犯罪障碍、帮助窝赃销赃、教唆他人实施犯罪等行为，在不同程度上对社会造成了危害。

3. 对犯罪行为后果的追求性与放任性

关于共同犯罪的意志因素是希望还是放任，在我国刑法理论上一直存在争论。一般认为，共同犯罪人在大多数情况下是希望共同犯罪行为所引起的犯罪结果发生，但在个别情况下也可能是放任危害结果的发生。因此，共犯多属直接意向，以其所分担的犯罪行为企盼、追求犯罪结果的发生；少数共犯在共同犯罪活动中，放任自己的犯罪行为，有时虽无某种直接意向，仍有间接意向，即明知或预见到自己的行为可能产生某种更严重的危害结果，仍有意识地放任这种结果的发生。

---

[1] 谢勇、王燕飞主编：《有组织犯罪研究》，中国检察出版社2005年版，第59页。

（二）有组织犯罪的行为特征

有组织犯罪不同于单个个体犯罪，也有别于一般共同犯罪，在行为方式上具有以下几个特征。

1. 纠合性

有组织犯罪是以多人参加的、采取群体纠合的共同犯罪行为，这就决定了犯罪集团必须先有纠合和组织化的过程。纠合性犯罪不仅容易达到犯罪目的，而且还具有蔓延面广、网络性强、社会危害性大等行为特点。纠合性、蔓延性、网络性是有组织犯罪赖以存在和发展的重要条件。一些有劣迹、有错意识的人纠合在一起，就会很快相互传染、影响，形成犯罪组织。在有组织犯罪中，成员之间相互学习、模仿、老带小、旧带新，一茬接一茬，像滚雪球一样，越滚越大，使有组织犯罪迅速发展蔓延起来。

2. 盲目性和冒险性

有组织犯罪倚仗人多势众，加之成员之间相互刺激，比强显能，因此作案时敢于下手，敢于冒险。由于犯罪人的感情冲动，放纵不羁，作案时即使有计划和预谋，也很难完全按计划进行，往往是只要有人出一个主意，一句话或稍微暗示、挑动，就很可能一哄而上，说打就打，说抢就抢，表现出较大的盲目性、偶发性和冒险性等行为特点，尤其是以青少年为主的犯罪组织表现得更为明显。例如，现实生活中常有人因与他人之间的琐碎矛盾，纠集三五"兄弟"想要教训对方，本意是希望对方出于对己方势力的恐惧而屈服，但"兄弟"聚集后相互之间逞凶斗狠攀比、彰显义气的做法，却经常使现场的冲突升级，最终造成对方重伤，甚至死亡的严重后果。

3. 野蛮性和残忍性

在有组织犯罪中，成员之间相互壮胆，加上罪责扩散心理的作用，决定了有组织犯罪比单个个体犯罪和一般共同犯罪更加野蛮、残忍，胆大妄为，心狠手辣。在目前的刑事案件中，大案、要案，以及恶性案件，一般都是犯罪集团所为。

4. 腐蚀性和传染性

在有组织犯罪中，成员之间很容易相互熏染，相互学习和模仿，犯罪行为的腐蚀性和传染性非常明显。特别是犯罪集团中有了异性流氓的参与后，其集团的犯罪行为往往是集盗窃、抢劫、赌博、性乱、流氓斗殴、强奸、诱骗、勒索财物、卖淫、嫖娼、吸毒、贩毒等于一体，不仅腐蚀性大、传染性大，而且社会危害性也大，对社会风气的污染、对社会意识的毒化、对社会治安的破坏等都十分严重。正因如此，必须要对有组织犯罪进行严厉的打击和坚决处理。

## 第二节 一般共同犯罪的心理特征

我国《刑法》第 25 条规定:"共同犯罪是指二人以上共同故意犯罪。二人以上共同过失犯罪,不以共同犯罪论处;应当负刑事责任的,按照他们所犯的罪分别处罚。"可见,共同犯罪的构成必须符合三个要件:其一,从犯罪主体看,行为人必须是二人以上,且必须都达到刑事责任年龄,具备责任能力;其二,从犯罪客观要件看,各共同犯罪人必须有共同的犯罪行为;其三,从犯罪主观要件看,各共同犯罪人必须有共同的犯罪故意。共同犯罪从组成形式上可分为一般共同犯罪和特殊共同犯罪。一般共同犯罪是指在共同犯意的支配下,行为人共同参与的犯罪;其成员之间没有组织形态的约束。特殊共同犯罪是指行为人按照一定的组织形态而组成的较为固定的犯罪组织,以犯罪集团的方式实施的共同故意犯罪;有组织犯罪即为特殊共同犯罪。本节探讨的共同犯罪心理即为一般共同犯罪的心理特征。

共同犯罪的成立,要求各共同犯罪人必须有共同的犯罪故意,即各共同犯罪人通过意思联络,认识到他们的共同犯罪行为会发生危害社会的结果,并决意参与共同犯罪,希望或者放任这种危害结果发生的心理态度。一般共同犯罪心理具有以下基本特征。[1]

### 一、共同意向性

共同意向性是共同犯罪心理的前提和基础。各共同犯罪人在实施犯罪前要意识到不是自己一个人单独犯罪,而是与他人互相配合,共同实施犯罪。共同犯罪人不仅认识到自己的行为引起的结果,而且也能认识到其他共同犯罪人的行为会引起某种犯罪结果。共同犯罪人还能预见到共同犯罪行为与共同犯罪结果之间的因果关系。因此,在心理上,必须存在共同的犯罪意向,才可能构成共同故意犯罪。正因如此,共同意向性是共同犯罪的本质特征。

### 二、目的统一性

共同犯罪必须存在共同的犯罪目的,其行为是为了促使犯罪目的实现,这是维系共同犯罪的内在动力。当然,目的统一性必须有分担的行为。由于分担行为的不同,其角色和地位也各不相同。例如,分担策划与组织行为的,成为主犯;分担实施行为的,成为正犯;分担帮助行为的,成为从犯;进行教唆的,成为教

---

[1] 罗大华主编:《犯罪心理学》,中国政法大学出版社 2003 年版,第 302~303 页。

唆犯。但是，他们的共同目的，都是实现共同希望获得的犯罪结果，因而具有目的的统一性。这就要求，"共同犯罪人之间必须存在意思联络（或称意思疏通）。意思联络是共同犯罪人双方在犯罪意思上互相沟通，它可能存在于组织犯与实行犯之间，教唆犯与实行犯之间或者帮助犯与实行犯之间。"[①] 如果实施共同犯罪的行为人之间没有共同实行犯罪的意思联络，或者故意的内容不同，则不成立共同犯罪。例如，甲以伤害的目的、乙以杀人的目的，共同加害于丙，且乙的行为是导致丙死亡的关键因素，那么，甲不构成杀人罪的共犯而只承担伤害罪的刑事责任。

### 三、心理趋同性

共同意向产生过程中，主导犯罪动机与统一犯罪目的形式，是心理趋同的结果。因为在实施共同犯罪前，各共同犯罪人的动机和目的可能有差异，有时甚至是互相矛盾的。只有通过合谋，即通过动机的调整、取舍、统一，形成共同犯罪目的，并对有关事项取得大体一致认识后，才有共同犯罪的实施。而在这个过程中，心理趋同性是必不可少的关键一环。如果没有心理趋同性，就不可能有统一意志和统一的犯罪行动。

### 四、心理相容性

心理相容性是指各共同犯罪人之间，在犯意、犯罪动机、犯罪目的以及与之相关联的兴趣、能力、情绪情感、心理状态等方面，彼此相互悦纳或能够接受，通过相互影响、渗透、感染、传递、统一，能够形成共同的犯罪心理。

此外，在意志因素方面，行为人认识到自己的行为难以独立完成犯罪，需要与他人合作共同实施犯罪时，经过意志选择，决意与他人一起共同犯罪，是共同犯罪故意的意志因素的最初表现。各共同犯罪人希望或放任自己的行为引起的结果和共同犯罪行为会发生某种犯罪结果，是共同犯罪意志的具体表现。正是由于存在共同的犯罪意志，各共同犯罪人在犯罪过程中才可能相互支持、相互配合。

---

① 高铭暄、马克昌主编：《刑法学》，北京大学出版社、高等教育出版社 2007 年版，第 180 页。

## 第三节 有组织犯罪的心理特征

### 一、犯罪集团的特点

有组织犯罪是犯罪集团实施的犯罪，因此，在探讨有组织犯罪及其犯罪心理之前，有必要先探讨犯罪集团的特征。从犯罪学和刑法学角度看，犯罪集团具有以下特点[①]：

（一）主体特征

对犯罪集团人数的下限，刑法没有明确规定，但根据刑法理论和司法实践，通常主张以三人为下限。我国历来有三人为众的说法，《晋律》即有"三人为之群"的解释。刑法将犯罪集团的最低人数规定为三人，比一般共同犯罪的人数下限高，说明犯罪集团比一般共同犯罪可以聚集更多的犯罪分子。从司法实践来看，犯罪集团有朝大型化发展的趋势，多的可达数十人、上百人，三人以上只是最低标准。

（二）结构特征

犯罪集团是共同犯罪中的最高形式，除具有复杂共犯和事前有通谋的共犯以及必要共犯的共同属性外，还表现为固定性和组织性。

1. 具有较强的固定性

《刑法》第26条所说的"较为固定"，即指这种稳定性。犯罪集团的成员不是临时纠合、随聚随散，而是较长时期的犯罪同伙，一个犯罪行为实施后又继续其他的犯罪行为，犯罪的组织形式不因犯罪实施完成而解散。有的贩毒集团长期经营，甚至提出"丈夫抓了妻子干，父亲死了儿子干"的口号，虽然屡经打击、摧毁，暂时销声匿迹，但不久又死灰复燃。

2. 具有较严密的组织性

犯罪集团是一种犯罪组织，各共同犯罪人之间不仅有分工的不同，而且在身份上有高低之分和领导与从属的关系，既有组织、指挥者，也有一般的成员。较为固定的犯罪组织是犯罪集团的另一个重要特征。如果三人以上共同实施了某种具体犯罪，但犯罪完成之后随即散去，并非固定组织，则只是一般共同犯罪，而非犯罪集团；相反，如果三人以上确系为实施犯罪形成了较为固定的犯罪组织，即使尚未实施具体犯罪行为，也不影响犯罪集团的成立。

---

[①] 陈兴良：《共同犯罪论》，中国人民大学出版社2006年版，第137页。

### (三) 目的性

强调基于共同犯罪的故意而建立的犯罪组织，其反社会的能量远远大于三个单独个体犯罪能量的简单相加，这涉及犯罪心理学的问题，即主体责任的扩散问题。在集团犯罪的情况下，集团成员具有共同的犯罪目标，因而产生了命运共同体，成员间对犯罪行为共同负责的意识，是想通过分散责任的方式以减轻责任。罪责扩散的心理使组织成员产生"自己不需要负全部责任"的心理态度。犯罪集团是"为共同实施犯罪而组成的"。这种犯罪目的，有的比较单一，甚至"专业化"，如专门拐卖妇女或专门贩卖毒品；有的则带有一定的"综合性"，如既抢劫又盗窃，既杀人又强奸。有无明确的犯罪目的是区别犯罪集团与非犯罪集团的重要标准，有的人经常在一起吃喝玩乐，甚至也有轻微的违法行为，人员也较为固定，但因缺乏犯罪目的，不能当成犯罪集团。自美国"9·11"恐怖袭击事件后，恐怖活动与反恐怖犯罪已经成为世界性的热门话题。有学者指出，恐怖活动犯罪与其他有组织犯罪的根本区别就在于犯罪目的的差异，"制造社会恐怖"是恐怖活动犯罪特有的犯罪目的。[①]

### 二、有组织犯罪的心理基础

有组织犯罪之所以能够采取共同犯罪的行动，结成统一的整体，除其他因素外，还主要与犯罪集团中有共同的心理基础有关。有组织犯罪的心理基础主要表现在以下几个方面：

（一）相同的境遇

相同的境遇容易使人产生相同的感情，形成感情共鸣。从犯罪集团的形成和发展过程看，成员间一般都没有固定或稳定的生活来源，都受到过行政处分或相似的法律制裁，有相同的政治遭遇，有相似的生活经历或不幸，都受到过相似的"冷遇"等。正是这些相同或相似的遭遇，使集团中的每个成员感到有共同的语言或感受，这为他们的交往和结伙奠定了心理（特别是感情上）的基础。当然，有些犯罪集团（特别是带有黑社会性质的犯罪集团）在其发展壮大过程中，为了寻求权力保护伞，也可能以美色为诱饵、以金钱开道，拉拢、腐蚀公职人员，这些堕落的腐败分子虽然与犯罪集团的成员无相同的境况，但却有共同的不良需求和兴趣。

（二）共同的需求和兴趣

有组织犯罪成员在结伙前，一般都有相似的不良兴趣和爱好，如流氓成性、贪财图利、好斗逞强或好吃懒做等，这些不良的兴趣、爱好，使他们存在共同的需求，如满足物质欲望或性的需求等。正是这些共同的需求和相似的不良嗜好，

---

① 陈忠林：《我国刑法中"恐怖活动犯罪"的认定》，载《现代法学》2002年第5期。

促使他们臭味相投，走到一起，愿意在结伙过程中通过集团的形式得到更大限度的满足。因为个人的力量毕竟有限，集团和"组织"的力量则远远比单个犯罪的成功率高得多。作案以后，为了逃避公安机关的打击、处理，犯罪人之间又存在共同的安全需要，这就可能使他们更加紧密地纠合在一起，形成比较稳定的犯罪组织，从而使犯罪组织逐渐由低级向高级、由小向大的方向发展。

（三）心理契约

这里讲的心理契约主要是指集团成员对集团组织、对其他成员相互间在犯罪心理上的积极认同和相互约束的关系。这种结伙心理契约的形成，主要是由于成员的需求一致，目标相同，因而相互依赖，互为补充。成员们大多是发自内心地忠于犯罪组织及其目标，自觉并愿意共同参与违法犯罪活动，以此来满足自己的需求，达到自己的追求目标。犯罪集团心理契约的形成，首先来自犯罪组织的不良教化和影响，然后通过犯罪组织成员的"去个性化"过程而实现的。去个性化过程是指犯罪组织成员结伙后，在犯罪组织中必须与集团的活动方式保持一致，难以顾及自身的活动，逐渐失去自己的个性活动方式的过程。心理契约的形成，为集团成员的统一行动、相互配合奠定了基础。当然，心理契约的形成，与犯罪集团的首要分子和其他主犯的犯罪人格"魅力"和"领导"角色等也有重要关系。一般而言，犯罪集团首要分子和其他主犯在集团中的威信越高，犯罪组织的心理契约就越强。

正是由于犯罪集团中存在共同的心理基础，才使得他们在组织和行为上能够协调一致，密切配合，成为一个统一的犯罪行为整体。

## 三、有组织犯罪的心理特征

与单个个体犯罪相比，由于有组织犯罪是一种群体犯罪，不仅在客观上的社会危害性更大，而且在主观上的恶性也更大，所以，在犯罪的心理特征方面也不同于单个个体犯罪的心理特征。有组织犯罪的心理特征主要有以下表现。

（一）反社会意识增强

在犯罪集团中，由于成员之间相互感染和影响，其反社会意识在集团气氛中会表现得更加完整、系统，其性质更反动、顽固，其作用更消极。这是由于个体结伙后，他就必须要服从犯罪集团的压力，要与犯罪集团的心理氛围保持一致。在集团心理压力的影响下，个体独自的分析和判断能力要受到约束，其行为方式也必须与团体保持一致。在实践中，很多刚入伙的不良青少年，他们的反社会意识并不很严重，但入伙后往往身不由己，干也得干，不干也得干，久而久之，其反社会意识逐渐增强。例如，在有些犯罪集团中，有的从犯和胁从犯逐渐演变成主犯和犯罪行为的得力实施者，就是这种情况。

（二）罪责扩散，安全感增强

罪责感是一般罪犯（特别是初犯）通常都有的一种自我责备心理。在非共同犯罪中，每个罪犯对自己所犯罪行无法推卸，罪责自负，自作自受。但是，一旦结伙，成为犯罪组织中的一员，成员之间的行为客观上相互联系，相互配合，密不可分，违法犯罪后，对罪责，犯罪组织中各成员总是相互推卸，相互抵赖，都把自己的罪行放在相对次要的地位，存在罪责扩散的心理。正是由于存在罪责扩散心理，甚至产生"法不责众"的"无罪"心理，有组织犯罪心理会向恶性方向发展，犯罪实施的可能性也大大增强。

由于存在罪责扩散心理，犯罪集团及其成员的安全感增强。这里讲的"安全感"是指在集团违法犯罪活动中，由于成员的"齐心协力，分工配合"，使各成员对作案成功的可能性，以及对作案后可能受到公安机关打击的恐惧心理减弱。他们认为"人多力量大"、作案能成功，而且作案前是经过大家周密策划的，所以，自以为能逃避侦查和打击。

（三）犯罪组织的内聚力强

有组织犯罪的内聚力主要是指在违法犯罪的准备、实施，以及逃避侦查和打击等过程中，犯罪组织对其成员的吸引、诱惑、支配和控制的力量。有组织犯罪内聚力强的主要原因包括：其一，在通常情况下，有组织犯罪的成功率比单个作案高得多，大多能满足各成员的不良需求；因此，为了降低风险，最大限度地满足不良需求，各成员愿意结伙，聚合在一起统一行动。其二，为了逃避打击，保护自己，成员间必须加强团结，增强内聚，因为既然大家上了同一条"贼船"，就只好"同舟共济"，否则，别人被打击了，自己也会受牵连，搞得大家都会"翻船"。其三，在犯罪集团中，各成员在价值观、性格、兴趣、需要等方面都有相同或相似之处，使他们感到"情投意合"，更容易较为固定地聚合在一起。

（四）权威与服从心理

权威是有组织犯罪活动的力量象征，服从是集团活动的力量基础。在有组织犯罪活动中，犯罪集团的首要分子和其他主犯往往是那些最有"能力"的人，他们处于权威人物的地位。权威人物一旦确定，便会有很大的号召力，而一般成员也就会自动放弃自己独立的意志作用，无条件地接受权威者的指挥。在犯罪集团的共同心理中，权威与服从必须保持协调一致，否则，犯罪集团就不能维持和发展下去。

社会心理学的实验证明，群体的成员只有服从才能达到整体的团结一致，而权威也只有在团结一致的群体中才能发挥最大的作用。在有组织犯罪中，每个成员之间的利害关系，往往使他们都有一种团结和服从的愿望，都有一种对犯罪组织的"责任感"和"义务感"，这种对权威的服从心理，不仅使每个成员绝对服从于犯罪集团的首要分子和其他主犯，而且，在犯罪活动中敢于下手，敢于冒险，有时还不惜以"牺牲自己"来保护犯罪集团的首要分子。因此，在有组织犯罪中，权威与服从心理表现得非常明显。

（五）暗示与模仿心理

暗示与模仿在有组织犯罪中十分突出，尤其在以青少年为主的犯罪组织中表现得更加普遍。

暗示是指用含蓄、间接的方法，对他人的心理与行为施加影响，从而使之按一定的方式行动。详言之，暗示是以间接的语言、符号、动作、手势等方式，将心理"信号"迅速传递给每个成员，进而在成员间形成一致的观念和意志。在有组织犯罪中，有时候暗示比直接指令的作用还大，且在某些特殊的作案现场，犯罪分子之间只能用暗示而不能直接命令。对于有组织犯罪而言，暗示不仅是一种"命令"或"信号"，还是一种执行者与指挥者之间，或者执行者彼此之间的一种"相互信任""配合默契"的具体表现。

模仿是指一个人反映和再现另一个人的行为的最简单的形式。模仿在人的早期发展阶段（婴幼儿和儿童期）有着重要作用，可以说，婴幼儿和儿童的很多行为都是在模仿成人的行为中习得的。在有组织犯罪中，尤其是青少年犯罪组织中，成员之间的一举一动，一些怪癖、嗜好、低级情趣、下流动作、污秽语言等都会相互模仿、传染。不仅如此，一些淫秽的书刊、视听资料、影视剧等，也给青少年的模仿提供了广泛的不良"素材"。可以说，相当一部分犯罪分子的犯罪方式、手段等，都是从网络上流传的违法犯罪亚文化、暴力血腥的影视剧或犯罪组织中其他成员那里模仿和学习得来的。

（六）代偿与相容心理

代偿心理是指一个人的心理上的矛盾、缺陷、创伤、损害等在其他人身上得到补偿和满足。青少年时期，是人生中生理和心理急剧变化的时期，也是人生中挫折和矛盾最多、最复杂的时期。如果青少年不能有效地处理自己所面临的矛盾和挫折，就极易使人产生失望、悲观、缺陷、苦闷等消极心理，进而产生强烈的补偿和代偿需求。在犯罪组织中，由于成员之间相互依存、相互作用、相互影响，因而容易满足彼此的代偿心理需求。犯罪组织成员中存在的代偿心理为犯罪组织的巩固和发展奠定了心理和感情基础。当有组织犯罪遭到失败或受到打击时，成员间的代偿心理不能得到满足，犯罪分子就可能以更加疯狂的情绪进行报复，或者侵害无辜的对象，以发泄的方式求得心理的"补偿"。

相容心理是指犯罪组织中成员之间心理和意识相互影响、渗透、感染、传递，从而形成共同的犯罪心理体验的过程。在犯罪集团形成之初，成员之间在心理表现上千差万别，各自的主导需要也有差异。例如，有的成员的物质欲望特别强烈，有的是对异性的欲望强烈，有的则表现为争强好胜、自我显示的欲望强。形成犯罪组织后，成员间彼此影响和传习，在心理上也逐渐趋于相容和彼此悦纳，甚至产生彼此认同和感情移入，这就为犯罪组织的统一行动、步调一致奠定了基础。

**【典型案例】**

张某、李某军特大系列抢劫杀人案是新中国成立以来罕见的暴力性集团犯罪案件。自1991年6月至2000年9月，张某单独或组织、指挥李某军、陈某清、赵某洪、严某明、许某、李某生、秦某碧、全某燕、严某等人，在重庆、湖南、湖北等地持枪持械抢劫、故意杀人、抢劫枪支弹药22次，致28人死亡、5人重伤、15人轻伤、2人轻微伤，抢劫财物价值人民币536.9万元，抢劫出租轿车5辆，抢劫执行任务警微型冲锋枪2支及子弹20发，有组织、有计划地制造了一系列骇人听闻的重大、特大刑事案件，其中多次光天化日之下在重庆、武汉、常德等市繁华地区公然持枪抢劫银行、金店，开枪杀人。为实施暴力犯罪，张某单独或指使他人从莫某英、纳某、朱某武、王某等处非法购买手枪15支、子弹2500余发，霰弹猎枪23支、猎枪子弹2000余发及手榴弹1枚、手雷2枚。莫某英等非法所售的枪支弹药被张某犯罪集团用于抢劫、故意杀人，造成多人伤亡和巨额公私财物损失等严重后果。

**【课后练习】**

1. 犯罪人选择共同实施犯罪的主要原因有哪些？
2. 如何认识有组织犯罪的心理特征？
3. 如何建立防范黑恶势力犯罪的长效机制？

# 第十二章　几种主要的犯罪心理（上）

【知识提要】

本章主要是结合犯罪心理的基本知识，对财产犯罪、暴力犯罪、公职人员犯罪、流动人口犯罪等这几类常见犯罪的犯罪心理特征进行分析。在学习中，要注意把握不同犯罪的行为表现，在此基础上了解不同犯罪呈现出的典型心理特征。特别是对于诈骗等日常生活中的常见犯罪，在学习中要通过认识犯罪人的心理特征和被害人的心理特征，提高防范意识、增强防范能力，从而防止犯罪被害。

## 第一节　财产犯罪心理

财产犯罪是指以非法占有为目的，攫取公私财物或者挪用损坏公私财物的行为。近年来，财产犯罪呈逐年上升趋势，严重危害公民的生活和财产安全，破坏了社会主义市场经济建设，扰乱了社会秩序。在现实生活中，尽管犯罪的方式多种多样，犯罪的类型五花八门，但是，侵犯财产的犯罪（如抢劫、诈骗、盗窃）一直是近年来的主要犯罪类型。虽然抢劫犯罪的手段是多种多样的，但由于其主要通过暴力方式实施，所以理论上一般将其视为一种典型的暴力犯罪，本节着重探讨诈骗犯罪心理和盗窃犯罪心理。

### 一、诈骗犯罪的心理分析

诈骗犯罪是指以非法占有为目的，用虚构事实或者隐瞒真相的方法，骗取数额较大的公私财物的行为。我国刑法中规定的诈骗犯罪共有十种，分别是：第266条诈骗罪；第224条合同诈骗罪；第192条至第198条的集资诈骗罪、贷款诈骗罪、票据诈骗罪、金融凭证诈骗罪、信用证诈骗罪、信用卡诈骗罪、有价证券诈骗罪和保险诈骗罪。在这些诈骗犯罪中，虽然同为诈骗行为，但是犯罪分子所使用的手段不同，构成了不同的诈骗犯罪，但都具有"非法占有"的目的，所以都具有一些相同的犯罪心理。近年来，随着社会主义市场经济体制的逐步完善，网络时代的到来促使经济活动与交往日益频繁，诈骗犯罪日趋严重，特别是经济领域的诈骗犯罪已成为经济建设的绊脚石。因此，加强对诈骗犯罪的研究，对于打击和预防诈骗犯罪、保障社会主义经济建设和经济繁荣等，都具有重要的现实意义和理论价值。

（一）诈骗犯罪的行为特征

诈骗犯罪既不使用暴力，也不是以秘密的方式窃取公私财物，而是公然利用受害人或者受害单位的某些弱点行骗，显然，诈骗犯罪行为具有极大的欺骗性。具体表现为如下特点：

1. 伪装性

诈骗犯为使被害人相信其虚构的事实和隐瞒的真相，常常需要进行各种伪装。例如，利用网络购物交易平台、招聘平台、QQ、微信等宣传媒介，冒充身份（如伪装电商物流、熟人、领导、公检法工作人员等）、虚构事实，将非法形式合法化，以骗取别人信任。

2. 狡猾性

诈骗犯为达到诈骗目的，常常采用各种狡猾的手段来骗取被害人的信任。例如，他们在冒充熟人或领导诈骗时，常常通过"暖心关怀"来骗取信任。又如，他们在冒充公检法工作人员诈骗时，会同步发送伪造的公检法证件、通缉令、财产冻结书等文书材料，使得被害人相信其身份。

3. 多变性

诈骗犯罪的多变性具体表现为诈骗犯罪人姓名多变、身份多变、行骗地点和手法多变。例如，他们可能会采取伪造假身份证、冒充教育、民政、残联等工作人员，或者包装成"高富帅"或"白富美"等方式通过各种线上和线下手段进行诈骗活动。

4. 短暂性

诈骗犯一旦骗得财物，往往逃之夭夭，力求速战速决。因为诈骗犯罪毕竟经不起时间的考验，时间一长，自然会露马脚，谎言会不攻自破，且时间一久，受害人也容易自我觉醒。

5. 非暴力性

诈骗犯罪不用暴力，也不需要以暴力相威胁，而是用"和平"的方式，使被害人"心甘情愿"地交出财物，这是与抢劫犯罪的本质区别。

6. 具有明显的行为痕迹

在一般情况下，诈骗犯留下的犯罪痕迹是明显的，被害人对诈骗犯的体貌特征、言谈举止都有清楚的印象。诈骗犯在行骗中往往也会留下相关的假证件、假物品、假网页、聊天记录等具体物证。

（二）诈骗犯罪人的心理特征

诈骗犯罪人使用诈骗的方法之所以能掩人耳目、以假乱真，让被害人产生错误的认识，并在错误认识的支配下"心甘情愿"地交出财物，与犯罪分子自身的心理条件和被害人的心理弱点密切相关。诈骗犯罪人自身的心理条件和其对被害人心理弱点的巧妙利用，是诈骗犯罪得以实施的两个重要因素。诈骗犯罪的心理特征主要表现为以下几个方面。

1. 诈骗犯的认识特征

诈骗犯的认识特征主要表现为：第一，具有较大的灵活性，他们一般思维敏捷，反应快，善于观察他人的表情变化，善于想象和联想。第二，熟悉市场行情，了解经济法规，善于钻法律的空子。第三，自我评价过高，自以为手法高明，很难被识破；这种自我评价过高的特征，使一些犯罪分子连续行骗，直到露出马脚，陷入法网。正是由于诈骗犯罪人的自我评价过高，所以，他们也具有较强的冒险侥幸心理。第四，对社会心理现象比较熟悉，他们依据的社会心理是与特定的社会历史条件和状况有密切联系的；诈骗犯主要利用人们对某些社会角色崇敬的心理，利用一部分人的虚荣心、同情心、急于求助的心理，利用他们疏忽大意和拉关系、开后门的庸俗心理进行诈骗。

2. 诈骗犯的情绪、意志特征

诈骗犯的情绪色彩不明显，也没有强烈的情绪表现，在行骗中情绪表现比较沉稳。同时，诈骗犯在作案时的意志力也不明显，他们的意志活动主要表现为克服实施诈骗行为时自身伪装的缺陷。

3. 诈骗犯的个性特征

诈骗犯的个性特征突出表现为：第一，具有冒险性，明知自己的行为是假的，却敢于在大庭广众之下行骗，有的甚至在社会名流聚集的场合夸夸其谈，故作姿态，以此行骗。第二，诈骗犯给人的外部印象通常是诚实、活泼、善于交际、待人和气、乐于助人。诈骗犯给人以如此好的印象，是其在行骗中不断进行形象整饰的结果，实际上诈骗犯往往具有极端自私的性格特点。第三，诈骗犯具有较强的适应能力、应变能力和模仿能力从而能够适应环境的变化，有可能以假乱真，针对不同对象，采用不同的方法去行骗。

4. 诈骗犯的动机特征

诈骗犯的犯罪动机主要是获得财物。即犯罪分子在极端个人主义、利己主义的心理背景下，个人需要恶性膨胀，为实现个人的金钱欲、享乐欲、畸形的成就欲而萌生犯罪动机。

（三）被害人的心理弱点

被害人的心理弱点，是诈骗犯罪分子实施诈骗犯罪并顺利得逞的外部条件。目前，诈骗犯罪人在实施诈骗犯罪活动中，所惯于利用的心理弱点主要有以下九种。[1]

1. 急功近利心理

贪利是被骗者最大的心理弱点，许多诈骗者之所以屡屡得逞，正是利用了被

---

[1] 《罗大华70华诞文集——犯罪与司法心理学》，中国政法大学出版社2006年版，第249~250页。

害人的这种贪利心理。将欲取之，必先与之，这是诈骗犯罪分子所信奉的人生哲学。针对一些人贪图小利、急功近利的心理，诈骗犯罪分子总是先以各种利益相引诱，使被害人在利益面前丧失最基本的真伪辨别的能力，对诈骗者的所作所为不加以认真的思考和分析，从而放松对犯罪分子的警惕之后，顺利达到"以小利，赚大钱"的目的。例如，以近年来查处的网络电信诈骗犯罪案件为例，有些被害人最终之所以会被骗得精光，就是急功近利的想法作祟。其一心想着如何赚快钱，不仅不对诈骗分子发来的进群邀请、投资 App 或者链接进行核实，而且会盲目跟随诈骗分子的指引进行"投资"，尤其在小额投入后发现可以"获利"，就会加大"投资"金额，不惜将所有积蓄投入其中或者拉拢亲朋好友加入，但等其"投资"金额达到诈骗分子的预期时，诈骗分子便会从后台终止"交易"，将被害人"投资"的钱非法占为己有。在这类诈骗犯罪案件中，被害人都以为自己找到了快速赚钱的投资渠道，殊不知诈骗分子实际上利用了其急功近利心理，所谓的"投资"只不过是诈骗分子精心设计的"杀猪盘"。

2. 盲目崇拜心理

对国家工作人员的敬畏、封建迷信都可以归结为盲目崇拜心理。正是因这些心理作祟，使得一些人当遇到"某国家机关领导干部""司法工作人员"以及"能驱魔降妖的大师"时，如同鬼迷心窍一般，认为他们所说的都是对的。盲目崇拜心理，最后的结果只能是上当受骗，追悔莫及。

3. 需求迫切心理

这种心理主要是由于资金短缺、急于求货、产品滞销、"等米下锅"、急需人才、急需药品、急于升学、急于就业、急于婚恋等因素造成的，这种心理状态下的人最容易上当受骗。心理学研究表明，人们一旦有了某种强烈的需求，总是渴望得到满足。因此，当诈骗犯罪分子提出能够满足其需求的各种条件时，被害人那种积压已久的欲求不能的心理，会迅速转化为高度的兴奋和迫切的冲动。个体在这种缺乏理性分析的状态下所做出的决定往往是仓促的。

4. 盲目轻信心理

人们往往会对具有一定权威性和知名度的单位或是与其有一定亲密度的人产生信赖心理。诈骗犯罪分子正好利用了被骗者的这种心理，冒充政府、研究所、高等院校、军队、新闻媒体等单位的工作人员进行诈骗活动。在这种情况下，被害人不能从诈骗犯罪分子的行为中发现漏洞，不能深入思考，对事情的认识较为肤浅和片面，容易轻信。

5. 投机钻营心理

随着我国经济社会持续健康发展，经济发展进入新常态，新机遇也助长了许多企业和个人的投机心理。少数被害人妄图走捷径赚大钱，渴望一夜暴富，这就使得诈骗犯罪分子有机可乘。面对外界多样的诱惑，这种"赌徒心理"使一些人步入了诈骗者所设的圈套，结果只能是"聪明反被聪明误"。

6. 趋炎附势心理

在现实生活中，有一部分人总是不好好努力，想着如何"攀高门""倚权势"，妄图通过攀高结贵的方式赚大钱，提高社会地位。诈骗者利用了人们的这一心理，欺世盗名、装腔作势、信口雌黄、胡诌自己具有各种显赫的身份，以能帮助解决落实政策、提干、调动工作、分配住房、找对象等为诱饵，使具有这种不正当心理的人上当受骗。

7. 疏于防范心理

诈骗犯罪分子的手段其实并不高明，有时甚至是漏洞百出，但却能屡屡得逞，其中的缘由耐人寻味，这在很大程度上同被害人自我保护意识不足、容易轻信他人、疏于防范的心理相关。

8. 易受暗示心理

这种心理最主要的表现就是随大溜的盲从心理。人或多或少都有一种从众心理，而人们总是处于一定的群体之中，这样一来，群体中多数人的选择就会对个体产生强大的无形压力。在这种情况下，意志薄弱、对自己的选择和判断缺乏自信的人，往往会失去理性的思考能力，而盲目地跟从。利用被害人的这一心理进行诈骗的通常是团伙作案。

9. 知识不足、缺乏经验

知识与经验的多寡，直接影响着个体对真伪的辨别能力。一些人，特别是青少年学生和受教育程度较低的农村妇女，缺乏看待有关事物的基本知识和法律素养，并且与社会接触较少或者较为单一，对一些人或事缺乏应有的辨别能力，更缺乏刨根问底的思维习惯，对于事物的分析和判断往往停留在表面，或根本就不去分析，使诈骗犯罪分子有机可乘。

充分认识被害人的以上心理弱点，有助于我们在日常生活中克服自身弱点，增强防骗意识。但有时候被害人被骗，本身心理上并没有可受谴责的原因，可称之为无过错的被害人心理，主要包括以下两种：

1. 同情心理

扶贫积弱、仗义疏财是中华民族的传统美德，在一些被害人身上体现得非常鲜明，而诈骗犯罪分子正是利用了善良人的这种美德，伪装成社会弱者出现在善者的面前，以博取被害人的同情，达到诈骗钱财的目的。例如，出于对老弱病残的关心，关心他人不幸的好心人，都容易因此上当受骗。

2. 相近心理

相近可指观念上的相近，如军民一家亲；也可指实质上的相近，如老乡、同学、孩子的家长、同事等，在社会学和心理学中，相近心理，易产生情感共鸣，进而影响到人与人之间的关系。诈骗者正是利用了这种相近心理，在选择了作案对象后，经试探摸底，以"老乡""同行"等名义出现，拉近与被骗者的距离，进而取得对方的信任，最终达到骗取财物的目的。

（四）诈骗犯罪的心理历程

根据诈骗犯行骗的心理历程，可将诈骗行为分为预备期、诱饵上钩期、行骗期和逃跑期四个阶段[①]，每个阶段的心路历程均有其特殊的表现形式：

1. 预备期

由于诈骗犯罪均为直接故意犯罪，且有非法占有的目的，因此在萌发犯罪目的之前，便有犯罪动机产生。接下来要做的便是在犯罪动机的支配下寻找犯罪目标，创造有利条件，伪造身份，包装自己。诈骗目标的选择会直接影响诈骗的效果。对于物欲型的经济诈骗来讲，行骗目标一方面应有一定数额的财物，另一方面应具有一定的心理弱点，对其欺骗手法不易识破。因此，他们需要针对不同对象选择不同的行骗方式。例如，针对农民防范意识差的弱点、利用干部急于升迁的心理弱点进行诈骗。

2. 诱饵上钩期

在选定诈骗目标之后，诈骗犯罪分子会以较小的诱饵投入以获取被害人的信任，为行骗铺路。在行骗过程中，诈骗犯罪分子总是针对受害人特点设置诱饵，仔细琢磨被害人的兴趣、爱好，甚至不良嗜好，然后选择合适的行骗时机，骗取被害人的信任。

3. 行骗期

在取得了被害人的信任之后，他们会采取软硬兼施的方法，有时甚至以"保密""考验""纪律"等为借口，威逼事主不得向外人告知真情；有时用假借的手法，打消事主的顾虑和疑心。

4. 逃跑期

诈骗犯罪分子在骗取被害人财物之后，生怕夜长梦多、骗局败露，会伺机逃窜、隐匿。

## 二、盗窃犯罪的心理分析

盗窃犯罪是指以非法占有为目的，秘密地窃取数额较大的公私财物的行为。2011年通过的《刑法修正案（八）》，新增了多次盗窃、入户盗窃、携带凶器盗窃、扒窃这四种盗窃行为，从而扩大了盗窃罪的行为方式，但这并不影响我们对盗窃犯罪的心理分析。近年来，盗窃犯罪在整个刑事犯罪案件中所占的比例一直居于榜首。"把追求和占有金钱与物质财富当作人生的第一要务与最高目标，以

---

① 熊云武编著：《犯罪心理学》，北京大学出版社2007年版，第166~167页。

获得它们并不断地扩大之为最大的幸福、自豪与最高的荣耀。"[①] 在我国现阶段，大多数盗窃犯罪人不是出于生活贫困而犯罪，而是把盗窃作为享乐、寄生的手段。盗窃犯中的再犯、累犯、惯犯所占比例较大。

（一）盗窃犯罪的行为特征

不同类型的盗窃犯罪，其行为特征是不同的。

1. 根据盗窃犯罪时有无预谋，可将其行为特征分为预谋型、机会型和冲动型三种：

（1）预谋型盗窃犯罪。该类盗窃犯罪的行为特征是有计划，有预谋，对于要达到何种犯罪的目的，事先精心策划，对作案时间、地点，犯罪手段、方法的选择经过了周密的选择；有的犯罪人事先会化装侦查、踩点、摸清事主的生活规律和作息时间，选择最佳时间进行盗窃犯罪。从最初犯意的出现到犯罪的实施有一个相当长的过程。这类预谋型犯罪，往往预谋时间长，周密安排，精心策划，犯罪分子胆大心细，现场遗留痕迹物证少，犯罪目的是获取大宗现金、经济、科技情报或大宗财产，犯罪后果的危害性大。

（2）机会型盗窃犯罪。该类盗窃犯罪的行为特征是随时间、空间、犯罪对象等因素的出现而定。往往是在外界因素的刺激下，短时间内产生的犯罪行为。这类犯罪的行为特点，或受已有犯罪经验的影响所为，或受犯罪机遇的影响所为，从犯意的产生到实施犯罪的过程较短；当遇有适当的犯罪机遇时，即时间、空间适宜于犯罪行为实施，同时又有侵害对象时，盗窃犯罪行为就会实施。

（3）冲动型盗窃犯罪。该类盗窃犯罪的行为特征是受某种因素的强烈刺激所诱发，或因某种突发的意外局面所窘迫而临时产生的犯罪决意。这类犯罪的行为特点，往往是在外界的某种强烈刺激下或意外局面所引起的激情驱使下，犯罪人的思维能力下降，行为的自控能力减弱，受强烈的不随意运动的支配，行为出现偏常，由于感情的畸形爆发而产生冲动型犯罪。

2. 根据盗窃犯罪的组织形式差异，可将其行为特征分为单人盗窃、二人以上共同盗窃、盗窃犯罪集团等形式。

（1）单人盗窃，势单力薄，或预谋性不强，或"顺手牵羊"者多，社会危害性不大。

（2）二人以上共同盗窃，往往有一定的犯罪目标，有预谋，犯罪前有简单的分工，犯罪过程中能互相配合，社会危害性较大。

（3）盗窃犯罪集团，多数是有组织、有计划、有预谋地实施犯罪活动，集团内部有明确的分工，有组织者、骨干分子和一般参与者之分；犯罪时，行动诡秘，手法老练，手段凶残，具有极大的社会危害性。

---

[①] 文清源：《犯错学》，湖南人民出版社2009年版，第159页。

此外，盗窃犯罪在侵害对象上往往是有选择的。例如，在城市，盗窃犯往往内外勾结来盗窃工厂、企业等的钱财和物品；或撬窃白天无人在家的职工住宅；或潜入宾馆、大楼，对华侨、港澳来客、外宾等行窃。在农村，盗窃案件多以代销店、仓库、乡办企业或以专业户、冒尖户等富裕人家为目标。

（二）盗窃犯罪人的心理特征

盗窃是侵犯财产犯罪的典型类型，盗窃犯罪心理在某种程度上可以代表贪利侵财型犯罪心理的一般特征。具体表现在以下几个方面：

1. 在认识上，错误意识较突出

盗窃犯罪人的错误意识突出表现为追求丑恶、腐朽的不劳而获的生活方式，具有强烈的利己主义观念。他们的认识能力低，分不清是非、善恶，大多从小养成了不良的行为习惯，好逸恶劳，不能正确对待社会上的一些不公平现象，往往把社会上的不公平竞争、不正之风、分配不公平等消极现象看作社会的主流，认识上偏激、极端、夸大，形成了反社会的错误意识，崇尚"金钱万能""人生在世、吃喝二字"的错误价值观念，并在此错误价值观念的影响下，进行盗窃犯罪。

2. 在情绪方面，恐惧与侥幸心理互相交错

一方面，盗窃犯罪人在犯罪过程中由于希望不良需要得到满足，自认为事先踩点、行踪诡秘、技术高超、手段巧妙，现场没有遗留痕迹物证，能侥幸逃脱处罚，所以，存在侥幸心理；但另一方面，由于盗窃是一种以秘密方式进行的犯罪行为，通常，犯罪分子又存在做贼心虚、怕被人发现的恐惧情绪，这在初犯和偶犯身上表现得尤为明显。由于恐惧往往表现为紧张、动作不灵活、神情慌忙、出汗多等状态，有的甚至在不知不觉中留下了蛛丝马迹。然而，当一见到所需的财物，特别是盗窃得手以后，犯罪人又会禁不住流露出喜悦之情。因此，在盗窃犯罪中，恐惧与侥幸心理相互交错比较突出，但多次盗窃作案的累犯、惯犯，其情绪变化就不太明显。

3. 在意志方面，品质较薄弱

盗窃犯罪人意志品质的薄弱性表现在两个方面：其一，盗窃犯罪人的自制力差。盗窃犯罪人由于受错误意识的影响，认识能力低，经不起外界的物质引诱，极易因外界物质的诱惑，个体畸形需要的膨胀而缺乏控制力进行犯罪活动。其二，盗窃犯罪人的犯罪意志很顽固。盗窃犯罪人在多次犯罪得逞后，尝到了犯罪的"甜头"，满足了个体的不良需要，从而也养成了犯罪恶习。一旦有了某种物质需求，意志力就很难控制其内心冲动，积习难改，表现出犯罪意志的顽固性。正因如此，在惯犯、累犯中，盗窃犯罪人所占的比例最大。

4. 需要和动机特征

在需要特征方面，盗窃犯罪人的需要结构畸形发展。主要表现为，对需要缺乏合理的调节，过分追求生理需要的满足和物质需要的获取，而社会性需要、精神需要越来越少，并将低级生理需要取代社会性需要和精神需要；在需要结构间形成恶性循环，失去了需要的调节功能，成为只满足生理、物质需要的畸形需要结构。当行为人一旦产生对某种物质的需要，就想立即得到满足，进而实施盗窃犯罪行为。

在动机特征方面，盗窃犯罪的动机，主要是贪图财物，即利欲型或贪利型动机。此外，在青少年盗窃犯中，出于好奇心、追求刺激和哥们儿义气等，均可成为盗窃行为的动机。据某省少管所的调查，在65名少年盗窃犯中，他们的盗窃动机是：为了吃喝玩乐的有43人，占66.15%；为了去赌博的有7人，占10.8%；为了满足生活基本保障的有7人，占10.8%；为了哥们儿义气的有5人，占7.7%；为买自行车的有2人，占3.1%；为报复的有1人，占1.5%。①

5. 盗窃犯罪的习惯

许多盗窃犯，究其以往经历，往往自幼就有不良习惯，如贪小便宜、小偷小摸等；而反复多次作案的盗窃犯，会形成行窃的恶习。与此相适应，盗窃犯罪心理的形成，也不是一朝一夕的事，而是有一个逐渐发展、变化，进而恶性发展的过程。从最初的"顺手牵羊"、小偷小摸，逐渐发展成为目标巨大的盗窃犯罪，并逐渐形成犯罪恶习，积习难改，罪恶深重；从初次犯罪时的恐惧心理与侥幸心理互相交错影响，发展为盗窃经验丰富、盗窃技术熟练、情绪稳定的惯犯；其犯罪心理的变化有一个由浅到深、由量变到质变的发展变化过程。一旦形成盗窃习惯，就很难加以矫治。正因如此，有的盗窃犯罪人虽经多次打击、处理、改造，仍屡教不改，反复作案。

6. 嫉妒报复心理

怀有这种犯罪心理的人一般都对社会怀有敌视态度，或者心理上有非常大的怨恨和委屈，所以他们逐渐形成了一种病态的心理，想借助盗窃来进行报复。比如，有的犯罪人回到社会后，因为觉得自己在监狱里度过了太长的时间，损失很大，所以想借助盗窃对自己进行弥补，于是疯狂地进行盗窃，然后花天酒地，弥补自己在监狱里失去的光阴。

7. 满足不良精神需求

这类盗窃犯罪不是为了满足物质上的追求，而是为了精神上的满足。比如，一个少年，家里什么都有，父亲是一个公司的总经理，住的是豪宅，吃的是山珍海味，但他总是偷东西，特别是偷水果。事实上他并不缺少这些东西，但就是为

---

① 邱国梁主编：《犯罪与司法心理学》，中国检察出版社1998年版，第135页。

了满足自己变态的精神需求，形成了不偷难受的心理。所以他盗窃仅仅是为了满足自己的精神需要。

## 第二节　暴力犯罪心理

### 一、暴力犯罪心理的概述

（一）暴力犯罪的概念

暴力犯罪有广义和狭义之分。广义的暴力犯罪，是指使用暴力或以暴力相威胁的方法为特征的一切犯罪活动。根据犯罪侵害的对象、目的、动机、情节的不同，暴力犯罪可分为以下几种：①以暴力危害国家安全的犯罪，如武装叛乱、暴乱罪；②以暴力侵害公共安全的犯罪，如放火罪、爆炸罪；③以暴力侵害公民人身权利、民主权利的犯罪，如杀人罪、伤害罪、强奸罪等；④以暴力侵害财产的犯罪，如抢劫罪、绑架勒索罪等；⑤以暴力妨碍社会管理秩序罪，如暴力扰乱社会秩序罪、聚众斗殴等；⑥以暴力妨碍婚姻、家庭罪，如暴力干涉婚姻自由罪、暴力虐待家庭成员罪等。

狭义的暴力犯罪，通常是指以暴力或暴力相威胁直接侵犯或危害到公民人身权利、民主权利的犯罪，一般包括故意杀人罪、故意伤害罪、强奸罪、抢劫罪等。犯罪心理学采用的是狭义暴力犯罪概念。

（二）我国暴力犯罪的特点

1. 犯罪主体绝大多数是青少年

从暴力犯罪主体的年龄特征来看，大多数是 14 岁至 25 岁的青少年，主要是 20 岁左右的青年，高峰年龄为 23 岁。这些人生理发育基本成熟，精力旺盛、自尊心强、具有较强的攻击性。

2. 暴力犯罪的突发性

由于暴力犯罪的主体大多数是青少年，而青少年的情绪控制力较差，故其暴力行为通常是对突然发生的冲突的不对称反应，一遇刺激行为不能自制，立刻出现冲动行为。例如，某些青少年在教唆、他人的挑逗及醉酒的情况下表现出的暴力行为，常具有这样的特点。

3. 暴力犯罪动机的复杂性

暴力犯罪的动机，往往表现形式最复杂、种类最多，其他类型犯罪中出现的动机在暴力犯罪中都可能出现。暴力犯罪者也有出于政治动机而犯罪的。

4. 暴力犯罪的恶劣性

暴力犯罪是最严重的刑事犯罪，常表现为对他人生命的非法剥夺及对他人身体的伤害，所以，与其他类型的犯罪相比，暴力犯罪更具有恶劣性的特点。另外，暴力犯罪常常是在激情状态下出现，由于犯罪人对被害人的仇恨、报复欲望强烈，或者为了保护自己而逃避刑罚，犯罪人对被害人往往表现出残忍性和疯狂性，犯罪手段极其残酷，如刀杀、斧砍、枪打、爆炸、毁尸、灭尸等。从最近几年发生的暴力犯罪尤其是暴力恐怖袭击案件来看，犯罪人越来越多地针对普通社会公众，犯罪地点也越来越多地选择在公共场所，大量的无辜群众成为犯罪的受害者，造成严重的社会恐慌。

（三）暴力犯罪人的一般心理特征

1. 暴力犯罪人的情绪特征

暴力犯罪是一种直接的进攻性行为。行为的实施常为激烈情绪所支配，表现出激烈冲动的情绪特征。愤怒、怨恨、嫉妒、恐惧等消极情绪支配、贯穿着整个暴力犯罪过程，成为暴力犯罪人主要的情绪特征。

（1）愤怒。犯罪人的愤怒往往是因为目标的达到受到干扰和阻碍而产生的。愤怒情绪从程度上可分为轻微不满、生气、愠怒、激愤、大怒、暴怒等不同状态。当愤怒情绪产生并达到不可抑制的程度，就会使某些犯罪人在强烈情绪支配下，对引起挫折的人或第三者乃至社会发泄自己的愤怒，产生直接的攻击行为，产生暴力犯罪。愤怒情绪产生的暴力行为多表现为进攻、亢进的形式，并且在整个犯罪过程中，愤怒的兴奋和亢进始终贯彻，表现出情绪的不可抑制和突发的特点。正因如此，暴力犯罪心理具有不计后果、危害性大的特征。

（2）怨恨。怨恨与愤怒的情绪相近，它是因为遭受挫折，长期积压在心中的一种紧张和不满情绪。怨恨情绪多产生于一些内向性格的人，他们不易流露自己的不满，将不满情绪长期积压在心里，由于未得到释放，积累到一定程度或遇某一事件的刺激，也容易产生攻击性行为。由于怨恨也是一种长期积压在心里的一种不满情绪，所以，在这种不良情绪的支配下，犯罪人在犯罪过程中会表现出冷漠、沉静、残忍等行为特征；在犯罪后，有的甚至还流露出报仇雪恨的满足感。

（3）嫉妒。嫉妒往往是因别人的幸福或成功伤害了自己的自尊心而产生的一种消极情绪。嫉妒心理在一定条件下会转化成愤怒、怨恨，甚至强烈的仇恨。嫉妒与一个人的人格特征有关，那种性格冷漠自私、虚荣心强、以自我为中心，不虚心承认自己的错误、缺乏自信和自卑感强的人，容易产生嫉妒情绪。在嫉妒心理支配下，也容易产生攻击行为。例如，因别人的富裕而抢劫，因别人的成就而伤害对方。

（4）恐惧。恐惧是企图摆脱、逃避某种情境而又无能为力时所产生的情绪。当恐惧情绪高涨时，为了从不利的情境中脱离出来，有时也会不假思索地施行暴力。例如，因盗窃活动被人发现，由于恐惧便慌乱地杀害事主或证人，就属于这一种情况。

2. 暴力犯罪人的意志特征

从总的特点上看，暴力犯罪人的意志品质薄弱。这种薄弱通常表现为以下两种情况：

（1）自制力失调是暴力犯罪人的主要意志特征

心理学家、精神医学家对大量暴力犯罪人进行的研究表明，暴力犯罪的主要原因之一就是攻击行为内部自制力的失调。更确切地说，就是犯罪人缺乏正常人所具有的内部自制力，这种自制力的失调在很大程度上造成了暴力行为的发生。暴力犯罪人在遭受挫折和攻击，产生不满情绪时，有两种不良的反应：一是不能有效地控制不满情绪，任其发展，产生强烈的愤怒情绪，表现出不可抑制的状态，在这种不可抑制的愤怒情绪的支配下，直接产生侵犯他人的暴力行为；二是在不满情绪产生后，过分抑制自己，把这种强烈的不满情绪压抑在内心深处，不让它表现和流露出来，然而，当遇到更强烈的刺激时，这种长期受压抑的不良情绪就会像火山喷发一样全部迸发出来，支配行为人做出更严重的侵犯他人的暴力行为。例如，有些妇女因长期受丈夫虐待、歧视，产生不满情绪，当这些消极情绪积累到一定程度时，就会发生杀害丈夫的犯罪行为。可见，抑制不足和抑制过度是自制力失调的两种主要表现。

（2）暴力犯罪人的意志薄弱还表现为易受暗示、顺从、盲目模仿等

暗示是用含蓄、间接的方法对人的心理状态产生迅速影响的过程。暗示可以由人实施，也可以由情境产生。接受暗示往往是无意识的，即不知不觉的、潜移默化的。某些生活在不良环境（如打架斗殴、充满暴力气氛）中的犯罪人最容易受暗示产生暴力行为。顺从是依照别人的意思思考和行为的过程。暴力犯罪团伙中的从犯、胁从犯往往就是由于避免不了对不良环境的顺从而实施暴力行为的。在暴力环境中生活的犯罪人，有时也会由于盲目模仿而产生暴力行为。

3. 暴力犯罪人的人格缺陷

有些实施暴力已成习性的犯罪人，或暴力犯罪人中的惯犯，往往存在某种人格缺陷，他们经常放纵自己，不能有效地控制自己的言行，常把暴力行为作为其解决人际关系矛盾（冲突）的主要手段。其人格缺陷可以分为以下四种类型：

（1）自我意识补偿型

在青年暴力犯罪人中，这是最常见的一种。他们之所以采取暴力行为，显然是出于不安全感和自卑感。这种人担心别人看不起自己，于是经常将暴力作为保护和增强自我意识的手段。

（2）自我纵容型

这种人之所以采取暴力行为，原因在于其本身具有幼稚的、以自我为中心的世界观。他们一切从自我出发，要求别人服从他的意见，满足他的需要。一旦别人不听从他的使唤，或不以他的意志为转移时，他们便认为别人是有意与自己作

对，是有意冒犯自己的"神圣"或"权威"，于是感到非常气愤，并报以强烈的暴力行为，希望以暴力的方式来迫使别人就范，以满足其狭隘的自私自利以及以自我为中心的世界观。

（3）虐待狂型

这种人对别人的痛苦和不幸有很大的乐趣，他们在选择进攻目标时，总是挑选那些对他们的攻击非常敏感的人。别人越是示弱，他就越感到快乐和满足，越是残暴地虐待他人。不过，要是找不到这类受害人，他就会千方百计地制造各种条件，使自己占上风。受害人一旦屈服，他就变本加厉地折磨对方。这种虐待狂的满足感对罪犯的暴力行为的恶性发展，起到了很大的促进作用。

（4）自我保护型

还有大量的暴力犯罪人，他们之所以采取暴力行为是由于对别人的极度恐惧所致。他们担心自己的把柄被别人掌握，整天提心吊胆地过日子，总觉得如果自己不先下手，很快就会大祸临头，因而求助于暴力，以此摆脱所面临的危险。

4. 暴力犯罪人的性格特点[①]

暴力犯罪者多有较为典型的性格特点，其主要表现为：

（1）固执、任性、偏狭、敏感，遇事爱钻牛角尖；

（2）易受暗示、易冲动、易激怒，自制力较差；

（3）冷酷、残忍、缺乏同情心，甚至有的犯罪人会刻意从受害人由于受到折磨和残害而发出的痛苦的呻吟和惨叫声中获得变态的快感；

（4）爱面子、虚荣心强、以自我为中心、唯我独尊。

（四）暴力犯罪的原因

在任何一个国家，暴力犯罪都是对社会危害最为严重的犯罪类型，因而也是犯罪学者们（包括犯罪心理学研究者）最为关注的一类犯罪。不同的学者，由于其理论基础不同，研究的视野、角度不同，研究对象的表现形式不同，再加上对暴力在外延上所包含的具体犯罪有不同的理解，对暴力犯罪原因的解释各异，形成了不同的理论。

对暴力犯罪原因的早期研究中，以生物学派、行为学派、心理分析学派为代表。生物学派把暴力犯罪的原因归为异常体形、生理结构、基因遗传并在外在环境作用下的结果。行为学派则认为，行为人因发现他人的暴力行为获得奖赏、利益后，就会产生或强化其内在攻击驱力而出现暴力行为。而精神分析学派认为，早期婴幼儿的不良体验导致人格冲突、人格异常或暴力行为，人格中自我控制力弱是暴力行为的原因之一。后来，又出现了认知学派、社会结构学派、社会化过程学派及社会冲突学派。认知学派强调认知因素在暴力犯罪中的作用，认为有些

---

[①] 张保平、李世虎编著：《犯罪心理学》，中国人民公安大学出版社2006年版，第140页。

人的道德观念未达到应有的程度，认识不到自己的暴力行为的破坏性，因而容易导致暴力行为的发生。社会结构学派从社会原因着手，认为居住在城市贫民区的青少年不断受到挫折和压力，因而容易产生暴力行为。社会化过程学派的学者看到的则是社会化过程的重要性，认为暴力行为是那些与学校、家庭等社会化机构联系不密切，因而可能通过与有不良倾向的人交往而学到的。而社会冲突学派则认为暴力犯罪如同其他一切犯罪，都是资本主义社会固有阶级冲突的结果。

上述各种理论，各有特色，本能理论、挫折攻击理论和社会学习理论的影响最为突出，同时也有较强的说服力，但在对具体的暴力犯罪原因进行解释时，每种理论都有其局限性。其实，暴力犯罪的原因是多方面的，它应当是一个因素群；暴力犯罪的产生是犯罪人的生理和心理因素、社会环境因素，以及受害人的因素综合作用的结果。

（五）预防暴力犯罪的对策

近年来，由于我国暴力犯罪增多，许多学者提出了预防暴力犯罪的种种构想。综观这些构想，主要措施可以概括为以下几个方面：

1. 改善社会环境，解决社会问题，缓解社会矛盾。一些学者认为，暴力犯罪从客观方面看是各种社会矛盾激化的结果，从主观方面看是社会环境特别是微观社会环境影响、熏陶以及周围关系人的教育、引导的结果。因此，运用社会政策、改善社会环境，加强社会调节以克服社会体制方面、社会文化方面和社会经济方面的种种矛盾，解决社会问题，是预防暴力犯罪的基本环节。

2. 加强社会主义精神文明建设。其中包括加强思想政治教育、道德教育和社会主义法制教育，加强对网络空间、新闻媒介和文化市场的管理，杜绝暴力渲染。

3. 加强社会调解和疏导工作，注意及时解决民事纠纷，防止矛盾激化。其中包括把解决民事纠纷纳入各级政府、机关、厂矿、学校的日常工作中去，做好疏导、教育、管理工作；加强基层组织工作，健全居委会、村委会、调解委员会、治安保卫委员会等群众组织，积极调解处理好民间纠纷；切实克服官僚主义的推、拖、压的错误做法，帮助当事人解决迫切需要解决而又可以解决的实际问题等。据调查，农村的大多数暴力犯罪案件都是由民事纠纷转化而来的。因此，做好调解工作，可以防止大量的"民转刑"暴力犯罪发生。

4. 发挥司法机关的积极作用，加强社会治安的综合管理，严厉打击暴力犯罪。其中包括建立健全暴力犯罪的信息网络和报警系统，及时了解和掌握暴力犯罪的动向；建立同暴力犯罪作斗争的专门机构；加强对枪支弹药的管理和对重点人口、流动人口的监督管理；加强治安联防，组织力量进行巡逻、盘查等；依法严惩严重的暴力犯罪分子；加强对暴力犯罪分子的教育改造以降低累犯率，引进和研制对付暴力犯罪的现代科技手段等。

5. 动员广大人民群众积极主动地同暴力犯罪作斗争，教育公民自重自爱、自我防卫，学会预防被害的措施，对精神病患者进行强制治疗和管束。

## 二、杀人犯罪心理

### （一）杀人犯罪的动机分析

日本的犯罪心理学家在考察了原始形态的杀人与现代型的杀人犯罪后，得出一个结论，认为杀人作为一种自然犯罪是贯穿于各个时代的，具有共同性。同时，杀人犯罪的动机又随着文化内容变化的影响而变迁。杀人的最初形态是处于饥饿状态下的人，为了获取较多的食物；然后，它向着以通过征服来获取财物为动机的方向发展（因盗窃、抢劫财物而杀人）；后来，又出现了把性欲冲动和伤害冲动直接结合起来以获得性快感的杀人（以满足变态心理的强奸杀人或快乐杀人）；到了现代，则开始出现追求无代价的生活和自我实现的杀人（把杀人等犯罪作为一种生活目标，为了犯罪而犯罪的杀人）。他们认为，这种新的杀人犯罪动机已不能用表面利益和普通传统动机理论来说明。

1. 杀人犯罪的动机类型

就我国当前的杀人犯罪来看，主要有以下六种动机：

（1）利欲动机。强烈地追求物质满足，过奢侈的生活，挥霍无度。这种欲望在客观上不能得到满足时，行为人便采取暴力手段来达到自己的目的。例如，抢劫杀人、盗窃杀人、赌博纠纷杀人、财产纠纷杀人等。其特征是满足其利欲和排除利欲障碍。

（2）性欲动机。有的犯罪人是受异性的神秘感和好奇心的驱使，有的是性欲亢进，当这种强烈的性欲要求与社会道德规范和法律要求相矛盾时，矛盾斗争的结果，使性欲占上风，就可能形成暴力强奸杀人的动机。另一种情况，就是性虐待狂的变态犯罪动机，行为人不仅实施强奸、轮奸行为，而且采用折磨、摧残、伤害直至杀人的方式，以目睹被害人的惨状来满足自己的变态性欲。

（3）报复动机。这是常见的杀人犯罪动机，犯罪人以报复宣泄愤恨，取得自己的心理平衡为动机。有的是受他人的侵害，或者挫折等，包括报仇雪恨、团体械斗、嫉妒、被害妄想等。

（4）逃避或恐惧动机。恐惧通常会引起本能的自卫反应。罪犯被捕时杀害执法人员，在恋爱婚姻关系中为摆脱纠缠虐待进行的杀人，另外，罪行的可能败露、隐私的公开、名誉和社会地位的丧失，由于对方的继续生存对犯罪人的安全感构成威胁，出现恐惧为灭口而杀人。

（5）政治动机。有的犯罪人具有反社会的"自我实现"的需要，由于这种需要与现行社会制度相矛盾，必然受到挫折，或受到打击，因此，逐渐形成了与政府或社会制度的严重对立，并且将这种对立情绪转化为以反抗和仇视现行社会制度为动机的杀人犯罪行为,如政治暗杀,以杀人制造恐惧气氛或造成恶劣的政治影响等。

(6) 变态杀人。犯罪人没有任何明显的杀人动机,与被害人之间没有任何因果关联,只是由于心理变态的原因去实施杀人行为,变态杀人的目标通常是特定类别的人。例如,河南平舆县黄某系列杀人案、陕西安康邱某华系列杀人案等都是极好的例子,性格内向又备受冷落的黄某是沉溺于想象中的人,由于性格内向,他不愿向别人展示自己的内心想法,而是沉溺于成功的幻想之中,他十多岁时看过的一部血腥的暴力片成为他杀人的最初动机。邱某华杀人案的动机起始于庙祝熊某侮辱他的妻子,他承认自己没有证据,但同时坚定地认为这是事实,痛下决心,即使自己死一万次,也要把熊某杀了。邱同样憎恨"不要脸"的妻子,打算回家后也把妻子杀掉,他同样还想杀掉妻弟,因为妻弟欺负他太狠了。在做这番表述时,邱某华仍然是咬牙切齿,仿佛跟这些人有不共戴天之仇,这足可以看出邱某华自我调节能力极差,造成愤懑情感的郁结,在他看来,唯有通过杀戮方能消除心中的怨气。黄某、邱某华等这种变态的心理都不是一蹴而就的,而是经历了由轻到重的发展历程。在轻度时期,这种变态心理如果不能得到及时的矫治或控制,便极有可能导致严重的行为问题。①

2. 杀人犯罪的动机特征

综合上述的动机类型,并结合一些具体案件和具体的犯罪人分析,可以发现,杀人犯罪动机具有以下特征:

(1) 多样性和复杂性。犯罪人在杀人犯罪动机形成的过程中可能有多种动机存在,其侵害的对象也可能是多样的,既有预谋动机,也有激情动机。

(2) 强烈的内在冲动性。"杀人偿命"的传统伦理观念,以及刑法对杀人罪的严厉处罚,对犯罪人是有很大威慑作用的。但是,现实生活中却仍然有杀人犯罪行为的存在,这说明杀人犯罪的动机具有强烈的内在冲动性,它一旦产生,就难以抑制。特别是激情杀人和义愤杀人,其动机的冲动性表现得更加明显。

(3) 恶性转化性。犯罪动机恶性转化也是杀人动机形成的重要特征。所谓杀人犯罪动机的恶性转化,是指当犯罪人实施第一犯罪动机时,因为遭到阻止,受到意外挫折和困难,便急剧转化、升级为第二犯罪动机的实施,甚至还有第三动机的实施。例如,盗窃犯在进行盗窃犯罪活动时,因被事主发现,或同事主相遇搏斗,便产生杀人灭口的第二犯罪动机;杀人后还可能产生放火灭迹的第三犯罪动机。这在盗窃杀人、抢劫杀人、强奸杀人等犯罪案件中是比较常见的。当然,犯罪动机的恶性转化并不是必然的,它在某种条件下也可能向良性的方向转化。

---

① 李玫瑾:《他为何成杀人狂魔? 犯罪心理专家揭秘黄某变态心理》,载 http://news.163.com/2003w12/12398/2003w12_1071208769729.html,最后访问日期:2013 年 9 月 28 日。

（二）杀人犯罪的其他心理特征

1. 情绪的激烈性

杀人犯罪与情绪的关系极为密切。情绪激烈、不可抑制在杀人犯罪的整个过程中表现得特别明显。杀人犯罪往往与不良情绪的长期积累而突然爆发有关，如长期的愤怒、憎恨、嫉妒爆发的杀人。此外，杀人犯罪也容易在激情、应激状态下出现。

2. 攻击性

强烈的攻击心理是促成杀人犯罪的主要心理因素。攻击性、利欲和性欲在国外被视为杀人犯罪的三大原动力。攻击性由挫折引起，欲求不满和欲求被抑制都可称为挫折，自尊心受损害、前途受阻，感情被玷染、精神压抑都可形成挫折。杀人犯罪的主体多是在受到挫折的情况下而去实施犯罪行为的。其攻击性强度与其欲求不满，欲求受到压抑而形成的挫折强度成正比。

3. 推诿心理

杀人犯罪人常常把自己的错误、失误、犯罪的冲动与态度归咎他人。一些杀人犯常把引起杀人的原因推诿给被害人，以自己受到侵害、攻击、名利损害等为由而杀害对方，即所谓"杀人有理"，是"迫不得已而杀人"。例如，恋爱中一方断交，配偶与他人私通，口角中对方动手等都可能成为杀人的理由。犯罪人之所以产生推诿心理，是想以此减轻自己的罪责感。

4. 意志薄弱

杀人犯罪人的意志薄弱主要表现为抑制力的薄弱，自控能力差，遇有外界不良刺激，会贸然行动，缺乏意志指导，不能用理智处理事情和预料严重后果，表现出冲动性。

### 三、抢劫犯罪心理

（一）抢劫犯罪的一般特点

抢劫犯罪是指实行暴力、胁迫或者其他使人不能抗拒或不知抗拒的方法，将公私财物据为己有的行为。抢劫犯罪具有暴力犯罪和财产犯罪的双重性。考虑到人的生命和健康的价值应高于财物价值，刑法将抢劫犯罪列入暴力犯罪中。从我国当前的抢劫犯罪来看，它具有以下的特点：

1. 抢劫犯罪的主体以青少年居多

在抢劫案件中，青少年占的比例很大，25岁以下的青少年大约占80%，其中又以18岁至25岁这个年龄阶段占绝对优势。因为这个年龄阶段的人，骨骼肌肉已发育成熟，正处于身强力壮的时候，具有抢劫犯罪的体力条件。此外，青少年时期，情绪波动较大，冲动性强，这也是引发部分青少年抢劫犯罪的一个因素。从当前的抢劫案件来看，行为人年龄有偏小的趋势。

2. 抢劫的手段和方法多样化

除传统的持刀、斧、棍棒、枪支抢劫外,还有电击抢劫,以麻醉、催眠药物使被害人处于昏迷状态,再抢走其钱财;以石灰粉、盐酸、白酒喷洒受害人眼睛抢劫。除直接实施抢劫外,还有冒充公安、联防人员或其他执法人员进行抢劫;或犯罪分子男女勾结,先由女性以色相勾引被害人上钩,继之男性犯罪分子闯入,软硬兼施,劫走被害人财物。另外,驾驶汽车、摩托车"飞行"抢劫,抢劫公共汽车、出租车、旅客列车等案件也时有发生。

3. 抢劫犯罪的时间和地域特征

抢劫犯罪案件与季节有一定的相关性,春秋两季偏少,冬夏两季皆可出现抢劫案件的高峰期。从时间看,夜间抢劫的多,白天抢劫的少。从地域看,城市的抢劫案比农村的多,荒僻的街道、城乡接合区、公共场所、银行、商店等是抢劫案的易发点。

4. 抢劫目标的精心选择

抢劫犯罪前,犯罪人一般要事先周密策划,精心选择抢劫目标。例如,专门选择正在谈情说爱的男女青年,特别是抢劫有越轨行为的男女青年;抢赌金,黑吃黑,以为对方不敢报案;潜伏路旁,抢劫单位的公款;趁被害人无反抗能力,或趁商店、银行的工作人员吃饭、午休、关门之际,突然入室抢劫,得手后迅速潜逃。此外,在预谋入室抢劫案中,犯罪人事先也要精心调查受害人的财产状况、生活规律,以及受害人的家庭人员状况等。

此外,抢劫犯罪常常连带其他犯罪的发生。例如,为了达到抢劫财物的目的,犯罪分子往往会伤害,甚至杀害被害人,特别是杀人灭口的抢劫案件明显增多;在抢劫过程中,犯罪分子如发现被害人是青年女性,往往会突发歹意,进行猥亵或强奸,这在团伙抢劫案中屡有发生。

(二) 抢劫犯罪的心理特征

抢劫犯罪作为一种特殊的财产犯罪,和其他的财产犯罪相比,具有特殊的犯罪心理。他们在犯罪的认识上、性格上、犯罪动机、人格健全度上都具有不同的特点。

第一,从犯罪人的认识能力来看,抢劫犯具有反社会的野蛮英雄主义情结,以为只要"不怕死、心狠手辣、大胆亡命"就能得到想要的东西,在他们的认识中,只要钱到手,不管人死活。他们崇尚暴力,相信只要刀子威逼,对方就会乖乖地交出财物等,具有野蛮性。从抢劫犯罪的发展趋势来看,一些抢劫犯的犯罪意识非常重,专门实施以占有巨额财物为目的的重大抢劫和特大抢劫。

第二,从犯罪分子的性格特征来看,抢劫犯的外倾性格特征十分明显。抢劫犯多数性情暴躁、情绪不稳定、行为莽撞、喜欢攻击。在作案时,由于要使用暴力胁迫被害人,所以主体的情绪相当强烈,如遇到对方反抗,就会激起主体情绪的进一步恶化，或者恐惧退缩，或者变得更加凶暴残忍。他们一般好逸恶劳、唯利是图、贪得无厌，在自我意识方面具有强烈的虚荣心。

第三，大多数抢劫犯是出于物质追求，是为了满足贪欲，但也有少数抢劫犯出于非财物动机。他们并不在乎所得财物的多少，而在乎从抢劫活动中感受到的强烈刺激。这类情况在未成年抢劫犯中居多，如出于好奇心参与抢劫，出于恶作剧心理抢劫老人、妇女、小孩的财物等。而不同类型的抢劫犯，其反对动机也有很大差别，比如预谋抢劫犯的动机斗争较为激烈：一方面向往成功后的快乐，另一方面惧怕受到刑罚处罚。而对于突发型抢劫，其犯罪动机是在具体情境刺激下迅速形成的，犯罪动机不如预谋型抢劫那样呈现出多样性。

第四，从抢劫犯的人格健全度来看，抢劫犯也多表现出人格的不成熟和严重的缺陷。具体表现在：缺乏对崇高理想目标的追求，精神空虚；社会责任感低，规范约束力差；分辨力差，难以分清善恶、是非、美丑；缺乏社会感情，缺乏羞耻心、同情心和怜悯心，对人冷漠，心怀敌意；暴躁，缺乏耐心，好攻击，自控能力差，易受外界情景和他人的影响。

第五，侥幸心理。由于抢劫犯一般都有强烈的物质欲望，所以总对自己作案的成功抱有侥幸心理。在这种侥幸心理的支配下，一次成功后会使抢劫动机受到强化，往往很难自行中止，直至被抓获才被迫停手。

第六，恶作剧心理。有的青少年抢劫犯，平时闲逛街头、无所事事，有时为了寻求刺激拦路抢劫，抢得钱财后一哄而散，或向同伴夸耀，或即刻消费，其抢劫行为往往属于缺乏生活目标的恶作剧行为。

第七，错误的价值观取向。从抢劫犯罪分子的需求心理特征来看，由于对物质财富的欲求远远大于个人获取财富的能力，产生了激烈的供需矛盾，而为了满足不正当的需求，必然会踏破法律的红线。

（三）抢劫犯罪人的类型

抢劫犯罪人虽然大多数都是以获取财物为目的，但也有基于其他原因实施抢劫的。依其抢劫的原因，可将抢劫犯罪人分为以下四类：

1. 职业抢劫犯

他们以抢劫作为生活或者挥霍的主要来源，往往没有正当职业，或仅以某种职业为掩护，并同时可能兼有其他犯罪。

2. 偶然抢劫犯

他们不以抢劫为职业，而以发现有利于抢劫的时机而临时起意去进行抢劫。例如，抢劫老人和儿童，或其他见财起意的抢劫，这类抢劫犯罪人单独作案的多。

3. 吸毒性抢劫犯

他们抢劫财物的主要目的是购买毒品。由于吸毒消费巨大，如无高收入职业，就只能靠偷和抢来延续其吸毒习性。

4. 取乐或逞能抢劫犯

这些抢劫犯多为少年，特别是少年的结伙抢劫，有时并非出于对金钱财物占有的动机，而是寻找乐趣、追求刺激或逞强显能而实施抢劫行为。这类抢劫通常无预谋，且抢劫的财物往往并不是他们实际所需要的。

## 第三节 公职人员犯罪心理

揭示公务员职务犯罪的生成规律，是对其有效控制的前提和基础，而研究犯罪行为的生成规律，必须探讨作为犯罪成立必备要件的犯罪心理。"罪过和行为同时存在"已经成为现代刑法学理论和实践的共识，本节将从犯罪心理的角度分析公务员职务犯罪的心理生成机制，着重研究职务犯罪心理的基本特征和内在规律。

**一、公务员职务犯罪的心理特征**

公务员职务犯罪的心理特征，是在与其他类型的心理特征相比较后，为职务犯罪主体即公务员所具有的普遍存在的突出心理特征。总括来看，公务员职务犯罪主要表现为以下心理特征。

（一）认识特征

1. 扭曲的价值观念

绝大多数职务犯罪的公务员具有扭曲的价值观，其核心是金钱至上、崇尚享乐、私欲蔓延与膨胀，这是绝大多数公务员实施职务犯罪行为在认知观念甚至精神信念方面的支持力量，它往往是职务犯罪人犯罪心理结构中与社会主流价值观念对抗的性格基础，具有稳定性。

2. 偏执的自我认知

一方面，行为人自我评价过高，从而产生强烈的冒险心理、侥幸心理以及自以为是、唯我独尊的心理，而且这种不当的自我评价，极易引发以职务犯罪来谋取私利作为心理补偿。另一方面，认知的偏执性还表现在行为人心理上的相对剥夺感，认为其经济收入与拥有的权力和地位不成正比，从而导致其认知、情感和态度上的严重心理失衡；迷信金钱、地位对自我及家庭的主宰力量，而无视其他精神因素的应有地位。

3. 错误的法律意识

法律意识是主体关于社会法律关系和法律观念体系的总和。就个体而言，主要包括法律知识、对法律的态度和守法的素养三个层次。在职务犯罪人的头脑中，正确的法律意识极为淡薄，要么是存在错误的法律观念，要么是对法律采取漠视态度。诸如"法不责众、法难治众"等不良心态，自以为手段高明可以瞒天过海，从而使其犯罪活动有恃无恐。

（二）情感特征

1. 优越感和自卑感的交织性

一方面，实施职务犯罪的公务员存在强烈的职务优越感；另一方面，他们又同时存在强烈的自卑心理。公务员因其职务关系而掌握大量社会资源为他人解决各种困难和问题，从而成为社会上一些人吹捧和迎合的对象，自然而然产生职务优越感；而同时他们认为自己在学历、智商、情商、能力等各方面不比别人差，在经济上、生活水平方面却往往比不上那些与自己相差很远的人，因而又不免产生强烈的自卑感，两种相互冲突和矛盾的心理交织并存，使他们处于严重失衡的心理状态中，极易产生以权谋私的不良心理。

2. 隐蔽性

公务员职务犯罪行为涉及的领域与行为具有非外显性特点，加之受到生活阅历、社会经验、智慧、地位的影响，犯罪人在犯罪预备、犯罪行为实施期间及犯罪后都不会明显地外显其紧张、惊慌、兴奋、欣喜等情感特征，其体验具有隐蔽性的特征。与其他类型的犯罪相比，犯罪人在犯罪行为实施后较少或较不显著地流露其反常的行为反应。[1]

3. 情感体验的深刻性

公务员职务犯罪的行为人大多具有良好的文化素养，对涉及自己职务行为领域的法律法规十分了解，也深知犯罪行为一旦败露的法律后果，因而在犯罪过程中及犯罪后均有深刻的情感体验。

（三）意志特征

公务员职务犯罪的行为人在意志特征方面具有极端的两重性：一方面，行为人对抗诱惑的意志力较差，表现出意志的薄弱性；另一方面，行为人在自己的职务领域内实现自我欲望的犯罪行为的意志力非常顽固，甚至可以克服很大的客观障碍或抵抗其体验到的强大风险。意志坚持性与退缩性的矛盾可以直接导致公务员在职务犯罪方面的强烈侥幸心理和冒险心理。

（四）动机特征

1. 明显而强烈的贪利性动机

以非法获得大量的物质财富为主要内心推动力，即使在精神性动机的职务犯罪中，其直接或间接的经济利益因素也是非常明显的。

2. 强烈的动机斗争

他们在初次实施或萌发犯罪意念之初会存在强烈的动机斗争，这种动机斗争

---

[1] 金波、梅传强主编：《公务员职务犯罪研究》，中国检察出版社2008年版，第72~73页。

要么克制了犯罪动机的发展，要么在其认知观念的支持下寻求各种"合理化"理由进行自我辩解，减少或解脱心理压力而强化犯罪决意的形成。

**（五）消极的职业人格特征**

权力配置的不合理使得不少人为了谋得一官半职而阿谀奉承、行贿受贿；现实中权力运作过程的不透明，使得权力运作充满神秘色彩。监督不力，使部分官员成了上面管不了，下面不能管的"土皇帝"，塑造了他们恃权自傲、专权横行的消极职业人格。同时，职务犯罪行为人还表现出对国家与公众利益的漠视态度。

### 二、公务员职务犯罪的心理机制

在心理学研究中，经常使用"机制"一词，依据美国心理学家伍德沃斯的观点，机制是一种有目的的反应方式，认为人的活动包括驱力和机制，驱力发动机制，机制可以转化为驱力。

**（一）公务员职务犯罪中的故意心理机制**

对于故意实施职务犯罪的行为人来说，犯罪心理的形成是一个渐进的、自觉的过程，其犯罪行为是有意识的行为。

1. 公务员职务犯罪心理形成的一般过程

（1）人格缺陷的生成。人格缺陷也称为不健全人格，是指由于社会化过程中的失误而形成的偏离社会规范的个性。"从刑事法角度看，人格缺陷的内容包括不合理的需要结构，不正确的社会意识或态度，不良的性格特征（包括不良的行为习惯）等……人格缺陷的实质是反社会的价值观体系，即行为人对社会主流价值观念的敌视、蔑视或轻视、漠视的态度。"[①] 人格缺陷是产生违法犯罪行为的心理基础。职务犯罪人所具有的这种人格缺陷与健全人格相比，具有以下特征：①需求欲望强烈，难以自我调控，且与社会需要相对立；②接受不良文化和反社会标准；③错误的法律观念以及错误的权力观；④以自我利益为中心、极端利己主义，采取一厢情愿的思维方式，不考虑社会和他人的利益；⑤正确的思想意识淡薄，不能有效抑制消极情绪及其所产生的副作用；⑥缺少道德感、理智感和责任感等社会性情感；⑦人生观、价值观取向偏于错误，且以该错误的人生观和价值观为指导。人格缺陷的形成有其相应的基础要素，先天的遗传素质和生理因素是人格形成和发展的物质基础，后天的社会条件对人格的形成和发展起着决定性的作用。人格缺陷是个体在社会化过程中，在遗传的生物学基础上，由于社会环境中的不良因素的影响，使个体出现社会化障碍，未能将社会意识完全内化为个人意识，从而在个人意识与社会意识之间产生隔阂与对立。个体的社会化过程是

---

① 梅传强：《犯罪心理生成机制研究》，中国检察出版社2004年版，第11页。

伴随着人的一生而完成的,这个过程分为社会化的初步完成阶段(从出生到成年)和继续社会化、再社会化阶段。公务员职务犯罪行为人的社会化初步阶段一般都完成得比较好,其人格缺陷的形成主要在于继续社会化和再社会化的缺陷。

"从刑法角度看,犯罪人人格缺陷的实质表现为对社会规范的敌视、蔑视或者漠视、轻视的态度。正好因为有了上述态度,在合适的外在客观条件的作用下,这些态度的内容才会通过犯罪人的认识、情感、意志等心理状态表现出来,进而最终通过外在行为体现出来。"① 在外界刺激和不良环境中,职务犯罪的行为人先前存在的道德、法律意识等的缺陷逐步显现、加强和扩大,形成一系列反社会态度,成为控制犯罪心理和行为的主导力量,诸如"补偿回报"态度、"廉洁吃亏"态度、"法不责众"态度等,在这些消极态度影响下,产生"有权不用、过期作废""投桃报李"等权钱交易的错误思想意识。

(2)职务犯罪意识的生成。对于故意犯罪而言,在罪过心理形成之前,先有犯罪意识的生成。当犯罪意识与犯罪意志相结合,犯罪意志促使犯罪意识外化为犯罪行为时,罪过心理便形成了。犯罪意识的形成,是在行为人为满足的优势需要被主体意识到并试图通过社会不认可的方式来满足时,优势需要就转化为犯罪意图;在犯罪意图的激励下,产生犯罪动机;当犯罪动机与具体的满足需要的手段方式和对象等结合时,即生成犯罪目的;当犯罪动机、犯罪目的与反对动机经过斗争、冲突后,若犯罪动机占了上风,则犯罪意图就转化为犯罪决意,犯罪决意、犯罪意图、犯罪动机和目的等统称为犯罪意识。②

①犯罪意图的形成。追求需要的满足是人类个体和社会发展的根本动力。正因如此,对人类行为和各种社会现象的探讨,应该从人类的需要入手,以探讨人类需要为出发点。职务犯罪人的需要有两个特点:一是个人需要与社会需要处于对立地位,行为人的头脑里只有个人欲求,不考虑他人、国家和社会的需要;二是畸形、膨胀的需要,行为人的需要毫无节制,享受的欲望远远超出个人的支付能力,高层次需要欠缺,低层次需要膨胀。当职务犯罪人的人格存在明显缺陷,或者已经存在不良习惯后,在其需要的推动和外界诱因的刺激下,产生模糊的、没有特定指向地进行职务违法犯罪活动的内心冲动,便萌发了犯罪意图。

②形成犯罪动机和确定犯罪目的。当行为人意欲用社会不认可的方式满足自己的优势需要时,优势需要便转化为犯罪意图,使行为人的心理活动具有一定的方向,集中指向意图满足的主要对象上,心理活动自动平衡机制的作用又使个体的心理活动产生了平衡的要求和动力,这样,个体未满足的需要转化为犯罪意图

---

① 梅传强:《犯罪心理生成机制研究》,中国检察出版社2004年版,第61页。
② 梅传强:《犯罪心理生成机制研究》,中国检察出版社2004年版,第94页。

并具有动力性质，犯罪意图就转化为犯罪动机了。① 在直接故意的职务犯罪心理形成过程中，动机形成后，行为人还要在犯罪动机的基础上确定犯罪目的。犯罪目的是以观念形态预先存在于行为人头脑中的犯罪行为所预期达到的结果，是行为人在犯罪动机的激励下，在认识具体的犯罪方式的基础上，通过自由意志选择后，客观的犯罪结果在头脑中的反映，是对自己将要实施的行为及其结果的认识。由于犯罪目的能为犯罪人明确意识到，因而在犯罪目的的确定过程中，必然会发生犯罪动机和反对动机的斗争，犯罪目的的选择受行为人的人格状况、自身的犯罪能力以及犯罪动机强弱等因素的影响，最终犯罪目的确定将会强化犯罪动机。

③犯罪决意的形成。当行为人具有职务犯罪的意图后，在合适的外部条件的刺激下，再加上行为人强烈的内在欲求的驱使，便会形成犯罪动机；在犯罪动机形成的过程中，行为人往往会经历复杂的动机斗争，考虑犯罪行为及其后果、犯罪得逞所带来的利益以及失手的概率及后果。但行为人往往更加看重犯罪后的可获得利益；当犯罪动机与具体的手段、途径相结合，通常便会有犯罪目的的产生，进而捕捉犯罪有利时机，当存在监管漏洞甚至即便不存在监管漏洞的情况下，在行为人的头脑中便会产生比较清晰的犯罪计划、萌生坚定的将犯罪实施完毕以攫取不法利益的决心，犯罪决意便由此形成。

2. 公务员职务犯罪的故意心理形成模式

公务员职务犯罪绝大多数表现为继发性的渐变型犯罪形态，行为人在工作初期一般并无劣迹，其社会化过程中也没有明显的缺陷性表现。但工作后期由于处于外界刺激和不良环境中，再加上自身的内在要素，从而导致道德、法律意识的缺陷，最终走上违法犯罪道路。公务员职务犯罪心理的形成和变化有着自身的规律和模式，一般要经历外界不良因素刺激、价值观动摇、犯罪决意生成和犯罪心理强化四个时期。

（1）外界不良因素刺激和价值观动摇。行为人在面对大量反社会性因素的刺激时，构成对其心理系统中认知、情感、意志及人格的挑战，行为人经历被动或主动地顺应、同化等动机斗争，进而造成其人生观、价值观的进一步倾斜，利己性需求得到强化，具有了明确的实施反社会行为的动机。

（2）犯罪决意生成。职务犯罪行为人在明确犯罪动机之后，与具体的犯罪手段和目标相结合，经过内心动机斗争，最后选择犯罪动机并决定实施犯罪，则犯罪决意生成。职务犯罪人一般有一定的社会地位，他们在追求奢侈的物质享受的同时，也十分注重自身的名誉以及社会的认可与尊重，因此会产生既想作案成功又想逃避处罚的心理冲突。

---

① 梅传强：《犯罪心理生成机制研究》，中国检察出版社2004年版，第99页。

(3) 犯罪心理强化。职务犯罪的行为人在初次形成犯罪决意并实施后，如果没有被发现或者没有被追究法律责任，会进一步刺激其实施违法犯罪的欲望，强化其实施更为严重的违法犯罪行为的心理。

(二) 公务员职务犯罪中的过失心理机制

过失犯的心理机制有别于故意犯，行为人违反注意义务，形成疏忽大意或过于自信的消极心理，进而导致错误决策，最终发生危害社会的结果。

1. 过失职务犯罪人的心理因素

过失职务犯罪人的心理因素在于"不注意"，即对危害结果应当注意、能注意却缺乏应有的注意，漫不经心、粗心大意；或虽然对结果有所注意，但因过高估计了防止结果发生的客观可能性，没有尽到充分的注意义务。

(1) 思维和认知。不正确的思维和认知是过失职务犯罪的重要心理因素之一。思维的正确与否，以主观与客观是否相一致为准绳予以判断，如果主观与客观相背离，便会导致行为的错误。

(2) 态度。公务员是具体实施管理国家事务的人，如果缺乏责任感、作风拖沓、冒失侥幸，便极易酿成重大事故，造成严重社会后果。

(3) 注意。注意是心理活动对一定对象的指向和集中，它是人适应环境、掌握知识、从事实践的必要条件。[①] 分心与注意力涣散是造成过失职务犯罪的重要心理因素之一。注意力不够，会造成行为偏离正确的方向，导致严重后果的发生。

(4) 智能与经验。过失犯罪均是因为行为人对行为的危险性认识不足或没有认识而导致危害社会的结果，除了行为人的不良心理因素之外，其智能和经验也是重要的影响因素。因为人的智能高低会影响到其对客观事物的认识和对危险性的正确估计。一般来说，智能高者更能准确地认识到行为的危险性，更能胜任本职工作。同时，公务员如果拥有丰富的实践经验，再次进行类似活动成功的可能性较大，失误就会较少。疏忽大意的职务犯罪往往与缺少相关经验和知识有关。

(5) 意志。意志是人们自觉调整行为、排除干扰，以实现既定目标的心理活动。意志受理想和信念的影响，在某些决策失误导致国家和人民生命财产遭受重大损失的过失职务犯罪中，行为人往往因具有错误的信念，一意孤行，不能自拔而酿成大祸。

2. 过失职务犯罪的心理过程和机制

(1) 疏忽大意过失职务犯罪的心理过程和机制。考察职务犯罪行为人是否应当预见自己行为所造成的危害结果，以是否在其职责范围内为限，包括对自己行为及可能产生的后果和在职责范围内对他人行为及可能产生的后果负有预见义

---

[①] 罗大华、何为民：《犯罪心理学》，浙江教育出版社2002年版，第398页。

务。行为人是否能够预见，以主观标准（即行为人标准）为主，综合考虑客观标准（即一般人标准）。由于过失职务犯罪均为失职渎职行为，行为人必然违反了有关规章制度和行为准则。如果行为人违反了这些规则并发生了危害结果，就可以认定为过失犯罪，如商检部门、商检机构的工作人员严重不负责任，对应当检验的物品不检验或者延误检验出证、错误出证，致使国家利益遭受重大损失的则应构成商检失职罪。尽管疏忽大意的过失职务犯罪行为人的心理状态是没有尽到应尽的注意义务，但仍然存在意志决定问题，危害结果的出现源于行为人不注意的态度，但正是这种不注意的态度影响了意志决定。

（2）过于自信过失职务犯罪的心理过程和机制

过于自信过失的职务犯罪的行为人已经预见到危害结果发生的可能性，但却无根据地认为危害结果发生的概率微乎其微。行为人对危害因素有所了解，认识到危害结果发生的可能性，但却不是明知危害结果会发生，相反地，行为人认为危害结果的发生是不现实的；如果不是基于这一点，行为人是不会实施这一行为的，否则行为人便是故意的心态了。例如，某国家机关工作人员对对方的主体资格、履行能力等不做深入调查就盲目与对方订立合同，其对行为的危险性必然有所了解，也认识到行为导致危害结果发生的可能性，但却认为危害结果不可能变成现实。

## 第四节　流动人口犯罪心理

随着社会经济的快速发展和各项改革的顺利推进，社会经济活动与人员流动日益频繁，大量农村剩余劳动力从乡村转移到城市，从中西部欠发达地区涌入东部沿海发达地区，寻求工作机会，形成流动人口群体。流动人口，是一个社会学概念。在现行的户籍制度下，指的是离开常住户籍所在地，跨越一定的行政辖区范围，在某一地区滞留，从事务工、经商、社会服务等各种活动的人口。对人口在地理空间上流动这一社会现象，在不同场合，出于不同的认知程度和目的的需要，人们往往赋予它不同的称谓，如"流动人口""外来人口""暂住人口"等。目前，流动人口犯罪在犯罪中所占的比例越来越大，并已引起有关部门的高度重视。在治理流动人口犯罪时，一个关键问题，是要深入剖析该类犯罪的原因及支配该类犯罪现象的心理，从而实现治理措施的有的放矢，达到事半功倍的效果；相反，如果忽视犯罪生成的心理因素，犯罪治理效果就会大打折扣。

### 一、流动人口犯罪的特点

流动人口作为一种特殊的社会群体，他们的犯罪和其他犯罪主体的犯罪相比较，呈现一些特殊性。

（一）犯罪手段的暴力性

从犯罪手段看，流动人口作案手段凶残、狡猾，暴力化倾向严重。流动人口犯罪随意性强，不计后果，盗窃、抢劫、杀人、强奸等数罪并犯。有的在光天化日之下侵入民宅，偷不成就抢，抢不成就杀。农民对城市生活极为陌生，可支配的各种资源相当匮乏，对于身体强壮、无所事事而又生活窘困的农村流动人口来讲，体力是他们唯一可以支配的资本，运用体力进行抢夺、抢劫和偷盗，达到非法获利的目的是他们最终的选择。所以他们的犯罪多倾向于暴力性犯罪，而不是智力型，从而使犯罪呈现出突发性和暴力性。

（二）犯罪类型的侵财性

由于流动人口犯罪以物欲型为主，尤其是犯盗窃、抢劫罪的流动人口在犯罪中所占比重均超过50%，而强奸、打架斗殴等其他犯罪所占比例较低。由于他们进城的目的就是挣钱，所以很多越轨行为也都是因为钱财而发生的。

（三）犯罪形式的团伙性

由于"地缘"和"血缘"关系，农村流动人口进入陌生的城市往往是投亲靠友，如果同乡或亲戚有违法犯罪行为，那么他们很容易被拉下水，成为犯罪同伙。加之文化冲突，也导致他们很容易形成犯罪团伙。流动人口离开了农村，但又不能马上融入城市生活，成为生活在城市里的"边缘人"，他们的生活方式、行为方式不同于城市市民，所以为了赢得认同感和找到归属感，很容易结成团伙实施犯罪。从实践来看，很多流动人口的犯罪都是为了"兄弟义气"而实施的。同时，由于大量外出打工人员来自农村，而且也都是在亲戚的带动下走出农村，这就形成了在这样的犯罪团伙中有着浓厚的地域性和乡土观念，具有极强的团体心理，比较排外。

（四）犯罪地点的选择性

从作案地域看，由于流动人口大多居住在城乡接合部这一治安管理的薄弱环节，如城乡接合点、火车站、长途汽车站等地方，这些地方人员来往比较复杂，管理也较为松散，实施犯罪成功的可能性也较大，犯罪的机会也较多。流动人口犯罪人员多聚居在城郊住户简易的住宅内，或者偏僻的旅馆、建筑工地以及出租屋等地，这些地方的住房较为密集和无序，但又存在管理上的疏松，这就为犯罪人员的犯罪提供了一个缓冲地带。

（五）犯罪主体的复杂性

流动人口的犯罪中农民占很大比重，而且男性居多，文化水平不高，其犯罪主体具有复杂性。目前，流动人口犯罪成员的构成大体有以下三种类型：一是流动人口的犯罪人员中刑满释放人员、解除劳教人员、负案在逃人员占有一定的比例，且犯罪人员日趋年轻化。他们大多既有犯罪经验，又会狡猾地逃避法律制裁，作案手段比较残忍与恶劣，杀人、强奸、绑架等恶性案件占较大比重。二是专门到外地以犯罪为谋生手段的"职业犯罪者"。三是流动到某地从业而演变成犯罪者，如各种经商人员或农民工等，因各种原因开始走上犯罪道路。

（六）犯罪行为的流动性

一般情况下，流动人口没有固定的居所，他们经常是从一个地方流动到另外一个地方。作案后，会迅速离开原来的地方，流窜到另外的新环境，甚至开始重新作案。同时，由于流动人口缺乏管理和约束，他们的犯罪征兆不能为大家所知晓，往往只有等到案发了才能知道，这对于预防犯罪来讲，难度更大。

（七）犯罪后果的破坏性

流动人口多来自农村，生活贫困，在贪欲的支配下，实施各种违法犯罪活动以达到目的。他们实施犯罪不计后果，手段也比较低劣，重要的是常常带有很大的破坏性，如为了几百元钱去偷割电缆，给公共安全造成灾难性后果。

（八）犯罪起因的模仿性

从流动人口的年龄来看，中青年居多。这些人一般较少受到良好的教育，是非分辨能力和抵抗能力较弱，没有一技之长，从事的工作多为体力劳动，所得报酬较低，工作环境较差，很容易在物质欲望的刺激和外界不良风气影响下走上违法犯罪道路。他们中的很多人不是主动萌发犯罪动机，而是看到自己身边的人那么做，也跟着模仿，盲目地实施犯罪。

**二、流动人口产生的原因和分布特征**

（一）流动人口产生的原因

流动人口的产生也是我国经济转型过程中出现的一种必然社会现象，它的出现主要有以下三方面原因：

第一，改革开放向纵深拓展，农村生产力水平稳步提高，交通运输业迅猛发展等因素均为流动人口的出现创造了有利条件。改革开放的深化和农村生产力水平的提高是将农民从土地上"解放"出来，向城市、向沿海发达地区转移的内在的、实质的要素，交通运输业的快速发展则是将农民从欠发达地区和农村转移到发达地区和城市的外在的、形式的因素。内在动因和外在要素的有机结合促成了流动人口根本性的"解放"和快速化的移转。

第二，沿海发达地区和城市的经济发展对外形成了巨大的吸引力，使农村产生的剩余劳动力可以在城市得到较为妥善的安置。随着城市化进程的加快，农村人口向城市转移成为一种必然，为了经济条件和生活水平等的改善，农民的"迁徙"行为也不自觉地成为城市发展的推力。

第三，随着经济的发展，城乡差距进一步拉大，也使许多农村人口向城市流转，这也造成流动人口的大量增加。在我国，农村与城市之间不仅存在经济结构的差别,而且在就业条件、文化教育以及卫生保健方面也存在较大的差距,这也使得城市具有更大的吸引力。

(二)流动人口的分布特征

根据原国家人口计生委①的统计资料,流动人口的分布特征主要包括以下几个方面。②

1. 人口流动就近化、居住长期化趋势明显

从流动地域来看,流动人口呈现出就近流动的趋势,在流入地停留呈现长期化趋势。调查还发现,流动人口有78.7%为农业户口,乡镇流动是人口流动的主要形式;同时,超过20%的流动人口为非农人口,城镇流动比例有所增加。

2. 以青壮年劳动力为主,性别比例均衡,儿童比例较高

从年龄结构来看,流动人口平均年龄为27.3岁,以青壮年劳动年龄人口为主,20~44岁人口占全部流动人口的2/3,流动人口的性别比例较为均衡,男性占50.4%,女性占49.6%。

3. 大多接受过初中教育

近年来,流动人口受教育水平有所提高,调查发现劳动年龄(16~59岁)流动人口平均受教育年限为9.9年。其中,86.9%的人接受过初中及以上教育。分年龄来看,16~29岁流动人口中,超过95%接受过初中及以上教育,接受过高中/中专及以上教育的比例达到40.6%。

4. 制造业仍是流动人口的主要就业领域,第三产业就业增长迅猛

三大行业对吸纳流动人口就业至关重要。制造业、批发零售业和社会服务业吸纳了近七成流动人口就业,其中制造业吸纳了34.1%,批发零售业和社会服务业分别吸纳了19.4%和16.2%。从流动人口就业产业分布来看,第三产业从业比重超过第一、第二产业之和。本次调查中,58.5%的劳动年龄流动人口从事第三产业。

---

① 国家人口计生委的全称为"中华人民共和国国家人口和计划生育委员会",曾是负责人口和计划生育工作的国际交流与合作,负责人口和计划生育国际援助项目的实施的国务院原有组成部门。2013年3月,根据十八届二中全会审议通过的《国务院机构改革和职能转变方案》,组建国家卫生和计划生育委员会,将卫生部的职责、人口计生委的计划生育管理和服务职责整合,组建国家卫生和计划生育委员会,将人口计生委的研究拟订人口发展战略、规划及人口政策职责划入发展改革委国家中医药管理局,由国家卫生和计划生育委员会管理,不再保留卫生部、人口计生委。2018年3月,根据第十三届全国人民代表大会第一次会议批准的国务院机构改革方案,将国家卫生和计划生育委员会、国务院深化医药卫生体制改革领导小组办公室、全国老龄工作委员会办公室的职责,工业和信息化部的牵头《烟草控制框架公约》履约工作职责,国家安全生产监督管理总局的职业安全健康监督管理职责整合,组建中华人民共和国国家卫生健康委员会作为国务院组成部门,简称"国家卫健委"。

② 李伯华等:《中国流动人口生存发展状况报告——基于重点地区流动人口监测试点调查》,载《人口研究》2010年第1期。

### 三、流动人口犯罪的主要原因

流动人口的流向都折射出一定的目的,特别是追求经济利益的目的。他们中的绝大多数人能够通过自己的辛勤劳动而获得较为可观的收入,改变了自己的生活状况。但也有少数人在进入城市或发达地区后,在生存竞争的压力和各种欲望的诱惑下,行为失范,逐步滑向犯罪的深渊。从一些地区的区域性统计和学者的相关调查来看,流动人口犯罪已经成为大中城市和沿海发达地区相当严重的社会问题。

犯罪不是孤立的社会现象,有其产生的主客观原因,仔细审视流动人口犯罪这类特殊犯罪现象时,便会发现生产力发展不平衡及人际交往形式等主客观原因在其中扮演着重要角色,归纳起来主要有以下八种:

第一,流动人口激增导致社会局部失控,暂时失去对流动人口的约束力。从一个地方流动到另一个地方,没有专门的机构对其进行有效的监督管理,导致在一定时空范围内,流动人口的行为不能得到很好的约束,为其实施违法犯罪行为提供了"空档"。

第二,贫富差距的增大给流动人口造成了心理落差。社会学家墨顿指出:"一个社会只是贫困或者只是富裕均不会产生犯罪,但一个社会贫富差距悬殊就会产生大量犯罪。若相对差别发生在同一区域中,更容易引起贫困人群的公平失落感和相对剥夺感,因而更容易形成犯罪动因。"[①] 如果不对贫富差距进行合理、有效的引导,将会导致严重的社会不平等,在流动人口的心理上无形中产生很大的落差和嫉妒,成为犯罪的诱因之一。

第三,经济利益的驱动使他们敢于铤而走险。广大流动人口离开家乡,流动到城市和发达地区,主要原因还在于谋求经济利益。他们在城市中从事各种工作,希望能改善自己的经济条件,其中的绝大多数通过辛勤劳动达到了自己的目的,但也有一部分人不惜铤而走险,通过非法手段来攫取巨额经济利益,走上犯罪的道路。

第四,城市基层管理的薄弱使不法分子"有缝可钻"。首先,城市基层管理的薄弱之处主要表现在基层保障方面,没有为流动人口提供充分、有力的生活保障。其次,对于流动人口及其聚居区也疏于管理,不能及时掌握流动人口的基本情况,使得流动人口处于失控状态。最后,对于出租房屋疏于督查,在许多地方,流动人口只要交付租金便可以租到房屋。一般无人过问承租人的身份、职业等。一些犯罪人正是抓住了这个漏洞,利用租住房屋进行违法犯罪活动。

第五,归属感的缺失刺激他们通过犯罪寻求社会公平。流动人口不仅在经济

---

① 吴满峰、陈沙麦:《当代中国的社会变迁与女性犯罪》,载《中华女子学院学报》2004年第2期。

上处于依附地位，政治上缺少独立的话语权，而且在身份上也难以融入城市群体，对居住地缺少归属感，总体上属于社会底层的弱势群体，认同感的缺失使他们萌发对社会强烈的不公平感，客观现实的残酷和主观评价标准的扭曲促使他们最终走上犯罪的道路。

第六，文化程度低下带来的低收入促使不法分子通过违法犯罪行为获得既定目标。在当今社会文化素质普遍提高的背景下，流动人口犯罪人较低的文化水平、较差的社会竞争力和认知能力，无疑使他们在激烈的社会竞争中丧失了各种机会。在与企业下岗职工和各类院校毕业的青年学生的竞争中，文化水平较低的流动人口明显处于劣势，他们更多的只能从事传统的体力劳动，而这类劳动的报酬是偏低的，这便促使有些人在合法方式以外寻找达到预期目标的途径。

第七，淡薄的法治观念和较差的规范意识使他们敢于突破法律的红线。流动人口大多文化素质不高、法治观念淡薄、规范意识较差，加上各方面的限制，各种法治宣传也很难深入他们中间。他们不知道哪些行为是法律禁止的，哪些行为是法律允许的，对自己行为的社会危害性和严重程度缺乏应有的内在权衡，在不知不觉中走上犯罪的道路。

第八，价值观的扭曲错位、信仰的危机是促使他们违法犯罪的内在动机。流动人口往往生活在陌生的环境，加上各种不顺的遭遇及歧视，久而久之，他们内心中就容易形成对外界不科学的看法，人生观、价值观会出现很大偏差，甚至形成错误的信仰。在这些不良心理的影响下，就会逐渐走上犯罪的道路。

**四、流动人口的犯罪心理**

流动人口的犯罪心理主要有：

（一）不满心理

不满心理是流动人口犯罪的主要心理。他们收入低，大多是无业、失业、下岗、辍学人员，自身需求与能力之间无法较好地匹配，相对剥夺感会慢慢变得强烈，日积月累后就会在内心产生不满。在这种不满心理的刺激下，他们就会选择为道德所谴责、社会所否定、法律所禁止的行为来满足自身畸形的欲求。

（二）逆反心理

找工作受到歧视、排斥，打工时也受到一些影响，对于法律也产生强烈的逆反心理。这主要表现在情感的反社会性、情感的顽固性、情感的狂暴性、反社会性人格倾向。同时，由于在城市生活中经常受挫，产生被歧视感，诱发不同程度的认同危机和心理危机，流动人口逆反心理、对立情绪加强，成为潜在的犯罪动因。当这种危机达到一定程度时，会导致极端的反社会行为，总有少数人耐力不强而又对法律毫不知晓，在权益被侵害时铤而走险以犯罪手段来"维护自己的合法权益"。

（三）贪图钱财、冒险求富和追求享受心理

流动人口犯罪嫌疑人的聚财心理主要表现在贪财、求富和享受三个方面。对于绝大多数流动人口来说，他们之所以背井离乡去打工，根本目的是获取较多的物质财富。挣钱既是流动人口打工的主要目的，也是他们美好的愿望。然而，现实是异常残酷的，对于许多流动人口来说，要挣到符合自我要求的钱财是不现实的、难以达到的。流动人口不仅工作极不稳定，而且打工收入相对较低，残酷的现实与美好愿望之间的巨大差异，导致矛盾与冲突的产生。他们开始怀疑通过劳动而致富的行为模式的正确性和可行性，逐渐形成单纯依靠劳动不仅难以致富，甚至难以维持生计的错误观念，直至产生通过违法犯罪的途径来满足自我愿望的犯罪意念。

（四）遭受不公正待遇的自救心理

流动人口在工作和生活中，会遭受到不公正待遇。有些外来务工人员的生存发展受到威胁或合法权益遭受侵害时，他们不知道通过什么手段来维护自己的权益，有时会选择利用犯罪手段来维护自己的权益。外来务工人员多为挣钱养家糊口，但实际上会存在企业拖欠工资的情况。有些外来务工人员担心所在单位赖账，拿不到工资的外来务工人员会想尽办法盗取工作单位的生产材料或工具变卖，甚至有些外来务工人员因为多次讨要拖欠工资没有结果，便纠集一帮亲戚朋友帮忙找老板去讨工钱，当遭到拒绝时就实施故意毁坏财物、非法拘禁甚至故意伤害、故意杀人等行为。这些都是外来务工人员在自救心理支配下实施的犯罪。

（五）报复心理

报复是指由于人的某种愿望受到阻碍或自身某种利益受到伤害而产生的对阻碍者或干涉者的一种侵犯性行为。一般而言，攻击的强度与欲求不满的量成正比，挫折越大，攻击的强度也越大，这是因为挫折使人情绪显著激昂。这时的攻击行为是刻板的、固定的，甚至是无目的的。而流动人口的很多需求得不到满足、人格得不到尊重，在不公正待遇的影响下，就容易产生报复心理。

**五、流动人口犯罪的预防**

现阶段，对于流动人口犯罪应当采取标本兼治、打防结合的基本方针，采取源头治理、防范打击和心理疏导三种具体措施，有针对性地减少流动人口犯罪。

概括而言，应对流动人口犯罪的方法主要有：

（一）改革流动人口管理体制

流动人口犯罪的主要原因在于管理的疏松，为达到有效预防流动人口犯罪的目的，必须加强对流动人口的管理，这涉及社会管理的方方面面和多重环节。要集合社会各方面力量，如公安、劳动、市场监管、民政、司法、建设、农业、卫生、铁路、交通、党团组织等部门共同加强对流动人口的管理，各部门应各司其职、互相配合、通力协作，公安机关负责对流动人口的暂住登记与治安管理，劳动部门负责对流动就业人员的劳动管理和就业服务，市场监管部门负责对流动人口从事个体经营活动的管理，民政部门负责收容和遣送工作，教育部门应当解决流动人口子女的受教育问题，使其能够安心工作。各部门应当结合自身职能，共同参与流动人口的管理工作，为流动人口的生活、工作、学习提供方便，同时履行好监督职能，防止他们走上违法犯罪道路。

（二）加强城市流动人口的社会保障制度建设

我国现行的社会保障制度还不健全，尤其对流动人口来说，还没有建立起完善的社会保障制度，无法为他们的生活、就业、治病、子女入学等提供系统性、制度性保障。流动人口没有纳入城镇社会保障体系，而农村的社会保障体系也不健全，传统保障方式又难以发挥作用，这一群体被排除在社会保障体系之外。一旦遇到失业、生病、意外事故等便可能对他们的生存条件造成沉重打击，为摆脱这种不利状况，他们可能以身试法、铤而走险。把流动人口纳入社会保障体系，做到城乡社会保障体系之间的有机衔接，对于有效预防流动人口犯罪具有重大的现实意义。

（三）培育公平正义理念，消除报复、仇视心理

不少流动人口犯罪是在报复、仇视的心态下发生的，而这些报复或仇视不少是由于他们受到了不公正、歧视性待遇。这并不是说，公平的缺失必然导致流动人口犯罪，而是由于长期的不公正或歧视性待遇有助于某些流动人口报复心理的形成。有效预防、减少流动人口犯罪，应当在全社会大力倡导公正、公平的正义理念，让流动人口在生活、工作中受到公平的对待，这是预防流动人口犯罪的重要一环。

（四）积极推动流动人口融入城市，消除其封闭的心理结构

进入陌生的新环境，而且受到流动人口的工作、文化素质等因素的影响，他们很难在短时间内与新环境中的人坦诚沟通，戒备心较重。与外界交流的长期隔绝，使他们更加难以融入当地的社会生活，逐渐形成群体性的封闭心理结构。当然，流动人口的封闭心理除了经济因素外，在一定程度上也与有关部门及企业对流动人口采取的不公平的政策措施有关。这类歧视性行为，包括政策、工资水平、劳动保护的不到位甚至缺失，也包括文化与地域层面排外心理的长期积淀。瓦解这种封闭心理结构，仅靠流动人口及有关部门及企业的努力还不可能实现，需要全社会的共同努力，当然也需要流动人口自己积极主动地融入新的环境，接受新的环境的行为模式。同时，也要求新的环境接纳和理解流动人口，尊重他们，关心他们。

（五）加强思想道德教育，培育他们勤劳致富的品质

流动人口中的绝大多数人希望通过自己的辛勤劳动而致富，但也有少数人投

机取巧、妄图不劳而获，通过违法犯罪行为以达到目的。这就需要加强思想道德教育，培育他们勤劳致富的品质，指引他们通过自身的不断努力创造美好生活。

（六）提高流动人口的文化素质，增强社会竞争能力

随着科技社会的发展和产业结构转型升级，用人单位对文化知识和专业技能的要求越来越高。在这种状况下，流动人口在激烈的职业竞争中难免会处于劣势，由于缺少特定的知识和技能，也就丧失了很多工作岗位的竞争机会。在为流动人口提供职业技能培训的同时，辅之以就业相关的针对性辅导，提高流动人口文化素质和专业技能，增强就业竞争力，才能使其保持相对稳定的工作岗位和更高的工资收入，享受更高的生活质量。

（七）加强对流动人口的心理教育，提高其心理素质

一些流动人口犯罪，是行为人心理素质较差、对挫折与困难的承受力较低造成的。他们背井离乡，在陌生的地方求生存、谋发展，难免遇到挫折与困难，在产生焦虑、紧张、失望、退缩等负面情绪时，不能以正常的心态积极面对并有效化解，而是寻求违法犯罪的方式转嫁心理危机。为了更好地预防流动人口犯罪，需要社会对流动人口的融入给予更大支持，为流动人口及其子女提供心理咨询服务，缓解其心理压力，防止其因心理失衡走上犯罪道路。

**【典型案例】**

2021年1月5日，天津市第二中级人民法院以受贿罪、贪污罪和重婚罪，判处赖某民死刑，剥夺政治权利终身，并处没收个人全部财产。法院认定：2008年至2018年，赖某民利用担任原中国银行业监督管理委员会办公厅主任，原中国华融资产管理公司党委副书记、总裁，中国华融资产管理股份有限公司党委书记、董事长兼华融湘江银行股份有限公司党委书记等职务上的便利，以及职权和地位形成的便利条件，通过其他国家工作人员职务上的行为，为有关单位和个人在获得融资、承揽工程、合作经营、调动工作以及职务提拔调整等事项上提供帮助，直接或通过特定关系人非法收受、索取相关单位和个人给予的财物，共计折合人民币17.88亿余元。其中1.04亿余元尚未实际取得，属于犯罪未遂。2009年年底至2018年1月，赖某民利用担任原中国华融资产管理公司党委副书记、总裁，中国华融资产管理股份有限公司党委书记、董事长兼华融湘江银行股份有限公司党委书记等职务上的便利，伙同特定关系人侵吞、套取单位公共资金共计人民币2513万余元。此外，赖某民在与妻子合法婚姻关系存续期间，还与他人长期以夫妻名义共同居住生活，并育有子女。

一审判决后，赖某民提起上诉，天津市高级人民法院裁定驳回上诉，维持原判，并报请最高人民法院核准。最高人民法院经复核，核准了天津市高级人民法院维持第一审对赖某民判处死刑的刑事裁定。2021年1月29日上午，天津市第

二中级人民法院依照法定程序对赖某民执行了死刑。

**【课后练习】**

1. 故意杀人罪的常见类型有哪些？如何认识不同类型的故意杀人罪的心理特征？
2. 如何认识受害人因素对诈骗犯罪的影响？
3. 不少国家工作人员犯罪人一方面宣称自己廉洁守法，另一方面却实施腐败犯罪行为，如何认识这一现象？
4. 如何认识国家工作人员犯罪现象中"知法犯法"的现象？
5. 请运用所学理论分析流动人口犯罪的典型心理特征。

# 第十三章　几种主要的犯罪心理（下）

【知识提要】

　　本章主要结合犯罪心理的基本知识，对毒品犯罪、恐怖主义犯罪、弱势群体犯罪、变态犯罪的犯罪心理特征进行分析。在学习过程中，要注意把握不同犯罪的行为表现，在此基础上了解不同犯罪呈现出的典型心理特征。其中，毒品犯罪在我国常见多发，同时也是世界各国共同面临的治理难题，为了更好地实现对毒品犯罪的预防和治理，必须加强对青少年的禁毒宣传，在学习中要充分认识到毒品的危害，通过认识毒品犯罪和吸毒人员的典型心理特征，增强拒毒防毒的意识，自觉远离毒品。此外，对于其他类型的犯罪，也要通过把握其典型心理特征，提高自我防范犯罪的意识和能力，从而更好地维护自己的合法权益。

## 第一节　毒品滥用性犯罪心理

### 一、毒品滥用性犯罪概述

（一）毒品滥用性犯罪概念

　　毒品犯罪是当今世界上许多国家或地区面临的严重社会问题，在我国也不例外。通常所说的毒品犯罪（drug-related crime），一般包括两种情况：（1）直接与毒品相关的犯罪行为。包括非法种植毒品原植物，制造、贩卖、运输、走私、非法持有毒品，以及引诱、容留、教唆、强迫他人吸食注射毒品等犯罪活动。（2）由于滥用毒品引起的异常精神状态所导致的犯罪行为。在大多数情况下，毒品犯罪是指前一种情况，因为这类犯罪行为特别是其中的制造、贩卖（包括走私）毒品的行为，社会危害性特别大，一直是犯罪学、刑法学研究的重点。在国外犯罪学中，虽然毒品犯罪通常被划入无被害人犯罪的范围，但是，从事非法制造、销售毒品的行为人往往结成严密的犯罪团体，具有高度的组织性，甚至形成跨国犯罪组织，因而将这类毒品犯罪看成一种有组织的犯罪。犯罪心理学更倾向于研究后一种犯罪，即由于滥用毒品而引起的违法犯罪行为，本书所探讨的毒品滥用性犯罪就是指后一种情况。

（二）毒品的危害

　　毒品的危害性包括：成瘾性，即毒品能使人形成瘾癖；危害性，长期吸食毒品不仅危害身心健康，更有可能诱发犯罪行为。

1. 毒品危害人的身心健康

滥用毒品往往会对人的生理和心理方面产生极大危害。从生理方面看，吸食毒品会破坏人体正常生理机能和新陈代谢，并导致多种疾病，机体免疫力下降，并可能导致神经系统出现不可逆转的病理性改变。如吸食鸦片，会使人变得消瘦不堪、面无血色、目光呆滞、瞳孔缩小、失眠、先天免疫力丧失因而易诱发多种疾病。海洛因极易使人成瘾，且难以戒断，长期吸食者会造成瞳孔缩小、畏光、身体发痒、迅速消瘦，易引起病毒性肝炎等多种疾病，用量过度可引起昏迷、呼吸衰竭而死亡。从心理方面看，长期吸食毒品会导致人格扭曲，丧失自尊，无法在社会中正常生活。例如，当吗啡作用于神经中枢，会导致人嗜睡、性格改变，吸食者虽然会有惬意感和欣快感，但需不断增加剂量，才能达到相同效果。因此，吗啡的成瘾性不仅与生理有关，更来源于心理。成瘾者的个体注意力、思维和记忆力衰退；大剂量长期使用者会引起精神失常症状，出现谵妄和幻觉；过大剂量可导致因呼吸衰竭而死亡。冰毒则更是一种易成瘾毒品，甚至一次即可成瘾，用后身体有飘忽感，之后则会因体力透支而软弱无力，久之会损伤大脑功能。

此外，由于海洛因成瘾者常采用静脉注射方式，多人共用一个针头，易感染传染病甚至艾滋病。目前，我国发现的艾滋病病例与西方相比虽然较少，但是随着边境走私毒品、贩毒问题较严重，全国吸毒人员增多，艾滋病流行危险性进一步扩大。据调查，我国目前 HIV 感染方式主要是滥用毒品（静脉注射）。大量静脉注射毒品者共用不洁注射器造成艾滋病感染率极高，特别是吸毒妇女，更成为传播和感染艾滋病的高危人群。吸毒妇女本身成为艾滋病的感染者之后，为了获得毒资往往会卖淫，进而扩大了艾滋病的传播范围。《2018年世界毒品问题报告》显示，全球1063万人通过注射滥用毒品，其中126万人因注射毒品感染了艾滋病毒，其比例高达11.85%。另有610万人感染丙型肝炎病毒，550万人既感染丙型肝炎病毒又感染艾滋病毒。这些大多与静脉注射毒品时多人共用针头导致交叉感染有关。而且长期使用毒品会严重破坏人的身体机能，导致吸毒者寿命大为缩短。

显然，吸毒不仅破坏人的正常生理机能和免疫功能，导致吸毒者感染疾病，而且会使人精神颓废、错乱，丧失人格尊严。吸毒成瘾者从事体力和智力劳动的能力逐渐削弱，乃至最后完全丧失，更为严重的则导致死亡，这已为各国的统计材料所证实。根据《2021年世界毒品问题报告》，在2019年，吸毒导致近50万人死亡，超过3600万人因吸毒患有精神障碍疾病，重度毒品使用精神障碍导致1800万健康生命丧失。根据2018年美国《科学》杂志发表的报告显示，过去38年里美国吸毒过量死亡人数呈几何级数增长，几乎每年都增加9%，大约每8年翻一倍，2017年致死72000人，创历史纪录（超过越战死亡人数）。

最令人感到痛心的是，毒品滥用者中青少年占比较大。根据我国《2018年毒品形势报告》，在吸毒人员中，35岁以上114.5万名，占47.6%；18岁到35岁125万名，占52%；18岁以下1万名，占0.4%。青少年群体对于毒品的认知不强，并没有树立起完善的是非观，面对毒品往往无法做到正确的应对，容易染上毒瘾。青少年吸食毒品不但危害自身的身心健康，还会酿成家庭的不幸。如有的父母爱子心切，不忍看孩子忍受戒毒的痛苦因而想方设法为孩子购买毒品，不惜倾家荡产，忍受着无穷无尽的煎熬和折磨。

2. 大量诱发其他犯罪，危害社会治安

综合世界各国或地区的情况来看，由毒品引发或与毒品有关的犯罪体量均不容小觑。一般来说，与毒品有关的犯罪包括以下四种：第一，为牟取暴利，以毒品为犯罪对象，大肆进行制造、贩卖、走私、运输毒品以及非法种植毒品原植物的犯罪活动。第二，为争夺毒品市场和毒品来源产生的暴力犯罪。第三，为吸毒筹集毒资，进行财产犯罪活动。据调查，美国吸毒者用于购买海洛因的全部资金中，20%是在街头犯罪中得到的，45%来源于毒品贩卖，17%来源于卖淫，12%是从偷盗和转卖物品中获得的。第四，在毒品支配下精神错乱引发的犯罪。氯胺酮等毒品具有致幻作用，吸食过后会使人感到能力"倍增"，似乎可以做任何事情，于是在这种恍惚之间进行犯罪活动；长期吸食毒品也会导致自控力、自制力减弱，在不能明确认识和控制自身行为的情况下进行犯罪活动，对社会治安造成了极大的危害。

一方面，由于吸毒是一种高额消费，吸毒成瘾者每天因吸毒产生的花费低至上百元，高达上千元，根据毒品种类的不同需要毒资的金额也不尽相同。但可以肯定的是，吸毒带来的花费是正常生活的普通人无法承担的。大量吸毒者为筹集钱财购买毒品，不惜铤而走险，进行盗窃、诈骗、抢劫、贪污甚至杀人犯罪，特别是以贩毒、卖淫所得维持吸毒需要的情况较为突出。另一方面，20世纪90年代以来，贩毒、贩枪两大犯罪活动开始出现融合现象，"枪毒并贩，枪随毒走"的新动向萌芽，给社会秩序的稳定、公民财产和人身安全带来极大威胁。此外，贩卖毒品兼盗卖文物的双重犯罪也开始"崭露头角"。女性从事色情行业赚取金钱用以支付吸毒的费用，男性为了吸毒则不择手段进行刑事犯罪。为了获取毒资，不少成瘾者会选择以贩养吸，陷入恶性循环。对于社会来说，毒品的滥用情况会严重危害社会治安。滥用毒品的人群，不仅会给自身的生活和工作带来影响，也会给社会的安稳和团结带来巨大的危害，导致世风日下。在毒品的作用下，不少的吸毒者走上了犯罪的道路，严重威胁社会的稳定和居民的人身财产安全。

3. 破坏社会经济和生态环境

根据2021年6月24日联合国毒品和犯罪问题办公室（UNODC）发布的

《2021年世界毒品报告》，全球约有2.75亿人吸毒，相比2010年增加了22%，预计到2030年吸毒人口会继续增加11%。毒品蔓延的范围已扩至五大洲的200多个国家和地区。毒品消耗着人类的财富，使全世界每年有千亿美元化为灰烬。

此外，西方一些毒品滥用较为严重的国家不得不拨出巨款用于防治吸毒及相关问题的开支。许多国家为了加强执法，包括警察、法院、监狱等开支和治疗（医疗费用，用于药物过量的急救、戒毒、康复维持治疗和间接医疗费用，即用于药物滥用——吸毒并发症的医疗费）安顿成瘾者不得不投入大量人力物力，加重了财政负担。加之吸毒人员体量较大，无法从事劳动，影响社会财富的创造，也间接给社会带来了巨大的经济损失。

毒品对生态环境也会造成巨大的破坏。因为毒品与生态环境有着密切关系，毒品对大自然的破坏主要有以下几点：其一，毒品直接对环境产生污染。毒品通过吸食代谢、地下毒品合成实验室污水排放、犯罪人员丢弃等不同方式源源不断地进入环境中，并在污水、地表水、地下水、自来水、土壤、空气等环境中不断转移和重新分布。其中，水体是主要的污染区。虽然目前监测结果表明毒品和代谢物的浓度在环境中尚不算高，但是，毒品因其很强的生理活性且以复杂混合物的形式存在于环境中，持续排入环境中的毒品和代谢物可能对人体健康和野生生物具有潜在的不良影响。其二，毒品种植会引发环境危机。毒品的违法性决定了其只能种植在深山和低地丛林，树木的毁坏一方面造成土壤流失，引起山洪暴发，土质受损；另一方面森林的乱砍滥伐使人类失去了宝贵的森林资源，还造成了不少稀有植物品种的消失，毁林的同时也使得动物种群的生存受到严重的影响，破坏了生态平衡。此外，毒品种植过程中使用的化肥、杀虫剂等及加工提炼毒品使用的汽油、乙醚、硫酸、氨、碳酸钠、碳酸钾、石灰等化学物质和倾倒或渗入河流的化学废料，造成河水污染，不仅对水中的生物有影响，而且会危及当地居民的身体健康。

4. 毒品侵蚀社会机体，败坏社会风气

毒品的泛滥会侵蚀社会机体，败坏社会风气。吸毒和犯罪是一对孪生兄弟。吸毒者在耗尽个人和家庭钱财后，往往会铤而走险，走上违法犯罪的道路，进行以贩养吸、贪污、诈骗、盗窃、凶杀等犯罪活动。毒品与犯罪的关系，决定其会对社会秩序造成不可逆转的损害。毒品泛滥往往会引发卖淫嫖娼、性病流行，道德堕落、家庭解体，给国家和社会造成巨大损失。一些个体工商户染上毒瘾后，为了支付毒资，卖掉财产、出让店铺，久而久之，家贫如洗，以致妻离子散，家破人亡。一些与旅游公司、边贸商行、酒楼宾馆及各类交通运输单位相关人员见利忘义，为了钱财故意为贩毒分子开绿灯提供方便。个别医药仓库管理人员、医院药房工作人员及药剂师、麻醉师、有麻醉药品处方权的医师等非法提供和贩卖毒品，从中获利。个别政府官员因吸毒而腐败堕落。

毒品滥用这一丑恶现象的泛滥、蔓延，严重地破坏了社会风气，一些人认为吸毒是享受人生，在个别地方，一些因贩毒暴富的人自觉高人一等，认为吸食毒品反而光彩阔气，另一些人又梦想以贩毒致富，在这种强烈的物质金钱欲和享受欲的刺激下，纷纷坠入罪恶的深渊。很多被抓获的吸毒女性相当一部分都有卖淫史。还有许多人因吸毒而出现信仰失落、精神空虚，面对灯红酒绿的花花世界失去生活的方向，对于平凡的生活感到厌倦，在毒品的引诱下，认为飘飘然的感觉是一剂排解心中苦闷、孤独的良方，毒品仿佛有一种魔力，可以在一瞬间使人麻木。

（三）毒品滥用性犯罪的种类

以毒品滥用性犯罪形成发展过程的主要特点为标准，可分为以下几种：

1. 为获取毒品或维持毒瘾需要的犯罪

毒品具有成瘾性、有害性，长期吸食毒品可能会形成瘾癖。为了追求快感和避免戒断反应的产生，行为人会进行一系列财产犯罪以购买毒品，从而形成为获得毒品而进行的犯罪行为。特别是当他们无力支付购买毒品的资金时就必然会用抢劫、抢夺、盗窃、诈骗、贪污、绑架、敲诈勒索等侵财性犯罪行为来间接获得毒品，满足自己的吸毒需要。

2. 由毒品的药物作用引起的犯罪

吸毒所致的最突出的精神障碍是幻觉和思维障碍。个人使用毒品后，会产生欣快、狂躁、幻觉、妄想、冲动等心理状态，在这种心理状态的支配下，暴力犯罪、性犯罪等发生的概率大大提升。毒品滥用特别容易引起暴力犯罪的急剧上升。从另一个角度看，长期使用毒品的人，其个人意识及理智能力会遭受破坏，挫折耐受力降低、责任感减弱、依赖性增强、不愿意延迟快乐冲动的满足、易激惹、具有强烈的情绪紧张与不平衡体验，因而其实施杀人、伤害、自杀、强奸等大量的暴力犯罪和性犯罪行为的可能性也大大上升。

3. 非法持有毒品构成的犯罪

一些麻醉品、精神药物会对人的心理和生理造成严重的损害，因此，我国法律规定了有关药物的使用方法与范围，严格禁止私人持有和使用包括鸦片、可卡因、海洛因、吗啡、大麻在内的毒品。非法持有毒品本身就是一种犯罪。

4. 毒品滥用进一步诱发的走私、贩卖、运输、制造毒品罪

毒品滥用行为导致毒品需求量大增，从而引发了大量的走私、贩卖、运输、制造毒品犯罪。从实践来看，毒品犯罪分子通常先以免费提供毒品引诱青少年及成人吸食毒品，待其成瘾后，便以中止提供毒品相威胁。迫使成瘾者充当他们从事违法犯罪活动的工具，从而引发整个社会的毒品犯罪浪潮。

总之，从毒品滥用性犯罪的形成过程来看，毒品滥用与犯罪的关系主要取决于三种因素：（1）毒品的药理效果，即毒品对使用者的身体所产生的化学影响。

研究表明，毒品会对中枢神经系统如神经元中的神经递质的数量，以及体重、血液成分和其他生理部位产生影响，引起犯罪行为。（2）毒品滥用者的心理特征，如个人在使用毒品时的心境、以前的体验和对毒品效果的期望。（3）滥用毒品的社会心理条件，包括使用毒品的社会气氛，当时在场的人们的期望、心境和行为，都会对毒品使用者的身心反应产生影响。上述三种因素的相互作用，会导致毒品滥用者的犯罪行为产生。

**二、毒品滥用的原因**

毒品滥用性犯罪是滥用毒品行为导致的结果。因此，要有效地控制和预防毒品滥用性犯罪，首先应当明确毒品滥用的原因。从世界范围来看，毒品滥用问题已相当严重。《2021年世界毒品报告》[①]指出，全球约有2.75亿人吸毒。美国是世界上吸毒人数最多的国家，在西弗吉尼亚州，每10万居民中有52人死于吸毒。美国政府披露，占全国人口1/3的美国人一生中至少使用过一次毒品，经常使用者超过220万人。在欧洲、亚洲、非洲、澳大利亚，均有大量瘾君子，毒品滥用问题已是世界性问题。在我国，虽然毒品滥用问题近年来有所好转，但吸毒人数总体数量仍占比较大。截至2021年底，全国现有吸毒人员148.6万名，较2016年底下降42.1%。[②]尽管吸毒人数有所下降，但仍然保持在高位，这说明毒品滥用形势仍然比较严峻。

概括来看，人们之所以滥用毒品，最初主要是由下列原因引起的：（1）通过减弱个人的感觉来逃避令人不愉快的现实；（2）为了达到高度愉快或销魂状态；（3）自我放松或降低紧张、焦虑程度；（4）获得加入特定群体的资格；（5）减轻身体疼痛；（6）通过变成毒品亚文化群体的成员来增强自我意象；（7）获得新的、奇异的体验。但从影响毒品滥用的形成、发展过程的因素来看，则主要包括以下六个方面的原因：

**（一）毒品的药物依赖**

毒品之所以禁而不止，是因为它能使毒品吸食者成瘾，所谓成瘾是指毒品作用于人体神经系统后产生的药物依赖：人们由于经常使用毒品会形成一种周期性极度兴奋状态，这种兴奋状态只能靠补充新的毒品来维持，否则将使吸毒者遭受一系列难以承受的生理和心理反应。毒品的药物依赖包括毒品的生理依赖和心理依赖两个方面。

---

① 联合国毒品和犯罪问题办公室：《2021年世界毒品报告》，网址：https：//www.unodc.org/unodc/en/data-and-analysis/wdr2021.html，最后访问日期：2022年10月28日。
② 《2021年中国毒情形势报告》，载公安部网站：https：//www.mps.gov.cn/n2255079/n6865805/n7355741/n7355780/c8660792/content.html，最后访问日期：2022年10月28日。

1. 毒品的生理依赖

毒品的生理依赖是指吸毒者长期使用毒品后，习惯了毒品作用于机体的感觉，必须依靠补充新的毒品，才能维持这种感觉，一旦戒断毒品就会引起一系列难以承受的生理反应。不同类型毒品的戒断反应不同，程度也不一样。例如海洛因成瘾者，如果机体没有补充适量的海洛因，就会有鼻涕不断、大汗不止、皮肤奇痒、忽冷忽热、冷汗热汗直流、严重痉挛、肚子如翻江倒海、瞳孔放大等生理反应；假如在 3~8 小时之内还得不到毒品，吸毒者便会进入痛苦的退瘾过程，戒断反应随之加深，并在停药 36~72 小时内达到高潮：浑身抽搐，就像要撕裂，一切原先缓慢的生理过程突然快起来，血压、体温、新陈代谢和呼吸都急速上升和加快，心跳加速，分泌物增加，不断呕吐和拉肚子，鼻涕和眼泪流个不停，头重脚轻，整个人仿佛要爆炸似的。此后，症状开始减退，并在 5~10 天后逐渐消失，但是，焦虑不安和全身不舒服的感觉一直要到两三个月以后才会逐渐消失。由于这种难以承受的生理反应，吸毒上瘾者极难摆脱毒魔的纠缠。此外，难以承受的戒断反应也为戒毒治疗设置了难以逾越的障碍。

2. 毒品的心理依赖

毒品作用于人体后，会使人的精神和情绪发生改变，通常吸毒者可能体验到一种异常欣快感，这种欣快感不仅使他们摆脱了现实的烦恼、紧张、低落的情绪，而且使他们感觉到"美妙的幻游"。由于毒品的耐药性，吸毒者必须不断加大剂量，才能重新体验到吸毒的快感，这种快感又驱使他们不惜代价重新摄入更大剂量的毒品以重现这种快感。但大剂量使用毒品有可能导致严重后果甚至危及生命。然而，毒品给他们带来的感觉太美妙，驱使他们不惜任何代价重新摄入新的毒品来重复毒品带给他们的美妙感觉。吸毒者对毒品的饥饿感、渴求感就是毒品的心理依赖。不同类型的毒品对人体神经系统的作用不同，吸毒者对不同类型毒品产生的心理依赖的大小也有所不同。据有关研究，在所有的毒品中，海洛因成瘾的速度最快，耐药性最强。因为它对人体神经的作用非常迅速，海洛因产生的异常欣快感如梦境般难以名状，吸毒者常常用性方面的"销魂极乐"之类的感觉来形容。人们只要吸几次就能上瘾。由于它具有很强的耐药性，超剂量服用将引起惊厥、昏迷甚至死亡。

毒品的生理依赖和心理依赖是毒品药物依赖的两个方面，而且毒品的心理依赖比毒品的生理依赖更令戒毒者难以承受。通常情况下，稍有意志的戒毒者都能够承受毒品的戒断反应，但是对于大多数人来说，摆脱对毒品的心理渴求是极为困难的。很多吸毒者消除了毒品戒断反应后，仍无法忘怀毒品带给他们的美妙感觉和异常欣快感，他们对毒品心理上的欲望，往往超过生理上所承受的痛苦。为此，很多人戒断毒品后又重新摄入毒品，以满足他们对毒品的心理需求和对毒品的饥饿感。这是毒品复吸率高的重要原因之一。

毒品的药物依赖是毒品滥用的主要原因，但是人类社会不能完全禁绝毒品。因为毒品在危害人类的同时，也为人类医学作出了贡献，如吗啡类药物，都具有镇静作用，所以在外科手术、骨折、烧伤、癌症治疗上被广泛使用。其他"毒品"在医疗中也都有其特定的作用。由于毒品的两重性，决定了世界各国和国际社会在控制使用毒品的同时，不能彻底根绝毒品。到目前为止，人类社会还没有找到一种完全取代毒品使用后又不产生药物依赖的合成"毒品"。鉴于毒品的这种作用，人类社会应该在众多的药品中给"毒品"保留一定的位置，而不能因噎废食，完全否定毒品在医疗中的作用。

（二）毒品滥用的生理原因

许多学者重视生理因素对吸毒成瘾的影响，但学者们对生理因素在毒品滥用中的作用并未完全弄清楚。有的学者认为，吸毒者神经系统缺乏某种化学物质，这些化学物质在人体中具有控制情绪的作用，如果缺乏这些化学物质，就会使人处于一种不良的精神状态之中，当吸毒者发现毒品可以帮助他们摆脱冷漠、抑郁等精神问题时，他们就会不断重复使用它们，从而染上毒瘾。比如，吸毒者对鸦片成瘾是因为他们体内不能自然产生一种类似于鸦片的物质——内啡肽，迫使他们不断使用鸦片来弥补这种物质的不足。也有学者用新陈代谢失调来解释吸毒者的生理病变，他们认为那些新陈代谢失调的人，一旦使用麻醉药品，就必须继续使用它，就像糖尿病人必须使用胰岛素一样。

虽然对吸毒成瘾的生理学解释有一定的合理性，但这种解释忽视了人的心理因素和社会环境对毒品依赖产生的影响，因而也就无法全面揭示毒品依赖的成因。从已有的研究来看，至少可以说，生理因素在滥用毒品的行为中并非起决定作用。因为在现实中人们经常可以发现，不同种族、民族，不同经济收入和社会地位的人使用毒品的种类并不相同，许多吸毒的人并没有遗传性的联系，如果说毒品给吸毒者带来的快乐是由于生理因素的固有作用，但很多初次吸毒的人并不能体验到毒品给他们带来的异常欣快，吸毒成瘾通常有一个过程。

（三）毒品滥用的心理原因

研究表明，心理因素在滥用毒品中起着非常重要的作用。具体而言，主要包括以下几个方面的原因：

1. 认识方面

在众多吸毒者中，因受人引诱开始吸毒的人占比最大。究其原因，主要是因为人们对毒品的危害性缺乏正确的认识，同时对那些以隐蔽手段送上来的毒品也缺乏应有的警惕。例如，一些青少年认识水平低下、缺乏辨别是非的能力，在交友时不分良莠，容易落入贩毒分子的圈套。这些贩毒分子一方面向贩毒对象诉说吸毒如何快乐，一方面又为其免费提供毒品给予尝试，待其吸上瘾后就不再提供了，而告诉他到哪里去买，这样即便自知受骗，也无法自拔。从根本上讲，此类吸毒人在最初对毒品是持排斥心理的，但当其吸毒成瘾后，有的便甘愿在烟雾中沉沦，有的虽然悔恨交加，却常常是欲罢不能。当然，也有的青少年则是由于对人际交往的错误认识，为了加入某个同龄人团体，向团体成员表示诚意而不情愿地吸食毒品。

在吸毒者中，以医疗治病为目的而染上毒瘾的不乏其人。究其原因，往往是由于道听途说，错误地认为毒品有特效治顽疾，结果吸后上瘾，不但病没治好，又加受毒品对自己身体的摧残。社会上也广泛流传着吸食海洛因可治胃病、治头痛、治失眠、治性功能衰弱等传言，特别是有的人身患顽疾，吃了许多种药未见功效，就会抱着试试看的心理吸食毒品，结果很快就上瘾了，或产生对毒品的依赖。

2. 动机方面

（1）好奇动机。受好奇心的驱动而吸毒，上瘾后又不能自拔。由于这种原因而成为毒品滥用者的约占一半人数，尤其是青少年吸毒者，滥用毒品主要是出于好奇。由于青少年特有的身心特点，喜欢猎奇，标新立异，他们原本就对毒品的危害认识不足，听别人说吸"白粉"使人感到神奇、好玩、舒服，见一些人吸毒觉得过瘾，就产生亲身尝试的想法，结果一次后有些难受，二次后感到舒服，三次后上瘾再也离不开了。例如，毒贩朱某，中学毕业后开了一间糖烟酒批发商店，做生意中交了一些朋友，大家谈论吸毒时他听得津津有味，心里痒痒，心想吸毒一定好玩，不然怎么上瘾，于是他就抱着好奇的心理吸了一回"白粉"，吸后觉得没有什么感觉，在朋友的诱劝下，又吸了一回，结果就上瘾了，他自己也下过决心，三次戒毒都未能戒掉，吸毒把做生意赚来的钱花了个精光。为了吸毒，最后参与贩毒，最终落入法网。

（2）追求刺激的动机。一些人在周而复始、枯燥单调的生活方式中会逐渐产生一种空虚、乏味和麻木的感觉，消极对待这种感觉的人，在心理年龄上会一天一天地变得衰老。然而，对大多数人来说，他们都会有改变现状、寻求解脱的本能追求，渴望接触新生事物，渴望体验新的生活方式和生活内容，一旦社会上出现了新的风尚、新的生活内容，他们就极易去效仿和体验，而这种效仿和体验往往是盲目的。不少步入吸毒歧途的人一开始就是这样的。他们对毒品的最初了解，可能来自反差极强的两种评价：一方面，政府大张旗鼓地宣传毒品的种种危害，严禁吸毒；另一方面，吸毒者在吹嘘毒雾中飘着天仙的种种快感，于是，那些苦于生活枯燥乏味的人便极易受追求刺激和冒险动机的支配，以身试毒，沦为瘾君子。他们希望吸毒能使他们平淡如水的生活翻出新的花样，使他们的身体受到特殊的刺激。尽管这种刺激是短暂的，但是后患无穷。在这种难以言表的刺激中，他们能够抛开心中所有的烦恼，忘掉人世间的一切痛苦，在极乐的巅峰上飘荡。也正是基于这种追求，或者是基于重温这种身心体验的强烈欲望，为了吸毒他们会置法律于不顾。

（3）逃避动机。许多情况下，吸毒是个体在空虚、挫折和压力之下，寻求解脱和逃避现实的一种方法。随着生活节奏的加快、竞争的加剧，人们的精神和心理压力愈加严重，一些人在这种压力下变得狂躁、抑郁、孤独、空虚，为了使这种紧张的心理得到宣泄和缓解，有的人便开始与毒品为伴。在心理上追求解脱是促使他们吸毒的一个重要原因。这种追求解脱的心理往往起始于一种对社会、对周围环境或对自己的生活和工作所产生的不满足感、不幸福感和失落感。出于逃避动机，为寻求解脱而吸毒的多是成年人。

（4）异常需求。一些心理学家认为，不同毒品类型的选择与人们控制快乐情绪的自我需求有很大关系，对毒品的不同选择，往往与他们有不同的心理需求有关。海洛因吸食者使用毒品多为控制他们的暴躁和进攻性情绪，寻求一种平静的生活；而使用可卡因和兴奋剂则为扩张其自我以增强信心。

当然，就大多数吸毒者而言，吸毒是为了使其原本正常的需求得到替代性满足，比如一些青少年为追求时尚而吸毒，为消遣、娱乐而吸毒，为满足好奇心而吸毒，为显示自己新潮、前卫而吸毒等。这种情况大多也存在对毒品、对吸毒的不正确认识。

3. 人格缺陷

通常来讲，吸毒是人们在空虚、挫折和压力之下，寻求解脱和逃避现实的一种方法。在一个开放、充满激烈竞争和迅速变迁的社会里，人们遭受挫折、失意和各种压力是不可避免的，只不过程度有所不同而已。但是，在客观环境给人造成的心理压力或精神压力面前，为什么有的人心理承受能力强而有的人心理承受能力差而非要从毒品中寻求解脱呢？

心理学的研究表明，人的心理承受力主要取决于行为者的人格素质或人格特点，或者说自我的发展。自我能力越强，就越能对自我做出正确的评价，在压力面前对自我态度、自我行为的调节能力就越强，也就越能形成稳定的心理特征，反之就容易出现心理不稳定和心理危机。一些心理承受能力差的人，由于缺乏自我控制和调节能力，当生活中出现某种危机时，他们就会用毒品来降低他们的不满和追求快乐。一些心理学家常常使用"依附性人格"来解释吸毒的原因。它的特征是缺乏自我控制和自我尊重，享乐主义，缺乏对未来筹划的能力，精神和情绪经常处于抑郁状态。依附性的人格使他们一方面根据快乐原则从毒品中寻求最基本的满足，另一方面他们对吸毒行为的后果置若罔闻，只是寻求片刻的满足。

心理学家对海洛因吸食者测试后发现，毒品滥用者大多有人格上的缺陷：包括缺乏自我控制和自我尊重，轻信盲从，享乐主义，精神和情绪时常处于抑郁状态，以及敌意性、叛逆性、不负责任、嬉戏性、冲动性等。这些人格缺陷与吸毒行为具有互动性，许多人之所以吸毒与其人格缺陷有关，长期吸毒又会进一步促使人格退化，发生人格变异。

4. 错误的价值观

崇尚个人价值，迷恋个人自由，享乐人生，追求前卫的价值观，是吸毒者的重要思想基础。尽管尚不能肯定它们与吸毒之间的因果关系，但相关性是显而易见的，特别是极端个人主义、自由主义者，"把成为自己心灵和感官的仆人，成为自己欲念的仆人误以为是自由……凡是心灵中出现的欲念，他们都怂恿自己试图加以满足。相反，任何企图控制自己的感官，包括控制自己心灵的人总是被认为是落后的，没有得到解脱的"。显然，这种错误的价值观把吸毒看作纯个人的行为、前卫的行为，无须社会和他人干涉。

（四）毒品滥用的社会原因

1. 社会亚文化

所谓亚文化，是指在一个社会的某些群体中存在的不同于主文化的一套价值观念和行为模式。从毒品滥用的亚文化来看，其主要特点是伦理道德的滑落、社会责任感的丧失和享乐主义、个人主义的泛滥。在追求极端个人主义欲望的满足时，就会把毒品当作逃避现实、追求享乐的"灵丹妙药"。吸毒现象的增加，也与这种社会亚文化的泛滥有密切联系。

在一些吸毒群体中，则存在更为具体的亚文化特点。其内容包括与毒品滥用有关的情感、观念、吸食方式、获得药物的方式等。如对吸毒的赞赏态度，将吸毒合理化的观念，获得毒品的手段和方法；同时，在吸毒群体中往往流行着外人难以理解的文化符号，如称毒品为"粉"，或"那东西"；群体内部有一致的价值观念、行为准则、生活方式，如缺乏责任感、追求感官享受、非功利性等；群体成员间有组织，并存在某种心理契约，如互相支持，分享对毒品的体验，阻止他人戒毒，努力吸引新的成员等。这种毒品亚文化对群体成员（特别是青少年）毒品滥用起着重要作用：①它使群体成员获得最初的毒品来源，并得到进一步滥用的毒品；②它使群体成员获得使用药物的方法；③它使群体成员了解毒品的药物效果，产生对药物效果的期待；④青少年有时为了追求同辈群体的接纳，用使用毒品表示对群体的认同，而同辈群体也可能会强迫其成员使用毒品以表示其对群体效忠；⑤它使群体成员共同吸食毒品，相互交流体验，不断认识新的朋友，从而有助于毒品亚文化群的形成，而这样的群体为了获得足够的毒品，又往往会进行违法犯罪活动。

2. 现代生产和生活的快节奏，加剧了人们的精神和心理压力

随着科学技术的发展和经济的腾飞，人们的生产和生活节奏都在不断加快。例如，快餐业的发展、人们忍耐性的减弱、快节奏的摇滚乐的流行和发展，正是人们生活节奏加快的产物。随着人们生产、生活节奏的加快，人们的心理紧张程度也随之增加。为了使紧张的心理得到宣泄和缓解，吸毒便成为一种选择，这是

因为毒品具有兴奋神经、缓解心理紧张的作用。按照西方学者的看法，人的尊严和价值是由固定工作获取的，而随着市场经济的发展，工作变动频繁和失业问题普遍化，一旦失业，这些基本的尊严和价值就失去了它赖以存在的基础。由此，一些失业者变得狂躁、抑郁、酗酒、赌博等陋习也相伴产生，其中，吸毒也成为一些人摆脱现实压力的一种途径。

3. 社会生活的现代化促使原有社会形态的崩溃和瓦解

从世界范围来看，科学技术革命的发展、生产方式的变革，使得与原来的经济形态相适应的社会形态随之瓦解。从我国来看，由自然经济到社会主义计划经济，再到社会主义市场经济的转轨，是以前所未有的速度在短时间内发生的，特别是改革开放以来的社会变革、经济形态的转轨，更是深刻地影响着人们的观念和生活方式，导致原有社会形态发生改变。最突出的表现为：一是庞大的流动人口群的形成，二是由于离婚率的上升带来的家庭解体。一方面，流动人口群的增加，不良人员容易混迹其中，群体凝聚力差，传统的社会控制力削弱。家庭的解体，不但给人们带来了难以承受的心理压力，更容易使未成年子女受到心理上的伤害。另一方面，这两种现象会使人处于一种不稳定的生活状态当中，这种不稳定状态极易使人产生孤独、无助、放任等情绪，这种情绪在一个群体或者环境中弥漫开来时，就会使包括吸毒在内的大量越轨行为增多。

4. 多元文化的冲击带来的消极影响

随着国际文化交流的扩大，现实生活中不同地域性、阶级性和多样性的多元文化局面开始形成。国际的、异种文化对我国的传统文化和现代文化造成了强烈的冲击。如平均主义与差别效率主义、自由与守旧、个人主义与集体主义、农耕社会的伦理观（禁欲勤勉）与产业社会的伦理观（成就效率）、勤劳与享乐等之间出现了矛盾和冲突。这种激烈的文化冲击给人们带来了一些消极影响：冲击了集体主义观念，使人们过分注重个人目标的追求；权利观念和价值判断的标准混乱，追求极端的民主和个人自由；生活观念发生变异，追求生活上的享受和超前消费，互相进行盲目的物质攀比；等等。首先，人们为了追求个性的完全发展，不再注重传统价值规范。随着传统价值体系的崩溃和瓦解，人们的行为方式不再有固定的标准，从而引起社会道德规范的混乱。在社会道德规范混乱的背景下，人们的心理不再有寄托，行为方式出现混乱，这是吸毒行为产生的原因之一。其次，过分强调人的自由，在一定程度上也容忍了人们的不良行为。一些人因此错误地认为，只要人们的行为对他人、对社会没有构成直接的伤害，就属个人自由的范畴，甚至把吸毒也看作个人的自由。最后，缺乏集体观念、过分注重个人目标的人，在面对过于激烈的竞争时容易产生孤独感和无助的情绪，很容易把毒品作为消愁的工具，从而"助长吸毒"。

（五）毒品滥用预防措施存在的局限性

从禁毒宣传教育和对吸毒者进行的戒毒治疗工作来看，虽然取得的成绩是有目共睹的，但是仍然存在一些问题，主要表现为：

1. 以禁毒宣传教育为主的预防措施对成年人的影响不大

目前，虽然已把禁毒教育贯穿到中小学的教育活动中，但除此之外，很多地方只是注重每年"6·26"国际禁毒日的集中宣传教育，对平时的经常性宣传教育工作重视程度不够。换言之，对成年人的禁毒教育工作相对薄弱。当然，对成年人的禁毒教育工作效果不好，也有一些成年人自身人格特征方面的原因。一方面，成年人的人格已经定型，单靠正面教育引导，很难使他们放弃吸毒的习惯；另一方面，成年人毒品滥用的主要原因往往并不是对毒品的危害认识不清，更多是由于其人格方面存在缺陷。或由于精神空虚，或因为事业的失败、竞争的压力、失业、家庭解体等内部精神压力，吸毒只不过是他们寻求解脱的一种办法。所以，要解决这些人的吸毒问题，仅有禁毒教育是不够的，必须辅以其他措施。

2. 戒毒治疗措施的局限性

从很多地方的戒毒治疗工作来看，主要是依靠药物治疗，忽视其他方法的运用。有的地方甚至单纯依靠药物治疗。但这种方法的实际效果并不好，其突出表现就是吸毒人员经过戒毒后的复吸率非常高（通常达80%以上）。原因主要在于两个方面：一是目前还找不到一种能使吸毒者彻底摆脱戒断毒品生理反应的特效药物，而吸毒者难以摆脱戒断毒品给他们带来的生理反应，是他们不断重复使用毒品的主要原因；二是现有的戒毒药物不能有效地治疗吸毒者对毒品的心理依赖，一般来说，吸毒者对毒品的心理渴求往往超过戒断毒品给他们生理上带来的痛苦。因此，要使吸毒者获得有效的治疗，或者说要彻底去除吸毒者的毒瘾，不仅需要帮助其摆脱对毒品的生理依赖，更重要的是协助他们摆脱对毒品的心理依赖。

（六）青少年毒品滥用的独特身心原因

从毒品滥用者的年龄分布来看，25岁以下的青少年所占的比例很高，青少年吸毒已成为一个世界性问题。在我国，青少年吸毒者所占比例更高，引起了人们的广泛关注。从心理学角度来看，青少年滥用毒品问题之所以比较严重，与青少年身心发展特点密切相关。

1. 青少年生理发育迅速成熟而带来压力的增加。由于青少年正处于个体生理发育的第二个加速期，其明显标志表现为：一是身体外形的剧变（身体迅速长高、体重迅速增加、第二性征出现），二是生理机能的增强，三是性发育成熟。生理方面的这些巨大变化，往往使青春期的青少年躁动不安。但与此相对，他们尚稚嫩的心灵，在面对激烈的竞争，家庭、学校以及个人学业的压力时，往往会出现一些不适应状态，如厌烦、焦虑、挫折感、抑郁等。这种情况下，青少年极其容易受到引诱堕入毒网。

2. 青少年自我发展不完善，缺乏自我控制、调节能力，缺乏对事物的分析能力，很多事情是凭着好奇心和快乐原则来做的。一般而言，青少年吸毒并不是由于严重的心理危机，而是由于好奇或其他青少年时期特有的心理特点所致。

3. 青少年自我意识的不平衡发展、强烈的独立倾向，使他们容易产生一种叛逆心理。由于这一时期心理发展和世界观、价值观的不成熟，他们也很难理智地分析和对待自己的叛逆倾向，而较多地以成人世界所不赞许甚至禁止的行为方式表现出来。有些情况下，吸毒只是为了表示（或者在潜意识里是为了表示）这种叛逆倾向。

4. 青少年时期具有较强的集群性、模仿性、传习性，更易受外界暗示和影响，其行为方式易受时尚所左右，如果在他们的交际圈内，他崇拜的人物中有人吸毒，就极易为他们所认同，并加以模仿和传习。

### 三、毒品滥用性犯罪的心理预防方法

（一）心理预防的概念及意义

所谓心理预防，就是针对犯罪心理形成的原因及其发展变化的规律特点，采取有效的措施，削弱和排除形成犯罪动机的因素，从根本上防止犯罪行为发生的活动。对毒品滥用性犯罪进行心理预防是非常必要的。因为与其他犯罪现象一样，毒品滥用性犯罪的产生，既有社会原因，又有心理原因，且心理原因在其中起主要作用。同时，犯罪现象的社会原因也是通过犯罪人自身的心理原因起作用的。任何犯罪，都是在一定的主观心理态度支配下发生的。

对毒品滥用性犯罪进行心理预防也是可行的。首先，心理预防具有人性基础。在理性和意识（或自我意识）的支配下，人能够观察和认识自然与社会，并且在一定程度上能有选择地接受外界环境与规范的影响和制约，进而进行自我观察、自我评价、自我修养和自我控制，从而在特定的环境下表现出一定的自我完善能力和行为的自我选择能力。其次，毒品滥用性犯罪行为人往往表现出人格缺陷，这种缺陷进而导致他们的社会认知能力、社会适应能力和自我控制能力低下或者减弱，从而在一定的社会背景和具体场合下实施了违法犯罪行为。不论毒品滥用性犯罪的具体表现如何，均与行为人人格品质的缺陷有关，如表现为个人世界观和价值观扭曲，或道德认识、道德情感、道德意志、道德行为习惯等个人内在自我控制力量未能充分发展，以及心理障碍。因此，以纠正人格缺陷为中心的心理预防也是可行的。

（二）毒品滥用性犯罪心理预防的具体技术和方法

对毒品滥用性犯罪的心理预防是一项系统工程。除了采用开展法治教育、培养健康人格等心理预防措施外，根据不同的对象，以及毒品滥用性犯罪的形成、

发展特点，还可以采用以下三种有针对性的心理预防方法：

1. 早期预防

不管开始吸毒的动机如何，人们一旦对毒品形成心理依赖，便很难放弃它。因此任何尝试吸毒的行为，都可能一发难收，所以加强法制教育、禁毒宣传教育，做好毒品滥用的早期预防非常重要。早期预防可以从少年儿童抓起。首先，应积极宣传毒品对人们身心健康和社会造成的危害、国家关于禁毒的有关规定，提高人们的整体认识水平。不少青少年对毒品的认识是肤浅的，相当一部分人不完全清楚毒品曾给中华民族留下的一段辛酸耻辱的历史，不能深刻认识毒品对人体的危害，不知道如何识毒、防毒、拒毒。因此，应通过一切有效的途径，向全体公民（尤其是青少年）宣传禁毒常识，促使青少年一代形成自觉抵制毒品的能力。具体地说，应当将每年的"6·26"国际禁毒日的集中宣传和平时的经常性宣传教育结合起来，形成全民禁毒的风气，中小学应把禁毒教育作为一项重要的教育内容。其次，在毒品控制方面应注意堵源截流，打击毒品分销市场，让想吸毒的人找不到毒品，在一定程度上可以抑制毒品滥用行为。缉毒队伍应当采取多部门（公安、司法、海关、卫生等）协同作战，加强打击毒贩，有效地堵住毒品的源头，截住毒品的流向。目前，我国大陆90%的毒品来自境外，因此，从宏观上必须将毒品堵在境外，不让其流入境内。同时，在专门机关的组织领导下，发动区、街、居委会的群众治安组织切实抓好毒品入境后的断源截流工作，清查和摧毁毒品的地下市场和贩、吸窝点，使之在众目睽睽之下无容身之地，并受到法律制裁。在此基础上，还要加强对临床精神药品的严格管理。

2. 中期预防

该项工作可以由卫生行政部门和公安部门负责，指导医疗部门注意对毒品滥用者早发现、早治疗。鉴于青少年吸毒问题的严重性，除了加强教育，使青少年远离毒品外，家庭、学校也要特别关注，吸毒发现得越早，戒断就越容易。一般而言，青少年最初开始吸毒时常有这样的行为特征：同外界的接触开始减少，独处，行为方式幼稚、多重复性，卧床时间延长，面无表情，并伴有情绪不稳。家长和老师也应注意观察，已经吸毒者易出现以下迹象：衣服上和呼吸中可能有挥发性气味；没喝过酒，却走路摇晃；说话舌头发硬；精神状态萎靡，脸色苍白；感情失控，言行粗暴反常，痴呆发愣等。由于大多数毒品滥用者往往不太注意毒品的生理危害，并刻意回避医生、家人和老师，因此，及时发现并使早期毒品滥用者及时接受治疗，是中期预防的重要任务。它的目的是尽量阻止毒品药物依赖向严重的阶段发展。从尝试性使用毒品直至产生依赖，至少需要一段时间，因此早期干预很重要。在教育方面不应采用简单生硬的限制手段，而应冷静地讲清楚其危害性，如在小组内讨论就比在大会上作报告效果好。在咨询方面应注意尽可能地采取使青少年容易接受的方法，出于对未成年人的特别保护，要注意在公开教育场合保持匿名。

3. 晚期预防

晚期预防是针对严重的毒品滥用者而言的，其任务是对毒品滥用者进行有效的治疗，以阻止晚期恶果的出现。对毒品滥用者的治疗一般采用综合性疗法，主要包括以下基本措施：

（1）脱毒治疗。脱毒治疗主要是为了使吸毒者摆脱对毒品的生理依赖性，它是戒毒能否成功的关键。对于严重的毒品滥用患者，为了对抗其严重的戒断综合征，最好在住院条件下进行戒毒，这样也可以断绝毒品的来源。根据其毒品依赖和中毒的严重程度，灵活掌握戒毒的进度，轻者可以尝试一次性戒断，而对毒品依赖特别严重的人可采用递减的办法戒毒，避免出现严重的戒断症状以至危及生命。无论是一次或分次戒毒，都要注意密切观察与监护。尤其在戒毒开始的第一周，特别要注意戒毒者的体温、脉搏、血压、意识状态和定向能力，以便能即时处理可能出现的戒断反应。

（2）心理治疗。从实质上来看，心理治疗主要是对一个人施行的使其行为符合社会所认为的适宜的、恰当的和顺应的方式的校正过程。这种治疗重点在于解决患者所缺少的做出适宜行为的知识、技能或动机，或纠正反常行为。心理治疗的方法很多，如认知疗法、合理情绪疗法、行为疗法、患者中心疗法、完形疗法、精神分析疗法等。各种方法都有自己的特点，认知疗法强调的是认识过程对动机和行为的影响，主要是通过帮助患者消除错误的吸毒观念，然后再对吸毒习惯进行矫正；合理情绪疗法的特点是在治疗过程中，针对患者的情绪反应，帮助其建立积极的情绪，确立正确的态度；患者中心疗法强调在治疗时以患者的意愿和需要为中心，由患者自己对其毒品依赖加以解释，让他们自己脱掉自欺的外衣，接受正确的观念；完形疗法的治疗目标是使患者成为一个完整的、自我信任的、有自我意识、能指导和计划自己生活的人。

为了保证顺利、有效地开展心理治疗工作，在心理治疗工作开始之前，应做好两个方面的工作：首先，充分了解治疗对象。治疗者应该对毒品滥用者进行鉴别诊断，了解其存在的心理、情绪及不良行为习惯问题，明确治疗的目标和内容；对毒品滥用性犯罪者，还应了解犯罪人的犯罪经历、文化水平、职业、兴趣、爱好等个人情况以及犯罪人的家庭情况，以便充分利用这些资料为矫正治疗服务。其次，选择适当的治疗方法。在清楚地了解了毒品滥用者存在的主要问题及有关情况之后，治疗者应当选择适合于戒毒者的恰当矫正治疗方法。

无论采用哪种具体方法开展心理治疗，都应配备专职心理医生，心理医生应由取得心理咨询和治疗资格的心理学工作者担任，并努力使脱毒者能及时得到心理帮助，在具体实施治疗时应注意明确心理治疗的目的，做好以下几项工作：

（1）提高思想认识水平。首先，加强对毒品危害性及戒毒必要性的认识，这是戒毒心理治疗取得成功的思想基础。只有让戒毒者真正认识到吸毒对社会、家庭和自身存在严重的危害，认识到接受强制戒毒是自己唯一再生之路，从而端正对强制戒毒的认识，逐渐做到自觉服从强制戒毒。认识正确、深刻了，态度端正了才能真正戒除毒瘾。其次，毒品滥用性犯罪者在法律、道德认识上的错误或是非善恶的颠倒，往往是犯罪心理和行为形成的重要因素。因此，要努力提高他们的法律、道德认识能力，使他们对自己的心理及行为问题有一个初步的了解，充分认识到其行为的社会性质和产生的原因，并明确对待它们的正确方法。提高思想认识水平，最重要的是进行法治教育，帮助他们认识法律在现实社会中存在的必要性和法律适用的严肃性，教育他们在处理个人与社会、与他人的关系时不得违反法律的规定，不得实施危害社会的行为。

（2）帮助其克服思维的片面性，重构正确的思维模式。毒品滥用性犯罪行为产生的一个重要原因，就是行为人不能正确对待和处理社会生活中出现的问题和矛盾。当行为人在社会生活中面对挫折时，由于认知或思维上的片面性，易过分看重某些矛盾。而随着生活节奏的加快、竞争的加剧，其精神和心理压力越来越严重，一些人在这种压力下变得狂躁、抑郁、孤独、空虚，为了使这种紧张的心理得到宣泄和缓解，有的人便开始与毒品为伴，将吸毒作为寻求解脱和逃避现实的一种方法，最后形成毒品滥用性犯罪。因此，通过治疗活动，不但要使毒品性犯罪者重新建立起对自己、他人、社会的正确态度，提高其认识能力，而且要培养他们形成正确的思维模式，使其能够正确对待生活中遇到的各种问题。

（3）建立良好医患关系，疏导其消极情绪。这是保证心理治疗顺利进行的关键。戒毒人员是一批"特殊病人"，在对他们的管理和治疗中，要注意尊重、理解、关心他们，与其建立深厚的感情，使他们愿意讲心里话，并乐于接受教育；要站在被教育者的位置，设身处地地想问题，把道理讲得亲切感人；要真诚相待，以心换心，在感情交流中灌输正确的理念，把以情感人和以理服人有机地结合起来。这样做，有助于消除他们的抵触情绪和逆反心理，使他们体会到政府的真诚关心，感受到社会的温暖，并看到自己人生的前途和希望。在触动他们心灵的同时，也能够促使其认识自己的错误，引起思想感情的良性转化，从而增强戒毒的自觉性。犯罪心理学研究也表明，消极（不良）情绪的积累往往是导致违法犯罪的一个重要原因，当消极情绪积累到一定程度超出了犯罪人的耐受力时，就会在偶然事件的刺激下，以激情犯罪的形式表现出来。因此，努力消除犯罪人的疑虑、紧张、焦虑、抑郁、绝望、不满、怨恨、痛苦、悲观等消极情绪，促使犯罪人恢复情绪平衡，形成良好的情绪反应方式，保持积极的情绪状态，是心理矫治的一个重要内容。

（4）纠正其不良行为习惯。这是戒毒心理治疗的中心工作，是做好吸毒人员回归社会、走向新生、在复杂条件下抵抗复吸的基本功之一。戒毒部门应采用讲座、自我教育、典型案例分析、吸毒者家庭信箱、社交软件联络等多种形式，对他们进行世界观、人生观、道德观、法治观、心理卫生保健等方面的教育。此外，要有针对性地对吸毒人员进行认识自我、慎交朋友、与人为善、迷途知返、努力工作等专题教育，引导他们通过正当渠道发泄情绪，破坏其原有的不良心理定型，帮助其唤醒良知，恢复理智，树立正确的生活目标，培养和提高其心理承受力。在此基础上，逐步矫正他们在生活、工作、学习和卫生方面的不良行为习惯，克服自卑自怜、自暴自弃、自吹自擂、自傲自负的人格障碍。从毒品滥用性犯罪心理与行为的形成看，通常有一个过程，往往是由对待公共秩序、集体事业、人际关系、社会群体、家庭关系、生活方式等方面的不道德或轻微违法行为习惯发展、恶化的结果。因此，心理矫治的一项重要工作，就是纠正犯罪人存在的各种行为习惯，培养犯罪人形成良好的行为反应模式，增强犯罪人对各种情境的行为适应能力。

（5）培养自控能力，巩固戒毒效果。戒毒实践表明，自愿戒毒的行为人，其生理依赖较容易摆脱，但心理依赖则需要一两年的康复治疗才能根除。因此，要让戒毒者明白，彻底戒毒并非一朝一夕之功，而是一个长期的痛苦过程，随时都有复吸的危险，世界上还没有戒毒特效药，关键在于自身有没有彻底戒毒的勇气和信心，有没有坚强的意志力和持之以恒的精神，从而提高戒毒者对彻底戒毒的困难性的认识，增强战胜"心瘾"的意志力，学会与自我作斗争。同时通过劳动锻炼和行为改造，矫正成瘾者已变异的人格，改变其说谎、欺诈和虚伪的个性，培养其自我控制能力，持之以恒，告别过去，重新做人。司法实践也表明，当个人的自我控制力低下时，虽然懂得法律规范，有一定的是非观念，但当正确的观念与强烈的个人欲望发生冲突时，也会表现出错误的行为。自我控制力低下的人往往易受冲动驱使，以致不顾社会规范的约束鲁莽行事。因此，培养毒品滥用性犯罪者的自我控制能力，增强社会责任感和家庭责任感使他们能够主动、有效地调节自己的心理与行为，在面临剧烈的精神刺激时，才不致产生冲动性或爆发性行为，才有可能在外界刺激或犯罪诱因面前有效地控制自己，不至于凭一时的冲动，置国家法律于不顾，去实施犯罪行为。

在做好以上工作的前提下，应根据每一个毒品滥用者的吸毒动机、经历、毒瘾的严重程度以及人格特征的不同特点，有针对性地采用如下列具体的心理治疗方法：

①行为疗法

行为疗法是直接以人的失常行为为治疗对象，运用学习原理来改变其行为。其特点是忽视引起不良行为的心理因素，强调对不良行为的矫正。行为疗法所依据的学习理论认为，许多不良行为乃是通过学习而形成的不良习惯或对平常情境的失常反应。通过学习的方法，主要是条件反射的方法，能减轻或消除一些不良症状或行为习惯，并形成某种新的、合乎要求的行为。在行为疗法中最常用的是厌恶疗法。厌恶疗法是应用厌恶性或惩罚性刺激，来消除或减少某种适应不良行为的一种行为疗法。其基本原理是：利用回避学习的原理把个人厌恶的刺激，如电击、针刺、催吐、语言责备等，与被治疗者的异常心理行为相结合（当出现异常心理和行为时就施加能引起厌恶的药物或其他刺激），形成一种新的条件反射，以对抗原有的异常心理行为，从而使这种不良行为获得矫正。

常用的产生厌恶的药物有阿朴吗啡（引起恶心呕吐）、氨水（臭味）等，此外，也可以在不违反法律和医学伦理要求的基础上采用引起不适的刺激实施行为治疗。在戒毒心理治疗中，厌恶疗法是行之有效的。在治疗过程中，当脱毒者见到毒品（或毒品图片）产生愉快体验和吸毒的冲动时，立即实施电击使其产生痛苦反应，或让其服用呕吐药物，产生呕吐反应；或采用上课、电教等形式，播放、讲解因吸毒而导致自杀、艾滋病、中毒性死亡病例、家庭悲剧以及戒断反应的种种痛苦而又令人作呕的形态等，使他们在想象中把药物依赖与不良刺激联系起来，从心理上产生对毒品的厌恶反应，冲淡乃至消除留在其记忆中的快感，产生对吸毒的丑恶行为"触景生恨""睹物思过"的良性效果。

此外，还可以采用脱敏法、冲击疗法、强化疗法等心理治疗手段，各种行为疗法的治疗原则和程序大致相同。比如，采用脱敏疗法，让脱毒人员经常见到而得不到毒品，或放录像看有关毒品的镜头，使其由"触景生情""睹物思情"变为"熟视无睹"，从而消除由此而产生的情绪冲动。

②集体支持疗法

集体支持治疗，即治疗者把有共同吸毒行为的人集中到一起，运用保证、教育、安慰、疏泄、指导等方法进行的治疗。治疗人员可以由专门从事这方面研究的医生、心理学工作者、教育工作者、社会工作者组成。在治疗过程中，要注意发挥已经康复或正在彻底康复的以往的毒品依赖者的作用，尤其是要充分发挥以往有吸毒行为，但经过康复治疗后彻底觉悟的新人的榜样教育作用。因为他们与毒品滥用者曾有共同的经历和感受，共同语言多，因而容易产生共鸣，并乐意接受其积极影响。在集体中，要求成员之间要坦诚相待，相互鼓励督促，有时还要采取批评、对质的方式。这样无形之中就会形成一种有利于康复的压力，由于这种压力来自和自己一样曾经坠入毒品陷阱中的人，因而容易为初来的脱毒者所接受。另外，在治疗集体中有一个很重要的"升级制度"，每一个进入治疗集体的人，无论其原有的社会地位、职业及财产如何，都需要从最低级做起，治疗集体成员将根据每个人的戒毒表现、自我提高的程度以及劳动态度等综合考察来决定他的升级。脱毒者在升级与周围人的好评中不断受到鼓励，看到经过努力后自己希望之所在，从而增强自信。为了保证戒毒效果，治疗集体必须是一个较为封闭的小社会，并要求每个脱毒者严格遵守作息制度，接受种种纪律、规章的约束，以此增强他们的自律意识和能力。

③综合矫治法

综合矫治法，是指充分利用家庭和社会的力量进行戒毒心理治疗工作的一种方法。戒毒治疗是一项复杂、综合的工作。要巩固戒毒效果，帮助脱毒者彻底戒断毒瘾，只靠戒毒单位是不够的，这需要全社会的支持协作，共同关心、帮助脱毒人员，让他们体验到家庭和社会的温暖，树立彻底戒毒的信心和决心。一方面，运用家庭的亲情力量对脱毒人员进行帮教。在脱毒期间，做好戒毒人员家属的工作，劝告他们不能把吸毒人员送进戒毒所后就置之不理，也不能一味地指责、训斥、辱骂，甚至以断绝家庭关系为威胁来对待戒毒人员。相反，应该在精神上关心、体贴和安慰他们，生活上予以照顾，补充营养，使其身体尽快康复，增强抗毒能力。通过关注、帮扶，促使吸毒人员在亲情的感召下自觉远离毒品，增强战胜"心瘾"的毅力和决心。另一方面，要充分利用社会各方面力量对戒毒人员进行帮教，为戒毒人员回归社会创造良好的外部环境。建立戒毒出所人员帮教小组，落实接茬帮教措施，坚持一两年的心理辅导、感化和行为监督。善待已脱毒人员，实行不歧视给出路政策，要给他们提供就业机会，避免脱毒人员因无所事事引起精神空虚、无聊而重蹈覆辙。对于因吸毒而妻离子散、生活困难的脱毒人员，工作单位、街道居委会或乡镇部门更应多关心，帮助他们解决实际困难，让其体会到社会的温暖而改过自新，重新做人。对毒品滥用性犯罪者来说，要动员罪犯家属配合监狱工作。在会见和通信中，联系家庭实际，教育罪犯认清形势，争取光明前途。在罪犯刑满释放后，公安机关要加强追踪辅导，发挥保护管束功能，巩固改造成果。

为了取得显著的治疗效果，可以将各种心理治疗方法综合地加以运用。但需要指出，强调毒品性犯罪的心理预防，并不是否认毒品滥用性犯罪的预防还可以通过其他途径进行。我们既不能把犯罪现象简单地理解为一种纯心理现象，也不能把犯罪的预防措施完全归结为一套纯心理学的手段。实际上，这里的心理预防，是指犯罪预防体系中的一个方面，它与社会预防、治安预防、刑罚预防等一起构成了犯罪预防体系的不同层次或环节，这些不同层次的犯罪预防措施是相互补充、相得益彰的。强调犯罪的心理预防，无非是强调预防犯罪的基础不仅在于社会的完善，而且在于人的内在完善；预防犯罪不仅需要一定的外在社会控制，也需要人的心理的自我完善，而且绝大多数犯罪预防措施都必须通过人的心理活动才能有效地发挥其作用。

## 第二节　恐怖主义犯罪心理

恐怖主义犯罪是全人类的公敌，中国长期以来也深受恐怖主义犯罪之害，特别是近年来发生的严重恐怖主义犯罪案件，反映出我国的反恐任务仍异常艰巨。在这样的背景下，深入分析和认识恐怖主义犯罪的心理特征具有重要的现实意义。

### 一、恐怖主义犯罪的内涵

恐怖主义是通过暴力和暴力威胁的方式在人们的心理上造成恐惧感从而达到其目的（主要是政治目的）的犯罪形态，是一种有目的、有计划、有组织、可以针对无辜公民的严重暴力犯罪。一般认为，恐怖主义犯罪最早发生于20世纪30年代的秘鲁劫机事件，该事件中许多无辜者被夺去了生命。从那时起，国际社会才将这种暴行与恐怖主义结合起来。1937年在瑞士日内瓦通过的《防止和惩治恐怖主义公约》（以下简称《防恐公约》）界定了恐怖主义犯罪的概念。但是，随着国际社会各个领域的发展，恐怖主义犯罪也从早期的劫持航空器、劫持人质以及单纯利用火器、武器、爆炸物和危险物品等暴力行为方式，发展为现代的利用核材料、生化武器和细菌武器的大规模恐怖袭击，直至出现举世震惊的"9·11"恐怖事件。此后，恐怖主义犯罪不断翻新，呈现出多样化和复杂化的发展趋势，1937年《防恐公约》所界定的恐怖主义犯罪概念已远远不能满足惩治恐怖主义犯罪的需要。随后，1971年《美洲国家组织关于防止和惩治恐怖主义行为的公约》和1977年《制止恐怖主义欧洲公约》进一步界定了恐怖主义犯罪的内涵，如《制止恐怖主义欧洲公约》将恐怖主义犯罪按其外延描述为：非法劫持航空器犯罪、危害应受国际保护人员包括外交代表的严重犯罪、绑架、劫持人质的犯罪、使用炸弹、火箭危及人身的犯罪以及企图参与或参与从事这些犯罪的共犯等。由于各国考虑问题的视角不同，以及各国文化、习俗上的差异，因而各国学者在恐怖主义犯罪内涵理解上存在多重性和差异性。但一般认为：恐怖主义行为是以暴力、恐吓等方式通过杀害、绑架、暗杀、强盗和爆炸等手段实施；其行为对象是政府或公民；其行为具有组织性，而且具有某种政治目的。

本书认为，恐怖主义犯罪，是指组织、策划、领导、资助、实施以对人身和财产造成重大损害或制造社会恐惧气氛的暴力、威胁或危险方法，危害公共安全的行为。其中"暴力、威胁方法"包括使用武器、弹药等具有暴力性质的工具，采取暗杀、劫持、绑架等暴力行为以及威胁的行为；"危险方法"包括使用毒害性、放射性、传染病病原体等危险物质；"公共安全"包括国际社会和平与安宁、国家安全与发展以及人（不特定的个人或者特定的多数人）的生命、健康和重大财产安全。无论是因政治、宗教、社会、经济、民族还是种族冲突所引起，恐怖主义都旨在制造公众恐慌。恐怖主义行为的本质应包括两个基本内容：一是目标的随意性，唯一的行为方式是暴行；二是结果的不可预测性，唯一可预测的结果是在人群中产生直接的极大的恐慌。这种本质决定了恐怖主义犯罪的性质是严重危害社会的国际犯罪，而非纯正的政治犯罪。

## 二、恐怖主义犯罪的心理特征

### （一）认知特征

对恐怖主义犯罪分子而言，其认知特点主要体现在两大方面：第一，认知心理过程极具偏执性；第二，认知心理结构中强烈的反社会意识。这两大特点与恐怖分子的极端民族意识和偏执的宗教思想密不可分。与其他有组织犯罪的犯罪分子不同，恐怖主义犯罪分子基于自己的政治信仰和坚定的政治目标，结成严密的组织体系并为该信仰和目标"奋斗终生"。他们能够成为恐怖主义犯罪组织的成员，与其固有的心理特质（如偏执于某种教义、教规，这很容易与恐怖主义犯罪组织在认知方面的认同感不谋而合）紧密相连。经过恐怖主义犯罪组织特定"信仰"的强化训练，这部分人会形成极端的宗教狂热和心理偏执，狂热到不仅漠视他人生命，也同样漠视自己生命的程度。他们坚信通过恐怖手段达到目标具有合法性和必要性。恐怖主义组织吸纳具有这种心理特质的人，通过组织内的各种仪式、氛围和教义的灌输，从而达到对其成员的精神控制。在这点上，各种恐怖组织，不管是邪教组织、宗教极端组织、极端民族分裂组织，还是那些极左型和极右型恐怖组织都有着惊人的相似。而那种能够为恐怖组织所利用并指导着恐怖分子进行恐怖活动的精神因素，既可能是狭隘极端的民族意识，也可能是极端的宗教思想。在一些学者看来，后者是导致世界恐怖活动日趋猖獗的重要因素。

### （二）情感要素

由于对世俗社会的极端失望和对敌手的极端仇视，导致对自己追求目标的极端绝望，恐怖犯罪分子容易陷入一种极端麻木、冷酷的情绪状态，毫无同情怜悯之心。任何严重的后果，在他们看来都是必要的。这些恐怖分子为达到自己的目的，每每以平民百姓甚至妇女儿童为牺牲品，以期引起社会恐慌，引起全社会对其追求目标的注意。面对这样的恐怖行为，恐怖分子不但不会产生罪恶感，相反还会产生一种成就感、胜利感。因此，恐怖分子的情感特点，表现为很强的与主流社会的对立性和冷酷麻木。仇恨是恐怖分子最为典型的情感动力，仇恨与绝望的勾连则使恐怖活动的发生变得顺理成章。麦迪逊大学心理学教授海德解释称，巴勒斯坦女性的角色每天都在发生着变化，面对以色列的攻击和侵略，尤其当她们感到自己的亲人和孩子受到了威胁时，她们不再逆来顺受。巴勒斯坦女性从沉默中苏醒，人肉炸弹成了她们发泄愤怒和反抗以色列侵略的唯一选择。然而，令人震惊的是，这种悲哀的情绪已经蔓延到巴勒斯坦少年的身上。据英国《卫报》报道，3名14岁巴勒斯坦少年模仿大人，要对犹太人定居点实施"人体炸弹"袭击，结果被以军当场击毙，酿成了震惊国际社会的悲剧。巴勒斯坦三名少年之死说明什么呢？专事儿童身心健康调查的伯利恒儿童心理学家萨尔曼说，随着目睹或者听说巴勒斯坦人，特别是同龄巴勒斯坦少年遭以军枪杀的现象越来越多，巴勒斯坦孩子们的心理也扭曲得越厉害："那是一种绝望，越来越绝望，以至于孩子们最终无法面对这种可怕的现实。其实，促使孩子们走上自杀炸弹袭击之路的与其说是民族，不如说是无以承担的绝望所致！"当然，对死亡的麻木和对受害人的冷酷，是恐怖分子必备的心理素质。为克服对死亡的恐惧，培养冷酷的心理特点，恐怖组织在选择、培训恐怖分子方面往往煞费苦心。[①]

## 第三节　弱势群体犯罪心理

弱势群体是中国社会转型过程中，由于社会福利与保障机制等不健全而产生的社会群体。

### 一、弱势群体及其特点

对于社会中存在的弱势群体，学者们从不同的角度进行了不同的定义。如有学者认为，弱势群体主要是指在社会生活中具有贫困性的人群，既表现为生活水平的数量低下，也表现为生活质量的低层次性；有学者认为，弱势群体是一个具有经济利益贫困性、生活质量低层次性和心理承受脆弱性的特殊群体；[②] 还有学者认为，弱势群体是指由于各种内外原因在生产和生活上有困难的社会群体；也有学者认为，弱势群体是由于社会结构急剧转型和社会关系失调，或由于一部分社会成员自身原因（如年老体弱、残疾等）而造成对社会现实的不适应，并且出现了生活保障困难的人群共同体。[③] 因此，弱势群体大多存在经济收入微薄、文化基础薄弱、社会公德意识淡薄、社会地位低下、法律意识薄弱等一些共同特点。

### 二、弱势群体犯罪的心理特征

（一）偏离社会的错误价值取向

由于当前社会正处于市场经济迅猛发展阶段和新旧体制转换时期，市场运作

---

[①] 张保平：《关于恐怖主义犯罪心理和行为特点的初步研究》，载《犯罪研究》2003年第5期。
[②] 陈成文：《社会弱者论》，时事出版社2001年版，第12页。
[③] 李林：《法治社会与弱势群体的人权保障》，载《前线》2001年第5期。

法规和秩序仍在进一步健全中，加之各种不良思潮的冲击，部分弱势群体的人生价值观向"自我"倾斜，被"金钱"扭曲，出现了"功利化""多元化"的倾向，其主要表现为：金钱崇拜。在社会经济发展过程中，对经济利益的追求已经成为很多人的价值目标，同时西方的拜金主义、自由主义腐蚀了部分人包括部分弱势人群的心灵。出于对物质富足的憧憬，致富成了处于经济地位低下、生活贫困的弱势群体最直接的目的和最迫切的需要。由于上述提及的种种主客观原因，弱势者往往只能从事一些劳动条件差、收入低的工作，导致经济长期处于窘境，且又无力改变。因此，当耳闻目睹了其他群体的富足生活或是部分官员的贪污腐败行为后，部分弱势者往往就会放弃勤劳致富的念头，转而通过违法行为快速致富。

个人利益至上。当前个人主义、利己主义在部分弱势人群中颇有市场。个人主义、利己主义的膨胀，导致了集体主义观念的淡化。部分弱势者选择个人主义为自己立身行事的准则，一事当前，先为自己打算，把个人利益放在他人利益、社会利益之上。还有一些弱势者则把人与人之间的关系视为等价交换关系，时时从"利己"出发，缺乏社会责任感。

（二）封闭与拒绝的心理状态

弱势者融入主流社会，必须经历其自身的文化心理、价值观念、行为方式的变化。可以说，这种融入过程也是一个重新社会化的过程。但是，在社会未能提供给弱势群体良好的转换环境时，如部分强势者的冷淡、歧视与疏远，弱势人群不适应的焦虑心理会进一步加剧，弱势人群会变得更加自卑和敏感。在这样的背景下，他们会封闭自己与强势者及主流文化的交流，只局限于自己的社会交往圈和文化习俗之中。而这种封闭心态，只会造成弱势群体与主流社会和主流文化的疏离，强化他们的孤独感。此外，寻求归属感是人的天性，在弱势者主动与主流社会隔绝的同时，他们也会寻找其他一些弱势人群，共同的遭遇与心理感受使他们结成心理共同体，形成自己的价值观念、行为标准。但是，由于同属社会的底层和边缘，部分弱势者的价值观念和行为标准会变得扭曲。在这种扭曲的价值观念与道德标准的影响下，犯罪极易产生。[①]

（三）因被剥夺感而引发的心态

根据相对剥夺理论，弱势者看到强势者的富有，而自己又不能通过合法手段得到期望的财富时，会产生被剥削感。由此有可能用非法手段寻求补偿，其中，最极端的方式就是犯罪。相对贫困与相对剥夺感之间有着高度的相关性，在相对贫困的基础之上势必会产生相对剥夺感，而相对剥夺感则会强化人们对相对贫困的感受。因此，相对剥夺感及受挫情绪是该类人群可能存在的心理状态，由此引发不

---

① 张雪筠：《心理疏离与民工犯罪》，载《理论与现代化》2002年第6期。

满、焦虑、苦闷、彷徨、悲观等心态，成为个别人犯罪的心理动因。

具体而言，弱势群体通常存在三种不健康心理：一是极强的防卫心理。防卫心理过强，容易放大自己的遭遇并采取偏激做法。二是过分忍让求安心理。当其忍耐到一定极限仍不能求得安定时，就会使用暴力来解决。三是无度的侥幸放纵心理。外来人口尤其易产生该种侥幸放纵心理，原因在于外来人口背井离乡，顾及社会舆论的心理负担较小，故其往往不计后果，容易实施违法犯罪行为。

## 第四节 变态心理与犯罪

绝大多数犯罪者在犯罪时都有一定的动机和目的，其心理特点也容易被人所理解。但是有一部分人则比较特殊，其心理状态与常人有异，或属于人格障碍，或属于某种精神疾病。如果我们缺乏这方面的基本知识，在理解他们的犯罪过程或侦查、审讯，以及在矫正他们的犯罪行为时，往往感到困惑、收效不大。随着市场经济的发展，人们心理压力增大，心理变态的人以及由于心理变态而导致犯罪的现象都会增加。此外，在司法实践中，也有些人企图伪装精神病以逃避惩罚。因此，重视变态心理与犯罪关系的研究，不仅能够帮助侦查人员在侦查、审讯过程中正确理解其犯罪心理实质，有的放矢地对其进行矫正，而且对于减少、预防犯罪也有很重要的积极意义。

### 一、变态心理的概述

（一）变态心理的概念

变态心理是一个内涵存在争议的概念，对它的范围和界限，国内外学者还没有形成一个公认的、统一的规定或观念。从大多数人的观点来看，变态心理是指超出了正常范围的不健康的心理活动和行为异常，或指个人在行为上失去常态而构成变态。心理变态是大脑功能与客观现实关系失调而导致的人对客观事物的认识、情感、意志等心理活动和行为的不同程度的变异。心理活动包括人的全部心理过程（认识活动过程、感情活动过程和意志活动过程）和个性心理（个性倾向性和个性心理特征），异常心理是指个体的心理过程和个性心理特征发生了异常的改变。

心理活动的异常主要是通过行为异常表现出来的，我们只有通过考察变态心理者的行为特征，才能探明其变态心理的实质。值得注意的是，心理活动和行为的异常并非都是变态心理。因为"变态"与"常态"，或"正常"与"异常"也只是相对的，而不是绝对的；换句话说，两者只有程度的差异，而无种类的区别。虽然心理异常与心理正常之间并没有绝对的分界线，但通常认为凡是人的心理活动和行为不能与客观环境保持一致并使人难以理解的，各种心理活动和行为之间不能保持协调、统一与完整而失去良好社会功能的，在长期生活经历过程中形成的独特的人格不能保持相对的稳定性而使人难以捉摸的，都被视为心理异常。两者的区分，还要受当时社会环境的风俗习惯、道德规范、价值观念，以及文化背景等因素的影响。例如，具有高创造性的人，其心理活动和行为表现也常常不为大多数人所接受和理解，但他们的异常心理活动和行为表现有益于人类社会，因此我们不能将其称为变态心理。

心理异常的类别与范畴通常包括：（1）严重心理异常；（2）轻度心理异常；（3）身心疾病；（4）身心障碍：主要表现为躯体功能障碍，但无病理形态学变化的基础，也无明显的精神活动障碍的一组疾病；（5）大脑疾患和躯体缺陷时的心理异常；（6）行为偏离和人格障碍；（7）药物依赖及儿童青少年障碍。变态心理与精神病在某种意义上说是同义语。一个人的心理变态，也叫精神异常，如果到了严重程度就叫精神病。狭义的变态心理指变态人格或人格异常；广义的变态心理则包括精神病患者在内。具有变态心理的人，不仅自身的身心不健康，更可能给家庭、邻里和社会带来危害，甚至会实施违法犯罪行为。因此，研究变态心理的特点和规律，对于预防犯罪和减少变态心理者对社会的危害等，都具有特别重要的现实意义。

（二）变态心理的判别标准

判别变态心理是以常态心理为参照的。在日常生活中，很难将变态心理与常态心理作出明确的界定。这是因为，一方面，两者的区别只是相对而言的，没有绝对标准；另一方面，变态心理的表现要受到客观环境、主观经验、心理状态、人际关系、社会文化关系等诸多因素的影响，而判别的标准又要受到判别者对以上因素所起作用大小的看法，以及判别者的方法论的影响，从而找不到一条统一的、为大家所公认的标准。目前，通常采用的标准有以下五个方面。

1. 经验标准

即以大多数对正常与异常心理的评价为标准。每个人都能自觉地意识到自身的心理活动，同时也能体察到别人的心理活动。因此，每个人都可根据自己的经验对每一种心理做出"主观评价"。大多数人的经验是：正常人的认识、情感、意志活动是协调一致的，人格特征相对稳定，行为表现为多数人所接受和理解；变态者则与之相反。以经验为判别标准，虽然简单易行，但不科学，容易犯主观主义错误。因为经验标准因人而异，并且，经验本身是否正确也并不是绝对的。因此，使用经验标准判别变态心理时要谨慎，对经验判别的结果应当一分为二地看待。

2. 社会适应性标准

即考察一个人的行为与周围环境是否协调一致，是否符合社会的道德规则和公认的行为准则。如果行为人与环境不能保持协调一致,不适应社会的要求,那么就称之为变态。人总要在特定的生活环境中生活,因此,人要适应环境、改造环境,所作所为应当与所处的环境相适应。当然,社会适应性标准并非一成不变的,它要受社会文化背景的影响,并随着时代的发展而发生变化。被一个社会认为是正常的行为,可能被另一个社会视为变态。例如,当实际上并没有人谈话时却"听到声音",或者"看到幻象",对一些非洲部落的人来说,他们并不觉得这有什么不正常。但是,大多数社会的人却认为这种行为是变态或异常。在一般社会中,男女两性角色的扮演及两性间的关系大都是男子居于主动地位,但在某些部落社会中,男女两性所担任的角色恰恰相反。另一个问题是,在同一个社会中,正常与否也是随时间变化的。如封建社会的中国妇女以裹小脚为美,这在当时是适应社会要求的表现。而今再如此,就不能说社会适应性良好。人的社会适应行为和能力要受时间、地域、风俗习惯、文化背景,以及主体当时的心理状态等因素的影响。因此,用社会适应性标准判别变态心理时,也容易出错。离开了相应的社会文化背景,是无法对一种社会行为模式的正常与否进行判断的。此外,使用这一标准可能还存在这样一个问题:把精神医学上的变态行为与越轨行为混为一谈。虽然有些越轨行为(包括违法、犯罪行为)是变态心理的表现,但很多心理疾病患者并没有越轨行动。

3. 病因和症状标准

即以病因、症状是否存在作为判别变态的标准。有些变态心理症状或致病因素,无法在正常人身上找到痕迹。若在某人身上发现了这些致病因素或疾病的症状,则可判别为变态。认真查阅一些人的病案和考察其生活史,如果有病因且有症状,则可判断为心理变态;只有病因但症状不明显,则难以作出判断;无病因史但症状突出,也可作出判别,但应同时详细了解近因。这一标准在临床上得到广泛运用。虽然它比较客观,但是运用的范围却比较狭窄。心理变态常常是由多种因素引起的,用此标准判别综合性变态心理现象缺乏说服力。此外,有些平时虽有病因症状但自以为心理行为"正常"的人,往往并不主动去医院就医,这类人不一定必须经临床诊断才能确定为心理变态者。

4. 统计学标准

即以全体人群中具有某种心理或行为特征的人数分布为依据,按照正态分布曲线,居中间的大多数人为正常,居两端的极少数人为异常。不同年龄阶段的人在感知、思维、情感和意志等表现上都有其年龄特点,因此这种统计学的标准也应将年龄因素考虑在内。这一标准虽然使用简单,并具有一定的科学性,但是,因为在这里变态或异常的定义是以统计次数为根据,因此,这一标准也有明显的局限性。一方面,并非所有的心理和行为特征都呈正态分布;另一方面,有些心理和行为特征虽然在数量上呈正态分布,但仅有一端是变态,另一端则是优秀或超常水平。例如，在智商分布上，IQ < 70者为变态；IQ > 130者为优秀；IQ > 150者为超常。根据这一标准，那些极端聪明和极端幸福的人就会被划为变态的一类。因此，给变态下定义时我们不能仅仅考虑统计次数的问题。

5. 心理测验与实验标准

这是指利用心理测验工具和实验仪器来检查、判别一个人的心理和行为是否正常。测查的内容包括心理、生理、神经生理等方面。这一标准比较客观，适于推广。大脑作为心理的器官，其生理功能和组织结构的损伤必然会造成心理结构的异常，如物理损伤、感染、中毒、遗传、内分泌失调都可能导致大脑的生理或组织结构受到损害。在这样的情况下，实验室的物理、化学检查以及心理测量和生理测评等有重要的意义。各种心理检查和脑组织检查，能从客观的角度提供一些数据，提供一个比较客观的对象为研究者提供参考，进而大大减少不同研究者对同一心理问题做出诊断的差异度。但这种判别正常与否，也是有一些局限性和相对性的。其原因主要来自两个方面：一方面，人的主观心理活动无论正常还是异常，都是非常复杂的，而且这种心理活动受很多因素的影响和制约，测量仪器和工具很难恰如其分地将其检查出来；另一方面，存在于人身上的很多心理正常与否，是无法单纯用测量工具检测出来的。所以完全依靠测量仪器来检测心理的正常与否是不现实的，也是不切实际的想法和苛求。

综合上述标准，可以看出：（1）各种标准都有其自身的价值，也有其局限性和在评价上可能带来的偏失。因而，采取相互参照的态度是应当的、必要的。（2）具体评价时，要考虑到心理变态与心理问题、心理障碍、心理异常等程度不同的概念描述之间的差别，不能将一般的心理问题称为心理变态。（3）不同标准的稳定性有所不同，如统计学意义的标准、社会适应性标准会因社会的发展变化而变化。（4）不同的标准在不同实践领域有不同的适切性。

总之，不存在一个十全十美的通用标准可以用来判别变态与否。实践当中每种标准都很难单独使用，一般是综合使用上述几种标准。对处于临界状态的人的判断，需要更为丰富的临床经验、实践知识和周密的调查研究才能做到。但是，无论采用什么标准，均不宜以偶然的表现为依据来确定对方是否变态。

现代心理学认为，"心理是客观现实的反映，是脑的机能"。理解心理正常与异常，应当结合个人的心理活动本身的特点，并遵循下列原则来评判：

（1）心理与客观环境统一性的原则。因为心理是客观现实的反映，所以任何正常心理活动和行为，必须就形式和内容上与客观环境保持一致性。也就是说，判断一个人的心理活动是否正常，要考察他的所思所想、所作所为，是否符合他所处的环境条件，是否正确地反映了外部世界，有没有明显离奇的地方。如果他的心理与环境是统一的，则他的言谈举止就可以被人们所理解。这时，我们可以说，就心理活动的主观、客观的统一性而言，是正常的。如果在许多情况下，一个人的心理总与客观现实不符合，那就可以判定，这个人的心理有些失常了。

（2）心理活动过程完整协调的原则。人的心理活动，大致可以划分为认知、情感、意志三个部分。这三个方面在自身是一个完整、协调一致的统一体。比如，当某人向他人讲述自己的一段经历时，不但有语言活动，而且有回忆活动，并伴有各种情绪波动和面部表情。同时，讲述本身又是一个意志活动，是为了达到一定目的的行为过程。于是，这种讲述本身，也是认知、情感和意志三者的协调统一过程，三者缺一不可。如果一个人的心理活动在知、情、意三个方面是协调和完整的，那么他的心理活动，就心理现象自身的完整性和协调性来说是正常的。相反，如果一个人在讲述一件愉快的事情时，却带着忧伤的表情，声调凄凉，甚至哭诉；或者他在讲述悲痛的遭遇时，却满面笑容，非常高兴。那么，我们可以断定，此人的心理活动的知、情、意丧失了协调性，其心理活动的完整性也受到了破坏。

（3）个性相对稳定的原则。每个人在自己长期的生活道路上都会形成自己独特的个性心理特征。这种个性心理特性，是以人的先天素质为前提，在后天的不同实践过程中逐渐形成的。个性心理特征一旦形成，便具有相对稳定的性质。每个人的个性相对稳定，一般情况下，外部环境条件没有发生重大的改变，没有严重的脑部损害，个性就不会轻易改变。如果我们在他的生活环境中找不到足以使一个人发生如此改变的原因时，我们就可以说一个人的精神活动已经偏离了正常轨道，不能不考虑他的心理是否已趋向异常。

### 二、变态人格与犯罪

（一）变态人格概述

1. 变态人格的概念

"变态人格"（Abnormal Personality）来源于"悖德狂"（Moral Insanity）一词，最初是指由于精神扰乱而导致病人的道德观念被歪曲，自我控制能力丧失的现象。此后，人们又使用精神变态、精神病质、病态人格、人格障碍等概念来描述这一现象。现在一般认为，变态人格是指人格在发展和结构上明显偏离正常，以致不能适应正常的社会生活，难与人相处，经常做出危害社会和损害自己的行为表现。它是介于正常人与精神疾病者之间的一种类型。人格发展和结构上偏离正常，主要表现为理智、道德观念、感情和意志的欠缺，至于智力并无异常表现。

2. 变态人格的特征

（1）变态人格的意识特征

变态人格者一般能正常料理自己的生活，也有一定的认识能力和批判能力。它是在意识清醒、智能良好、认识能力完整的情况下表现出来的一种情绪和行为的异常。例如，情绪极不稳定，对人感情淡薄或冷酷无情；行为缺乏目的性、计划性和完整性；自制力极差。因此，变态人格者的意识是清醒、完整、正常的。

（2）变态人格的行为特征

变态人格者一般能正确处理自己的日常生活和工作，能理解自己的行为后果，也能理解社会对其行为后果的评价，但由于他们对自己的人格缺陷缺乏自知之明，行为活动极易受情感冲动、偶然动机和本能欲望所支配，缺乏目的性、计划性和完整性；易因其肤浅的或歪曲的道德认识而做出违法犯罪的事，却因自制力的缺乏而不能吸取经验教训。再由于他们的本能需要十分强烈，自制力极差，因此，他们很难纠正自己的变态行为。

（3）变态人格的形成

变态人格一般在儿童时期就萌芽了，在不良社会环境影响下，慢慢形成和发展。一般到10岁左右便可能出现某些异常，到青春期有明显的表现。变态人格一旦形成，就具有相对的稳定性，不易改变。耐心细致的教育方式、严厉的惩罚手段、药物治疗均难使其矫正和改变。尽管各类变态人格的形成原因不尽相同，但都是生理遗传、心理因素和不良社会环境共同作用的产物。

（4）变态人格与精神病的区别

从生理解剖上看，变态人格者可能有些神经系统功能上的障碍，但一般没有神经系统的形态学病理变化，它只是人格结构上的某些方面畸形发展或严重不足造成的，因此，它与精神病和其他生理缺陷性变态有着本质的不同。

此外，变态人格者在发病时往往缺乏羞愧感、道德感、责任感，更缺乏法纪观念。

3. 变态人格者犯罪的主要特征

由于变态人格者具有不同于正常人的特殊性，因此，他们的犯罪行为也与正常人犯罪行为有明显的区别。变态人格者犯罪有以下特征：

（1）犯罪行为的自觉性

变态人格者意识清晰、智能良好、思维正常，能意识到自己行为的后果，作案后记忆清晰。

（2）犯罪动机的偶然性

虽然变态人格者的犯罪动机不显得离奇古怪，但犯罪结果与犯罪起因并不相适应，而且犯罪的起因多受偶然的刺激、情感冲动或本能愿望所驱使，犯罪动机具有模糊、偶然的特点，一般较少预谋。

（3）违法犯罪目的不明显

正常人的犯罪目的总是明显的，且往往是损人利己的。变态人格者的犯罪常常是既损人也不利己，其犯罪目的通常是缓解心理紧张和压抑状态。因此，犯罪的功利性、目的性不明显。例如，偷盗狂者，往往是为了从偷窃行为中获得乐趣与满足，而获取财物的目的则次之。

（4）犯罪手法自我保护性差

犯罪前后不隐蔽也不逃避罪责，自我保护性差，害人害己，而且对自身危害尤大。例如，偏执型的缠讼、意志薄弱型的一再受骗作案等。

（5）犯罪行为的连续性

由于变态人格者的犯罪是寻求心理上的满足和安慰，缓解心理紧张状态，因此，随着这种心理紧张状态的持续和心理紧张力的积累，当外界的不良刺激诱因与其固有的人格缺陷相适应时，就极易再次引发违法犯罪行为，从而形成一种犯罪习癖和动力定型，表现出实施犯罪行为具有连续性；作案时间具有周期性；侵害个体具有一致性的行为特征。

（6）犯罪结果相对不严重

变态人格者实施的犯罪行为，一般较少造成凶杀或其他严重后果而被判处极刑，其犯罪目的也不易实现。

（二）各类变态人格者的犯罪行为特征

1. 偏执型变态人格与犯罪

偏执型（又称妄想型）变态人格的主要特征是：固执，敏感多疑，心胸狭隘，好嫉妒，狂妄自大，喜欢空想，遇到挫折或失败后怨天尤人，听不进别人的意见；认为自己正确或受到压制、迫害，为证明自己正确，为"捍卫"自己的"正确"，可能采取各种形式的"斗争"，甚至采取更严厉的报复手段。有的常常凭空认为别人在嫉妒、刁难、迫害他，最后发展成为"诉讼癖"：无休止地对有关部门进行纠缠，屡次上访，如其申诉被驳回，反而更加坚信有关部门在袒护对方，更坚信自己的权益受到了侵害。若诉讼失败，便采取报复性行为，甚至采取荒谬、残酷的暴行来加害别人或自我折磨。这类人容易与别人发生激烈冲突，从而导致暴力性违法犯罪行为的产生。

2. 爆发型变态人格与犯罪

此类型包括易兴奋型、攻击型、类癫痫型、激情型、情绪不稳定型等，其特点是情绪不稳定，常因微小的精神刺激突然爆发出强烈的愤怒或冲动而实施强暴行为。这类人在发病间歇期的表现大致正常，并对发作时的所作所为感到懊悔，但由于自控力差，不能防止再发。其行为可分为四种类型：①体力攻击行为，如动辄殴打妻子和儿女；②病理性醉酒，因少量饮酒引起强暴行为，恢复控制能力后失去了记忆；③冲动性性行为，如性袭击；④违反交通规则型。此类病人一旦发作起来对社会的危害很大，容易发生激情性犯罪。这类人暴怒时犯罪易造成灾难性的后果，也常被称为"发作性控制不良综合征"。从司法实践来看，他们容易实施多种冲动性犯罪行为，如性暴力犯罪、伤害与杀人犯罪等。在某些情况下，爆发型人格障碍者会实施严重、残忍的犯罪行为，具有很高的社会危险性。

3. 反社会型变态人格与犯罪

此类型又称违纪型、无情型变态人格。其特点是社会意识、价值观念、行为方式等常与社会道德规范和行为准则相冲突，且固执己见，对人冷酷无情、极端利己，对他人和社会都不负责任；攻击性强，对挫折的耐受力差，常因偶然动机驱使而实施危害行为；违法犯罪后也无悔恨羞耻感，且强词夺理，把责任推诿给别人。从司法实践来看，这类人中很多是性犯罪人、屡教不改的累犯和暴力犯罪人。他们往往从儿童期就有种种不良行为习惯，表现为逃学、撒谎、打架、偷窃、离家过夜或外出流浪等。

根据克里克莱（H. Cleckley，1976年）对这类变态人格的深入观察和研究，他列出了以下14个特点：（1）外表迷人（讨人喜欢），智力良好；（2）没有分裂症症状的非理性和其他表现，无焦虑；（3）无责任感；（4）无羞耻感；（5）不诚实，即使谎言被识破也能泰然自若；（6）无悔过或自责心理；（7）判断力差，常不能吃一堑长一智；（8）缺乏洞察力；（9）麻木不仁，没有爱和依恋的能力；（10）对他人给予的关心和善意无动于衷；（11）无真正企图自杀的历史；（12）性生活无节制、无规律；（13）生活无计划，除了老是和自己过不去外，没有任何生活规律；（14）社会病态人格特征的出现不迟于25岁。

克里克莱认为，这类变态人格者长期适应社会不良，常责怪或诿过他人，很容易将内心矛盾冲突暴露或显示出来，给别人而不是自己造成痛苦。他们是叛逆社会的极端个人主义者，并永远不会感到满足。当然，上述14点并不要求条条具备，只要符合其中的大部分特点，就可认为是一个反社会型变态人格者。

4. 循环型变态人格与犯罪

此类型又称情感病态人格，多见于女性，它包括双相的循环型和单相的情感增盛型、情感低落型或抑郁型。情感增盛型的表现为情感高涨，内心充满喜悦和希望，有不恰当的雄心壮志，精神振奋，做事虎头蛇尾，不能善始善终，热情好交往，较急躁，狂喜时，容易失去控制，毁物伤人。情感低落型的人表现为情绪抑郁、悲观、焦虑胆怯，沉默寡言，缺乏信心，常为小事引起情绪冲动，盛怒之下可能出现暴行。双相的循环型人格障碍则以情绪激昂和悲伤相交替为特征，这种交替转换并不是由外部因素引起的，该人格继续发展就可能演变为躁郁症。

5. 癔病型变态人格与犯罪

以性情激动、情绪不稳、反应过强和戏剧性表现为特征的一种人格障碍。这类人的人格不成熟，以自我为中心，并且爱慕虚荣，好依赖别人；他们常以过分做作和夸张的行为引人注意，暗示感受性很强；极端情绪性，情感变化多端，易激动；对人情感肤浅、流于表面和不真诚，这使他们难以与周围保持长久的社会联系；具有高度的幻想性，往往把想象当成现实。随着年龄的增长，情况有可能得到改善。这种人性心理发育不成熟，表现为性冷淡或过分敏感。

癔症型变态人格与犯罪的关系较为密切。由于渴望寻求别人的注意，这种人极容易进行欺骗性的违法犯罪活动，实施诈骗等犯罪。这种人格常常伴随病理性说谎，表现为一种夸大性质的、本人不能抑制的说谎企图和说谎行为，而病理性说谎又更会促成他们的欺骗性活动。这种人还容易产生朦胧状态，在意识模糊不清的情况下实施攻击、冲动性行为。在违法犯罪行为之后，还会产生境遇性反应。

6. 其他类型变态人格与犯罪

变态人格的类型很多，除上面五种典型类型外，重要的还有以下这些类型：

(1) 分裂型变态人格，表现为言行怪异、冷漠孤僻、性格内向、缺乏进取心，整天沉溺于白日梦中，且言行怪异，因而难以与他人和睦相处，继续发展即成精神分裂症。

(2) 意志薄弱型变态人格，表现为优柔寡断，意志薄弱，缺乏主动性、计划性，多愁善感，精力不足。如果工作过度紧张，情绪长期压抑，可能会突然产生攻击行为，如纵火、暴力攻击行为，药物滥用等；由于缺乏主见，容易上当受骗，受人诱骗犯罪，一旦违法犯罪后，仍轻信不悟，容易再犯。

(3) 轻浮型变态人格，以女性为多。表现为举止轻浮，爱嬉笑，缺乏羞耻，常以编造谎言使人上当受骗为乐，虚荣心强，为讨人喜欢常不顾廉耻、不惜夸张地做出低级下流的事。这类人容易实施财产犯罪和性犯罪，且难以矫正。

(4) 怪癖型变态人格，包括偷窃狂、纵火狂、谎言狂等。偷窃狂表现为以偷盗为乐趣，而不是为了经济目的，他们把盗窃之物用作闲时观赏，或又送还失主；当其偷盗行为被发觉后，尽管认错悔过，但事后依然继续盗窃。这种人往往反复出现偷窃的冲动而不能自制，偷窃行为也缺乏目的性，无长期预谋。偷窃狂多难以矫治。纵火狂表现为不以破坏、报复为动机，只是以纵火烧毁别人的财产来获得其变态的心理满足。因而千方百计地寻找纵火机会，明知后果严重，却难以控制这种强烈的纵火冲动，而且，纵火时往往在旁边观看。谎言狂不以诈骗为目的，而以谎言来获得其变态心理的满足，多表现为虚构自己的出身或经历，或编造谣言，而且屡教不改。

### 三、性变态与犯罪

(一) 性变态的概念

性变态又称性歪曲、性心理行为障碍等，是一种与生殖没有直接关系的或替代引起生殖的性的活动，在寻求性满足对象或性满足方式上与常人不同，违反了当时社会主流价值和法律且侵犯社会秩序或者他人权益的行为。包括性别角色的变态、性欲倒错、心理的性变态。性别角色的变态又称易性癖，患者不喜欢自己的真正性别，总是把自己扮装成异性。性欲倒错是指寻求性欲的对象和满足性欲的方式异常，如恋兽癖、恋物癖、恋尸癖、露阴癖、接触癖、窥阴癖等。心理的性变态是指满足性欲的方式异常。

性变态在医学和精神病学中的位置类似变态人格，它不符合变态人格所具有的一般特征。比如，大多数性变态者在社会适应方面没有明显的障碍，能保持正常的人际关系和正常的学习、工作能力。因此，有的学者把它看成变态人格的一种特殊类型。对性变态的划分因所处的社会历史环境和道德标准的不同而有所差异。

（二）各类性变态的犯罪特征

性变态者一般并未丧失或没有丧失辨认和控制自己行为的能力，只是突出地表现为性心理和性行为的异常，因此，性变态者的违法犯罪行为具有以下特点：（1）一般都是有预谋、有计划地作案，对侵害对象有一定的选择性。例如，选择偏僻地点作案，而且事先踩点，自带作案工具；有的只伤害年轻漂亮的姑娘；有的专门袭击在发型、服饰方面有某种特色的对象。（2）有自我保护能力，往往会采取某些掩饰罪行和逃避打击的反侦查手段。例如，蒙面、戴手套、戴避孕套作案。（3）作案的手段、方式较为固定，且常常连续作案，直到被抓住；甚至受到打击、处理后，仍会旧病复发，难以改正。（4）有些性变态者的作案手段比较凶残、野蛮，暴力性突出。例如，性虐待狂、色情杀人狂等。（5）缺乏罪恶感、焦虑感，被抓获后比较容易交代问题，对违法犯罪过程一般都能清楚地陈述。

1. 易性癖与犯罪

易性癖又称性别转换症，是性心理身份或性别意识的严重颠倒。具体表现为一个在解剖上正常的人坚信自己属于异性成员。男性患者较多，但也有女性患者。

患者仇恨自己的自然性别，虽然并不否认自己的性器官解剖结构，但在性别意识上却认为自己是异性，并希望改变自己的性别。因此，其打扮和心理爱好都模仿异性并以异性自居。这类人有强烈的"异性化"心理特征，往往要求把自己用外科手术改造成为所体会的真正性属；同时，也希望周围人按其体验到的性别接受他。易性癖与精神病性妄想不同，精神分裂症的妄想是荒诞的，而且伴有其他情感、知觉和思维障碍；易性癖却是明显正常的人出现的性别意识的改变。

2. 异装癖与犯罪

表现为穿着异性服装，把自己打扮成异性而寻求性满足。患者觉得着异装有性兴奋和性冲动的体验；有的觉得着异装有平静和舒适感，能消除紧张情绪；有的感到文雅、美丽；有的着异装的同时还进行手淫或性交以得到性的满足。如果行为仅仅是为了满足异性装扮的变态心理而着异性服饰，不属犯罪行为，但如用这种方式进行其他犯罪活动，则应负刑事责任。这类人的违法犯罪除了败坏社会风气、扰乱社会秩序外，有的还会侵犯他人的人身权利，如偷窥、猥亵他人等。

异装癖与易性癖是有区别的，异装癖者对异装的具体细节均感到称心，而易性癖对着异装并不十分关注,它是一种性别认同障碍。异装癖者穿着异装的时间较易性癖长;异装癖自儿童早年开始,而易性癖多在性别意识巩固或建立以后的年长时才出现;异装癖着异装是为了追求象征性的意义或引起性冲动,而易性癖着异装纯系基于对异性性别的喜爱。

3. 恋物癖与犯罪

恋物癖主要表现为以接触异性使用的东西而获得性满足。这类变态者常见为男性。最常收集物品多为直接接触异性体表的物品,如内衣等。患者不是爱某个人,而是对其穿着或佩戴的物品感兴趣。为了取得这些衣物,此类患者会不择手段地去偷盗。

4. 裸露癖与犯罪

这类人几乎都是男性(国外曾报道过女性裸露癖),以 30~40 岁的人居多。主要表现为患者在异性面前完全裸体或只显露出自己的生殖器,甚至当面手淫,并从异性的恐慌或厌恶反应中获得性兴奋和性满足。这类行为多发生在傍晚、夜间,患者在偏僻的场所或黑暗的角落里等候,当异性走近时突然露出生殖器,有的同时手淫;在引起对方惊骇后即迅速离去,并不对异性进行其他伤害行为,故一般认为具有裸露癖的人和窥淫癖者一样均属非危险分子。也有白天实施这种行为的,但多发生在行驶的车辆(地铁、火车、汽车)上;露阴癖活动通常以一种一致的"花样"出现,并在同一类场景中,对相类似的对象裸露,露阴对象往往是不相识的年轻女性。裸露程度不一,多数仅显示生殖器,少数为全身性。露阴癖可见于智力有缺陷的人。

5. 窥阴或窥淫癖与犯罪

主要表现为以窥视异性的阴部、裸体或窥视他人的性交行为而获得性满足。这类人一般为男性,先前的研究报道多为独子或长子,年龄以 20~40 岁居多。这类变态者为了获得窥视机会,常常潜入异性厕所或浴室隐蔽处,甚至潜入他人住宅偷看年轻夫妻的性生活。有的还借助反光镜、望远镜窥视,并在偷看时手淫。这类人中许多患者的经济条件和社会地位并不低,也因多次作案受到社会的严厉处罚和谴责而苦恼。有些智力低下的人由于无法解决婚姻问题,可出现此类行为。

6. 其他类型的性变态与犯罪

(1) 恋童癖。主要表现为以猥亵或奸污异性儿童来获得性满足,而对与成人的正常性生活毫无兴趣,甚至反感。这类性变态者的变态性行为对社会的危害特别大,因为它会严重摧残少年儿童的身心健康。正因如此,对此类变态者必须予以严厉打击。

(2) 恋尸癖。俗称"奸尸",主要表现为把死人作为性满足的对象,奸污死去不久的年轻女性。这类性变态行为属于性质严重的刑事犯罪。

（3）恋兽癖（兽奸）。指与家畜（牛、羊、猪、狗、猫等）发生性行为。偶见于男性低能者。

（4）施虐狂和受虐狂。较为危险的是施虐狂，施虐狂者在性行为中对异性施以精神或肉体上的种种折磨，以侵害异性的身体，给对方造成痛苦而获得性的兴奋和满足。形式可有鞭笞、殴打、烙烫、针刺、咬伤割伤肌肤等。有的损坏异性的衣服、头发、面容，有的强奸、强制猥亵异性并致伤、致死等。施虐狂犯罪，多见于受害女性被强奸前后；最严重的可发展为"色情杀人狂"。这不是单纯的杀人灭口，犯罪者往往是在残暴地杀害女性时，获得疯狂的性满足。因此，世界很多国家对"色情杀人狂"皆处以极刑。受虐狂的表现正好相反，以受到对方加于自身的痛苦而获得性的兴奋或满足。

**四、精神病人的危害行为**

（一）精神病的概念

精神病是一种严重的变态心理，主要表现为因大脑受到各种致病因素的影响，机能活动发生紊乱，导致认知、情感、意志和行为的极端异常。从临床表现来看，精神病患者精神活动的完整性和统一性受到破坏，精神活动明显异常，他们对客观现实的认识是歪曲的、错误的，不能正常参加社会生活，常对患者本人、家庭和社会造成不良影响，甚至给社会带来较为严重的危害。精神病人常常存在一些病理心理，如意识朦胧状态、病理性幻觉、妄想与思维逻辑障碍，严重的运动性兴奋和强制性行为等。

我国《刑法》第18条规定："精神病人在不能辨认或者不能控制自己行为的时候造成危害结果，经法定程序鉴定确认的，不负刑事责任，但是应当责令他的家属或者监护人严加看管和医疗；在必要的时候，由政府强制医疗。间歇性的精神病人在精神正常的时候犯罪，应当负刑事责任。尚未完全丧失辨认或者控制自己行为能力的精神病人犯罪的，应当负刑事责任，但是可以从轻或者减轻处罚……"显然，精神病人在做出某种危害社会的行为时，是否应负刑事责任，应当分三种情况：①不负刑事责任。这是指精神病人处于不能辨认或者控制自己行为的状态时，由于精神病理的作用而致危害行为的实施；而由于精神病理的作用，其在行为时丧失了辨认或者控制自己触犯刑法之行为的能力。②应当负刑事责任，但是可以从轻处罚。这是指尚未完全丧失辨认或控制自己行为能力的精神病人犯罪的情况。在该种情况下，行为人辨认和控制自己行为的能力只是有所减弱，但并未丧失。③应当负刑事责任。这类人主要是指精神正常时期的间歇性精神病人。从我国刑法的规定来看，精神病人的刑事责任应根据某一行为人作案时具体条件与精神状态，以及所患精神病性质，全面考虑其是否处于患病状态，是否不能辨认或不能控制自己的行为，或者其辨认和控制能力是否有所减弱，而不能根据精神病的疾病诊断，简单做出结论。

(二) 精神病人社会危害行为的特点

由于精神疾病的各种症状的作用不同，以及各种症状的交叉性，精神病人在精神疾病支配下实现的危害行为往往具有复杂性。与一般犯罪行为相比，精神病人的危害行为有下列几方面的特征：

1. 危害对象的无选择性

由于受变态心理和精神病态的制约，精神病人对自己的行为无法控制或控制力大大减弱，因此，精神病人危害行为的对象，常常无选择性。如常把自己的亲人、朋友、邻居或素不相识的局外人作为攻击对象（危害对象往往是离其较近的人或物），这也是与正常人的犯罪案件的一个不同之处。但在被害妄想、嫉妒妄想、夸大妄想等支配下的危害行为，对象较明确，有一定的确定性。

2. 危害行为无预谋性或计划性

大量精神病患者的危害行为，通常事先无预谋、无计划，对作案的时间、地点、方法等缺乏选择，有偶然性特征。涉及的危害行为是纵火、杀人、伤害、强奸等，少见的是欺诈、伪证等。只有少数人（如妄想型精神病患者）的危害行为，实施前有一定预谋性、计划性，对行为的时间、地点、方法等也有一定的选择性。

3. 危害行为的动机、目的不明确

与一般的犯罪动机、目的不同，精神病人作案往往没有明确的动机，或者是脱离现实的动机，直接受妄想和幻觉支配，动机内容古怪、奇特、难以捉摸。例如，一名杀死妻子的患者在审讯时供述说："我和爱人平时关系不错，杀死她也不为啥。"有的病人当众纵火，其纵火的动机难以理解，很难找出行为的原因。至于作案目的，有的表现为无明显目的，有的也能有选择性地确定目的，如有妄想和幻觉的患者事先能确定目的，但仍与精神正常的犯罪者不同，他们往往不计后果，被抓后对案情往往供认不讳。

4. 对危害结果缺乏认识

精神病人危害行为往往相当严重，但主体对危害结果却缺乏认识，表现为若无其事，不知道后果的严重性。特别是精神分裂症患者的行凶行为往往表现得极端残酷无情。例如，一女病人将亲生的 10 岁女儿连续砍了 200 余刀，当场将其杀死。

5. 自我保护差

由于精神病人的危害行为是病理心理的表现，精神病人对危害行为的后果和给自己带来的不利结局不加考虑，作案通常不掩盖、不隐蔽，事后也不加掩饰，缺乏自我保护。不少病人突然无故行凶，或作案不选择时间、场合，不顾及可能产生的不利于自己的后果。有的病人在行凶后继续停留在现场，畏罪潜逃的较少见，或者在伤害他人时对自己造成了更为严重的伤害。

(三) 各类精神病人的危害行为

精神病是一种严重的精神异常疾病。精神病症患者通常不能进行正常的生活、学习和工作，而且有可能导致极其严重的危害社会的行为，如凶杀、伤害、性犯罪和盗窃犯罪等。精神病的类型很多，从犯罪心理学的角度考察，可以把精神病人的危害行为归为以下三类。

1. 意识清晰、智能正常状态下的危害行为

主要表现为患者实施危害行为时，意识清晰、智能正常，但是由于存在幻觉或某种妄想（如被害妄想、罪恶妄想、变兽妄想、疑病妄想、钟情妄想、嫉妒妄想等），特别是言语指示性幻听和被害妄想，虽然能辨认自己的行为，却不能控制自己，常发生危害别人和自己的行为。例如，被害妄想者以先下手为强为由把人杀死；嫉妒妄想者，坚信爱人已经变心，对己不忠，因此千方百计地采取突击窥探、侦查等行为，甚至杀害爱人，并毁尸灭迹。躁狂症病人虽然意识清晰，理智正常，但是由于极度兴奋、躁狂，难以控制自己的行为，也会做出伤害行为。

这种状态下的危害行为多为杀人、伤人、放火等。凶杀对象多是自己的亲人（79%）。患者作案的动机模糊不清或难以理解，作案时，缺乏充分准备和周密思考，作案手段往往极其凶残、狠毒；作案后，不掩盖、不后悔，缺乏自我保护能力，大多数人没有逃脱法网的企图。有少数精神病人行案后，虽理解杀人应服法，并有掩饰现场的逃走行为，但其掩饰和逃走的手段是粗劣的、蠢笨的；归案后，对案情供认不讳，甚至坚持"作案有理"，也不承认自己有精神病，但表现出情感淡漠，目光呆滞、自言自语、独自发笑，陈述杂乱无章。据调查，在这类精神病人的凶杀案件中有41%的人杀人后不以为然；29%的继续躁动，到处讲自己杀了人；15%的前去自首。这类精神病人多为精神分裂症者。

2. 意识障碍状态下的危害行为

意识障碍可发生于多种精神病，如癫痫性意识朦胧状态、某些药物引起的朦胧状态、病理性醉酒状态、反应性意识朦胧状态、癔病性意识朦胧状态以及某些病理性激情中的意识障碍，患者都可能产生某种幻觉或不能控制自己的冲动，从而做出危害他人和自己的行为。例如，处于癫痫发作前后的意识朦胧状态下的病人，易激怒、好冲动、好攻击，比较残忍、凶狠，可能因轻微刺激而引起暴怒或冲动，实施报复性破坏行为或杀人、放火、强奸等。处于反应性意识障碍状态下的病人，由于意识模糊、辨认和判断能力丧失，并有极度恐惧的原始性防御反应，可能在幻觉、妄想的支配下，做出攻击、破坏、伤人、杀人等行为；有的反应性忧郁患者还会自杀或杀人后自杀。处于癔病性朦胧状态的病人，由于精神活动范围缩小，只集中在引起发病的不愉快体验的内容上，且感情体验强烈，容易出现具有迫害性质的幻觉，在幻觉支配下可能报复不满的人，出现无理取闹、毁

物、凶杀等行为，女患者还可能诬告被他人强奸。处于病理性半醒状态的病人，由于在长期睡眠不足后的深睡或噩梦中，或极度疲劳，或受酒精等影响，知觉错乱，对周围事物作歪曲的感受；并伴有残余的梦境、错觉、幻觉，甚至狂妄等感受，在这些感受的影响下，可能发生凶残、荒谬的攻击性行为。

病理性激情是一种天然发作的、非常强烈但又较为短暂的情感爆发状态。患者不仅激惹性增高，而且反应强度也过分增大。恶劣的情绪先有积蓄过程，然后猛烈爆发。一定的外界刺激（如受辱、委屈、威胁、挑衅等），首先会引起不满情绪的增长，伴有面色苍白、无力、思维抑制等表现，继发产生情绪爆发，表现为颜面潮红、肌张力增强、心跳加快、思维活动和意识范围狭窄，出现冲动性攻击破坏行为。一般来说，病人既不能意识到由此产生的冲动性攻击破坏行为的后果，也不能对其发作加以控制。这种行为往往表现为残酷的暴行，以致严重地伤害别人，危害社会。这种暴行的特点是，行为缺乏预谋和计划，带有冲动性、盲目性，病人常利用随手拿起的器物作为行凶的武器，突然地产生暴力行为。但是，病人的病理性激情的发作，总是在一定原因引起的激情之后，病理性激情发作是引起激情状态的心理因素继续发展的结果，因此，病理性激情反应总有一定的指向性，它与病理性醉酒或癫痫性意识朦胧状态下病人的那种完全没有指向性的行为显然不同，后者是在毫无原因的情况下突然产生暴力行为的；行为显得荒唐，难以让人理解。

3. 智能缺陷状态的危害行为

先天性精神发育迟滞、老年性痴呆、器质性脑病的某些阶段，都可能表现出智能缺陷。智能缺陷分为白痴（$IQ \leq 25$）、痴愚或愚笨（$25 \leq IQ \leq 49$）、愚鲁或呆痴（$50 \leq IQ \leq 70$）三种。由于自制力差，所以智能缺陷者进行危害社会行为的情况很多。同时，由于智能低下，特别是痴愚和愚鲁的病人，对是非、善恶的理解和判断能力不够，容易受外界因素或他人的影响，暗示感受性较高，因而往往在他人的指使、暗示或教唆下进行犯罪行为。可是，在进行犯罪行为的当时，病人大多不能充分辨认自己行为的违法性。智能缺陷者中，智能低下程度较轻的类型如痴愚或愚鲁的病人实施犯罪行为的较多。例如，受人指使去杀人、放火、偷窃、抢劫、强奸等。女性智能缺陷者也常成为强奸或诱奸案的受害人，有的甚至被流氓唆使从事卖淫活动。智能缺陷者自我控制能力差，易激动、兴奋，在轻微的刺激下便可产生强烈的情绪反应，常为一些小事而激怒，发生违法犯罪行为。有的甚至连父母的训斥都会引起其怨恨情绪，导致违法的报复行为。智能缺陷者本能欲望强烈且不能自控，常常为了满足本能需要而实施危害行为。例如，为了满足食欲、性欲，常在光天化日、众目注视下实施抢劫、偷窃、强奸等行为。当他们做出违法行为被当场抓住时，竟毫不恐惧，不知逃避，没有自我保护行为。由于这类患者记忆力差，易受暗示，因而在违法犯罪或受害后，往往给案件的侦查、审讯带来麻烦，提供不可靠的证言或供述。

智能缺陷者犯罪大多为伤害、损坏财物、纵火、偷窃、性犯罪等。其犯罪因其症状、性格表现而有所不同。一般说来，他们是天真、单纯乐观的，但也有其他表现。在临床上常见的有两种类型：①安静驯服型。这种类型最多见。这种人平时表现安静、少动、不爱说话、驯服、听话、不打不闹、依赖性较强。有的则明显胆怯，易于产生恐惧反应，这种患者一般很少实施危害性行为。②急躁冲动型。这种人表现为易兴奋、激动，激惹性强，焦躁多动，坐立不安，好争吵，打骂别人，容易与人发生冲突，常不听劝阻，不服管教，到处惹是生非。这种人也容易产生冲动性行为和激情发作。

在司法实践中，对精神病人应作认真、细致的鉴定，以便确定其危害行为是否负刑事责任或负刑事责任的大小。对于伪装的精神病人的违法犯罪行为，精神病人在发病间歇期的违法犯罪行为，以及在精神异常不严重的情况下，所发生的违法犯罪行为等，都应追究其刑事责任。对于被司法精神病鉴定部门鉴定为无责任能力的精神病患者，应采取相应的社会保护、医疗和监护措施，以减少或防止其实施危害行为。

**五、变态心理形成的原因及矫治措施**

（一）变态心理形成的原因

变态心理形成的过程很复杂，导致心理变态的因素也很多，主要有生理因素、心理因素和环境因素等。

1. 生理因素

生理因素是变态心理形成和活动的物质基础，包括先天的遗传因素、后天的神经系统（特别是大脑）的损伤或病变，以及由药物导致的生理障碍等。

现代精神病学和生理学的研究表明，很多变态心理的形成与遗传因素有关。例如，染色体变异（如XXX、XYY等）的人，往往伴发人格变态。通过家谱调查，变态心理者的亲属患同样疾病的可能性比正常人高出6倍；血缘关系越近，发病率越高。躁狂症、精神分裂症等都与遗传有密切关系。此外，由于事故或病变导致的神经系统，特别是大脑的损伤，也往往会产生变态心理。例如，病毒性脑炎、脑膜炎、药物中毒、酒精中毒等都可能引起心理活动的变态。受某些致幻、致迷、致激药物的影响，导致神经系统和内分泌系统机能异常，也可以产生变态心理。研究发现，如果大脑右半球机能受损伤，病人就表现出情绪高涨、欢快、话多等。如果左半球受损伤，则表现为情绪低落、沉默寡言、自罪自责等。此外，生理过程的代谢失常，也可能成为诱发精神障碍的重要原因。

2. 心理因素

主体自身的心理状态、个性因素等会影响变态心理的形成。心理因素的影响主要表现在以下两个方面：（1）主体自身的心理发展不协调、不完善，可能导致其心理和行为的异常。例如，抽象思维的过分或畸形发展会使一个人过分理智化，变得缺乏"人情味"和正常的情感色彩；形象思维过分或畸形发展，会使一个人过于沉浸于幻想中，感情用事，易受暗示，矫揉造作，缺乏意志；本能的过分或畸形发展会使一个人缺乏理智感和道德感，其行为不仅常常违反社会道德规范和行为准则，而且无法与周围环境保持协调一致。（2）心理素质的缺陷直接影响到变态心理的发展和定型。家庭和社会的不良影响是否会导致一个人的心理变更，取决于他的心理承受能力和对不良影响的抵抗力。事实上，在社会生活中的每个人都可能受到一些不良因素的影响，但并不是每个人的心理都变态。变态心理者由于自身的心理素质的缺陷，不能及时抵御不良影响，也不能及时矫正心理异常，因此，其变态心理便逐渐发展并定型。如有研究表明，神经衰弱者常具有易受暗示性和自我暗示性的人格缺陷。消极情绪包括愤怒、憎恨、忧愁、悲伤、失望、恐惧、焦虑、痛苦等。消极情绪对人的身心健康会产生十分不利的影响，容易使人失去心理平衡或造成生理机能失调。如果非常强烈或者持续出现，就可能引起人的生理及心理机能的病态变化，如情绪低落、失调严重时可导致抑郁甚至自杀，突然而强烈的紧张情绪的冲击甚至会使人精神错乱，行为失常。有人提出，若人长期持续处于心理应激状态下，其机体适应能力容易耗尽以致心理崩溃，导致心理行为的变态。另外，日常生活工作中的挫折和冲突如果处理不当，会导致人的心理压力增强、情绪困扰、行为偏移和心理变态。

3. 环境因素

环境因素是影响变态心理形成和发展的决定因素。环境因素的作用具体表现在以下几个方面：

（1）家庭的不良影响

家庭是社会的细胞，是儿童最早接触的社会环境。家庭气氛、家庭成员的人际关系、家庭结构是否健全、双亲的养育态度等，对儿童心理的发展起着至关重要的作用。一般来讲，对变态心理者来说，他们所处的家庭环境和氛围往往是有异常的，所经历的早期生活经验常常是消极和不良的，因而早在儿童时期就初步形成了有缺陷的人格特征和心理结构。这种心理缺陷伴随着个体对社会实践和环境的消极认识和作用，进一步强化和巩固了他的心理缺陷和人格变态。因而当遇到外界严重的挫折和挑战，有时甚至是轻微的刺激和挫折时，个体变异的心理和行为反应就会发生，导致变态心理和行为的发生。研究表明：如果家庭破裂，家庭气氛不和谐、紧张，或者对子女的教育方法不科学，对子女的要求太苛刻，或放任自流等，都可能使儿童产生强烈的挫折感或自暴自弃、悲观失望，或任性、反抗、粗暴等。如果在儿童以后的生活中，这些不良的品质未能及时矫正反而进一步发展，就可能成为变态心理。即使是成人，如果由家庭导致的精神创伤过于严重，那么也可能导致心理的失常或变态。

（2）学校教育的不当或不良影响

学校教育是影响儿童心理发展的主导因素。如果学校教育的内容和教学方法不遵循儿童心理的特点和规律，过分压制儿童的个性发展，那么长期压抑的结果可能会导致个性的畸形发展或变态。例如，对学生的打骂和歧视，可能导致其反社会人格的形成；对青少年性教育的忽视，可能导致青少年对性问题的过分好奇，久而久之就可能逐渐形成性变态；片面追求升学率，儿童的学习负担过重，可能导致神经衰弱、精神分裂症等。

（3）社会不良风气和不良人际交往的影响

恶劣的社会风气、动乱的政治经济形势、严重的精神污染等都可能导致个体的社会意识、价值观念、社会行为等异常。特别是当其有不良交往后，成员间的相互传习、感染，更容易促使变态心理定型。例如，反社会人格、偷盗犯、性变态等变态心理的定型，多是受不良的社会风气和不良的人际交往的影响。研究表明，与变态心理者交往密切的人，患同种疾病的可能性比正常人高 2 倍至 3 倍。

（二）变态心理的矫治措施

变态心理一旦形成，就具有相对的稳定性。对变态心理的矫治，是一件非常艰巨而持久的工作。目前，心理矫治的方法主要有以下三种：

1. 心理疗法

心理疗法是指应用一整套心理方法，通过对患者进行启发、教育、劝告和暗示，逐渐提高患者的认识能力，改善情绪，消除心理障碍。精神分析疗法就是一种典型的心理疗法。心理疗法既可针对个别治疗，也可进行集体治疗。治疗的效果取决于治疗者对患者的态度，若以尊重、理解、同情的态度对待患者，并与患者建立起一种彼此信任、相互合作的关系，则治疗效果较佳。个别的心理疗法主要有：（1）疏泄和劝慰：即以同情的态度耐心倾听患者倾吐病情，鼓励患者尽量将自己的感情疏泄出来，医生进行适度的劝慰。（2）保证：即对患者的检查和治疗结果作出患者能接受的保证，以坚定患者战胜疾病的信心。（3）暗示：指利用医生的权威，借助语言和周围环境，使患者接受医生给他的观念暗示来消除症状。

2. 行为疗法

行为疗法又称矫正疗法，它是根据条件反射的原理，通过行为学习来调整和改造异常行为。行为疗法分为以下几种：

（1）系统脱敏法。即将条件反射方法和肌肉放松技术相结合，当患者产生焦虑性反应的同时，让他产生一个与焦虑相对立的肌肉松弛反应，这样使焦虑反应的强度逐渐随之减轻至消失。

（2）厌恶疗法。指利用一种患者厌恶的或惩罚性的刺激，来减少或消除患者的适应不良的行为。当患者产生不良行为时，即给予惩罚性或厌恶的刺激，使其不良行为逐渐得到纠正。

（3）消退训练和强化法。指患者出现不良行为时，即予以惩罚；当其出现良好行为时，予以奖励。即逐渐消除不良行为，使良好行为得到不断强化和巩固。

3. 生物反馈疗法

生物反馈疗法又称生物回授法，即让患者知道他本人的生理反应，并进行强化或奖励，逐渐改变其心理和行为的异常。常见的生物反馈信息有：心电图、肌电图、脑电图、皮肤电反应、温度等。有研究人员曾将这一技术用于治疗癫痫发作的病人，收到了良好的效果。

**【典型案例】**

2013年12月29日凌晨，警方出动3000多人的警力对有"毒品村"之称的某地开展清缴行动，当天缴获近3吨冰毒，抓捕180多名涉毒犯罪嫌疑人，蔡某家名列其中。法院经审理查明，蔡某家与他人密谋先后两次在村内制造冰毒共计180千克，并贩卖获利。2013年年底，蔡某家得知其他犯罪分子因制造贩卖毒品被警方抓获后，企图帮助他人逃避法律制裁，先后两次设法花钱"捞人"。2016年，人民法院对该案作出一审判决，以贩卖、制造毒品罪和包庇毒品犯罪分子罪，依法判处蔡某家死刑，剥夺政治权利终身，并处没收个人全部财产。一审宣判后，蔡某家提出上诉。二审法院经审理，裁定驳回上诉，维持原判，依法报请最高人民法院核准。最高人民法院依法组成合议庭对本案进行了复核，裁定核准蔡某家死刑。经最高人民法院核准，陆丰贩卖、制造毒品案罪犯蔡某家于2019年1月17日被依法执行死刑。

**【课后练习】**

1. 我国刑法对毒品犯罪规定了非常严厉的刑罚，但仍然有不少犯罪分子铤而走险实施毒品犯罪行为，如何认识其心理特征？
2. 你认为吸毒人员实施吸毒违法行为的主要原因是什么？
3. 如何理解恐怖主义犯罪的典型心理特征？
4. 通过对弱势群体犯罪心理特征的了解，你对自己以后在面对人生困境和挫折时有什么收获？

# 第十四章　刑事诉讼过程中的犯罪心理学问题

**【知识提要】**

　　刑事诉讼活动中的心理现象错综复杂，涉及侦查、讯问、检察、审判、监管人员和犯罪人、诉讼参与人的心理及其心理互动，特别是揭露和惩治犯罪中的心理学问题值得深入研究。本章着重介绍刑事侦查、讯问和刑事审判中的心理学问题。在学习中，要注意掌握应对犯罪嫌疑人、被告人不同心理的方法，了解犯罪心理画像技术与犯罪心理测试技术的基本原理及其应用方法。

## 第一节　侦查过程中的犯罪心理学问题

　　侦查心理，简单地说是指侦查活动中的心理。侦查活动中的心理现象极其复杂，本节着重介绍现场勘查中的犯罪心理痕迹分析、调查访问中针对不同对象所采取的心理对策、运用心理分析缉捕犯罪嫌疑人，并简要介绍国外犯罪心理画像技术。

### 一、现场勘查心理

　　现场勘查心理是指侦查人员为了查明犯罪，对现场的各种痕迹进行提取和心理分析的过程。犯罪人作案时留在现场的痕迹有物质痕迹和心理痕迹两种。

　　（一）现场物质痕迹概述

　　现场物质痕迹是指行为人在犯罪过程中造成外界环境改变的一切印痕、迹象等，包括案发现场上物质和物体的增减、位置的移动、结构被破坏等各种变动迹象，同时还包括在作案活动中发生的声音、光亮、烟雾、颜色、气味变化等现象。现场物质痕迹有下列特征：

　　1. 客观性。案件现场物质痕迹是一种客观存在，只要有犯罪就一定存在现场物质痕迹。这不以犯罪人的意志为转移，即使犯罪人销毁或者破坏因犯罪而留下的物质痕迹，也会形成新的痕迹。

　　2. 特定性。每一起犯罪都有特定的现场物质痕迹，现实中不存在两个完全相同的现场,没有两个相同的现场物质痕迹。即使是同一犯罪人多次实施的同类犯罪行为,也会存在现场物质痕迹的差异。

3. 易变性。现场物质痕迹很容易受到各种因素的影响而出现变化。物质自身变化规律对现场的影响,如尸体会随着时间的变化出现尸僵、尸斑、腐烂等现象。自然界的风、霜、雨、雪等自然力以及动物的践踏、啃咬等会对现场造成变动和破坏。被害人、其他群众在活动中无意导致现场物质痕迹发生改变。

4. 可认识性。尽管现场物质痕迹有时候很细微,有时候会被犯罪嫌疑人破坏,但其毕竟是一种客观存在,在痕迹中或多或少包含着有关犯罪、犯罪人的信息。只要耐心、细致、科学地勘查现场,充分发挥主观能动性和科学仪器的作用,总是能够在蛛丝马迹中发现有价值的资料。

(二) 现场心理痕迹概述

现场心理痕迹是相对于现场物质痕迹而言的,它是指犯罪人作案时反映在现场物质痕迹中的某些稳定的、典型的、可推测的心理特征。无论怎样狡猾的犯罪分子,只要实施犯罪行为,就会在现场留下犯罪活动的物质痕迹。侦查人员通过勘查现场,研究各种现象和信息,以信息为依托就能初步分析出犯罪人的犯罪手法、动机、目的等犯罪嫌疑人的心理痕迹。例如,犯罪现场杂乱,痕迹物证较多,表明犯罪人作案时紧张、慌乱,紧张、慌乱就是其心理痕迹;作案脉络清楚,现场处理干净、利落,不留痕迹,这就充分反映了犯罪人作案经验丰富、老到,作案时沉着、镇静,沉着、镇静就是其心理痕迹。现场心理痕迹的特点有:

1. 间接性。现场心理痕迹是通过现场物质痕迹间接反映出来的,只有在对现场物质痕迹进行分析后才可以推知现场心理痕迹,其必须以物质痕迹为依托。

2. 印证性。现场心理痕迹和物质痕迹是两大相互印证的系统,犯罪人在实施犯罪过程中具备什么样的心理痕迹,在犯罪现场就会出现与之相对应的物质痕迹。侦查人员可以经由物质痕迹—行为过程—心理痕迹的途径,逆向追溯出犯罪现场心理痕迹。

3. 稳定性。犯罪人的心理因素,特别是其个性因素(如个性特征、嗜好、习惯、职业特征等)在相当长的时期内,在不遭受重大挫折的情况下是没有变化的,反映在犯罪现场的心理痕迹也是相对稳定的,能够比较真实地反映犯罪人的精神面貌。对于惯犯,在固定心理模式的支配下其行为模式也表现出稳定性或者相似性,作案手法往往相同或相近。

4. 特定性。犯罪人的心理千差万别,现场心理痕迹也会表现出各种各样的形态。有的沉着冷静,有的紧张慌乱,有的思维缜密,有的漏洞百出。所以,通过现场物质痕迹的差别可以推知心理痕迹的不同。例如,同样是一封敲诈勒索信,有的字迹潦草,表意不清;有的字迹工整,内容简洁明快;有的故意使用报纸拼接或者打印等。这些差异反映了犯罪人的文化水平、心理特征和作案技巧等。

现代社会，犯罪人作案手段越来越狡猾，他们在作案时尽可能不留或少留物质痕迹或者制造假象，以迷惑侦查人员。因此，侦查人员对现场心理痕迹的分析就显得特别重要。

(三) 现场心理痕迹与物质痕迹的关系

犯罪人作案时，其犯罪行为作用于侵害对象，必然会在犯罪现场留下一定的活动印记或遗留物（如指纹、皮屑、毛发、体液等），这些活动印记和遗留物一方面反映了犯罪人的作案行为轨迹和行为特点，是犯罪人留在现场的物质痕迹；另一方面也反映了其作案时的心理状态及个性特点（如紧张、慌乱、沉着、镇静等），是犯罪人留在现场的心理痕迹。心理痕迹与物质痕迹是犯罪行为作用于侵害对象后留在现场的不同方面的表现，两者既相互联系又相互区别。

1. 现场心理痕迹与物质痕迹的区别

首先，从表现方式看。物质痕迹以物质实体的形态存在和表现，一般可分为人体痕迹、犯罪工具痕迹和现场遗留物。而心理痕迹是抽象的注意对象，它隐藏、储存于各类物质痕迹之中，无法直接观察提供。

其次，从认识所采取的手段看。对犯罪现场的物质痕迹，可通过人的感官及技术手段、仪器，直接进行观察、提取（如法医鉴定、痕迹检验、文件检验、化验等手段）。而心理痕迹不可能直接在犯罪现场观察和提取，只能运用侦查心理学原理，进行分析、判断、推测。

最后，从作用看。现场物质痕迹及其分析结论是揭示、证实犯罪的有力证据，具有法律效力。而心理痕迹及其分析结论虽然为认定犯罪嫌疑人提供帮助，但由于受分析者的水平、能力的限制，心理痕迹分析结论可信度难以把握，目前不具法律效力，只能作为一种辅助办案手段。

2. 现场心理痕迹与物质痕迹的相互联系

首先，两者互为一体。现场心理痕迹与物质痕迹来自同一犯罪现场，心理痕迹以现场物质痕迹为载体，不能脱离物质痕迹而单独存在，我们只有通过现场物质痕迹，才能进行心理痕迹的分析。

其次，两者可以相互印证、补充。现场心理痕迹和物质痕迹是来自同一犯罪现场的两种信息。一般而言，在侦查过程中，对两种痕迹进行综合分析，能更准确地揭示犯罪事实。在现场物质痕迹明显的情况下，再辅以心理痕迹分析就可以使结论更为确凿。在缺乏有价值的物质痕迹的情况下，科学的心理痕迹分析的作用就显得举足轻重了。

(四) 通过现场心理痕迹分析犯罪人特征

对现场心理痕迹的分析，可以使侦查人员了解犯罪人作案时的心理状态及个性特点，以此刻画犯罪人的心理面貌，为判断和识别犯罪嫌疑人提供依据，这也就是通常所说的"犯罪心理画像"。

1. 分析犯罪人作案时的心理状态

犯罪人在一定心理状态下作案，必然留下其心理状态的印记。对犯罪现场特征及痕迹、物证进行分析，能够揭示其隐含的多方面的心理痕迹，就能对犯罪人作案时的心理状态（如注意、感知、思维水平、情绪情感状态、意志）进行推测。

（1）分析犯罪人作案时的认知水平。如在盗窃现场，犯罪人对应该发现的钱、物没有发现，说明其注意范围较狭窄、粗心；而作案现场的混乱则主要表明其思维混乱、计划性差。

（2）分析犯罪人作案时的情绪紧张程度。一般来说，如果犯罪现场较为混乱，遗留的痕迹物证较多，反映出犯罪人作案时紧张、恐惧；反之，说明犯罪人作案时沉着、镇静。

（3）分析犯罪人的意志水平。犯罪人的意志水平主要体现在犯罪行为的自觉性、完成犯罪目的的坚持性、克服干扰的自制力及处理问题的果断性等方面。犯罪行为的自觉性可以从犯罪人侵害目标是否明确及预谋程度来判断；而犯罪行为的坚持性可以从犯罪过程时间的长短、困难程度、犯罪人的毅力等方面分析；犯罪行为的自制力可以从犯罪人对情绪的控制能力及意外情况的处理来分析；犯罪行为的果断性可以从犯罪行为是否犹豫、矛盾、对意外情况的处置等方面作出判断。

2. 分析犯罪人的个性心理

个性心理分为个性倾向性和个性心理特征：

（1）分析犯罪人的个性倾向性。犯罪现场的遗留物，在一定程度上暴露出嫌疑人特定的犯罪需要、兴趣、动机及目的。若遗留的犯罪工具是威力强大的杀人工具，如爆炸物、枪械、刀具、汽油、柴油等，则暴露出犯罪嫌疑人犯罪动机十分强烈、杀人犯罪目的明确。现场留下的某种牌号的香烟、扔掉烟头的长短反映出犯罪人的特殊嗜好。

（2）分析犯罪人的个性心理特征。个性心理特征包括气质、性格和能力。研究表明，由于气质类型不同，犯罪人的活动手段和方式也不相同，气质类型常常影响到犯罪的类型。因而根据犯罪现场的犯罪手段、类型特征可以推测犯罪人的气质类型。例如，胆汁质的犯罪人易产生暴力犯罪和激情犯罪；多血质的犯罪人易选择智能犯罪、性犯罪；黏液质的犯罪者多选择贪污、走私、报复性犯罪。即便是同类型犯罪，不同气质的犯罪人也会采用不同的犯罪手段。例如，胆汁质的杀人者多采用暴力式、激情式，而抑郁质的杀人者则多采用投毒、暗下毒手等手段。

分析犯罪人的性格特征。犯罪人的性格表明了犯罪人做事的态度、行为习惯、行为方式。一般来说，杀人犯罪人爱冒险、冲动、好斗；抢劫犯罪人胆大粗暴、好逸恶劳；诈骗犯罪人喜交际、情绪不外显等。反映在犯罪中，有的犯罪人非常小心谨慎，犯罪现场处理精细、干净、整齐，而有的却非常粗心、马虎。

分析犯罪人的能力水平。犯罪类型不同，需要的犯罪能力也不同。即使同一种犯罪类型，不同犯罪人的犯罪能力也是有差异的，这些差异也会在犯罪现场中表现出来。犯罪人作案时总是自觉地运用自己在工作、生活中学到的、养成的一些技能、技巧和习惯。特别是职业技能、技巧在犯罪活动中能得到充分体现，如汽车被盗案、高压电线被盗案、保险柜被盗案、利用电子计算机作案等，都表明犯罪人于犯罪活动中利用了自己掌握的技能、技巧。而且职业惯犯和累犯往往有一套具有个性化特点的犯罪能力，在系列性作案中，其作案方式、手段表现出"动力定型"，具有雷同的特点。

3. 分析犯罪人数

作案时，有的犯罪人具有一定的技能技巧，有的笨拙不具备技能技巧，不同的犯罪人，其作案手法的技能技巧有所不同，通过对其技能技巧的心理痕迹进行细心体察，不难分辨出犯罪现场不同作案行为的性质和种类，达到分析认识犯罪人数的目的。如果在同样条件下出现两种不同的手法特点，则应是两个人的行为，可判断至少是两人作案。

4. 分析犯罪人的性别

女性犯罪人在作案的类别、作案的方式方法方面都有自己独特的选择性。女性犯罪人具备女性独特的心理特点，在有些案件的现场，表现得尤其明显和典型，通过分析，不难甄别出女性犯罪的情况。可以通过作案选择的目的爱好、兴趣特点甄别女性犯罪。如女性盗窃的物品以妇女用品居多；可以从不同于男性的反常作案过程中分析女性犯罪。如有的女性穿男鞋作案，但从足迹的形态、步态都反映出女性的特征，反映出伪装自己性别的心理；另外，在某些案件中会出现犯罪人留下的字迹，如敲诈案，因女性特定的心理特点，决定了其书面语言的特点，书面语言揭示了犯罪人的心理特点，可以帮助我们刻画女性犯罪。

5. 分析犯罪人的年龄

年龄特征是一个人比较稳定的典型的心理特征。不同年龄的人，在心理和行为上表现出来的差异是非常大的，犯罪人的年龄特征无不渗透在作案过程的每一个动作和心理活动中。首先，可以从知识经验特征刻画犯罪人年龄。一般来说，知识经验体现犯罪人一定的生活经历，年龄越大，知识经验越丰富。我们可以根据现场所体现的犯罪人知识经验的程度来刻画犯罪人的年龄特征。如在性犯罪案件中，有的犯罪人询问被害人如何性交及性器官的结构等问题，显示犯罪人性知识缺乏，不具备性生活经验，应为青少年作案。其次，可以从作案的目的爱好刻画作案人的年龄。不同的年龄层次的人有不同的爱好和兴趣，对具体物品的种类也有不同偏爱。一般来说，少年追求娱乐性的物品，青年喜欢时髦流行的物品，中年人喜欢实惠的物品。最后，可以从作案动作的技能技巧刻画犯罪人的年龄。少年、青年初期操作动作粗糙，具有一定的速度和力量，其动作的熟练性、技巧性和准确性不够出色。年龄较大的犯罪人作案动作表现得干净利落，现场有条理，操作准确。另外，也可从犯罪现场体现的作案人的交往特点刻画犯罪人年龄。少年、青年初期的犯罪人以结伙作案较多，随着年龄的增长，开始单独作案。

6. 分析犯罪人的犯罪经历

初犯和惯犯的心理特征和行为特征会通过犯罪现场的心理痕迹反映出来。首先，从犯罪行为的技能技巧的意向行为特征刻画初、惯犯。初犯对实施的犯罪行为往往没有筹划，即使有一定的筹划，进入犯罪现场后，也因过度紧张害怕，导致原定计划无法付诸实施，表现为犯罪行为的忙乱性、无层次性。并且，初犯作案动作生硬、死板、笨拙，表现在破坏障碍物方法单调，动作多为暴力型，破坏部位选择不恰当、不准确，破坏客体时用力技巧性差。而惯犯表现出犯罪行为有计划和选择，作案过程有条不紊，选择的作案时间、作案地点恰当。并且，惯犯的作案行为动作，特别是在撬盗案件中表现出特别熟练和具有技巧性，加上惯犯在犯罪现场心理状态较稳定，使其能够高质量地完成犯罪活动。其次，从犯罪人在某些作案情节中反映出的心理活动特点刻画初、惯犯。初犯在实施犯罪之前，特别是在进入犯罪中心现场之前，多在周围窥视偷听，在墙角、窗台下、房前屋后、阴暗角落，留下蹑手蹑脚的脚印，脚印的形态表现为一脚重一脚轻、一脚直一脚斜、时停时走、时快时慢，瞻前顾后，停顿徘徊，充分表现出犯罪人在进入中心现场前的紧张心态。而惯犯则表现得比初犯要稳健得多；在实施犯罪行为过程中，一遇到风吹草动便会惊恐万分，逃之夭夭，不得已才对事主行凶。而惯犯在犯罪现场则表现为行为自如、心态稳定，不达目的誓不罢休，甚至会威胁被害人或置被害人于死地；在逃离现场过程中，初犯作案后，不管成功与否，急忙逃窜。而惯犯逃离现场的紧张程度不如初犯那样大，有的甚至还在现场附近清理财物。

7. 分析犯罪人的职业

犯罪人的职业特点会通过各种方式表现在犯罪行为中。首先，利用犯罪人在作案过程中的语言分析案犯的职业。一个人所处的工作岗位、职业状况，在一定程度上会通过其言谈话语表现出来。犯罪人要运用语言来实施犯罪意图，犯罪人之间可能存在对话，犯罪人的语言中会自主或不自主地流露出犯罪人的职业情况，如自己的职业经历、职业环境等。其次，从犯罪人在作案过程中表现出的行为习惯刻画案犯职业。人们的职业活动产生了行为习惯，行为习惯表明职业特点。如在贪污、诈骗等经济案件中，犯罪人写账目、取款单时使用的阿拉伯数字，使用者的书写特点则能明显地体现出职业特点。财务人员数字书写规范清晰；设计人员书写美观工整；报务人员书写快速、准确；营业人员快而不乱等。最后，从作案人的行为技能水平刻画犯罪职业。犯罪人在作案过程中的行为技能表现在使用工具的灵活性、技巧性。对某一项专业技能的熟悉和掌握的程度，体现出犯罪人的职业特点。如犯罪人使用电、气焊、医疗针具、手术刀等反映出犯罪人的职业范围，常使用锯的职业人员其手法技巧与非职业性人员有着很大的区别。另外，根据犯罪人对作案目标的选择特点刻画案犯职业。犯罪人对作案目的物和作案目标的选择，特别是选择非常规性的目的物更能明显地体现出其职业特点。"识者是块宝，不识者是根草"反映出犯罪人是行家里手还是外行人，可窥其职业身份之一斑。

8. 分析犯罪人的心理健康水平

心理健康水平不同的犯罪人其犯罪手段、犯罪行为也有不同的表现。根据犯罪行为的复杂性、合理性等可以推测作案人是否为变态心理者。精神病及智力落后犯罪人的犯罪现场大都表现为痕迹物证明显，犯罪人明显缺乏保护意识。犯罪工具、犯罪人自身物品多遗留在犯罪现场，手段简单，大多为暴力型的伤害、杀人、放火等案件。变态人格犯罪人则具有较高的心智水平，但犯罪手法、犯罪目标、犯罪动机则较为怪诞，不合常理。

## 二、调查访问心理

调查访问是侦查人员为掌握犯罪情况，询问被害人、报案人和证人的调查活动。调查访问是发现侦查线索和获取证据来源的重要途径。被害人、报案人和证人的心理状态直接影响证据来源和侦查线索的可靠性。侦查人员必须了解和掌握他们的心理活动特点，采取恰当的方法转化他们的消极心理，促其如实提供案件的真实情况。

（一）被害人在侦查中的心理及对策

这里的被害人是指直接遭受犯罪行为侵害的自然人，即刑事被害人。被害人的陈述是刑事案件的证据之一，要求侦查人员必须准确把握被害人的心理活动，以获得案件的真实信息。

1. 侦查过程中，被害人心理的主要类型

在侦查过程中，被害人的心理主要有四种典型类型：控告型、沉默型、隐匿型和诬告型。

（1）控告型被害人出于愤恨心理和求援心理，大多数能够积极配合公安机关的侦查工作，能主动提供犯罪人的犯罪事实。

（2）沉默型被害人在害羞、恐惧、破财求安等心理影响下，在侦查人员调查询问时大多表现为焦虑不安，犹豫不决，欲言又止，其自我防御心理阻碍他们向侦查人员供述案件真实情况。

（3）隐匿型被害人大多因存在一定过错，在自我保护心理、贪利心理、报恩心理支配下，隐瞒案件事实真相，不配合公安机关的调查。

（4）诬告型被害人就是假被害人，在发泄私愤、陷害他人、邀功请赏、贪利、掩饰等心理支配下，或无中生有，或借题发挥，妄图借助公安机关达到其不可告人的目的。

2. 调查访问被害人心理的方法

被害人陈述是刑事诉讼证据之一，侦查人员必须对被害人进行调查询问，以获取其陈述材料。一般来说，被害人都能主动陈述被害的过程，但由于案件性质、侵害客体、被害人心态、调查人员的素质及其调查方法等原因，影响了被害人的陈述活动，其出现不愿陈述或不如实陈述的情况。因此，侦查人员在做好充分准备的前提下，应因案而异、因人而异、据情用策，按被害人的不同类型和不同心态，采取相应的调查询问策略。

（1）询问控告型被害人要耐心倾听，启发诱导。除紧急情况外，调查人员要耐心、认真地倾听被害人的陈述，不要打断其思路，让其自由陈述。对被害人在遭受侵害时的表现不宜指责，多给予理解和同情。特别是对情绪激动的被害人，要晓之以理，稳定其情绪，把陈述重点自然地引导到案件的主要情节上来。同时，还要善于对被害人进行启发诱导，让其准确回忆被害的前后经过和相关的人、事、环境等，使其陈述客观真实。

（2）询问沉默型被害人要友好热情，促膝谈心。实践表明，沉默型被害人与侦查人员的合作程度，在很大程度上取决于调查人员的态度和工作方式方法。如果办案人员态度友好热情，方法得当，被害人就能较快地产生信任感和陈述欲；否则，就会陷入僵局。可以先聊一些轻松的话题，当气氛融洽时再慢慢把谈话引入正题。办案人员要以热忱之心换被害人的真诚之言，设身处地地为被害人着想，使其变"要我说"为"我要说"。询问中切忌"冷"（态度冷漠）、"硬"（语言生硬）、"空"（空洞说教）、"急"（急躁难耐）。对担心陈述后对自己不利的被害人，办案人员要表态采取必要的保护性措施，选择恰当的询问时机和场所，尽可能缩小知情面，以打消其顾虑，消除陈述障碍。

（3）询问隐匿型被害人要取得信任，排除内心隐痛。询问隐匿型被害人，首先，要摸准被害人的心理特点和思想障碍；其次，要通过宣传法律，使其认识到依法作证的责任和义务，启发其正义感；再次，要理解、珍重被害人，对其受害深表同情；最后，利用已有线索适度地暗示被害人，消除其"不说也能过关"的侥幸心理。从实践经验看，如能使被害人既认识到法律的威严，又感到询问者可亲可信，则能加快取证的速度。询问人和蔼而有庄重之感，诚挚而无乞求之意，严肃而不板脸训人，委婉而不故弄玄虚，以及语言简明有力，入情入理，都能使被害人产生信任感和陈述欲。① 询问时，注意不要硬追强问，避免发生"顶牛"的僵局；也不宜在询问之初就直接进入正题，防止出现询问人急于求成、越问越急，被害人不愿作答、越听越烦的局面；也不要老说套话、大话、过头话。

（4）询问诬告型被害人要察言观色，揭示其谎言。假被害人在答复问题时，往往言语结巴，支支吾吾；诚实的被害人，大多理直气壮，言语流畅，无所讳饰。假被害人内心的空虚是难以掩饰的，在其体态、目光、语言、神情等各方面都会表现出来，在询问中只要运用适当策略就可能使其暴露。例如，他在陈述中毫无痛苦羞涩之感，好像背诵事先编好的证词，办案人员可用强化目光接触的方法，向其传递已被识破的信息。提问时要注意不断改变角度，使其不能自圆其说。对其在陈述中暴露出来的谎言，可运用"先麻痹后归谬"的方法，先故意对其编造的谎言暗示可信，诱其继续编造，并在提问中设法将其退路一一堵死，待其充分暴露时话锋突转，尖锐地指出其荒谬无稽之处，或出示证据，使其无路可退，说出真情。驳论中常用的矛盾法、剖析法等在询问和揭露假被害人时也可灵活运用。②

（二）证人在侦查中的心理及对策

我国《刑事诉讼法》把能够证明案件真实情况的证人证言作为证据使用，并规定凡是知道案件情况的，都可以作为证人。但由于证人的作证动机很复杂，而且证人证言又受证人对案件事实的感知、记忆和陈述能力等心理因素的影响，因此，侦查人员对证人证言要谨慎对待，而且要根据不同证人采取不同的调查策略和调查方法。

1. 证人作证动机分析

证人作证动机是指引起和推动证人主动作证、被动作证、拒绝作证、作伪证的内心起因。证人作证动机直接影响其作证行为及其证言的真实性。主要有③：

（1）证人主动作证动机。包括正义感、义务感、友情、报复、私利、虚荣、谎言欲等。

（2）证人被动作证动机。包括中和态度、碍于情面、事不关己、个人得失等。

（3）证人拒绝作证动机。包括安全需要、庇护、缺乏义务感、恻隐之心、羞耻感、虚荣心、报恩、报复、畏惧、贪利、担心、信仰、抵触等。

（4）证人作伪证动机。包括庇护、营救亲人、友情、报恩、贪利、献媚、安全需要、报复、同情、利害关系、抵触敌对情绪等。

---

① 孙汝亭、李增春等：《刑事侦查心理学》，哈尔滨出版社1988年版，第103页。
② 孙汝亭、李增春等：《刑事侦查心理学》，哈尔滨出版社1988年版，第103~104页。
③ 罗大华主编：《刑事司法心理学理论与实践》，群众出版社2001年版，第91~105页。

2. 收集证言的策略方法

在侦查实践中，由于证人的特点不同，作证动机多种多样。因此，侦查人员必须针对不同对象采用不同的策略方法。①

（1）摸准心理，因人而异。在侦查中，侦查人员要通过了解证人及其家庭的基本情况，与被害人、犯罪嫌疑人及其亲友的关系，与案件的判决处理是否有利害关系，在办案过程中是否已询问过，以及可能影响证人心理的其他客观因素，对证人进行心理分析和心理预测，从而做到心中有数，便于在调查中区别对待。

（2）稳定情绪，消除障碍。侦查人员在询问中，必须注意了解和分析证人的情绪情感，始终保持细致观察，耐心听取，讲究谈话艺术，促使证人保持最佳的心理状态，提高证人对感知的回忆、再现和陈述的效率。

（3）选择场所，创造条件。在询问中，证人心理不但受询问人员的影响，而且还受询问环境、场所的影响。一是对回忆再现的影响；二是对情绪情感的影响；三是对作证动机的影响。调查中，侦查人员选择适宜的询问环境、场所，有助于证人消极作证心理的转化。

（4）认真谨慎，取得信任。有的侦查人员询问证人方法简单，表现出不择场合地"乱"问，不择方法地"硬"问，不择形式地"粗"问，不惜时间地"繁"问，以至于失去了证人的信任，很难取得预期效果。在询问证人时，侦查人员要始终尊重证人的人格，保持谦虚谨慎、认真负责的态度，切不可态度粗暴，以势压人。

3. 证言的判断②

法律要求证人证言不仅真实可靠，而且还要和其他证据形成科学的证据体系，为此，侦查人员必须对收集到的证言进行严格认真的审查，作出科学的判断。

（1）证言形成心理分析法。证人证言形成过程可以分为感知案情、记忆案情和陈述案情三个相互联系的阶段。在采用证人证言形成过程的心理分析去判断证人证言的真实可靠性时，首先，要分析和确定证人的感知能力、记忆能力和陈述能力。可以通过检测工具（如视力检查表、色盲检测表、智力测验表、心理测验法）测定其感知能力、记忆能力和陈述能力是否正常。通过对证人年龄、职业、文化程度的分析，进一步了解证人的感知能力、记忆能力和陈述能力影响其证言的真实可靠性。例如，年幼的证人富于幻想，容易接受他人的暗示，善于机械记忆案情；年老的证人对感知的案件事实和情节容易遗忘；汽车司机关于速度的证言，比一般人要可靠；文化程度高的证人善于书面陈述，但陈述时可能用分析推

---

① 王渤、朱营周主编：《侦查心理》，中国人民公安大学出版社2001年版，第96~97页。
② 罗大华主编：《刑事司法心理学理论与实践》，群众出版社2001年版，第120~125页。

理代替案件事实和情节。其次,分析证人证言形成过程中受到哪些主客观因素的影响。例如,紧张不安和恐惧情绪,容易使证人在感知案情时产生错觉,在陈述案情时出现回忆障碍;感知案情时光线的强弱、距离的远近、时间的长短,记忆案情的时间间隔,陈述案情时的环境和气氛等,都会影响证言的可靠性。在分析客观因素对证人证言的影响时,有时可采用实验或现场试验的方法。

(2) 作证动机分析法。要对证人的作证动机作社会心理学的分析,以发现证人有无作伪证的动机。首先,分析证人与犯罪嫌疑人、被告人、被害人及他们的亲属有无利害关系,与案件的处理结果有无利害关系,以及利害关系的程度如何。利害关系的程度越大,产生作伪证的可能性就越大。其次,分析证人有无受到犯罪嫌疑人、被告人、被害人或他们的亲友的威胁、利诱或求情。若有,证人就可能产生为包庇或诬陷犯罪嫌疑人、被告人而作伪证的动机。再次,分析证人是否受到询问人员的诱骗、威胁甚至刑讯逼供等非法对待。若有,证人就可能产生为保全自己而作伪证的动机。最后,了解和分析证人的个性品质,特别是法治观念、道德品质、一贯表现等。法治观念不强、道德品质不良、一贯表现不好者,容易产生伪证动机。

(3) 关联性分析法。如果证言能证明要证案件事实的存在或不存在,则该证言与案件事实、情节具有关联性;否则,为无关联性。无关联性的陈述即使符合事实,也无证明价值,应予排除,以避免其干扰有关联性的证言,引起错误的判断。一般来说,证人陈述的内容来自直接的感知且能直接单独证明案件的主要事实、情节时,可视为该证言与案件事实、情节有直接关联,如证人陈述他目睹犯罪嫌疑人、被告人用匕首杀死了被害人,经查证属实,即可证明犯罪嫌疑人、被告人的杀人罪行;证人陈述的内容以间接的方式证明案件事实情节时,则视为该证言与案件事实、情节有间接关联性,如证人听他人传说犯罪嫌疑人、被告人杀人的事实、情节,或证人看见了犯罪嫌疑人、被告人衣服上有血迹。与案件事实、情节有直接关联或间接关联的证言,都是真实可靠的,对判断案件事实、情节的存在或不存在都起着重要作用,都应予以重视。

(4) 对比分析法。这种方法要求分析:第一,同一证人的证言前后有无矛盾。有的证人几次陈述内容有出入,各次证言互有矛盾。这可能与证人作证动机的变化有关,也可能是记忆规律的作用所致。有学者研究认为,证人有些陈述内容固定不变可以表明证言是可靠的,而有些陈述内容有所变化并不说明证言就不可靠,因为有些陈述事项可保持两三年固定不变,如主要行为事实、作案对象、作案场所及其周围有哪些重要设施、光线的明暗等;与此相反,有些陈述事项不能保持固定不变,如数起同类案件的相互区别、一个事件某个细节的时间顺序、作案的日期和时刻、案件经过时间的长短、何人在场、犯罪嫌疑人和被害人的穿戴等。由此可知,同一证人的证言前后出现矛盾时,必须找出原因,才能判断其真实可靠性。有的询问人员一经发现矛盾，就认为该证人的证言全都不真实可靠，这是轻率的。有的询问人员不加分析就毫无根据地指责证人，迫使证人作出符合自己意图的"一致"，这当然是不可取的。第二，证人之间的证言有无矛盾。证人之间对同一案件的证言内容有出入，甚至有矛盾，是很正常的。重要的是，询问人员要找出出现矛盾的原因，才可能做出谁的证言真实可靠、谁的证言不真实可靠的结论。特别是当发现个别证人证言与多数证人证言不一致时，绝不能搞"少数服从多数"。事实证明，有时个别证人的证言比多数证人的证言反而更真实可靠。第三，证言和其他证据之间有无矛盾。真实可靠的证言和其他证据之间应该是相互协调而无矛盾的。因此，在对比分析时，如果发现有矛盾，就需要进一步查证核实其他证据的真实性。

**三、缉捕心理**[①]

缉捕是警察代表国家为维护法律尊严，对潜逃的犯罪人或犯罪嫌疑人进行的武装捕获活动。在获得一定犯罪证据和犯罪嫌疑人线索的基础上，需要对犯罪嫌疑人进行缉捕。缉捕中，犯罪嫌疑人仍处于隐蔽处，心理上呈现出与犯罪实施阶段不同的特点。把握此时的心理特点，是顺利完成缉捕任务的前提。

（一）缉捕阶段影响犯罪嫌疑人心理变化的因素

1. 犯罪性质对犯罪人心理的影响

犯罪性质是犯罪事实的核心，它关系到对犯罪人刑罚的轻重，因此犯罪性质对犯罪人的心理有着重要的影响。在一般情况下，犯罪性质越严重，对犯罪人心理的影响越强，即使累犯、惯犯，也免不了提心吊胆。如果犯罪性质较轻，犯罪人自以为即使被抓获，后果也不会十分严重，其心理的紧张和恐惧程度就会降低，对犯罪人心理的影响就较弱。

2. 侦查活动对犯罪人心理的影响

侦查活动的目的与犯罪人逃避刑罚制裁的目的是相对立的。犯罪人的犯罪行为能否得到掩盖，取决于公安、司法机关侦查工作的进展。一般来说，如果案件未被立案，或犯罪人以为自己不是怀疑对象时，其紧张情绪就会有所缓解。反之，在犯罪人预感到自己已成为侦查对象时，就会出现紧张惶恐情绪；当犯罪人察觉罪行已经暴露，侦查机关正在对其缉捕时，其紧张、畏罪、恐惧心理就更强。侦查工作的进展越大，对他们的刺激就越强，心理波动就越激烈，其反常行为也就越多。

3. 犯罪过程对犯罪人心理的影响

犯罪人在作案后，对犯罪过程会记忆犹新，经常自觉或不自觉地回想整个作

---

[①] 宋晓明主编：《犯罪心理学》，中国人民公安大学出版社2005年版，第514~519页。

案过程，分析作案时在现场是否留下了痕迹，有没有露出破绽。因对自己作案过程的评价不同，犯罪人作案后的反应也不同：认为极有可能败露的，犯罪人会极度恐惧，因而外逃或加紧进行反侦查活动；认为作案手段高明，不会败露的，则表现为满足和得意。

4. 人际交往对犯罪人心理的影响

人际交往对犯罪人的心理状态有一定程度的影响。首先，通过交往，能够改变犯罪人对案件的看法。犯罪人为逃避侦查，便经常通过人际交往了解案件的侦查情况和人们的看法，以此来满足自己反侦查心理的需要，调整自己的行为。其次，犯罪人通过人际交往，还能改变其对犯罪行为的评价。犯罪人作案后，如果受到一些人的鼓励、包庇，其紧张心理就会减轻，而侥幸心理则相应加强；如果受到社会谴责性评价的影响，犯罪人就会启动良知和罪责感，对自己的犯罪行为作出否定的评价，因而产生自首、自杀或不再犯罪的心理倾向。

5. 犯罪人个性特点对犯罪人心理的影响

首先，因犯罪经历不同，犯罪人对外界的反应也不一样。一般情况下，偶犯和初犯由于缺乏犯罪经验，极易夸大外界刺激的作用，甚至把一些与案件毫不相干的外界反应也同自己的犯罪事实结合起来，因而惶惶不可终日。而惯犯、累犯因犯罪经验丰富，自控力强，可以若无其事的心态来适应外界的刺激。其次，犯罪人的性格也影响其心理变化。自信心强的人，对外界刺激的认识具有独立性、批判性，多采用以静待动的策略对付侦查。而自信心弱的犯罪人，易受暗示，反应敏感，恐惧感强，易出现反常举动，如畏罪潜逃、自杀、重返作案现场毁灭罪证等。

（二）被缉捕犯罪嫌疑人的潜逃心理和潜逃行为

在一般情况下，犯罪人作案后，其心理活动大都是围绕着逃避缉捕这一目的进行的。受趋利避害心理的影响，犯罪人基本上都会产生潜逃心理。而潜逃心理的表现也是多种多样的。

1. 潜逃心理和潜逃行为受社会交往关系和生活经验的影响

根据潜逃范围大小，可把潜逃分为小范围的潜逃和大范围的流窜潜逃。有的犯罪人自身社会经验、社会交往关系少，经济物质条件缺乏和家庭观念、乡土观念比较强，决定了其不大可能远逃，为了能比较方便地探听虚实和与亲属联系，往往选择小范围潜逃，距离原居住地较近，活动半径较小，如在本市县内潜逃藏匿。而一些累犯、惯犯和刑满释放人员，家庭观念淡漠，社会经验丰富，社交能力和适应能力强，活动范围大，奸诈狡猾，为了更安全，他们往往采用长途奔袭的流窜潜逃方式逃避打击，比如去外省市及其城乡接合部地区，在车站、码头、建筑工地、小旅馆藏匿，或投奔外地同伙、情人，或寄居在见利忘义的居民、农民家中。

不管是小范围的潜逃，还是大范围的流窜潜逃，犯罪人都要受返巢求助与社交亲合心理的影响和制约。返巢求助心理是指逃犯潜逃一段时间后，返回居住地求得精神或物质援助的一种心理状态。社交亲合心理是指逃犯一般会选择投奔平时交往较深、感情密切、利益相联系的社会关系。实践证明，潜逃犯罪人最有可能投奔那些既道德败坏、法律意识淡薄、有反社会意识、曾有违法犯罪经历，又与潜逃犯罪人关系密切的社会关系。因此，缉捕时注意对案犯家庭住址及亲属、朋友等关系人所在地，实行严密监控，设伏守候；对案犯家属等有关人员进行政策攻心，促使他们提供犯罪人逃跑的行踪；迅速拿下同案犯的口供，获取逃犯的行踪。

2. 潜逃心理和潜逃行为受人文地理环境的影响

（1）受地理交通环境的影响。有的犯罪嫌疑人利用山区、森林地区人烟稀少，便于藏匿的优势，选择山区和森林地区作为落脚藏身地，这为缉拿案犯增加了难度。例如，系列持枪抢劫杀人案的犯罪人周某华在潜逃时，就选择了隐蔽性特别强的歌乐山，从而极大地增加了缉捕的难度。（2）受交通环境的影响。利用交通工具潜逃，既为犯罪人快速逃离提供了条件，同时也为缉捕人员抓获案犯提供了布控条件。只要我们掌握的信息准确，行动及时，捕获犯罪人的可能性就很大。（3）受民俗风情的影响。为了不被当地人感受到陌生，潜逃犯罪人采用入乡随俗的办法，对自己进行伪装，使自己融入当地人中。但为便于隐蔽，潜逃犯罪人一般会选择去风俗习惯相差不大的地区。（4）受治安状况的影响。安全起见，潜逃犯罪人一般较多隐藏在社会治安条件差、治安防范薄弱的地区和场所。[①]

## 四、犯罪心理画像

（一）犯罪心理画像的概念及实质

"犯罪心理画像"最早源于美国警察研究文献。犯罪心理画像也有多种称谓[②]：犯罪人画像（offender profiling）、心理的画像（psychological profiling）、犯罪人格画像（criminal personality profile）、行为画像（behavior profiling）、犯罪现场画像（crime senne profiling）和犯罪侦查分析（criminal investigative analysis）等。

国外学者对犯罪心理画像没有取得统一认识。联邦调查局（1992年）将其定义为一种侦查分析，即"根据他或她所实施的犯罪行为来鉴别犯罪人的主要人格特征和行为特征的侦查过程"。英国学者肯特（Canter，1995年）则用犯罪人画像来表述，将之定义为"通过犯罪人实施犯罪时的行为方式来推论其人员特征的

---

[①] 宋晓明主编：《犯罪心理学》，中国人民公安大学出版社2005年版，第514~519页。

[②] Brent Turvey, Criminal Profiling-An Introduction to behavioral evidence analysis, Academic Press, 2012, pp. 599–600.

过程"。美国学者伯吉斯（Burgess，1996年）使用的是犯罪人格画像，指"一种通过专业训练为侦查机构提供关于某一特定犯罪类型的作案人员信息的推断"。贝泽（Beaze，2000年）等人提出的定义则为"对某一犯罪行为负有责任的那个未知的嫌疑人特征，包括身体的、心理的、社会的、地理的以及其他相关属性"。

犯罪心理画像的描述不是对人的心理特征的单一描述，而是对心理特征的综合性描述。犯罪心理画像的目的不在于确定某人是否有罪，而在于帮助侦查人员从茫茫人海中筛选出重点排查的人群及范围。所以，准确地理解犯罪心理画像的实质意味着恰当地使用这种方法。犯罪心理画像的实质包括以下两点[①]：

其一，犯罪心理画像属于一种侦查分析，不是一种全新的手段。而侦查分析已经存在于现有的侦查活动中。在所有的刑事侦查过程中，刑侦人员在勘查现场、查找物证、检验被害人伤口或尸体之后都会对犯罪嫌疑人的人物形象进行分析。常规的案情分析会所讨论的内容实质上就是对嫌疑人的人物描述和心理刻画。事实上，对犯罪嫌疑人的心理形象分析是侦查过程中不可或缺的部分。

其二，犯罪心理画像是需要心理资料积累的侦查分析。美国联邦调查局并非发明了犯罪心理画像，他们只是将以往由侦查人员对犯罪行为的经验分析改变为系统的行为科学研究。通过专业人员进行犯罪人的背景资料与现场行为资料的全面收集，并在此基础上建立了相应的数据库和分析软件。通过这种行为与心理素材的介入，使得侦查分析的内容趋于完整。

（二）国外犯罪心理画像的发展

犯罪心理分析研究的历史可以追溯到19世纪晚期。托马斯·邦德医生通过分析Jack the Ripper案件系列被害人的伤口并运用司法心理学知识认为，这些案件是由一个犯罪人实施的，因为犯罪手法相同，犯罪过程满足了他心理上和情感上的需要。他断定犯罪人是一个外表温文尔雅、中等年纪、衣着得体的人，而且没有什么屠宰和外科知识，凶手因"杀人狂和色情狂"而产生周期性的攻击行为。

在现代，将心理画像用于刑事侦查过程可追溯到纽约的一名精神病医生詹姆斯·布鲁塞尔博士（James Brussels）。1957年他通过相关的犯罪统计、精神病学和犯罪现场勘查，对"纽约疯狂爆炸者"作出了许多准确的推断：该犯罪人是男性，身材匀称，中年人，出生在国外，现住康涅狄格州，信罗马天主教，与一个弟妹同住，平时穿一件双排扣的西装，且纽扣是扣上的。数月后，警方依据詹姆斯博士的刻画，最终找到了犯罪嫌疑人乔治·梅特斯基。此后，犯罪心理画像理论引起了欧美发达国家警方的重视，并得到大量的财政拨款。

20世纪60年代，霍华德（Howard Teten）发展了犯罪心理画像技术。20世

---

[①] 李玫瑾：《侦查中犯罪心理画像的实质与价值》，载《中国人民公安大学学报》（社会科学版）2007年第4期。

纪70年代，他将这一技术运用到案件侦破中，并在美国联邦调查局国家学院开设应用犯罪学这门课程。

1978年以后，美国联邦调查局的行为科学部开始了这一领域的调查、研究和培训，该部门现更名为国家暴力犯罪分析中心。它由许多具有心理学专业背景的人士组成，并储存各类犯罪人的特征、家庭、社会背景资料等，着重分析奇异和屡次再犯的犯罪行为，尤其在强奸犯、纵火犯、系列杀人案件等方面积累了丰富的经验和资料，并经常在案件破获中屡次运用这一技术手段，而且培训了大批基层警察。实际上，美国的许多执法部门都有自己的专职心理分析（画像）小组。

加拿大对犯罪心理画像工作的展开也采取了联邦调查局与国际刑事侦查分析协会的模式，现在加拿大皇家骑警队的行为科学和特别服务局以及安大略省警察局的行为科学部也面向全国提供这项服务。

在英国，人们普遍认可心理学、精神病学、地理学、数学、统计学以及侦查专业知识对于犯罪人心理画像的意义，并将其称为犯罪人刻画和行为分析。犯罪心理画像由犯罪人特征的判断、犯罪现场评估、犯罪案件的串并和提出侦查建议组成。还有一项研究是通过抓捕数据库的建立并在此基础上进行统计学分析来进行犯罪嫌疑人的刻画分析。这个数据库曾收集了自1960年以来发生在大不列颠的所有具有性动机的谋杀儿童和诱拐儿童案。除了所包括的3310起案件（到1997年年底），这个系统还包含一个已破案件的准确数据库，即470名被害者和417名犯罪人的数据资料。许多未破案件的分析往往要通过与已经侦破案件的资料进行比较而发现问题，由此产生嫌疑目标。警官大学的国立犯罪学院为英国警方提供了犯罪人的刻画及相关服务，涉足疑难案件的分析，对英国国内未破女性凶杀案件和已破的同类案件进行可能相关的比较检验。英国内务部的治安和减少犯罪部门在许多领域协助国家犯罪学院，包括研究（如理论的有效性、心理画像的应用及强奸案件的地理分析等），建立暴力犯罪的数据库以及确定心理画像服务的最佳使用方式。目前，他们参与英国国内所有的犯罪心理画像的评估工作。

犯罪心理画像不是对每起犯罪案件的侦查工作都有帮助。实事求是地讲，对某些类型的犯罪人来说，心理画像是十分有用的。国外实践发现，纵火、系列爆炸、系列杀人等犯罪人实施了有计划的犯罪或反复犯罪、犯罪人有某些精神病态的案件中，更适合进行犯罪人特征描述，如施虐型伤害、强奸或恐怖杀人、邪教杀人、性虐待和残害尸体的杀人行为，更适合进行特征描述；一个有异常行为模式的人，会有更多的仪式性动作，在其行为中表现出某种独特的模式，会有更多异常的、有用的线索。罗纳德（Ronald）等人认为犯罪人特征描述研究90%集中在系列犯罪和性侵害方面。还有学者认为下列八类犯罪适合做心理特征描述：虐待、折磨的性攻击行为；摘除内脏的凶杀案件；缺乏动机的纵火案件；色欲及切断手足的谋杀案件；仪式主义的犯罪；强奸案件；恋童癖。[1]

虽然犯罪心理画像可以使警察找到新的侦查方向，但不应把心理画像作为解决案件的唯一途径，犯罪心理画像毕竟是一个假设，与专家的经验和阅历紧密联系，在实践中这种假设并非都是正确的，所以，警察不能固执于某一画像的结论。约翰·道格拉斯（John Douglas）这样有经验的心理画像大师也认为，心理画像更像一种艺术，而不太像一门科学，关于其效度的证据是有限的。因此学界认为所有心理画像专家证言不可能在法庭上得到采纳，不能作为定罪的证据。

犯罪心理画像作为一门技术在我国的理论研究和实践应用中尚处于起步阶段，在没有建立起完善的犯罪人行为心理档案的现状下，尚缺乏犯罪行为评价指标体系以及符合中国国情的系统而规范的操作方法，利用犯罪心理画像技术充分为侦查工作服务仍任重而道远。

（三）国外犯罪心理画像技术的方法

目前，国外影响比较大的犯罪心理画像方法主要有：犯罪现场分析法、心理调查法、行为证据分析法、地理画像法等。[2]

1. FBI犯罪现场分析法

1978年美国FBI成立犯罪行为部（BSU），其中有一些著名的专家如约翰·道格拉斯、罗伯特·雷斯勒（Robert Ressler）等，重点研究犯罪行为背后的犯罪人个性和犯罪动机。他们的研究主要是对实施了性谋杀的系列杀人犯进行访谈以了解他们如何防止被捕。他们收集的信息主要涉及犯罪行为惯技、犯罪现场特征和相关的谋杀犯个性方面的特征。该方法主要有以下六个阶段：（1）输入阶段。即收集所有的证据。（2）决策过程模型。分析犯罪信息，将其区分成各种类型和问题，如这起案件是否是系列案件的一部分，被害人具有哪些共同特征等。（3）犯罪评估阶段。即重建犯罪现场。（4）画像阶段。分析犯罪人的动机、体态特征、人格特征，对犯罪嫌疑人进行画像。（5）犯罪侦查阶段。将画像的书面报告交给侦查人员以认定犯罪嫌疑人。（6）逮捕阶段。对犯罪嫌疑人进行讯问、与画像结论比对等。

2. 戴维·坎特尔（David Canter）的心理调查法

戴维·坎特尔根据其理论不断更新犯罪人数据库，通过统计对犯罪人进行归类并研究每类犯罪人的特征，当案件发生以后根据案情和犯罪人的相似性将未知犯罪人归为某种类型再进行研究。他的贡献主要在于提出了五因素模型，即犯罪人与被害人之间五个方面的互动因素。这个模型主要包括以下五个方面：（1）人际关系的一致性。被害人有可能是犯罪人生活中非常重要的一个人。（2）时空的重要性。

---

[1] 杨士隆：《犯罪心理学》，教育科学出版社2002年版，第291页。
[2] 赵桂芬主编：《侦查心理学》，中国人民公安大学出版社2008年版，第105~108页。

犯罪空间的选择反映了犯罪人对周围环境的认知模式,而犯罪时间的选择则反映了犯罪人的活动规律。(3)犯罪人特征。使用犯罪人分类的方法将有助于侦查人员掌握犯罪人最可能的特征。提出了根据犯罪人与被害人的互动关系来考察犯罪人的分类方法。不同类型的犯罪人对被害人有不同的认知,他们可能把被害人看作物体、工具或人。(4)犯罪生涯。考察系列犯罪应从犯罪生涯中的各个阶段(甚至包括第一次犯罪之前)的行为特征入手,抓住各阶段心理特征的本质和变化规律才是解决系列犯罪案件的关键。(5)司法知识。对犯罪人的犯罪经验变化进行考察,表现为他对逃避逮捕的关注程度的增加,形成反侦查能力,减少痕迹的残留。

3. 布伦特·特菲(Brent Turvey)的行为证据分析法

布伦特·特菲强调必须通过对现场的各种行为证据进行行为分析,进而进行心理画像。他提出了演绎推理的方法进行行为证据分析,认为演绎型犯罪心理画像要从以下三个方面入手:(1)刑事和行为证据分析。在进行犯罪心理画像之前,必须根据所有的物证对案件进行全面的刑事分析,以确保所分析的受害人和犯罪人的行为及犯罪现场特征的完整性。(2)被害人研究。被害人研究是对被害人特点的全面研究分析,并据此推断出犯罪人的动机及犯罪人幻想行为的决意等。被害人研究的部分内容是风险评估,包括对被害人被袭击时及平常生活中的风险进行评估,还会评估犯罪人作案时的风险系数。(3)犯罪现场特征。犯罪现场特征涉及现场进入方式、攻击方式、对被害人的控制方法、场所类型、性行为的种类和顺序、器械的使用、言语活动及案件准备行为等。根据犯罪现场特征能推断出该犯罪人的精神状态、计划、幻想和动机,这将帮助心理画像人员区分出犯罪人的惯技行为和标记行为。

## 第二节 讯问过程中的犯罪心理学问题

侦查讯问是指在侦查活动中,侦查讯问人员为了查明案件事实真相,依法审问犯罪嫌疑人,以获取其供述或者辩解的一种诉讼活动。在讯问阶段,犯罪嫌疑人的心理变化十分迅速、激烈。一些犯罪嫌疑人为开脱罪责,必然会百般狡辩抵赖,对抗讯问。因此,讯问活动可以说是侦查讯问人员与犯罪嫌疑人之间面对面的心理战。侦查讯问人员不仅要了解犯罪嫌疑人的心理特点和心理活动规律,还要针对其心理,采取适当策略,给其施加积极的心理影响,以达到讯问的目的。

### 一、犯罪嫌疑人心理转化的一般规律及其对策

受趋利避害心理的影响,在讯问阶段,一开始讯问就交代问题或顽抗到底的

犯罪嫌疑人为数不多，绝大多数犯罪嫌疑人都经历了初步防御—试探摸底—对抗相持—动摇反复—供述交代的过程。

(一) 初步防御及其对策

这一阶段大致是犯罪嫌疑人从被拘捕到讯问开始阶段[①]。有的犯罪嫌疑人突然被捕，因作案成功产生的满足、愉快、侥幸的心理一扫而空，担心的事情成为现实。他们此阶段的心理主要是惶恐、震惊和不知所措。经过这一段时间的慌乱之后，犯罪嫌疑人开始准备如何应对被捕的现实，如何逃避或者最大限度减轻刑罚处罚。他们开始对自己作案中的细节进行反思，对可能出现的破绽——分析，揣测侦查人员可能提出的问题，准备如何回答问题以掩盖尚未被发现的犯罪事实。他们在这一阶段开始建立自己的防御体系，妄图蒙混过关或者避重就轻。有的犯罪嫌疑人犯罪后长期受内心道德谴责，心理压力大，被捕对其反而是一种解脱，所以，他们此时基本上不会建立防御体系，只是消极等待讯问的到来，甚至希望早些到来，彻底交代罪行。

这一阶段的时间应尽量压缩，不给犯罪嫌疑人建立防御体系的准备时间。侦查人员应尽量减少对已掌握信息的透露，言谈举止间避免使犯罪嫌疑人看出自己的个性特点，防止犯罪嫌疑人通过各种信息寻找己方破绽，在最短时间内组织第一次讯问。

(二) 试探摸底及其对策

试探摸底是指犯罪嫌疑人利用与讯问人员初次接触的机会，以试探的手法，探听讯问人员掌握证据的情况、讯问人员对本案的态度、讯问人员的个性特征、讯问人员组织的讯问方案等，以此完善在上一阶段建立的防御体系，对抗讯问。

试探摸底的手法主要有：向讯问人员索要证据，试探办案人员掌握证据的情况；申辩自己无罪，试探办案人员的态度和反应；抛小瞒大，或以假乱真，试探虚实；提出交代的条件，试探办案人员的处理意见；故意挑衅，大吵大闹；沉默不语，静待变化；软磨硬泡，装疯卖傻；等等。

犯罪嫌疑人想通过试探获取信息，为对抗讯问做准备。犯罪嫌疑人越是这样，讯问人员越不能露出自己对案情了解不多、证据不足等实情，而是要让其相信讯问人员已证据在握，不怕他不承认，做到沉着老练，不露底牌。同时，讯问人员要明确哪些是真信息，哪些是假信息，哪些是避重就轻的信息等。

1. 讯问人员不要随便表态，不要流露出喜怒情绪，要做到不动声色，以静待动，使犯罪嫌疑人无法揣摩到真实情况。对犯罪嫌疑人的吵闹等行为，侦查人员可以静观犯罪嫌疑人的各种表演，揣测其行为背后的心理，及时作出反应。

2. 使用证据要讲究方式方法。一方面，选择那种既能击中要害，又不暴露案

---

[①] 姚健主编：《警察讯问与谈判》，中国人民公安大学出版社2009年版，第72页。

情的证据；另一方面，切忌把掌握的证据和盘托出，避免陷入证据用完了，嫌疑人也就封口了的被动局面。

3. 掌握讯问主动权，不让犯罪嫌疑人试探摸底的企图得逞。一方面，在态度上造成一种威慑力，使其不敢试探摸底；另一方面，对其试探摸底的企图，要彻底揭露。同时，对嫌疑人探询的问题应妥善处理，既不要简单粗暴地硬顶回去，也不要直截了当地回答，要使其对侦查机关掌握的信息没有正确的认识。

（三）对抗相持及其对策

对抗相持是讯问人员与犯罪嫌疑人进行实质性较量的重要阶段，进攻与防守、揭露与隐蔽、批驳与狡辩的斗争时起时伏，双方在意志、信心与智力等方面开始展开较量。犯罪嫌疑人在经过上一阶段几次交锋后，紧张、焦虑的心理开始趋向稳定，抗拒心理逐渐增强，通过对侦查人员证据掌握情况以及侦查人员个性特点的了解，其防御体系开始加固，讯问常处于僵持局面。

在此阶段，犯罪嫌疑人对抗的手法有：狡辩、抵赖、嘲笑、顶撞、自残等硬抗手法；沉默、喊冤叫屈、大哭大闹等软抗手法；有的则假装诚心悔过，使用虚假供词来欺骗讯问人员。

防止和矫正犯罪嫌疑人对抗的措施：

1. 做耐心细致的思想工作，政策攻心。此时侦查人员可以将党和政府的宽大政策向犯罪嫌疑人进行宣传，使其明确案件始终要在充分的证据链条建立后得以侦破，积极与办案人员配合能获得法官一定的从轻处罚。

2. 恰当地使用证据，使其侥幸心理落空。在进入僵持阶段后，侦查人员可以适当使用关键证据，冲击犯罪人心理，使之对抗心理逐渐减弱，丧失对自己或者其他共犯的信心。

3. 对症下药，区别对待。如对因畏罪而抗拒者，采用"置之死地而后生"的策略，把罪行的严重性说足，使其除坦白从宽外无路可走。对因侥幸而抗拒者，除对其进行案件的客观性、可知性和犯罪必惩的教育外，再配合使用关键证据。对提供虚假证据者，用事实戳破其谎言，使其感受到侦查机关的强大力量，除说真话外没有选择。

（四）动摇反复及其对策

动摇反复是犯罪嫌疑人对抗意志减弱，心理防线接近被突破，犹豫、矛盾心理上升，面临权衡供与不供的利弊得失的重要阶段，其内心矛盾斗争异常激烈、痛苦。经过多次较量后，犯罪嫌疑人发觉自己漏洞百出，大量的犯罪事实开始被各种证据证明。在侦查人员的政策宣传下，犯罪嫌疑人感觉顽抗到底将失去刑罚从轻或者减轻的机会，但是又不甘心失败，各种复杂心理开始冲击其原本"坚定"的意志。此时，犯罪嫌疑人会出现以下行为表现：

1. 举止不安，无所适从。当犯罪嫌疑人感到罪行无法隐瞒时，会出现明显的表情、动作。有的额头、鼻尖、手心出汗；有的唇焦口燥，舔嘴唇，要喝水；有的排尿次数增多；有的要烟抽；有的坐立不安，用力搓手或使劲抓头等。

2. 态度由硬变软。有的低头不语，面红耳赤，呼吸急促；有的畏畏缩缩，回避讯问人员的目光；有的自言自语，唉声叹气，有悔罪之意；有的询问自己涉及罪行有可能被判处何种刑罚等。

3. 提出供述的条件。如提出从轻处罚、回监室考虑、见有关人员再交代等要求。

当犯罪嫌疑人处在交代与不交代的十字路口时，讯问人员要抓住机会，采取针对性措施，促使其迅速如实交代。

1. 打消顾虑，趁热打铁。讯问人员要摸清犯罪嫌疑人不交代的顾虑是什么，并设法帮助他消除顾虑，鼓励他交代。多拉少压，多劝少责，尽量避免和减少其对立情绪。同时，讯问人员围绕触动犯罪嫌疑人心理的具体因素进一步加大工作力度，乘胜追击，或继续政策攻心，或继续动之以情，或强化证据的可靠性，依具体情况而定。

2. 正确处理讨价还价的要求。对于提出的交代罪行的条件和要求，讯问人员既不能无原则地许诺，也不要随便训斥或者置之不理，更不能欺骗诱供，应视不同情况，依法依理地解答，巧妙使用模糊语言来处理，但是要让犯罪嫌疑人感觉到自己坦白是利大于弊的。对于犯罪嫌疑人提出的一些不违背原则、符合情理的生活要求等，讯问人员在答应后一定要兑现。

（五）供述交代及其对策

这一阶段，犯罪嫌疑人的心理防线完全崩溃，对抗的意志彻底垮塌，基本上放弃了已经建立的防御体系，其心理活动就会进入供述交代阶段。此时，犯罪嫌疑人的主要表现有：

1. 消除了供述罪行的心理障碍，供述动机起主导作用。犯罪嫌疑人对讯问活动积极配合，顺应讯问人员的要求，开始如实供述罪行。

2. 供述心理不稳定，供认不彻底，能瞒则瞒，能辩则辩，仍留有余地，对犯罪事实交代不具体，或者仍然隐瞒重大罪行。

3. 在残存的拒供心理影响下，可能出现心理反复，在供述出全部罪行后，担心刑罚惩罚而推翻原来的真实供述。

对上述现象，讯问人员绝不可掉以轻心，要设法彻底消除犯罪嫌疑人的供述心理障碍，促其尽快进入供述罪行的最佳心理状态。

1. 做好思想转化、教育引导工作，鼓励已有的进步，巩固其供述动机。讯问人员要及时进行心理疏导，消除妨碍犯罪嫌疑人供述的障碍，尤其是其侥幸心理和恐惧刑罚心理。

2. 仔细盘问，彻底弄清犯罪的具体情节，追查犯罪嫌疑人的犯罪动机和目的，防止其翻供。讯问人员对已经出现的松动应及时加以扩大，尤其是要将影响定罪量刑的关键情节审查清楚，防止翻供。

3. 冷静对待翻供。如果犯罪嫌疑人推翻过去的假供、伪供，是一件好事，应进行鼓励。如果犯罪嫌疑人为了抵赖罪行、统一前后口供，应及时给予批驳，用政策及事实进行教育，并做好相关工作，防止翻供企图得逞。

犯罪嫌疑人在彻底交代罪行后，一般会有如下几种心理：或者彻底轻松，安心等待审判；或者对自己的供述懊悔不已，责怪自己没有再"坚持"下去；或者对自己日后将失去的"事业"感到担心，对将遭受的刑罚感到恐惧等。对待具有后两种心理的犯罪嫌疑人，要防止其采取自残或者自杀的行为来缓解自己的懊恼或者恐惧，对他们的行为应严密监控，对其心理加以疏导，缓解他们在全面供述后的心理压力。

**二、拒供心理及其应对**

拒供心理是指支配犯罪嫌疑人抗拒讯问，拒不如实供述案件事实真相的心理意向。拒供的表现可能是不供、谎供、乱供，也可能是悔供、翻供等。讯问阶段，犯罪嫌疑人的拒供大多受畏罪心理、侥幸心理、对立抵触心理的支配。拒供心理是供述的心理障碍，必须予以排除。

（一）畏罪心理及其应对

畏罪心理是犯罪嫌疑人惧怕罪行被揭露而受到法律惩罚的一种心理状态，是讯问中犯罪嫌疑人普遍存在的心理障碍。

畏罪心理产生的根本原因是犯罪嫌疑人对惩罚给自己带来不利后果的顾虑或恐惧，受罪责感的过大压力和法律的威慑力的影响。首先，畏罪心理的产生受罪责感的影响。如果罪责感强度过大，压力过重，嫌疑人就会产生心虚胆怯、畏罪、绝望感，会成为嫌疑人交罪供述的心理障碍。其次，畏罪心理的产生也受法律威慑力的影响。嫌疑人对法律惩罚的惧怕必然伴随着强烈的逃避惩罚或减轻惩罚的欲望，于是，他们会千方百计地隐瞒案件真相，拒不供述认罪。

畏罪心理主要表现为：表情方面，精神恍惚，两眼无神，面色发白，口干舌燥；语言方面，吞吞吐吐，闪烁其词，字斟句酌，语无伦次，或抵赖否认、避重就轻；动作方面，坐立不安，手足无措，身体僵硬。

畏罪心理是犯罪嫌疑人如实供述的心理障碍，但如果措施得当，亦可能成为其如实供述的心理动力。矫正畏罪心理的措施主要有：

1. 政策攻心

教育犯罪嫌疑人正视犯罪事实，向其阐明刑法关于自首、坦白的立法规定，向其讲解宽严相济、"坦白从宽，抗拒从严"的政策。

2. 根据不同情况，有针对性地适当"加压"或"减压"

对那些确有重罪而畏罪，并以拒供、谎供来对抗讯问的犯罪嫌疑人，应采取"加压"的方法，采用"置之死地而后生"的策略，以严肃批评的态度，结合政策适当向其施加心理压力，并选择恰当的时机适当地使用证据，迫使其寻求出路；对于那些罪行并非真正严重，而因罪责感压力过重而拒供的犯罪嫌疑人，应采取疏导"减压"的方法，缓和紧张气氛，以政策感召他，以典型案例教育他，使其在两害相较择其轻的心理驱动下，走如实供述以求宽大的道路。

3. 教育挽救，唤醒良知

在进行政策和法律教育的同时，还要进行做人方面的教育，让他们"将心比心""设身处地"地反省自己的犯罪行为对社会、对他人、对自己所造成的危害，唤起其起码的道德感和做人的责任感，鼓起其为自己的行为承担责任的勇气，从而克服畏罪心理，交代罪行。

(二) 侥幸心理及其应对

侥幸心理是犯罪嫌疑人幻想能够逃避公安机关侦查和法律惩罚的一种主观自信，它是伴随着畏罪心理而产生的。它一经产生，便成为犯罪嫌疑人对抗讯问的精神支柱。

犯罪嫌疑人的侥幸心理在形成犯罪动机或者着手犯罪时就已经存在了，讯问中的侥幸心理是在此基础上的继续和发展。其形成原因主要有：自恃作案手段高明，行动诡秘，没有留下痕迹和罪证，只要不供认，公安机关就不能定案治罪；盲目相信攻守同盟牢不可破；藐视公安机关的侦破能力，对自己反审讯的经验过于自信，只要抵赖就能蒙混过关；自恃有"保护伞"庇护。

侥幸心理的主要表现为：表情方面，敏感戒备；语言方面，态度蛮横、大喊大叫，或抵赖、谎供、乱供、守口如瓶；动作方面，讯问一般问题时显得自然轻松，触及实质问题时则敏感惧怕。要突破犯罪嫌疑人的侥幸心理，关键是消除其幻想，主要应从以下几个方面着手：

1. 通过了解案情摸清幻想

摸清他们在什么问题上存在幻想，其幻想产生的原因是什么等，这就要从分析案情着手，从犯罪动机的产生，到犯罪行为的预谋和实施；从案件的侦破，到犯罪嫌疑人被拘捕；从他的社会背景到他讯问中的态度等方面仔细分析。

2. 收集、使用证据

在讯问中，犯罪嫌疑人最敏感和最惧怕的就是使用证据。因此，要打消其侥幸心理，最有效的方法就是全面、及时地收集有关案件的确凿、有力、充分的证据，并看准时机巧妙地加以使用，以彻底打破其幻想。

3. 利用矛盾，逐个击破

针对那些迷信"哥们儿义气可靠"和"攻守同盟牢固"而产生侥幸心理的犯

罪嫌疑人，讯问人员应帮他们分析"哥们儿义气"的实质，并指出他们存在矛盾、尔虞我诈、钩心斗角的弱点，在背靠背讯问使他们彼此不知实情的情况下，寻找突破口，利用矛盾打开缺口，分化瓦解，各个击破。

### （三）对立抵触心理及其应对

对立抵触心理是犯罪嫌疑人对讯问人员、公安机关乃至对政府和社会不满与敌视的一种心理状态。有对立抵触心理的犯罪嫌疑人，不可能主动如实地交代罪行。

产生对立抵触心理的原因很多，主要有：有反动的政治立场和观点；因多次受公安司法机关打击产生强烈的反社会意识；愚昧无知，有罪不知罪、不认罪；侦查讯问人员的言辞或行为不当；自知罪行严重，以抗拒求生机。

对立抵触心理的主要表现为：表情方面，横眉竖目，咬牙切齿，或冷漠缄默，懒散、漫不经心；语言方面，蛮横顶撞，喊冤叫屈，挖苦讽刺，或闭口不言，答非所问；动作方面，全身肌肉紧张，动作僵硬，行为暴躁。

对立抵触心理突出的犯罪嫌疑人往往因其与侦查讯问人员的冲突而使讯问陷入僵局，侦查讯问人员要冷静对待。矫正的方法主要有：

1. 分析成因，对症下药

对于持反动观点和反社会意识强烈而横蛮对立的，应严词驳斥；对有罪不知罪、不认罪的，要进行法制教育，讲道理；对因办案人员工作失误而引起对立抵触的，应主动承认并切实纠正，必要时更换讯问人员。

2. 动之以情，晓之以理

"动之以情"要求对犯罪嫌疑人进行感化攻心，尊重其人格，实行人道主义，并在政策许可的前提下，帮助犯罪嫌疑人解决一些合理而又可以解决的问题，让其体验到政府和执法人员的挽救诚意。"晓之以理"要求对犯罪嫌疑人的教育和讯问做到以理服人，摆事实、讲道理，使其明辨是非善恶的界限，认识到犯罪的危害，看到坦白交代、改恶从善的前途；进行政策教育时，要做到合情合理、有情有理，使其体会到讯问人员挽救自己的善意和诚意。

3. 沉着冷静，方法得当

侦查讯问人员在讯问中要保持沉着、冷静、耐心的态度。当犯罪嫌疑人抵触情绪激烈、态度横蛮恶劣时，讯问人员以其犯罪事实和有力证据为依据，沉着应对；当犯罪嫌疑人冷漠缄默时，讯问人员应耐心以政策教育他，以事实唤醒他；当犯罪嫌疑人锋芒毕露时，讯问人员应以柔克刚，避其锋芒，选择时机予以反击。

4. 实事求是，公正对待

确有指控不实的，应立即纠正；查实无罪的，应立即释放，并做好善后工作。

### 三、犯罪心理测试技术在讯问中的应用

犯罪心理测试技术的出现是现代心理学、医学、生物电子学及其他应用学科不断发展的结果。近20年来，犯罪心理测试技术在我国已逐渐成为刑事案件侦查、讯问活动的一种辅助手段。尽管犯罪心理测试的鉴定结论在我国目前的司法诉讼中还不能作为证据使用，但由于犯罪心理测试技术作为技术侦查措施，通过对物的鉴识间接达到对人与案件的关系的认识方面有独特功能，被积极地应用于疑难案件的侦破中。

（一）犯罪心理测试技术概述

1. 犯罪心理测试技术的概念和测试环节

学界对犯罪心理测试技术有多种称谓和概念表述。除了"测谎"技术的传统称谓外，还被称为"司法心理生理测试技术""犯罪记忆检测技术""心理生理检测技术"，官方称为"心理测试技术"。所谓犯罪心理测试技术是指由专业技术人员借助个体心理生理活动记录仪器设备记录、测量、分析受测人对相应问题刺激触发的心理生理反应，并结合对受测人心理行为的观察分析，对受测人与被调查事件关系作出综合判断的一门应用技术。

犯罪心理测试的过程可以概括为三个技术环节：诱导心理反应、记录生理反应、分析测试结果。测试人员根据案情按照一定的原则和程序编制问题序列（测试刺激），以言语或图片的方式向受测人提问（呈现刺激），诱发受测人产生一定的心理反应并导致其生理活动的变化（测试反应）；借助生理活动记录仪记录被诱导出的生理反应指标并进行测量；对被仪器记录和测量到的生理反应图谱（测试结果）进行评价，分析测试刺激和测试反应的因果关系，对受测人和案件的关系作出判断（测试结论）。因此，刺激诱导技术、反应记录技术和结果评价技术，构成了心理生理测试的三大核心技术。[①]

2. 犯罪心理测试技术的产生、发展及在我国的应用

科学的心理测试技术起源于19世纪末的欧洲，以意大利人的贡献最大，但其发展、完善和广泛应用在美国。两位美国人拉森（John A. Larson）和基勒（Keeler）于1921年研制成功首台专用心理测试仪，首先成功应用于一宗盗窃案的侦破，标志着心理测试技术作为一种先进的科学技术手段，开始有计划、有步骤地应用到犯罪侦查和刑事司法中。

1981年9月，公安部引进一台美制的MARK-Ⅱ型声音分析心理测试仪，经试用，准确率达90%，表明该技术作为侦审工作的辅助手段有明显效果。1991年5月，我国技术人员研制出我国第一台计算机化的心理测试仪——PG-Ⅰ型多道

---

[①] 陈兴乐主编：《司法心理生理测试技术教程》，中国人民公安大学出版社2008年版，第1页。

心理测试仪,填补了我国在这一技术方面的空白。目前,我国该技术不断提升,性能达到国际同类产品的先进水平。各地公安机关运用心理测试技术侦破解决了许多重大疑难刑事案件。2004年7月,人事部和公安部将该技术列入刑事科学技术系列,公安部委托中国刑事科学技术协会组建了心理测试技术专业委员会,并委托该专业委员会制定了一系列规范。

针对多道心理测试技术的局限性,科学家们正在研制新的、更可靠的新兴技术,如核磁共振成像测试技术(fMRI)、脑电波测试技术、眼周升温扫描技术等。各种新兴技术将与传统心理测试仪相辅相成。

3. 犯罪心理测试技术在侦查讯问中的功能

世界各国对心理测试技术的有用性普遍持肯定态度。从应用的结果看,心理测试技术的优势十分突出,主要表现在有以下方面[1]:

(1) 能够有效地澄清案件事实。这项技术的主要作用在于检测测试对象与案件的相关程度及案件的事实真相。当受测人经测试被认定为涉案人时,主测人可以根据其留在仪器上的心理生物反映图谱,对嫌疑人的作案动机及相关案件的基本过程有一个比较完整明晰的判断。

(2) 能够有效地甄别嫌疑人,排除无辜者,认定涉案人。大部分的案件,在侦查之初,被划进嫌疑人圈里的往往是数人乃至数十人,如何排除或认定他们的嫌疑,非得通过艰苦的调查不可,有时候通过调查也难以查清。而在排除嫌疑人方面,科学应用心理测试技术具有无可比拟的优势,由于无辜者并不具备与案件相关的犯罪心理痕迹,所以经过测试就能排除嫌疑。据统计,在这些案件中区分无辜者与涉案人的准确率能够达到98%;而出现失误的2%主要存在错把涉案人认定为无辜者的情况,还有一部分属于无结果,即测试后因找不到其他证据验证测试结果,对犯罪嫌疑人只能依法疑罪从无。

(3) 能够帮助办案单位指明侦查方向。在案件侦查初期,科学应用心理测试技术最能发挥作用,它不仅是对被测人是否涉案作出结论,同时还对案件的侦查提供参考性意见,甚至可以直接探测寻找赃物、凶器等罪证的大致区域。在成功运用心理测试的案件中,有相当一部分,是通过心理测试获得的线索,找到被埋藏的尸体、血衣、凶器、钱物等证物,从而为破案创造最佳条件。

综上所述,在侦查阶段,科学应用心理测试技术,是搞清案情、认定或排除嫌疑人、引导侦查走向正确途径的一项有效技术手段。

(二) 犯罪心理测试技术的基本原理

心理生理测试是通过测量人体生理变化参量来确定人对相关问题回答是否诚

---

[1] 武伯欣、张泽民:《关于中国心理测试技术研究应用及其现状的思考》,载《人民公安》2010年第6期。

实进而判断他与所调查案件是否相关的一门技术。为什么根据人的生理变化参量就能确定其是否撒谎,是否和案件有关?这是心理测试技术的基本问题。科学地回答这一基本问题的理论就是心理测试的基本原理。[①]

1. 心理刺激触发生理反应,生理反应反映心理变化原理

心理测试的过程是一个典型的刺激—反应过程,它所依据的是刺激—心理反应—生理反应之间的对应关系。操作人员用语言或图片、实物对受测人提问刺激,首先作用于其感官的声、光物理信号携带着与被调查事件相关的信息,当受测人感官接收到刺激后,通过传入神经迅速传入大脑中枢,大脑分析、提取其中的信息,再将这些信息与大脑中已有的信息经复杂的整合后作出反应,包括行为反应(对问题作出是或否的回答)、身体反应(各种肢体语言)和生理反应(心血管、呼吸以及腺体活动等),仪器测到的是反映心理状态的生理反应。刺激和生理反应是可以被直接观察和控制的,而心理反应是内隐于头脑中不可直接观察的"黑箱",是刺激与生理反应之间的中介变量,根据刺激和生理反应,可以间接地推论心理变化,这正是心理测试的目的所在。信息刺激必然引起一定的心理变化,心理变化必然导致相应的生理反应,刺激—心理变化—生理反应三者之间存在制约、对应、反映关系,这是被大量实验和实践测试数据充分证明的客观规律,是心理测试技术得以存在的内在根据。现代心理学、心理生理学研究成果已经能够揭示这个反应过程的心理生理机制。

2. 刺激强度与反应大小正相关原理

大量测试实验数据证明,心理刺激与心理生理反应之间存在显著的正相关关系。任何一个刺激都会诱发一定的生理反应,但刺激强的问题会触发更强的自主生理反应,刺激弱的问题触发的生理反应则相对较弱。刺激越强,反应越大;刺激越弱,反应越小。反而观之,在排除无关刺激的前提下,反应越大,表明刺激越强;反应越小,表明刺激越弱。心理测试的问题编制技术就是根据刺激越强、反应越大,刺激越弱、反应越小的原理,科学合理地运用不同强度的刺激,以引出受测人的不同反应进行观察、比较、评判。心理测试的图谱评断技术就是根据反应越大、刺激越强,反应越小、刺激越弱的原理,通过对不同问题生理反应的大小,分析问题刺激的强弱进而推断受测人的心理状态。在准绳问题测试法(CQT)中,有相关问题、准绳问题和中性问题,它们对受测人的刺激强度不同。心理测试人员通过比较相关问题和准绳问题反映差异,判断何种问题对受测人刺激大,从而推断受测人的心理状态。在犯罪情节测试法(GKT)中,有目标问题和陪衬问题,通过比较受测人对这两类问题反映强度差异,分析哪种问题对受测人刺激大,从而判断受测人对测试目标是否知情、对哪些目标知情。

---

[①] 陈兴乐主编:《司法心理生理测试技术教程》,中国人民公安大学出版社2008年版,第47~50页。

3. 相同问题刺激不同反应原理

在心理测试中，问题刺激的强度是因人而异的。相同的问题，其包含的信息对不同类的受测人刺激强度不同，诱发的心理生理反应强度也就不同。这是因为有罪和无辜的受测人接受刺激的心理基础不同，对同一问题刺激的强度感受就不同。某一问题对受测人刺激强度大小取决于受测人对该问题所含信息与自己相关性的认知。与自己相关性大的问题刺激强，与自己相关性小的问题刺激弱。受测人对问题相关性的认知取决于两个方面的判断，一是该问题所含信息与自己记忆中存储的信息是否"吻合"，二是该问题对自己的安全是否构成威胁及威胁大小。若某一问题中所指的事实自己确实有过、经历过，在大脑中留下了记忆，并且该问题直接威胁到自己的安全，受测人就认知为该问题与自己相关度高，刺激强度大，必然会引起主观上对该问题的关注，进而引起较强的生理反应。有罪受测人和无辜受测人对问题刺激的认知是不同的，其感受、体验到的刺激强度也就不同。正是因为有罪受测人和无辜受测人对相同问题刺激感受到的刺激强度不同，引起的生理反应强度也不同，心理测试技术就可以设计出一套标准的测试题目，对所有嫌疑人"一视同仁"地进行测试，依据他们对相同测试问题的不同反应区分出有罪与无辜、撒谎与诚实。

（三）三种常用的犯罪心理测试方法

多道心理测试（Computerized Polygraph System）是现今各国普遍应用的犯罪心理测试技术。其常用的测试方法有准绳问题测试法、紧张峰测试法以及我国实证创新形成的认知综合测试法。①

1. 准绳问题测试法

准绳问题测试法（Control Question Test，CQT）或叫比较问题测试法（Comparison Question Test），是根据受测人对准绳问题（对照问题）同相关问题（与犯罪有关）的心理反应进行比较，从而判断受测人对相关问题的回答是否诚实的一种测试方法。

这种方法在20世纪40年代由美国著名测谎专家里德首创。多年来，一直是测谎领域中应用最为广泛的方法。这种方法把所提问题按其与本案相关的程度分为四类：

（1）相关问题。是指那些明确涉及案情的问题，也就是测试所要甄别的问题，是测试中的核心、要害。问这类问题，是为了弄清受测人是否参与该案，是否知情，是否为该案主犯，等等。

（2）准绳问题。估计被测人会说谎，但并不涉及案情的问题。用其激发的情

---

① 陈兴乐主编：《司法心理生理测试技术教程》，中国人民公安大学出版社2008年版，第72页、第82~83页。

绪反应，同相关问题产生的反应作比较。

（3）中性问题，或叫无关问题。这类问题与案情无关，受测人考虑回答时，不会造成什么负担，也不会引起任何情绪波动。这类问题是用来测定受测人在测试过程中的正常反应水平。

（4）题外问题，与本次测谎的主题无关，但也是有关违法、犯罪的问题，用来测试受测人是否还有其他问题。

在测试时，把这四类问题按照一定的次序搭配在一起。测试后，比较不同类型问题上反应的强弱，来分析判断受测人在回答某一特定主题问题上是否说谎。

上述四类问题中，相关问题和准绳问题最为重要。对相关问题和准绳问题反应的差异是判断受测人撒谎与诚实的根据。因而，如何正确地设置这两类问题是测试成败的关键。

2. 紧张峰测试法

紧张峰测试法（The Peak of Tension，POT）是根据受测人对与案情有关的目标问题和与案情无关的陪衬问题的心理反应进行比较，从而判断受测人对案件特定情节是否知情，进而判断他与案件关系的一种测试方法。

紧张峰测试法是20世纪30年代由美国的基勒首创的。

紧张峰测试法的编题方法是将与案情相关的某一情节（称作目标问题）混杂在一组内容、形式都相似但与案情无关的问题（称作陪衬问题）中，用相同的语调、语速和时间间隔向受测人提问。一组POT题目通常由五六个问题组成，其中只有一个问题是和案件真正有关的，其余问题都与案件无关。所有问题表面上都十分相似，无辜者看起来没有明显区别，而知情者看起来却有显著差异。测试时，随着提问越接近目标问题，受测人越紧张，到目标问题上会出现一个显著的紧张反应高峰，而过了目标问题紧张情绪随之松弛，反应下降。故而被命名为紧张峰测试法。

紧张峰测试法有两种类型：一种是已知POT，一种是未知POT。已知POT即侦查人员、测试人员知道结果，测试受测人是否知道该结果；未知POT，即侦查人员不知道结果，只知道在某一范围内，但受测人应该知道，用以探测侦查中未知的情节。通常，习惯上把已知POT测试称作犯罪情节测试（GKT），而把未知POT测试称作POT测试或探索测试。

3. 认知综合测试法

认知综合测试法（Cognitive Comprehensive Test，CCT）是依据心理活动的规律，注重问题的客观性、认知性、多面性，以案件有关要素、情节、特点及案犯心理活动问题为主，采用多种编题方法，对与案件有关的多个目标问题进行设计编题，以检测被测人对案件认知状况的一种测试方法。该方法由武伯欣、范刚等人在准绳问题测试法与犯罪情节测试法的基础上，经过实证研究而创新形成。以自我认知（作案人认知）、违法犯罪过程认知、即时心理状态认知，以及以案件相关要素问题、犯罪情节问题及其相应心理状态问题为主进行编题①，并重视言语作用的心理学规律，在相关问题上很少使用"你"，而用"作案人"或"做这事的人"来代替，避免无辜受测人产生过敏反应和消极情绪，提高测试的正确性和分辨率。

（四）犯罪心理测试的过程

1. 测试准备

测试也叫测前准备，是整个测试的基础工作，准备充分与否直接影响测试过程能否顺利进行，测试结果是否成功。测试准备包括案情信息准备、测试环境准备、测试方案准备、仪器设备准备等内容。

2. 测前谈话

通过谈话，了解受测人心理状态、个性特点、身体状况，调适、调控受测人心理，使之符合测试的要求；获得受测人诚实、有罪与否的言语和非言语信息，增加测试结论的依据。谈话的内容包括说服受测人接受测试、探讨案情、调查背景、强化说谎的恐惧感、说明测试要求等。一般时长以 30~90 分钟为宜。测试人员必须认真研究、掌握测前谈话的方法技巧，提高谈话的质量。

3. 采集数据

这是测试实施过程中的核心环节，是获得受测人真实有效生理反应数据，提供测后评读分析图谱的前提和保证。正确熟练地操作仪器和有效地控制测试过程是采集数据阶段的主要任务。

4. 分析图谱和作出测试结论

全部测试问题数据采集结束后，测试人员应及时分析图谱数据，作出测试结论。测试结论有五种表现形式：认定结论、排除结论、倾向认定结论、倾向排除结论、不确定结论。

5. 测后谈话

测后谈话是测试人员在整个测试过程中调控受测人心理的重要环节，也是支持最终测试结论的信息来源。测后谈话的内容和方法应根据图谱分析后初步结论的情况来决定。

6. 测试报告及文档整理

全部测试结束后，测试人员应及时写出测试报告，打印测试图谱、测试题目、案情简介等文档，如有测试录像应刻录成光盘，将这些资料整理归档，以供日后使用、研究备查。测试报告应文字简洁，用语准确，措辞严谨，格式规范。

---

① 范刚：《测谎与测真——从杜培武案谈"测谎"及其科学应用》，载《西部法学评论》2019 年第 1 期。

(五) 犯罪心理测试技术的局限性和价值定位

犯罪心理测试技术和其他刑事技术手段一样，也有自身的局限性。从测试对象看，并非所有人都适于心理测试，对心理变态者和智能低下者等进行测试就很容易出现失误。从测试信度与效度看，它受许多主客观因素制约：一是犯罪心理测试技术人员的政治、法律、业务素质，尤其是心理学专业素质如何至关重要；二是犯罪心理动态描绘和测试问题设计编制的科学性与严谨性；三是对中国人心理测试实验阈值的掌握，对中国人的人文背景、身心状况、个性特征和言语思维规律的把握；四是实施测试时对现场环境、温度、色调、声音等外界因素的控制。如果不注意这几方面的主客观因素，也容易造成测试失误。因此，我们既要充分认识这项犯罪心理新技术的先进性，又要以科学审慎的态度进行应用性研究，绝对不可以对这项技术抱有不切实际的期望。

我国的心理测试技术，除了在实案测试上存在的问题外，在仪器的技术规范、生产以及测试人员的培训、测试规范等方面，也是比较混乱的。目前应该优先考虑的是从加强专业建设的角度，确立心理测试技术人员准入制度、确立仪器生产准入标准、确立科学的实测理论和方法等，对实测结论评判以及使用合法有序规范等重大问题开展系统性研究。

同时需要明确的是，犯罪心理测试的鉴定结论在我国目前的司法诉讼中还不能作为证据使用，查清案情主要是靠艰苦细致的侦查、调查和讯问工作，犯罪心理测试技术只能作为侦查讯问工作的辅助手段，绝不能因为这种手段可以印证、支持、加固现有证据体系的可信度和证明力，也不能因为这种手段有利于甄别犯罪嫌疑人、突破案情、提高破案率而代替侦查和讯问。

## 第三节　审判过程中的犯罪心理学问题

刑事审判是人民法院依法受理公诉案件、自诉案件、上诉案件和申诉案件，在审判人员的主持下，在公诉人（或自诉人、上诉人、申诉人）、被告人、辩护人和其他诉讼参与人的参与下，通过庭审，对案件的犯罪事实和证据进行审查、核实后，对被告人有罪或无罪以及法律适用作出裁决的过程。审判过程中的心理活动十分复杂，本节着重探讨刑事被告人和审判人员的心理活动。

### 一、刑事被告人在审判过程中的心理

审判是决定被告人前途命运的关键阶段，因此，被告人趋利避害的心理倾向更加严重。趋利避害、做刑事诉讼的最后防御、企图逃避和减轻刑罚，是审判阶段被告人心理的基本特征。被告人在审判前、审判中和判决后表现出不同的心理

特征：

（一）被告人在审判前的心理表现

开庭审判对被告人至关重要，它是被告人被定罪量刑的最关键时刻。在开庭审判前，被告人心理活动剧烈，主要表现出以下几种心理：

1. 预测刑种及刑度

即预测要受到何种刑罚惩罚以及刑罚的轻重。犯罪人在面临审判时，最关心的就是自己将会受到何种惩罚，一般情况下，被告人会与以前发生的案件进行对比，大多数存在被从轻处罚的希望。

2. 紧张和恐惧心理

即被告人对刑法后果的不安和忧虑以及对刑罚处罚的恐惧。对被告人进行的诉讼是否成立犯罪，可能决定其一生之命运，有此顾虑，被告人遂由紧张转为恐惧。即使原未犯罪之被告，因恐受无妄之灾，加之对可能提起的诉讼没有任何防御的准备，每每不知如何是好，而促使其无法为顺利之再生[1]。

3. 回忆案件，并进行积极防御

因为对曾经发生的案件心存愧疚或者因犯罪中种种不顺利而感觉失败，被告人对于曾经发生的犯罪行为不愿意回忆。但是由于面临可能到来的刑罚，他们不仅会回忆曾经发生的案件，还会回忆讯问环节的过程和细节，总结防御的经验教训，期望在庭审中获得最大的防御效果。多数被告人把减轻刑罚的希望寄托在律师身上。对于没有实施犯罪行为的被告人，他们也会对案发时间的细节进行详细回忆，找出自己不在场或者其他证明自己没有实施犯罪行为的证据。

4. 敬畏、期望及幻想心理

被告人既对法院和法官怀有敬畏感，担心法官的严厉判决，又期望法官能作出对自己有利的判决或者公正的判决。对于确实实施了犯罪行为的被告人，在面临刑罚惩罚时必然会深感挫折，于是想要逃避惩罚或者这种挫折感，但逃避又不可能实现，则只能在幻想中暂时逃避痛苦与烦恼。

（二）被告人在审判中的心理表现

除《刑事诉讼法》所规定的特殊案件外，一般案件都要公开审判。受案情、共犯、旁听群众等因素的影响，公开审判会对有罪被告人心理产生极大的冲击。此时，有罪被告人可能表现出以下几种心理：

1. 羞耻心理

由于在法庭上罪行被彻底揭露，处于现场群众乃至媒体面前的观众关注之下，被告人难免会产生羞耻感。尤其是一些职务犯罪人，当年社会地位很高，而在法庭上成为被审判对象时则深有落差感，对自己阶下囚的身份羞愧难当。受这

---

[1] 蔡墩铭：《审判心理学》，中国台湾地区水牛出版社1991年版，第453页。

一心理影响，有的被告人回答问题时思维混乱，语无伦次。有的被告人即使决心做彻底的陈述，但由于在羞耻心作用下记忆力暂时受到阻碍，也无法作出全面、详细的回答。

2. 忏悔心理

除非是恶性报复案件中的被告人或者极少数犯罪成性的被告人，多数被告人在受害人出庭作证或公诉人出示物证时，都能意识到自己的行为对社会的危害而产生忏悔。他们悔恨不该实施犯罪行为，给被害人造成不可挽回的损失，给关爱自己的人造成巨大痛苦，不然自己也不至于落至如此境地。被告人内心忏悔之情到一定程度后，甚至会当庭下跪，痛哭流涕，如实供述自己的所有罪行乃至揭发其他人的犯罪行为。所以，法官或者检察官在庭审中发现被告人的忏悔状态后应因势利导，促成其如实陈述，或者当庭立功。

3. 怀疑心理

有的被告人，尤其是实施了高智商、高技巧犯罪的被告人，往往对自己的犯罪能力十分自信，他们怀疑法庭未完全掌握其罪证，不如实供述。有的担心坦白从宽的政策无法兑现，因此，回答审问时避重就轻，推卸罪责。有的怀疑法官判案的独立性、公正性，担心自己的供述尤其是有利供述得不到法官的采信而不断强调对自己有利的细节，以期引起法官的注意。还有些被告人怀疑辩护律师的能力或者怀疑其立场，极端情况下拒绝律师的辩护，甚至当庭侮辱律师。

4. 恐惧心理

无论实施犯罪行为的被告人在庭上表现得多么镇定，除极少数人外，面对罪行将被彻底揭露和即将到来的判刑，被告人必然产生对刑罚的畏惧感，特别是可能被处以长时间的徒刑或极刑时，恐惧感表现得更为突出。其表现为语塞、莫名其妙地冷笑、乱吼乱叫、颓唐、站立不稳或大小便失禁等。

5. 防御心理

庭审期间被告人的防御心理将会出现另一个高峰，因为这一阶段直接关系到被告人的前途命运。为了逃避刑事责任，被告人会制造种种借口为自己的罪行和罪责辩解。有些被告人在侦查结束后，仔细回忆其在公安机关或者检察机关所作的供述，对自己防御中的不当或者错误进行检讨，在庭审时进行弥补，如有意回避案件中的关键细节等。许多被告人抱有顽抗到底的心态，表现为能不认罪就不认罪，顽抗到底。有的犯罪人在庭审前收到某些消息，认为翻供就能不受刑罚惩罚，抱着实在不行再认罪的心态，坚定了抗拒心理，当庭翻供。还有些被告人在庭上很少讲自己的案件，反而更多强调犯罪是不得已而为之，还有比自己实施了更严重罪行的人，自己行为的危害性很小，自己曾经给国家和人民立下功劳等。

（三）被告人在判决后的心理表现

在法庭判决后，被告人主要表现为以下几种心态：

1. 稳定

如果刑种、刑度与自己预测的接近，被告人能接受，其情绪就会稳定，于是考虑如何度过监禁生活或者如何面对生命刑或者财产刑。还有些犯罪人出于赎罪心理，对判决结果往往没有任何异议，认为只要判处刑罚即为一种解脱，判决后会有如释重负的心态。

2. 不满

如果刑罚过重，与预期悬殊，被告人会表现出不满情绪，怨恨审判人员、检察人员或律师，希望通过上诉减轻刑罚。如果确实没有实施犯罪行为的被告人被判处刑罚，他们会表现得十分不满和失望，当庭表示抗诉。

3. 悲观

防御计划落空的被告人，判决后沮丧悲观，精神颓唐。一些被处以重刑或极刑的被告人，出现面色苍白、冷汗淋漓、行走艰难，甚至虚脱等症状，或长吁短叹，听天由命。

4. 狂躁

判决后，少数被告人感情冲动，行为失控，表现为放声大笑，哭哭啼啼、悲恸欲绝。有的被告人狂叫乱闹，当庭推翻自己的供述，宣称自己被欺骗、诬陷、冤枉等，并言语攻击法官、检察官或者政府，扰乱法庭秩序。

5. 兴奋

有些被告人由于确实没有实施犯罪行为，当其听到无罪判决时往往会十分兴奋，欢呼雀跃。有些被告人预测的刑罚重于实际判处的刑罚，尤其是预测到自己有可能被判处极刑，但实际上被判处了死刑缓期两年执行或者徒刑时，往往有死里逃生的喜悦。

## 二、审判人员与刑事被告人之间的心理互动

在庭审中，审判人员处于组织者、指挥者的地位。因此，在庭审的各种心理活动以及心理互动中，出现了以审判人员为联系点的显著特点。因庭审是围绕被告人的犯罪事实和追究其刑事责任来进行的，因此，被告人在庭审中的心理活动最复杂，最具有多样性。在此，我们仅就审判人员与刑事被告人之间的心理互动作简要介绍。[①]

对有较强反侦查能力和侥幸心理的被告，审判人员应本着尊重事实和证据的原则。有时审判人员冷静的神情和严厉的目光，有助于削弱被告的侥幸心理，端正态度。

对畏罪心理严重、抗拒心理突出的被告，审判人员应当冷静沉着，通过举

---

① 宋晓明等主编：《犯罪心理学》，中国人民公安大学出版社2005年版，第574～575页。

证、质证、认证，逐步查明案情，此时，被告人的抗拒心理会有所收敛。

对畏罪心理严重、求生欲望强烈、认罪态度极好、真诚悔罪的被告，审判人员在肯定其认罪态度的同时，不能受其情绪感染产生怜悯之心，而应依法公正地判决。

对悔罪自责心理强烈、不求宽恕的被告，审判人员满意和赞扬的情绪，适当的量刑，真诚的鼓励，有助于被告人认罪服判、悔过自新、重新做人。

对有严重攀比心理的被告，审判人员在肯定其认罪态度、鼓励其检举立功行为的同时，讲明法网恢恢、疏而不漏的道理，正确引导，促其认罪服法，同时，提请公诉人注意被告提供的线索和提出的要求，以彻底消除其攀比心理。

### 三、定罪量刑心理

在审查判断各种证据之后，审查机关就要在认定事实的基础上，依据刑法的规定，确认被告人的行为是否构成犯罪，以及判处何种刑罚。我国法院定罪量刑的要求是：事实清楚，证据确凿，定性准确，量刑适当，程序合法。

（一）定罪的心理过程

法官从审查案卷开始，到作出定罪结论之前，始终处于事实假定，并对之进行推理，到对案件事实作出最终认定的过程之中。如何确定合乎辩证法的假定并严谨地进行逻辑推理，是非常重要的。为了防止先入为主，法官不应拘泥于起诉书指控犯罪所作的事实认定和处理结论，而应当独立思考，从有罪或无罪、此罪或彼罪、罪重或罪轻等方面加以考虑。随着审理过程的推进，如果支持有罪假定的证据逐渐失去了证明力，法官就不应固执于原来的假定。法官应以事实为依据，以法律为准绳，即便以无罪假定开始，也应以有罪、无罪或不构成此罪而构成彼罪等多种认定为结局。这种定罪的心理过程符合人的认识规律，也符合现代刑事法治精神。

法官认定犯罪事实之后，就需要对被告人认定罪名。认定罪名的过程也是包摄（Subsumtion）[①] 的过程。例如将悄悄从他人衣兜拿走钱包的行为认为刑法上的秘密窃取。这个过程看似简单，实际上涉及刑法解释、法律推理等一系列难题。例如，刑法解释由刑事审判人员承担，由于法官所受教育、价值观念、生活经历不同，对规定极为抽象的刑法条文的理解也会有所差异。对刑法条文的解释，既可从宽解释，也可从严解释，宽严的差别影响了犯罪圈的大小，更影响了被告人是否被认定为犯罪，是此罪还是彼罪的问题。所以，法官的解释需避免任意性，不能凭一时之好恶随意解释，更不能自持占据法律理论与实践的优势玩弄法律，

---

[①] 法官将具体之事实归入于抽象之规范通常称为包摄。参见蔡墩铭：《审判心理学》，中国台湾地区水牛出版社1991年版，第702页。

要保持法律的整体性、客观性、严肃性，从人本主义角度出发对法律进行解释。

将形形色色的、具体的犯罪事实纳入抽象的规范加以评价，往往涉及刑法中的要件构成理论，涉及对关键概念的理解以及对某种学说的采用。例如，组织男性向男性或者向女性提供性服务，能否认定为组织卖淫罪？这里涉及对"卖淫"这一概念的解释。误认死人为活人而用枪扫射，能否认定为故意杀人罪？这里涉及对"人"这一概念的解释，也涉及对行为无价值理论以及结果无价值理论的取舍等。法官在认定犯罪与否以及构成何罪的过程中，容易受到个人情感、直觉、教育背景、情绪等心理因素的影响。对于定罪过程中出现的难题，我们认为法官应该以实现惩罚犯罪、保护人民为目的，在严格依照法律，参照司法解释，参考上级或者同级法院先例的情况下，做出谨慎的定罪，绝对不能违背常识、常理、常情，不能使定罪失去人民群众的信任。

（二）量刑的心理过程

量刑是法官依法对犯罪人权衡其应负刑事责任之轻重，裁量决定刑罚的过程。量刑必须以犯罪事实为依据，以法律为准绳。除对刑法规定的绝对法定刑之外，法官对犯罪人应承担的刑罚均有自由裁量权。刑法对刑种与刑度规定的范围越大，法官自由裁量的空间越大，反之亦然。为限制法官滥用自由裁量权，贝卡利亚等刑法学家曾希望设计"精确的、普遍的犯罪与刑罚的阶梯"，但无数的司法实践证明这种几乎会完全限制法官自由裁量权的制度缺乏可行性。所以，法官拥有自由裁量权是由刑事诉讼活动本身决定的。我们有必要研究法官在量刑过程中的心理，探究量刑结果得出的心理过程。

法官的量刑，发生在对被告人定罪之后，本来按照法律、司法解释或者较为精确的量刑标准做轻重适当的量刑即可，看起来似乎没有什么技术含量，更不存在困难，实际上这对法官来说却很不简单。对犯罪人是否构成犯罪不确定，对是否适用刑罚、适用何种刑罚、刑罚的程度应该如何都将困扰法官。对于他们绝对确信被告人已经构成犯罪的案件自然没有问题，但是没有充分自信认定为犯罪的被告人，则会犹豫不定，难以量刑。我国司法实践中发生过类似情况，因为证据不是十分充分，法官对被告人构成犯罪也缺乏自信，所以在量刑时采用保守的做法，最后发现确实是错案。当然这种情况不仅发生在我国，世界各地的法官在面临到底是在放纵无辜还是打击罪犯的问题时都会有激烈的心理冲突。

法官量刑，通常做法是以对案件的审理所得到的全部印象作为量刑的基础，在心中确定一个大致的刑量。此时案件给法官的刺激、被告人给法官的印象可以说十分重要。这一过程中，法官会在潜意识中将正在处理的案件与过去经办的同种案件相比较，从中求得对现在的案件应当科处的刑罚。大致刑量确定后再进一步考虑该案件的特殊情况，按照刑法规定的法定情节以及可以考虑的酌定情节对刑罚的轻重进行修定，从而得出具体的量刑结果。在此过程中，除了业务生疏的新法官外，经验丰富的法官一般而言并不着重研究有关的法律条文或者量刑指南之类的文件，而以自己的直观印象作为从轻或从重的依据，然后再从条文中寻找依据，出现极大差异后才对自己的量刑结果进行修改。

（三）影响法官量刑的内在因素

1. 性格

法官的个性与量刑有密切关系，难怪有"量刑是审判员个性判断"的说法。据美国学者高德迪对美国6个审判员10年判决记录的调查发现，有的审判员比较严厉，有的比较宽大，有的多用自由刑，有的多用缓刑、监禁观察和罚款。正如弗兰克所说："刑罚的程度不同，与其说是与审判员的经验有关，倒不如说与他的人格关系更大。"性格中意志特征占优势的审判人员，量刑时可能表现出执拗和过于自信的倾向，容易导致主观片面的错误。性格中情绪特征占优势的审判人员，量刑时常有较重的个人情绪冲动和感情色彩，缺乏客观性的判断，故国外有"神与法官不能有友"的说法，就是避免情绪对量刑的影响。性格中理智特征占优势的审判人员，量刑时更注重证据、逻辑推理和事实的论证，因而失误较少。同时，对他人不当行为的反应不同，如苛刻者与宽容者的量刑自然会出现偏重或者偏轻的差异。

2. 司法动机

如果法官出于私心，为了迎合上级意图、照顾关系，或者收受贿赂，容易导致量刑失当。如果法官秉持正义，刚正不阿，坚持法律，则不容易为案件之外的因素所影响，能够做到公正量刑。有时候，有些法官为了片面迎合媒体，也会做出不公正的判决，虽然一时得到媒体的肯定或者追捧，但是无论对被告人、被害人还是自己，都会有不利影响。

3. 职业习惯

法官之前形成的职业习惯也可能会对其量刑产生影响。例如，有律师经历的法官容易做出有利于犯罪人的判决，量刑偏轻；而有侦查、检察经历的审判人员往往做出较重的判决；有做教师经历的法官，往往会对犯罪人进行一定法律教育，量刑也会偏轻。上述现象是职业心理惯性使然。作为法官，要努力使自己保持公正的心态，避免职业习惯的影响，严格依照法律与事实量刑。

4. 性别

由于男女法官心理有异，对同一案件也会做出不同量刑。男性法官一般比较理性，在量刑时相对较少受情感影响。女性法官比较感性，在个别案件量刑时会受情感左右。在法律规定的量刑幅度内女性法官相对男性法官也会有偏差。例如，在故意伤害、强奸之类的暴力型犯罪中，女性法官通常十分痛恨犯罪人，量刑时难免偏重。在犯罪人确实出于个人生活困难、长期受到虐待等情况下不得已实施犯罪的，女性法官更有同情心，量刑相对较轻。

### 四、刑事审判法官应具备的心理条件

对被告的犯罪行为进行判断的审判人员,除需要必备的学识与经验之外,更不能缺少一定的心理条件。我国台湾地区著名学者蔡墩铭先生认为,法官心理条件必须符合下述十项要求:"(1)仁爱。(2)自制。(3)谦虚。(4)精细。(5)勤勉。(6)忠诚。(7)勇气。(8)牺牲。(9)缄默。(10)反省。"[①]

法官以仁爱的态度对待被告人,被告人无不大为感动,有助于他们悔改自新。对于有改善可能的被告人,法官不妨在自由裁量权范围之内科以轻刑。和谐社会背景下,法官应当秉持宽严相济的刑事政策,使国家与社会对罪犯的关爱能够在庭审中得以体现。

审理刑事诉讼案件的法官,需要具备耐心与自制的修养。法庭上,法官难免会出现情感反应,如对被害人的同情与怜悯,对被告人的厌恶与痛恨,对某些诉讼参与人的不耐烦等,但是由于审判事关重大,法官应保持理智,客观判断,不能被感情左右。只有不被感情控制,心态平和,才能客观冷静地发现问题,正确适用法律。

法官与检察官、辩护人所持见解不同时,应谦虚倾听他人意见,不能任意驳斥或者禁止他人提出法律认识,还要对自己的学识、经验保持谦虚的态度,这样才能有利于自己学识的提高,有利于案件的正确审理。

刑事审判事关重大,法官在审理时必须谨慎从事,不能粗枝大叶。对于是否确认犯罪成立、被告是否构成自首、立功,被告在共同犯罪中的作用,被告是否存在酌定量刑情节等方面应该仔细核实证据,处处精细,才能使案件的审判正确无误。在庭审中,法官还要仔细观察被告人、证人的神态,分析其言谈举止间的细节,不能有所遗漏。只有仔细判断事实,推敲法条,才能达到提高办案质量,正确适用刑罚的目的。

法官应该有追求真理的热诚,对案件事实要有打破砂锅问到底的执着,这需要勤奋地探究案件事实。刑事案件往往扑朔迷离,证据支离破碎,要在复杂的证据中查询到案件真相,需要审判人员勤于思考,不能将没有查证的证据,虚无的证据用作事实认定,尤其是不能轻易放弃关键证据的确认,随意定罪量刑。

法官的审判,一定要公正。只有忠诚于党的事业,忠诚于人民利益,忠诚于宪法法律,法官才能保持独立审判,不受外界干扰。

法官为了保持公正的审判,需要排除各种困难的勇气。困难一方面来自案件本身的复杂性,一方面来自外界的干扰。如果法官畏惧被告人的权势、顾忌犯罪势力的威胁、害怕舆论的干扰、顶不住上级的压力、不能拒绝人情或者金钱的诱

---

[①] 蔡墩铭:《审判心理学》,中国台湾地区水牛出版社1991年版,第612页。

惑，则刑事案件的审判难以保证公正。刑罚设置的初衷在于惩罚犯罪，保护人民，对抗邪恶，恢复正义。只要法官有勇气依法独立审判，则任何外界影响也不能发挥作用，必然得到人民的信赖与爱戴，保持自己的职业荣誉。对于确实发生的错误，审判人员要有勇气改正，不能为了自己的利益或者其他利益而置被告人利益或者法律权威于不顾。

法官应该具备牺牲精神。这种牺牲，是为正义事业的牺牲。有的法官在审理案件中遭受恶势力的恐吓，自己和家人的安全受到威胁，但是他们依然能够顶住压力，对被告人正确适用刑罚，弘扬正义。这就是一种难得的牺牲精神。刑事审判人员还要牺牲自己的休闲时间，减少广泛的交友。有的法官工作结束后，娱乐活动丰富，不自觉地被人情包围，甚至被人设下圈套无法自拔，这种情况下法官难以在刑事判案中保持端正的心态，掺入人情因素的判决很难保证其公正性。实践中，某些法官落马，与交友不慎、被人拉下水有很大关系。所以，刑事审判人员需要有献身法与正义的牺牲精神，甘于在紧张的审判工作中寻求乐趣，一心一意为人民的审判事业奋斗。

法官的审判活动，需要实现定分止争、恢复正义的作用。无论有罪判决还是无罪判决，都应该以使被告人、被害人心服口服为理想目标。刑事案件的判决结果，不仅要合乎法律，还要符合常识、常理、常情，能为民众接受。审判人员在作出审判结果之前，不仅要对判决结果进行反省，还要对自身进行反省，反省自己是否受主观情感左右，反省自己是否认真仔细等。若法官能够积极自省，则会在判决尚未发生严重结果前发现问题，及时纠正以免发生对个人、对社会均不利的后果。

**【课后练习】**

1. 犯罪心理画像技术与痕迹分析之间的关系是什么？
2. 犯罪心理画像技术的准确性有多少？为什么？
3. 犯罪心理测试技术的基本原理是什么？它和心理学的哪些学派有关？
4. 舆论监督作为我国监督体系中社会监督（外部监督）的一种，是社会公众运用各种传播媒介对社会运行过程中出现的现象表达信念、意见和态度的活动。许多刑事案件引发了极大的舆论关注，这是否会对法官的定罪量刑产生影响？请结合实践中的具体案件进行分析并提出你的看法。

# 第十五章 犯罪心理的预测

**【知识提要】**

犯罪心理的形成和发展受多种因素的制约,其变化是有规律的。对犯罪心理形成与发展趋势进行科学预测,不但可以为制定犯罪预防策略提供重要的科学依据,也是有效控制预防犯罪的前提。在学习中,要注意了解犯罪心理诊断的功能、种类、内容和技术方法,掌握罪犯心理矫治的技术和方法。

## 第一节 犯罪心理预测概述

### 一、犯罪心理预测的概念

犯罪心理预测,是指运用科学的理论和方法,对一定社会范围内犯罪心理和犯罪行为的未来发展趋势,以及某些个体犯罪和重复犯罪的可能性等所做的推断和预见。

犯罪心理的产生和发展具有一定的规律。正是由于犯罪心理的这种规律性,使得人们有可能对其发展的状况进行科学的预测。首先,犯罪心理是在多种不良因素相互作用下形成的,从与犯罪心理形成和发展相关的大量因素中检测出一些重要因素,测知这些因素的存在与否和起作用的程度,就可以测知犯罪心理变化发展的趋势和发生犯罪行为的可能性。其次,人的心理和行为互动的关系表明,人的行为是在某种心理支配下发生的。如果个体形成了犯罪心理,他或早或迟会将犯罪心理外化为某种行为,外化的行为可能是直接的犯罪行为,也可能是一些违背社会规范的越轨行为。通过对个体行为表现的观测,可以预测其犯罪心理的状况和发展趋势。再次,事物发展的量变质变规律提示犯罪心理的发展也是一种由量变到质变的过程,通过对犯罪心理状况的测定,可以对犯罪心理发展的阶段性和严重性进行判断,这也为犯罪心理预测提供了科学依据。最后,犯罪现象的相对稳定性和历史延续性是犯罪心理预测的客观基础。一个社会的政治、经济、社会传统与文化直接制约这个社会的犯罪现象,而任何一个社会的政治、经济、社会传统与文化都是具有相对稳定性和历史延续性的,这就决定了存在于该社会形态中的犯罪现象呈现出相对稳定性和历史延续性的特点,为犯罪心理预测提供了可能。犯罪现象的稳定性越大、历史延续性越强，犯罪心理预测的可能性、科学性、准确性也就越高。

犯罪心理预测作为一种科学的预测，具有十分重要的意义和作用。犯罪心理预测为犯罪心理预防提供信息，是犯罪心理预防的前提，只有科学预测，才能有效预防；犯罪心理预测的根本目的，在于预防犯罪，为有效地控制、减少犯罪提供充分的科学依据。科学而准确的犯罪预测，不仅能够保证预防、控制犯罪决策的科学化和最优化，而且是预防、控制犯罪工作由经验型向科学化转变的重要途径；科学的犯罪心理预测是制定犯罪对策的前提，是国家制定社会政策和完善刑事法律预测的根据。因此，科学的犯罪心理预测，对于及时而有力地打击犯罪，维护社会的长治久安，保障社会主义现代化建设的顺利进行具有特别重要的意义。

## 二、犯罪心理预测的分类

（一）从对象上可分为社会总体、局部与个体预测

社会总体预测是指以整体社会为研究对象进行的各种犯罪发展趋势和发展规律的预测。它是在对社会的政治、经济、法制、文化诸方面进行研究的基础之上，推测出犯罪发展的可能性。社会预测有助于对犯罪现象的整体研究，有利于从社会原因角度去探讨、控制犯罪，如全国性的犯罪预测和大区域性的犯罪预测等。这种预测一般由决策机关和专门犯罪研究部门组织进行。

局部预测是从制定局部预防和控制犯罪措施的需要出发，对影响局部社会环境及单位治安形势的方面进行预测。这种预测一般由实际工作部门进行。

个体预测是指以某个人为对象进行的未来犯罪可能性的预测。它是以该人的生活经历、家庭环境、社会环境、生理、心理等方面为依据做出预测的，以做到早期帮教、早期预防，防止犯罪行为的发生。

（二）从形式上可分为综合、分类和单项预测

综合预测是指对犯罪的多个项目或内容进行多方位、多角度、多方法的预测。它是社会治安综合治理工作中社会防范工作的前提和依据。

分类预测是指对某一类别的犯罪进行预测，如对经济犯罪、暴力犯罪、危害公共安全犯罪的专题预测，或对大案要案的预测。

单项预测是指对某种具体犯罪进行的预测，如对盗窃犯罪、贪污犯罪、抢劫犯罪的预测，它是制定具体防范措施的工作依据，也可以是综合性预测的组成部分。

（三）从预测时间上可分为短期预测、中期预测、长期预测

短期预测是指对未来一两年内的各种犯罪趋势和变化规律的预测。其目的在于依据预测结论，有针对性地制定和实施犯罪防控的具体方案与措施。短期预测

由于时间短、变差小，容易把握，具有精确度高、效果好的特点，因此它是一种经常采用的预测方式。短期预测一般宜细不宜粗。

中期预测是指对未来三五年的各种犯罪趋势和变化规律的预测。其目的在于依据预测结果，制定或调整未来一定时期犯罪防控中心和打击重点，研究制定相应的对策措施。该项预测在具体实施时要求既有宏观部署，又有微观安排，中期预测粗细兼顾。

长期预测是指对未来十年左右或更长时间的各种犯罪趋势和变化规律的预测。其目的是为未来的刑事立法、防控措施的制定提供依据。长期预测大都与国民经济的长远规划同步进行，长期预测宜粗不宜细。

（四）从性质上可划分为定性和定量预测

定性预测是指根据犯罪的性质、特点、过去和现状的延续状况，对未来犯罪进行推断性的总体趋势分析的工作过程。定性预测的目的一般是判断犯罪处于何阶段，有哪些倾向和趋势。

定量预测是依据客观数据资料计算出的结果，使得对犯罪情态和趋势有一个直观的量化值的描述，它比定性预测更为准确。任何事物都是质和量的统一，因此，在对犯罪预测的工作中，经常要把定性预测和定量预测结合起来进行。

### 三、犯罪心理预测的内容

犯罪心理预测的内容指的是在犯罪心理预测工作中所包含或涉及的变量、特征、范围和犯罪发生的社会或环境条件等。

（一）犯罪率的预测

犯罪率的预测是指对未来一段时间和空间内犯罪行为发生率的上升或下降等波动情况进行的可能性描述，包括发案率、犯罪人在全体公民中所占的比例，犯罪数量绝对值的升降变化，不同类型案件发生率的变化等，以便社会对此采取相应的对策和措施。

（二）犯罪类型的预测

犯罪类型的预测是指对未来一段时间内犯罪种类的发展变化趋势的可能性描述。包括趋于稳定的犯罪类型、趋于升降变化的犯罪类型、可能新产生的犯罪类型，以及犯罪类型变化对整个社会治安的影响后果。

（三）犯罪人的预测

犯罪人的预测是指对犯罪人所具有的相关特征进行的可能性描述，使得社会有可能提前对某些人进行帮教，防止犯罪。包括犯罪人的职业、年龄、性别分布，性格特征、文化程度和家庭状况等，如初次犯罪的年龄特征、女性犯罪率增长的趋势、犯罪者的职业分布情况、问题家庭与犯罪等问题。

### (四) 犯罪形态的预测

犯罪形态是根据犯罪的外部表现而划分的犯罪的具体表现形式。不同犯罪形态对社会的影响和危害程度显然是不同的。如同是暴力犯罪,是单个人犯罪、共同犯罪、集团犯罪,还是黑社会性质组织犯罪;同是抢劫犯罪,是徒手、使用刀具、枪械,还是使用了更为严重的犯罪手段。因此,对犯罪形态的未来发展状况进行研究是非常重要的。

### (五) 犯罪手段的预测

犯罪手段的预测是指对犯罪分子采取什么样的方法和特点实施犯罪进行的可能性描述。随着科学技术的高速发展,高新科技更多地被用于犯罪,新的犯罪手段、犯罪技术对防范技术和破案手段提出了新的挑战。准确的预测有助于防止犯罪的侵害和对案件的侦破。

### (六) 犯罪时间的预测

犯罪时间的预测是指犯罪将在什么时间或时间范围内发生的可能性描述。例如,犯罪与季节的关系、犯罪的钟点;哪些犯罪类型容易在什么季节、什么气候条件下发生,哪些犯罪常常发生在白天或夜间。同时,犯罪时间的预测还可以用于犯罪主体和个案方面,如某类人群将在什么时间或年龄有犯罪的可能性,系列案件中犯罪人在什么时间容易再次发案。另外,在犯罪趋势的预测中也涉及犯罪峰谷的时间确定问题。

### (七) 犯罪空间的预测

犯罪空间的预测是指犯罪将在什么空间或区域范围内发生的可能性描述。如犯罪在人口稠密和稀疏地区的一般分布情况,或犯罪在特殊空间表现出来的规律,如在城市死角、城乡接合部或社会控制真空地带、独居住宅、工矿、商店、市场、旅馆、车站与码头、国边境等特殊地区的犯罪情况,这有助于我们有针对性地做好防范工作。

### (八) 犯罪趋势的预测

犯罪趋势的预测是指随着社会和客观自然环境的变化,犯罪将会出现什么趋势,以及变化规律的描述。这属于宏观预测方面的内容,是为国家制定刑事政策、为防控部门事先制定防控措施提供依据的。

犯罪预测的内容十分广泛,并会随着社会的发展、对控制犯罪的实际需要和研究方法的进步而发生变化,这也是我们在研究中需不断注意的问题。

## 第二节 犯罪心理预测的方法

犯罪心理预测的方法是犯罪预测的重要手段之一，没有正确的预测方法，就不能得出准确的预测结果。准确的犯罪心理预测不但要求预测者有实事求是的科学态度，大量地收集重要资料，还要求预测者掌握科学的预测方法。犯罪心理预测的方法多种多样，有用于犯罪定性、定量预测的方法，也有用于综合定性、定量两个方面技术预测的方法，还有用于犯罪行为个体的预测方法，具体来说，主要包括以下几种类型：

### 一、直观型预测法

所谓直观型预测法，是指靠人们的经验、知识和综合分析能力进行预测。具体预测方法有以下几种：

（一）专家预测法

专家预测又可进一步分为个人预测和集体预测，前者主要是通过征求专家个人的意见来进行预测判断的方法，其优点是简单易行，但容易出现片面性；后者是通过召开专家小组会议来获得预测性判断的方法，虽然这种方法在一定程度上可以做到集思广益，但参加专家会议的人数总是有限的，代表性可能不够充分；同时难以排除专家之间相互暗示和干扰等情况，如个别专家的权威影响太大，往往权威人物一发表意见，其他人就容易顺其思路发表意见，或者有碍于情面不表示不同意见。

（二）特尔斐预测法

特尔斐预测法是专家预测法的发展和创新。以往征询专家意见往往采取召开专家会议的方式，这种方式不利于个人意见的充分表达，不便于个人意见的及时调整。美国兰德公司对专家预测法进行改革后，创造了特尔斐预测法。该预测法的工作程序如下：

1. 组织准备阶段

首先，成立一个专门的犯罪预测领导机构，确定预测主题，并选择与犯罪研究工作有关的专家，包括学者和实际工作者，专家人数一般以 10~15 人为宜。对于规模较大的犯罪预测，为了确保预测结论的准确性、权威性，也可适当扩大专家规模，多者可达百人。

2. 预测问题的确定

特尔斐预测法的整个预测过程是通过不断给专家发放事先设计好的调查表，并要求其填写的方式进行的。首先，根据预测对象，把要预测的内容写成若干条含义十分明确的问题,并规定统一的评估方法;其次,在确定了具体预测目标后,精心设计需要专家应答的调查表,根据调查工作的需要,将所列问题进行分类,明确回答各类问题的要求,并将上述调查表寄送给选定的数十名专家,当然对专家的姓名要严加保密。

3. 预测过程

预测一般分四轮进行,如果意见不集中,还可进行第五轮、第六轮的工作。第一轮,发放的调查表不带任何框架,让专家们自由提出自己的设想和主张。该表回收后,对所有提出的问题用科学方法进行定量统计归纳以反映专家集体意见,经整理汇总后作为第二轮调查表发放。专家根据要求对问题逐一评价,并说明理由然后交回。在第三轮调查中,专家再次判断推测,甚至修改或纠正上一轮自己的判断,并说明理由。对于坚持不同意见者,请其详述理由,防止正确意见被忽视。如果意见仍不一致,可增加调查的次数。直至意见基本趋向一致,就可总结整理出犯罪预测的结论。

4. 预测结论的处理和表达

特尔斐预测法利用专家的经验和专业知识进行直观预测,但其具有匿名性、反馈性、统计性等特点,故效度、信度不同于并且高于一般的专家预测法。为了保证结论的客观性、准确性,对预测结论分别通过人工处理或电脑处理,或二者结合进行,对犯罪预测结论的表达,一定要做到用语客观、内容全面、数据精确、结论正确。

特尔斐预测法在预测研究中曾得到广泛的应用,有时比通过会议方式征求专家意见更能取得正确结论,但缺点是容易忽视开始时由个别专家提出但未能被大家所理解的创造性预见。

## 二、探索型预测法

所谓探索型预测法,是指假设未来的发展趋势不变,从现状推论未来的方法。趋势外推法就是一种典型的探索型预测法。

所谓趋势外推法是根据历史和现有的资料分析出发展趋势,从而推测未来发展情况。这是当前较常用的犯罪预测方法。这种方法的主要特点是,根据过去和现在已知犯罪构成规律的动态统计数据向未来延伸的方向,预测未来的犯罪态势。它首先借助数学方法计算出过去到现在的一个时间范围内犯罪状况和结构的变化指标,然后将这些变化的速度和节奏的指标,通过构成绝对数据或指数的动态数据的途径,移用于未来的一段时间。

趋势外推法是假设未来犯罪发展态势不变,从现状推断未来犯罪动态,而犯罪态势不可能在较长时间内保持不变或不发生较大变化。故而趋势外推法不适宜进行长期趋势预测,尤其不适宜在政治、经济、文化大变革的时期进行长期趋势预测。当社会结构面临较大变动，社会存在某种震荡时，在中短期的犯罪预测中也不适宜使用这种预测方法。犯罪趋势的相对稳定只存在于社会稳定发展的某个不太长的时期内，此阶段运用趋势外推法对未来犯罪态势进行短期预测和中期预测，可得出较为准确的结论。趋势外推法具体还可分为线性趋势外推、曲线趋势外推和时间序列趋势外推等多种方法。

### 三、规范型预测法

所谓规范型预测法，实际上就是根据社会需要和预想目标，从未来回溯到现在，预测实现目标的时间、途径和所需创造的条件等的一种方法。具体方法有相关树预测法、因素分析预测法、指数预测法等。

（一）相关树预测法

相关树预测法又称关联树预测法，它是一种比较典型的规范预测方法，20世纪60年代初，它在1957年C. W. 裘克曼等人提出决策树的方向上，加上矩阵理论而发展起来。[1] 它是用图表的形式明确排列可能实现的目标和所需解决的问题，或按系统深入分析其结构与因果关系的组成，并根据这种排列通过有机的搭配和选择，最终确定最佳解决途径和方案的一种预测方法。相关树预测法适用于那些按因果关系、复杂程度和从属关系分成的预测系统。在整个预测过程中，每搭配一种模式、划分一个系统，实际上就是为了实现某种目标或解决某一问题，也就是对未来的预测对象可能出现的某种发展趋势作出预测。

相关树预测法的核心问题是分析等级结构，每一级分支的交点被称为顶点，每一顶点至少要分出两个分支，可以如此一直划分下去，数量根据需要不用限制。

在设计相关树时，必须明确总任务、总目标、总目的和总问题等，并以此作为关联树的顶点，然后对各相关因素进行分析，如因果关系、主从关系、构成关系、发展关系等。在对第一个层次划分完之后，需要明确下一层次分支的任务、目标、目的和问题等。根据需要，可以不断地进行垂直和水平分支的划分，这将有助于全面系统地考虑所要预测的对象的整体情况，并发现必须要解决的具体问题。

为了便于量化分析和研究，在相关树中各级纵横关系都应标明相关系数，相关树的具体组成方法，可以按系统的构成因素组成，也可以按解决问题的方案构成，还可以按需要解决的问题构成。

（二）因素分析预测法

所谓因素分析预测法，是指从事物发展过程中找出制约该事物发展的重要相

---

[1] 参见夏禹龙等编著：《软科学》，知识出版社1982年版，第130页。

关因素，以作为对该事物发展进行预测的预测因素，测知各重要相关因素即各预测因子分别具有多大的预测能力，然后依据诸预测因素所起作用的大小和变化，预测该事物的发展趋势的方法。

因素分析预测法是较为常用的一种犯罪预测方法。该法是在承认犯罪现象受诸多复杂因素制约的前提下，从中找出制约各种犯罪产生、变化和发展所需要的相关因素，作为对未来犯罪预测的预测因子，通过对这些预测因子和犯罪相关性的分析，确定预测因子与犯罪的相关系数，从而测定各该预测因子的预测能力，根据各预测因子所起作用及变化，预测犯罪的发展趋势。

这里所指的相关性，是指两种或两种以上的变量彼此相伴随变动的趋势。这种相关性可分为：正相关、负相关、零相关三种。正相关，即一种变量的增加，同时伴以他种变量的增加；负相关，是一种变量的增加，同时伴以他种变量的减少；零相关，是一种变量的增加或减少，不引起他种变量的变化。相关性是通过相关系数来表达的，相关系数就是用以表示两种事物相关程度与方向的适当数量。相关性越大，相关系数越高；反之，则相关系数越低。求得预测因子与犯罪的相关系数，我们即可测知因子的预测能力，也可通过分析预测因子的变化来推断犯罪未来的发展变化和趋势。

在因素分析法中，我们不仅可以测知犯罪的未来趋势，而且还可以根据对预测因子相关系数的分析，从预测因子中区分出长期起作用的因素、暂时起作用的因素、强相关因素、一般相关因素、负相关因素和容易控制的因素、难以控制的因素，以及遏制犯罪发生的因素，可以使我们在预测犯罪过程中，为预测犯罪提供科学依据，抓住重点，争取主动，有效遏制犯罪，减少犯罪的社会危害性。

（三）指数预测法

指数预测法，是指对构成行为人犯罪心理的若干重要因素，分别按一定标准评分，然后加以综合，做出总的估量，得出可能犯罪性各指数，以作为某一个体犯罪可能性的量的指标。根据所测定的可能犯罪性各指数所属的不同区间，以及指数的变化趋势，分别加以统计，从而既可对某一个体的犯罪可能性及其趋势进行预测，又可对某一社会范围内犯罪率起伏趋势进行预测。

### 四、初犯预测与再犯预测法

对个体的犯罪心理预测通常可分为两个方面的预测：

（一）初犯预测

初犯预测，是指运用心理学原理和方法对尚未发生犯罪行为的人进行心理发展趋势和犯罪可能性预测。初犯预测主要适用于青少年，即14岁到25岁的少年和青年。

最早对初犯预测展开研究的是美国的格卢克夫妇（S. & E. Glueck）。他们在1950年发表的《少年违法行为的解释》中第一次介绍了对早期违法行为的预测。他们的研究结果表明，父亲对少年管教不严或不一贯、母亲对少年的监督不适当、父母对少年的性意识不关心、家庭不团结、反抗性强、破坏性大、情绪易变、喜冒险等因素是犯罪少年区别于非犯罪少年的显著特征。

近几年来，我国已开始重视研究对初犯的预测问题。研究者根据我国的实际情况，运用心理学知识，从人的日常生活中所表现出来的种种征兆，来探讨违法犯罪预测的可能性。这种犯罪征兆预测方法具有广泛的群众性，便于掌握。

所谓犯罪征兆，就是人在犯罪行为发生前出现的各种与犯罪相关的征候、苗头或异常现象。个体犯罪心理的形成是一个过程，随着这一过程的发展，必然要发生相应的外在行为表现或显露某些迹象。

初犯在犯罪之前心理冲突激烈，外在表现突出，容易被察觉，只要细心观察，认真分析，是完全能够掌握的。

初犯的犯罪征兆主要体现在以下方面：

1. 物质需要的恶性膨胀。一般来说，恶性膨胀的物质需要往往与犯罪意识的产生密不可分。当个体产生了超出个人支付能力的物质需要，并疯狂地去实现这种要求时，犯罪就可能成为他的行为方式。

2. 人际交往不良。物以类聚，人以群分。可能产生犯罪行为的人，在人际交往等方面往往出现一些变化，如疏远积极上进、作风正派的人，厌烦家长、老师、领导的教育帮助，以致常常发生顶撞，与品质不良的人交往甚密，等等。

3. 越轨行为增多。具有犯罪意向的人，在生活中他们往往轻视法律、蔑视社会规范，常常做出一些越轨行为，而且随着犯罪意向的强化，越轨行为会不断增多。

4. 性心理异常。性心理方面表现出的异常，也是犯罪征兆的重要组成部分。主要表现为：偷看淫秽书刊、色情录像；频繁追求异性，故意挑逗，甚至动手动脚；有的对幼女表现出极大的兴趣。

（二）再犯预测

再犯预测，是指对已经发生犯罪行为的人运用心理学原理和方法进行重新犯罪的可能性预测。

国外再犯预测研究中，具有代表性的是美国的伯吉斯（Ernest Watson Burgess）、格卢克（S. &E. Glueck）及德国的希德（Schiedt）等人的研究。

伯吉斯的再犯预测研究。美国芝加哥大学的伯吉斯教授最早从事假释研究，他在1928年发表的《伊利诺伊州不定期刑及假释制度》中，开始研究假释的成败。他对伊利诺伊州的彭的克、门那尔和朱利三个矫正机构所假释的3000名犯人进行了详细调查，调查其假释前的生活经历，以及有关的其他情况，从收集的资料中，选出21个预测因素，对假释犯人的再犯可能性进行预测，创立了假释犯重新犯罪的预测方法。这些因素包括犯罪性质、共犯人数、国籍、双亲状况、婚姻状况、犯罪类型、社会类型、犯罪行为地点、居住社区的大小、近邻的类型、逮捕时有无固定住所、法官和检察官关于能否对该犯人进行宽大处理的意见、以前的犯罪记录、以前的职业记录、释放时年龄、智能年龄、性格类型及精神医学诊断等。在进行预测时，将各因素用分数表示，按各假释者的情况，给各预测因素打上不同的分数，然后根据所得分数的多少，制成分数与假释成败的关联表，分数越高，假释成功的可能性越大；反之，成功率则越低。

格卢克夫妇的再犯预测研究。1930年，美国犯罪学家格卢克夫妇发表了《500名犯罪人的经历》一书。用自己独创的方法对假释者的再犯情况作了预测研究。他们使用专门的调查人员，对1919年至1920年由麻省矫治机构所假释的510名男性犯罪人做实地调查，收集了入监前、入监中、假释中及假释后4个阶段中的各种资料，选出犯罪可能因素共50个。然后运用统计技术，选出与犯罪具有重大关联的8个因素做再犯预测。这8个因素是：劳动习惯、犯罪的严重性与次数、罪犯以前受过的指控、监禁前的受刑经验、判决前的经济责任、入监时的精神异常性、在监中违反监规纪律的频率与程度、假释期间的犯罪。各因素与犯罪可能性的相关度不一致，前6个属于收容前的因素，后2个属于收容后的因素。判决时的再犯预测可以只用前6个因素制成预测表。预测时，按犯人的情况对每项因素打分，然后算出总分，并在最高总分与最低总分之间划出若干等级，就各等级计算犯罪人与假释成败之间的百分比，来预测再犯可能性的大小。根据这种预测法，假释成败的观察期间可长达假释期满后的15年之久。

希德的再犯预测研究。1935年，希德调查了1931年间由巴弗里亚监狱释放的500名罪犯，从他们的生活史中选出与再犯关联性较大的15个因素，仿效伯吉斯的方法，做再犯预测研究。希德采用的预测因素包括遗传负因、先辈的犯罪、不良教育、不良学习成绩、18岁以前初犯、4次以上前科、饮酒嗜癖、性格异常、36岁以前释放、狱中不良行为、释放后不良的社会关系等。

在我国，重新犯罪的预测主要是根据可能重新犯罪的人员在日常生活、学习、工作、劳动及人际交往等方面的表现，运用犯罪心理学的有关理论，来预测他们重新犯罪的可能性。在预测中分析犯罪原因时，将社会环境因素、生物因素与心理因素结合起来，以社会因素为主导线索。一般来说，释放人员接受外界不良影响越多、越复杂，腐蚀性越大，形成重新犯罪心理和行为的可能性就越大；主体具有不良内在因素越多、越严重，形成重新犯罪心理和行为的可能性也就越大，这是重新犯罪预测的重要依据。重新犯罪预测主要在决定是否假释和刑满释放时使用。

上述犯罪心理预测方法由于应用现代数学与计算科学、统计科学、现代化计算技术设备而日渐增强了科学性和准确性，开始显示出越来越强的预测能力。此外，还有数学模拟预测法、系统分析法、矩阵法等，各种方法，各有千秋。在实际的犯罪心理预测操作过程中，往往根据需要和实际情况，采取几种预测方法，将结果相互印证，减少误差，力求得出的结论更为准确。

**五、犯罪心理预测的基本步骤**

犯罪心理预测的实施虽然受具体的预测方法的制约，但一般来说，通常包括以下几个步骤：

（一）明确预测的目的、任务

预测的目的要明确、具体，从实际需要出发。对未来前景的预测总是为当前的行动决策服务的，每项预测都要明确应该解决什么问题，为什么目标服务，然后提出具体的预测任务、项目等。

（二）收集和审核预测所需的资料

根据预测任务的要求，收集充分而准确的资料，这是预测的基础工作。在收集资料后，首先要做的工作就是确定相关资料整理指标体系，一般对收集到的犯罪资料，可以从不同的角度来选择不同的指标体系，选择何种指标体系，取决于犯罪现状分析和犯罪预测的需要，其基本要求是必须系统地、有针对性地选择能充分反映犯罪总体及其各组成部分数量关系的资料。预测所需的资料包括历史资料、现实资料和相关资料，在必要时还应该作一些补充调查或间接推算，以弥补现有资料的不足。为保证犯罪资料的质量，必须将收集来的原始资料进行严格的核实，犯罪资料的准确无误，直接关系到犯罪预测的科学性。审核通常包括完整性与准确性两个方面。对于各项资料都要认真审核指标口径、所属时期、计算方法、使用方法等，并进行必要的订正，确保资料、数据的准确性。对犯罪资料的审核，首先要对资料进行常识性和逻辑性的检查，不能出现自相矛盾、不合逻辑的情况，一旦发现问题，应及时补充或更正，以确保真实性与可靠性。其次，要核实犯罪统计数据的计量单位是否统一，如果不统一，则不能进行资料的统计处理。

（三）确定预测模型和预测方法

将资料基本关系用一定的数值形式和数学方程表现出来，便是确定预测模型。根据现象的特点有各种各样的预测模型可供选择，如平均数模型、趋势模型、回归模型等。对于模型参数值的估计也有各种各样的方法。一种预测模型可以使用多种预测方法，一种预测方法也可以适用于多种预测模型，要从多方面分析加以结合采用。一定的预测模型与一定的预测方法结合起来就产生了预测公式。预测公式是具体进行预测的标准，也是预测模型的具体化。

## （四）资料的分类与汇总

资料的分类是根据犯罪预测的要求，将诸多犯罪数据资料有目的地分成若干部分的工作。犯罪现象在犯罪行为方式、犯罪主体特征等各方面表现为多种类型，不仅性质上有所不同，而且在犯罪总量中所占比重也不一样。通过分类，可以分别计算出各种类型所占的比重，反映出犯罪的内部结构，分析研究这种内部结构，对我们揭示犯罪现象的状态、特征以及变化趋势有着十分重要的意义。资料的分组一般分为简单分组和复合分组。简单分组是指按某一项标准进行分组，只能反映犯罪现象某一侧面的状况。复合分组是指按两项以上的标准进行分组。它能够多侧面地反映犯罪现象，更利于把握犯罪状况的全貌。犯罪资料的汇总则是指将犯罪资料的各种数据归纳到某一标准的各组中去，以此计算出各组数值及其所占比例的工作过程。

## （五）估计参数和进行预测

确定了预测模型和预测方法之后，就可以利用历史资料、现实资料或相关资料进行直线或曲线拟合和估计参数。预测模型中给定了具体的参数值，就成了特定的可供专门问题预测使用的模型。但在应用模型以前还要对模型进行检验，即应用统计假设检验原理与方法，验证模型中所包含的变量及其结合形式、方向以及相关程度能否代表客观情况，例如检验变量的运算关系、方程的形式以及参数的符号和大小是不是与预测理论和实践经验相符合。模型经过检验，基本上符合理论假设，就可以用来进行预测。预测的过程也就是模型的求解过程，给定我们所关心的未来时间可能的预测结果。预测结果的形式可以表现为具体的数值，也可以表现为一定的变动区间范围。在模型的外推预测中，也要考虑内部因素和外部条件是否发生变化，它是否明显地影响着现象发展的连贯性。如果没有明显影响，则预测结果就是可行的，如果有明显影响那就需要对预测结果进行一定的修改。

## （六）分析预测误差

预测是对现象未来犯罪心理与行为发展变化的估计，由于客观现象的因素和条件变化相当复杂，要求预测完全准确无误是不现实的。预测不可避免地存在着预测值与未来的实际值的误差。但是，预测误差的大小能够反映预测准确程度的高低。因此，必须对预测误差的大小以及可能来源进行分析，如果发现预测误差超出了允许的范围，那就有必要对模型作某些改进，或总结经验以提高预测水平。

## （七）提出预测报告

把预测的根据、最终结果以及可信程度加以整理，形成文件或报告，向有关领导部门上报，以便为政府决策提供依据，或以一定的形式向社会公布，供实际工作者参考，充分发挥预测成果的作用。

**【典型案例】**

**李某某假释案**

服刑人员李某某在某监狱服刑改造期间，能够认罪悔罪，认真遵守法律、法规及监规，自觉接受教育改造，积极参加思想、文化、职业技术教育，努力完成劳动任务；截至2020年5月31日，共获得监狱表扬四次，结合其日常改造表现，综合评定李某某确有悔改表现。根据《中华人民共和国刑法》第八十一条、《中华人民共和国刑事诉讼法》第二百七十三条第二款、《中华人民共和国监狱法》第三十二条、《监狱提请假释工作程序》的规定，经监区研究认为李某某符合假释相关条件，并将拟提请假释罪犯名单，报刑罚执行科。

2020年6月10日，刑罚执行科、纪委和监区民警前往县司法局进行调查，与司法局、司法所相关工作人员对接，并详细了解当地司法所对李某某拟假释的调查情况，对保证人进行详细询问并让担保人填写了假释监督承诺书，向村委会详细了解罪犯的家庭和社会关系、服刑前一贯表现、性格特征、对李某某拟假释的意见及左邻右舍对李某某假释回村后的影响。县司法局社区矫正中心出具了"具备社区矫正条件"调查评估意见书、社区影响调查表、固定居住地证明、收入证明、保证人无犯罪记录等相关材料，且保证李某某假释后生活确有着落及符合监管条件，不再危害社会。

刑罚执行科委托教育科心理健康指导中心在提请假释前，依照《拟假释罪犯再犯罪风险评估表》对拟假释李某某进行再犯罪风险评估，经评估得分为31.5分，属于较低风险。并将收集的评估意见书、社区影响调查表、监督承诺书、心理测试结果等相关材料反馈李某某所在的监区。

2020年7月28日，经监区研究，认为李某某符合假释相关条件，建议对李某某呈报假释，并在监区予以公示。公示期间未收到任何异议，监区按时间要求上报监狱刑罚执行科审查。

刑罚执行科接到监区呈报假释材料后，对李某某假释案件进行了严格审查，认为李某某已执行原判刑期二分之一以上，符合减刑后假释的法定间隔期限要求，在服刑改造期间确有悔改表现。并依照《减刑假释案件中刑事裁判财产性判项执行的规定》，对其消费情况、消费考核月分段进行核查，李某某消费起止时间无误，月均消费属实，且考核期间月均消费为人民币225元，并于今年全部履行完毕罚金人民币5万元。经过再犯罪风险评估，评估得分为31.5分，属于较低风险。认定"没有再犯罪的危险"；如果被裁定假释，其假释后居住地的社区矫正组织有监督管理条件，且罪犯假释后生活确有着落。

经刑罚执行科审查同意，随即将假释材料移送人民检察院进行同步监督后，提交监狱减刑假释评审委员会评审。

【课后练习】
1. 初步预测的现实意义是什么？会不会造成标签效应？
2. 心理学对犯罪心理预测有什么价值？
3. 犯罪心理预测在日常生活中有哪些体现？

# 第十六章 犯罪心理预防

**【知识提要】**

虽然无法确知犯罪个体和社会是如何具体相互影响的,但是已经发现了足够多的犯罪风险因素,对犯罪预防存在现实作用。在此基础上,犯罪心理预防通过社会的教育和人的自我修养之间的互动,促进人的持续社会化和人格的自我完善,以最大限度地预防和减少犯罪,进而促进整个社会的文明进步。

任何犯罪都是在行为人的罪过(犯罪的故意和过失)支配下实施的,犯罪与犯罪人的意识或人格缺陷有关,预防犯罪的所有措施必须作用于人的心理层面才能真正发挥作用。只有有效地消除行为人的意识和人格缺陷,才能彻底消灭人的反社会意志,并阻止其外化为反社会的犯罪行为,从而减少或避免犯罪行为的发生。

## 第一节 犯罪心理预防概述

### 一、犯罪心理预防的概念

犯罪心理预防,就是指通过给予个人的心理施加影响,以达到预防其发生犯罪行为的目的。心理预防的实质是通过对人的健全人格的社会培养和自我修养,提高人的是非辨别能力、自我控制能力和社会适应能力,使人在特定的社会背景和具体场合下能够做出符合社会法律和道德规范的行为选择的一种预防犯罪的方法。它是针对犯罪心理形成的原因及其发展变化的规律特点,采取有效的措施,削弱和排除形成犯罪动机的因素,从根本上防止犯罪行为的发生的活动。简言之,即防患于未然。因为犯罪是在一定社会背景和具体场合下发生的选择性行为,既是社会环境的产物,同时也是行为者主观能动性的外化。因此,在强调犯罪社会预防的重要性的同时,也必须注意到犯罪心理预防的必要性。

犯罪现象是一种极其复杂的社会现象,既有其社会原因,又有其心理原因,有其自身的发展过程和发展规律。犯罪现象的社会原因是通过犯罪人自身的心理原因起作用的。任何犯罪,都是在一定的主观心理态度支配下发生的触犯刑律的行为。所以说犯罪行为是犯罪心理的外部表现,即犯罪心理外化为行动,它是在犯罪心理支配下发生并随着犯罪心理的发展变化而变化的。而犯罪心理的形成，是各种因素相互作用的结果，是一个由量变到质变的发展变化过程。人们在实际社会生活中，总是处在各种外在因素的包围下，这些因素在与人的心理因素的相互作用中，总是不可避免地产生矛盾和斗争，如果调节不好，就会出现心理冲突和失去心理状态的相对平衡，犯罪心理的形成就是个体和外在不良因素矛盾斗争和转化的结果。

实现犯罪心理预防既是可行的，也是必要的。首先，人作为一种理性和意识的存在，为旨在使个体人格健康完善的心理预防提供了人性基础。因为人所具有的理性和意识（或自我意识）不仅使得人类能够观察和认识自然与社会，并且在一定程度上能有选择地接受外界环境与规范的影响和制约，而且使得人类能够进行自我观察、自我评价、自我修养和自我控制，从而在特定的环境下表现出一定的自我完善能力和行为的自我选择能力。外界环境的影响和人的自觉的自我修养，共同造就了人类个体的特定人格，这种人格一方面支配着个体行为选择并通过个体选择行为而得以外化，另一方面又在环境的不断影响和自我意识的不断修正下继续发生变化。

其次，犯罪人往往表现为人格品质的缺陷，这种缺陷进而使他们的社会认知能力、社会适应能力和自我控制能力低下或者减弱，导致他们在一定的社会背景和具体场合下做出违法犯罪行为的选择。就具体犯罪行为而言，有的可能是犯罪人在权衡利弊之后的选择，有的可能是出于难以自制的某种情感或本能冲动，有的则可能是出于心理变态或者精神障碍，然而，无论哪种情况，均与行为人人格品质的缺陷（如反社会意识、疏忽大意或过于自信）有关。如表现为个人世界观和价值观扭曲，或道德认识、道德情感、道德意志、道德行为习惯等个人内在自我控制力量未能充分发展，以及心理变态的表现。即使是政治犯罪，通常也是在一种错误的政治信念或理想的支配下实施的，而这种错误信念与理想的形成也是与个体的个性倾向性密切相关的。这些都说明施行旨在使个体人格健康完善的心理预防是十分必要的。

需要指出的是，强调犯罪的心理预防，并不是否认犯罪预防还可以通过其他途径进行，不是把犯罪现象简单地理解为一种纯心理现象，也不是把犯罪的预防措施完全归结为一套纯心理学的手段。实际上，犯罪心理预防是犯罪预防体系的一个方面，它与社会预防、治安预防、刑罚预防等一起构成了犯罪预防体系的不同层次或环节，这些不同层次的犯罪预防措施是相互补充、相得益彰的。强调犯罪的心理预防，无非是强调预防犯罪的基础不仅在于社会的完善，而且在于人的内在完善；预防犯罪不仅需要一定的外在社会控制，也需要人的心理的自我完善，而且绝大多数犯罪预防措施必须通过人的心理活动有效地发挥作用。

## 二、犯罪心理预防的原理和特点

### (一) 犯罪心理预防的主要目的是使人养成健全的人格

对健全人格的含义，不同的学者有着不同的理解。精神分析学者弗洛伊德把它视为一种"本我""自我""超我"三者和谐统一的状态；人本主义者马斯洛则将它称为能够"自我实现"的人格状态。而大多数心理学家则认为健全人格者的标志是在社会生活中具有良好的心理状态。一般来说，其具有下列几个方面特征：①乐于工作，并能将自己的知识与能力在工作中表现出来，能在工作中获得满足感。②能与他人建立和谐的关系，乐于与人交往。在对人态度中，积极的态度（如喜悦、信赖、尊敬等）多于消极的态度（如敌视、怀疑、畏惧、憎恶等）。③对自身有适当的了解，并且有豁达乐观的态度。愿意尽力发展身心方面的潜在能力，但是对无法补救的缺陷，也能安然接受，不以为是羞耻。④和现实环境有良好的接触，能对环境做出适当的反应。对生活中的各种问题，能用切实有效的方法加以解决，而不企图回避。最近，还有一些学者将健全人格的标准概括为六个方面：智力正常、情绪健康、意志健康、行为协调、人际关系适应、行为反应适度。

综合上述关于健全人格的标准，归纳起来不外乎三个方面：首先，个体的行为是否符合他所生活的具体环境；其次，其认识过程、内心体验、自我意识和意志活动之间是否平衡一致；最后，个体的个性特征是否具有相对的稳定性。显然，具有良好的社会认知能力、社会适应能力和自我控制能力，是人格获得健全发展的重要标志。健全人格者总是表现为能够冷静地面对和应付外界环境的压力和诱惑，能够建立起良好的社会交往关系，并且能够使自己的价值得到实现，而且，他们总是能够以积极的姿态和合乎规范的行为方式来获得自我实现。大多数心理学家在这一点上的认识基本相同。当然，健全人格的标准也要受各个不同国家或地区社会文化因素的影响。

### (二) 心理预防是教育培养和自我修养的结合

人格的形成和改变取决于外部环境、教育因素和人的自我意识（特别是自我评价与自我控制能力）这两个方面的作用。然而，实践中如何正确地理解和处理这两个方面的关系却是十分重要的。首先，创造一个良好的社会环境，并充分发挥教育的作用，是实现心理预防工作的一个重要方面，但这些外部控制手段必须通过人的心理活动这一中介才能真正发挥出它的效应。因此，心理预防更强调人的自我控制的重要性并以增强人的自我控制能力为最终目的。所谓自我控制，是人所特有的一种能力，它是由人的道德感、社会责任感、良心、羞耻心等组成的一套自我调节系统，能够使人在复杂的情境中和行为发生时表现出充分的理智与冷静，避免过激行为的发生。有的人在任何情况下都能够较好地驾驭自我，主动避免发生违法犯罪行为；而有的人则一遇微小刺激便难以自持，铤而走险。在这两种人身上就表现出自我控制能力的明显差异，心理预防的目的之一便是培养和强化人的这种能力。自我控制能力也制约着人格的发展状况，因为一个人对自己人格的发展是否具有远大的目标和严格要求，以及是消极接受环境的影响还是主动地塑造和发展自己，都对人格起制约作用；同时，当一个人确立了人格发展的目标以后，他能否对这个目标的实现采取积极的态度和方式，能否对自己人格的发展经常进行自我监督、自我反省、自我强化、自我批评，将决定着人格发展目标能否实现。

显然，那种把犯罪预防仅仅理解为作用于个人的外在社会控制是错误的，因为它忽视了人的主观能动性。反之，如果把心理预防等同于个人自我控制，从而否定教育的主导作用的观点同样是错误的。实际上，犯罪心理预防依赖于上述两种因素的交互作用。

（三）心理预防是一个过程，这个过程贯穿人的一生

应当说，人的社会化和继续社会化过程的顺利完成就是最好的犯罪心理预防，因为健全的人格（特别是良好的自我控制能力和社会适应能力）都是在社会化过程中获得的。所谓社会化，就是个体在特定的社会物质文化生活中，通过与社会环境的相互作用，不断地学习这个社会所积累的知识、技能和社会生活规范的过程。这个过程不是人生的某一阶段，而是自人生早年开始并贯穿人的一生。在人的社会化初步完成以后，还需要继续社会化，因为我们所处的社会本身又是处在不断的发展变化之中的，特别是当个体对社会环境因素发生突变表现出不适应，或个体所处的地位及担任的角色发生了极大的变化，或个体原有的思想方式和行为模式与社会要求不协调以致发生冲突时，就需要继续社会化或者再社会化。当然，这个过程不是社会或者个人的单方面活动，而是社会与个人的双向互动过程。

（四）心理预防是一种积极预防，它面向所有社会成员

心理预防是一种"防患于未然"，是一种积极的事前预防，目的是消除或控制犯罪心理和行为形成的因素。其主要的途径是使每个社会成员在自身成长发展过程中，培养正确的社会导向能力和自我控制能力，使社会道德规范和行为准则的要求内化为自己的需要，从而不断完善自己的人格品质，成为一个自觉的守法者。当然，我们不否认罪犯、变态人格者以及精神病患者身上存在更多的人格缺陷或心理问题，更需要采取一系列手段予以治疗和矫正，它主要是事后预防。根据最大效益原则和"防病优于治病"原理，我们必须把主要的精力和更多的财力投放到一般人身上，使每一个社会成员都始终保持良好的人格状态，从而最大限度地控制犯罪的发生。

## 第二节　犯罪心理预防的功能

犯罪心理预防的功能，是指犯罪心理预防所产生的社会作用。就其直接作用来说，就是通过健全人格的培养、提高人的心理素质，以最大限度地预防和减少犯罪，进而促进整个社会的文明进步。

### 一、人格塑造功能

心理预防的人格塑造功能，是指心理预防对个体人格的形成与发展所具有的积极影响。它是心理预防最基本的功能，这一功能的实现首先依赖于社会的教育和人的自我修养这两个方面的活动，前者表现为社会文化（如社会的风俗、习惯、制度等）、社会的政治思想、社会风尚、价值准则等对个体的影响和熏陶，后者则表现为个体对社会文化、价值准则等教育影响的接受与内化，在依靠自身力量的前提下，根据社会教育要求进行自我调适和自我修炼；个体人格的形成是两者共同作用的结果，个体成为一个怎样的人，既取决于社会环境、教育，同时又取决于他自己对这些影响是如何作出反应的，换言之，也取决于他的自我修养。因为个体总是以自己所具备的条件对社会化的内容进行选择的。总之，在个体与社会的相互作用过程中，人形成并发展了自己的良心和道德感、自我意识和自我控制系统，最终形成了自己的世界观和价值观。

### 二、心理调节功能

心理预防过程的心理调节功能，主要表现为能够使个人建立起一套内在的自我调节和自我控制机制。它是指自己对自身行为与思想的调节和控制，自我调节和自我控制表现在两个方面：一是发动作用，即个体在活动过程中，努力克服困难，调动自己的全部能力进行活动；二是制止作用，即抑制和克制自己不合理的需求、消极的情绪以及这种情绪的意外爆发和不当行为。个体在获得人格发展的同时，个体不仅能认识自己，也能形成自己的一套自我调节和自我控制的机制及能力。这种自我调控机制和能力主要由良心、道德感、责任感、羞耻心等成分构成。它指引着个体在具体社会情境之中的具体反应方式和大致行为方向。充分发展的自我调节和自我控制机制，可以自觉地抑制人的本能冲动，经常地调节个人与社会现实的关系，缓解由本能冲动或外在压力所引起的内心冲突与挫折，使个人的心理始终处于与其自身的年龄和身份相适应的最佳状态，在任何打击或诱惑之下，都能够保持相当的理智与冷静，不致发生违法犯罪等越轨行为。

### 三、社会控制功能

犯罪的心理预防主要表现为社会的教育与个体的自我教育、自我修养相互作用的过程，通过社会的教育活动，使个体适应社会和行为符合社会规范（包括刑法等法律规范），通过教育影响人们的行为本身就是一种实现社会控制的较好形式。而且，心理预防的上述社会控制功能是一种外在社会控制与个体的自我控制的相互结合、是两者的综合平衡。

### 四、促进社会发展功能

心理预防的主要目的是通过塑造社会成员的健全人格来预防犯罪，全面提高人们的心理素质本身就是促进社会发展的一种方式。中国疾病预防控制中心精神卫生中心2009年年初公布的数据表明，我国各类精神疾病患者人数在1亿人以上，但公众对精神疾病的知晓率不足五成，就诊率更低。另有研究数据显示，我国重型精神疾病患者人数已超过1600万人。精神疾病有轻型、重型之分。常见的轻型精神疾病有神经衰弱、强迫症、抑郁症等，常见的重型精神疾病有精神分裂症等。轻型精神疾病主要表现为感情障碍（如焦虑、忧郁等）和思维障碍（如强迫观念等），但患者思维的认知、逻辑推理能力及其自知力都基本完好。部分轻型的精神疾病如强迫症、抑郁症等与心理疾病有交叉，患有心理疾病的人数并不少于精神疾病患者人数。全面提高社会成员心理健康素质，减少精神疾病和心理疾病的人数，能够提高社会成员素质，因为社会进步取决于每个成员素质的普遍提高。同时，这一目的的实现，在客观上要求必须有一个有利于人格健全发展的社会政治、经济、文化和医疗卫生环境，对良好社会环境的追求必将引领我们的社会朝着科学、民主、法治、人性的方向发展。

## 第三节　犯罪心理预防的基本途径

### 一、加强社会教育——促进人的持续社会化

使个体顺利地社会化，是犯罪心理预防的基本途径之一。从社会的角度来看，个体的社会化，就是社会将一个自然人转化成一个能适应一定的社会文化、参与社会生活、履行一定角色行为的社会人的过程。这是一个终身不间断的过程，在人生的每一个时期，社会化的要求、内容及进程是不同的。处在成长阶段的个体要学习知识，掌握社会规范，形成一定的行为方式；成年后，社会化还要发展，要解决许多问题，如事业的发展、教育子女等；即使退休以后，也要继续

适应自己社会角色的变化,承担一个公民的义务。所以,个体的社会化是通过人的一生完成的。为了保证个体社会化过程的顺利完成,实现犯罪的心理预防目标,需要做好以下三个方面的工作:

(一)不断完善社会环境

人格的健全发展需要具备良好的社会环境,一定的文化背景和社会政治经济背景对于社会成员的人格发展有着潜移默化的影响,因为社会环境的好坏与犯罪状况有着密切的联系。不良的社会环境对个人的心理品质、人格特征的发展存在十分消极的影响,对于自觉性较低、批判力较差的人来说,长期处于不良的社会环境中,将会使他们的心理及人格向消极颓废,甚至反社会的方向发展,从而走向犯罪。从社会发展的历史来看,社会犯罪率的高低往往与社会的物质文明和精神文明的协调程度有关。现代犯罪学科的研究表明,不良社会环境是影响和造成违法犯罪的重要原因。要想控制和减少犯罪,必须从根治社会环境做起。因此,心理预防的基本途径之一,就是完善社会,创造一个有利于人格健全发展的良好社会环境,这种社会环境的基本特征是民主、科学、文明、法治,充分尊重人的价值、能够充分满足人的物质文化需要。这样的社会环境与个人存在协调统一的关系,绝大多数社会成员能安居乐业、心情舒畅,能最大限度地降低诱发犯罪行为的各种社会矛盾。

当然,社会环境的完善并不意味着纵容犯罪人或者有人格缺陷的未成年人。对成年人的犯罪行为或者未成年人的犯罪行为、社会越轨行为要及时作出有效反应,不能因为怜悯而使他们失去被矫治的良好机会,否则会对社会造成更大的损害。有专家在研究大量案例的基础上发现,对于很多幼儿的任性若不及时制止很容易形成性格问题。而对于幼儿的任性,复杂的说教不如简单的惩罚更有效。对于10~18岁的青少年,尤其是在学校不爱学习、不好好学习的少年,对他们的危害性行为作出及时的惩罚比温和的说服教育更为有效。因为人的行为发展有关键期,一旦错过惩罚教育的关键期,待他们形成犯罪行为的动力定型时,即使他们能够认识到自己的错误,也难以或者来不及自我调整。所以,通过司法程序和恰当的法律惩罚方式处置未成年人的早期危险性行为也是社会对他们的一种保护。[①]所以,不断完善的社会环境还包括良好的法治环境,能够对侵害社会的各种行为作出及时、科学、有效的反应。

(二)广泛传授知识、技能和社会规范

学习和掌握必需的知识、技能、行为方式、生活习惯,以及各种社会规范,是参与社会并成为合格的社会成员的一个重要条件。因此,社会必须向每一个成

---

① 李玫瑾:《犯罪心理研究——在犯罪防控中的作用》,中国人民公安大学出版社2010年版,第228~229页。

员传授该社会的文化与规范，而每一个社会成员又必须学习和接受这种文化与规范，并把它内化为自己的价值准则。具体来说，包括以下学习内容：

1. 科学文化知识和劳动技能

取得社会成员资格的先决条件就是要掌握一定的知识和技能，因为人不能依靠本能去获得生活资料或适应环境，这就要求人必须在后天学习谋生的手段和本领。而且，掌握科学文化知识的重要意义还在于它是培养健全人格的重要条件，因为人格的健全发展首先是在学习过程中进行的。另外，一个社会要顺应时代的步伐，也要求人们不断地掌握新知识和新技能。

2. 社会习俗和行为模式

熟悉社会风俗，掌握社会行为模式，学会与他人和谐相处，是个体参加特定社会并被该社会所接受的必不可少的条件。因为一定的行为模式和风俗习惯是社会成员必须遵守的，这是维持社会正常生活的必要条件。如果不学会这些，就很难适应社会生活，从而产生挫折和心理冲突以及与社会的严重冲突，甚至走上反社会的道路。

3. 法律规范

很多人实施犯罪都与法律知识的贫乏和法治观念的淡漠有关，因此，对每一个社会成员进行法制教育，是心理预防的一项重要措施。当然，法律知识的贫乏并不与犯罪存在必然联系，守法者和违法者的根本区别，不在于他们对法规的了解程度，而在于对法律及运用法律的实践的态度。因此，通过法规学习还要使其将社会—法律立场融入自己的价值规范体系当中。

4. 道德规范

犯罪心理学的一些研究表明，犯罪行为往往是由发展水平较低的道德状况引起的，对于达到了较高层次道德水平的人来说，良好的道德品质可以使他们避免做出犯罪行为。因此，对社会成员进行道德教育是非常重要的。开展道德规范教育，不仅要注意消除旧道德的消极影响，积极配合和保证政治、法律、知识、审美等方面的教育，而且更要注重培养人们的责任感和道德选择能力，使人们能在社会生活中明辨是非，主动、自觉地按照社会所倡导的道德规范来调节自己的行动，抵制不符合这些规范的活动，从而维持社会的正常秩序。道德教育既是预防人们进行违法犯罪行为的重要手段，也是促使犯罪心理转变的重要措施。

传授和学习科学文化知识、技能和社会规范主要是通过以下途径进行的：

1. 家庭教育

家庭是传授和学习社会文化与社会规范的重要场所，家庭教育对于青少年人格的形成与发展有着极为深刻的影响。作为社会的基本细胞，每个家庭一方面应当充分发挥其赡养老人、抚育未成年人的功能，另一方面还要充分发挥家庭教育职能和社会控制功能，在家庭教育过程中应当注意如下几点：第一，家长必须不断加强自身的道德与文化修养，时时检点自己的言谈举止、生活方式，因为家长是子女的第一任老师，也是子女模仿的榜样。第二，必须注意营造良好的家庭气氛。因为家庭的心理气氛和精神风貌对子女的心理将产生极其重要的影响。如果家庭成员间冷漠，缺乏感情依恋，在这种气氛笼罩下，父母对子女失去维系作用和吸引力，就可能发生互不相让、争权夺利、离家出走等现象。第三，家长必须讲究教育方式和方法。如果父母对子女又打又骂，动辄给予严厉的惩罚，无休止地批评，或期望太高，要求太严等，都会使子女学会撒谎、欺骗，产生憎恨、敌意，从而引起逃学、偷盗等行为，以此报复父母。犯罪心理学的研究表明，惩罚不仅会使受罚者更具有攻击性，还可能将攻击行为由上一代人传给下一代人。

2. 学校教育

学校作为文化教育、思想教育的专门场所，其职能与家庭教育有着极大的相似性，学校教育对于人格的形成与发展同样有着深刻的影响。学校教育与家庭教育的不同点主要在于，家庭教育基本上是一个潜移默化的过程，暗示与模仿是家庭教育的重要机制，而学校教育则是有目的、有计划地对学生施加影响，学生是有意识、有目的地接受这种影响。学校应当采取各种措施完善教育内容，避免只重视应试教育而忽视素质教育等现象的出现。同时，应切实关心每一个学生的健康成长，使其不但要掌握一定的文化知识，而且要掌握一定的社会规范和价值准则，形成健康的人格。

3. 基层单位思想教育

企事业单位也应对职工进行思想政治教育，正确地处理好领导和职工之间、职工相互之间的人际关系障碍，防止因处理不当带来的矛盾激化现象；居民委员会、村民委员会也应当关注居民及村民的工作、生产和生活，对家庭关系邻里关系中出现的纠纷应及时调解，避免因矛盾而产生违法犯罪行为。青少年走出家庭、走出学校而步入社会后，就开始接受基层单位的教育，它对于单位内每一个成员人格的进一步发展有着重要的影响。

4. 大众传播媒介

影视、书刊、广播等大众传播媒介对于人们的价值观和生活方式的选择有着重大影响。它们不仅可以使传统文化得以更好地延续和传承，而且可以迅速而广泛地反映社会上的各种新的时尚、风气和文化思潮，从而对传统文化构成冲击和威胁。净化文化环境，树立良好的社会风尚，禁止传播并取缔各种不良读物及视听材料，将有利于防止人们（特别是青少年）产生犯罪心理。从某种程度上说，抓好对新闻出版事业以及文化市场的管理和控制，也就等于抓住了引导和控制社会的钥匙，它对于防止由文化冲突、犯罪亚文化导致的犯罪行为有着十分重要的意义，是心理预防的重要措施。

（三）重视开展心理卫生工作

开展心理卫生工作，是维护心理健康、培养健全人格的重要途径，也是犯罪心理预防的重要途径。因为个体心理健康与否，对其能否自觉地抵制不良环境因素的侵蚀有着十分重要的意义。因此，教育人们维护和保持心理健康，以及出现心理失调时及时地恢复心理平衡，就成为预防犯罪心理形成的一个重要方面，开展心理卫生教育工作主要应从以下几个方面着手：

1. 树立正确的人生观

只有认清人生的意义，树立远大理想，才不会沉湎于身边琐事和儿女情长，从而减少许多无谓的烦恼；只有以辩证唯物主义世界观正确对待生活中的各种矛盾，才能豁达大度，忍人之所不忍，处人之所不处，受得住各种挫折。

2. 接受现实的自我

一个人对自己的一切不仅要充分了解，而且需要坦然地承认及欣然地接受，因为在个人所具有的条件中，有很多是不能改变的，如容貌、生理缺陷、家庭出身等。如果只了解自己而不能接受自己，势必增加个人的不安与痛苦。有些人狂妄自大，觉得怀才不遇而愤世嫉俗，是因为缺乏自知之明；另一些人过分自卑，自觉在社会中毫无价值，是因为憎恨拒绝自己。一个人只有欣然接受自己，才能避免心理冲突；唯有接受现实的自我，才能根据社会和时代的需要创造出理想的自我。

3. 确定合适的抱负水准

人应该有超越现实的理想，但不顾现实可能地蛮干，则要碰得头破血流。只有眼睛望着理想，而双脚踏着现实，才能立于不败之地。为此，要了解社会对个人的要求是什么，哪些是环境所允许的，哪些是不允许的，其变化趋势如何，等等。要善于将个人的优、缺点与环境的利、弊四个因素综合起来分析，扬长避短，挖掘环境的有利因素，发挥个人的优势，一方面与命运搏斗，改造客观；另一方面调整主观，确定合适的抱负水准，以避免做出招致挫折的事。

4. 在事业中获得心理的乐趣

每当我们完成一件工作，一种轻松喜悦之感便油然而生，克服的困难越多，工作成绩越好，这种感觉便越强烈。工作可以使人发觉自己的价值，产生成就感，并获得社会和团体的承认，因而对维护个人的心理健康具有极大的助益。一个在事业上入了迷的人很少有这样或那样的苦恼。在某些国家，有所谓"工作疗法"与"职业疗法"，就是通过有组织的工作或职业活动，使心理失常者因获得成就上的满足，而达到正常适应的目的。

5. 积极参与社会活动，主动与人交往

心理不健康者常在情感上有很大困扰，而情感的困扰又多半表现在人际关系上，轻则自己有孤独、恐惧、焦虑之感，重则对人有怀疑、敌对、攻击之举。人有交际的需要，与亲属、朋友、同学、同事交往能使人在心理上得到安全感，使个人的苦闷有地方倾诉，不易积存郁结；而性格孤僻，与他人老死不相往来，遇到挫折便会感到有苦无处诉。这类人因现实刺激的贫乏，与周围人关系冷淡，他们很容易也很愿意将自己置身于某种想象的世界中。对一部文学作品、影视作品的想象，对其中主角的认同，乃至将自己想象成主角，会使他们在想象中得到心理上的极大满足。① 一旦他们将自己想象成一个冷酷的杀手、一个劫富济贫的大侠，则非常有可能实施犯罪行为。所以，经常参加一些娱乐性、职业性或学术性团体活动，不但能密切与他人的关系，还可以获得学习与发展的机会，能够避免过于自闭带来的犯罪倾向。

加强心理卫生工作，对于犯罪的心理预防具有重要意义。在现代社会，生活节奏加快，人际关系更趋复杂，竞争加剧，威胁人类心理卫生的因素越来越多，人的心理更加难以维持平衡。因此，心理卫生工作也就显得更加重要。

**二、引导自我修养——促进人格的自我完善**

人的自我意识也是在社会化的过程中完成的，人的自我意识可以分为三个方面：对自我的认知，即对自己的认识；对自我的情感，即伴随对自我的认识而产生的对自我的情感体验；对自我的意向，即与认知、情感相随而产生的对自己思想与行为的调节与支配等。自我意识是个性的一个重要组成部分，自我观察、自我评价、自我体验、自我监督、自我控制等都属于自我意识。它对人格的发展有着十分重要的意义，因为自我意识的水平制约着对人格发展进行调节的能力，自我评价的性质决定着人格发展的方向，自我调控的能力制约着人格的发展。因此，培养每一个社会成员的自我意识，引导他们积极地进行自我修养和自我完善，增强自我控制和自我调节能力，既是塑造健康人格的一种途径，也是犯罪心理预防的基本途径之一。

（一）提高自我认识的水平

自我认识是自我意识的认知成分。它是自我意识的首要成分，也是自我调节控制的心理基础，它包括自我感觉、自我概念、自我观察、自我分析和自我评价。自我分析是在自我观察的基础上对自身状况的反思。自我评价是对自己能力、品德、行为等方面社会价值的评估，它最能代表一个人自我认识的水平。自我认识是自我意识形成和发展的基础。自我认识水平的高低，直接影响自我意识完善的程度。因此，培养社会成员的自我意识，首先应提高自我认识的水平。要提高自我认识的水平，一是要增强人们自我认识的主动性。现代社会高速发展，人们在忙碌的生活中往往容易迷失自我，忘记对自我的认识。引导人们积极主动

---

① 李玫瑾：《犯罪心理研究——在犯罪防控中的作用》，中国人民公安大学出版社2010年版，第185页。

地对自我进行观察、分析、评价，能使人在社会生活中始终保持清醒，不至于因迷失方向而犯罪。二是促进个体的自我评价符合自身的实际情况，既不能过于自卑，又不能过于骄傲；既看到自己的优点，又能认识自己的缺点。我们每个人都有自己的优点和缺点，又都在不断发展变化，我们的优点和缺点也不是一成不变的。因此，要使个体认识到用发展的眼光看自己，及时发现自己的新优点和新缺点，通过对自己的错误、缺点的认知与反省，使自己不断完善。三是帮助个体形成丰富、完整、概括、稳定的自我形象。我们既要认识自己的外在形象，如外貌、衣着、举止、风度、谈吐等，又要认识自己的内在素质，如学识、心理、道德、能力等。一个人的美应是外在的美与内在的美的和谐统一，内在的美对外在的美起促进作用。

（二）促进自我意向的进一步发展

自我意向也叫自我对待意向，它既表现在对自我的期望、要求与控制的水平方面，又表现在对自我意向的内容方面。因此，发展人的自我意向，主要应从这两方面着手：

首先，提高人们对自我的期望、要求与控制等方面的水平。具体来说，可以从以下三个方面着手：①帮助人们形成比较远大的抱负和理想。只有形成远大的抱负和理想，生活才有努力的方向，个体才能够有上进的动力。②引导人们根据实现理想自我的需要，合理安排学习、社交、工作、生活内容，并经常根据主客观条件的变化不断调整自我修养、自我完善的要求与计划。对自我的发展持积极、自觉、严肃的态度。③提高人们自我监督和自我控制的能力，使他们能根据别人的评价和自己行为的结果进行反省，及时调整和控制自己不符合自我发展的行动，调整自我发展的目标和完善自我观念。但是，要注意协调个人能力与工作要求的关系，不宜给自己定过高的目标，否则总是完不成任务容易产生严重的挫败感，失去上进的信心。

其次，丰富人们自我意向的内容。具体说就是要丰富和发展：①正确的独立自主的意向，它是自我意识健康发展的主要内容。只有自我意向正确，个体前进的方向才不会发生偏差。②培养适度的获得尊重的意向。这是一种随着个体对自我价值的认识，而希望获得别人在人格上的尊重、能力上的信任和社会地位上的平等的意向。培养人们获得尊重的意向有利于其产生强烈的自尊心和荣誉感，使之成为推动个体前进的重要动力。但在培养自尊意向时，一定要适度，若自尊心过强，一旦事与愿违，就会出现挫折感，轻者影响与他人的关系，重者使自己丧失信心或失去理智。同时要使个体明确尊重的获得，依靠的是个人能力、魅力而非暴力，是他人的心悦诚服而不是表面的唯唯诺诺。③确立不断自我完善的意向。这是根据理想自我的形象而不断充实自己的知识、培养自己的能力和形成自己的性格与品德的意向。自我完善的意向是人们积极向上和自我教育的动力。培养不断自我完善的意向，有利于人的自我意识持续、稳定、健康地发展。④增强自我实现的意向。自我实现的意向是力求实现自己的理想、发挥自己的才能，以取得事业成功的意向。如何去实现自己的理想呢？关键就在于应有明确的自我实现的意向，树立为真理、为科学、为大众、为全人类的幸福而献身的精神。

（三）培养积极的自我体验

自我体验是伴随自我认识而产生的内心体验，是自我意识在情感上的表现，即主我对客我所持有的一种态度。它反映了主我的需要与客我的现实之间的关系。客我满足了主我的要求，就会产生积极肯定的自我体验，即自我满足；反之，客我没有满足主我的要求，则会产生消极否定的自我体验，即自我责备。自我体验的内容十分丰富，如自尊心与自信心、成功感与失败感、自豪感与羞耻感等。自尊心是自我尊重的一种内驱力，激励着个体尽可能地努力获得别人的尊重，尽可能地维护自己的荣誉和社会地位，维护自己的人格尊严，不容许别人侮辱和歧视的心理状态。自信心是个体对自身成功适应特定情境的能力的估价，对自己智能与精力的坚信，充足的自信心使个体知难而进，走向成功。成功感和失败感是由个体的自我认知与自我期望水平决定的，取决于个体为自己所设定的标准。当个体体验到成功感时，就会产生积极的自我肯定，向更高的目标进取；反之，当个体体验到失败感时，则常会产生消极的自我否定，闷闷不乐，甚至放弃努力。可见，如何恰当地处理自我体验，对个体的身心发展具有重大的影响。长期处于消极的自我体验中，对人的心理健康有较大的伤害，往往会使人因感觉自己一无是处而用非正常手段获取他人的尊重、承认，甚至用犯罪手段实现客我对主我的满足。

培养人们积极的自我体验，应从自我体验的特点出发：一是要进一步增强其积极的自我体验，如自尊感、自信感、责任感、义务感、荣誉感、正义感等。二是提高人们自我体验的水平，增强稳定的自我体验。客观的我所取得的成绩虽然已达到了社会水准，但能否产生成功体验，还要看主观的我对客观的我的要求，即期望水平。所以，人们自我体验水平还取决于自我要求。适当降低自我要求，能提高人的积极自我体验。三是要帮人们克服消极的自我体验，如孤独感、苦闷感、自卑感、惶惑感、失落感和挫折感等。

（四）发展自我控制的能力

自我意识中自我控制的能力，主要表现在自觉性上。发展自我控制的能力应以促进人们的自觉性、坚持性和自制力为中心内容。具体来说，应做好以下工作：

第一，促使人们形成合理的需要和远大的理想，以及对自己选定的奋斗目标锲而不舍的精神。每个人都有自己的人生目标，即使是最低限度地生存下去同样也是一个目标。没有目标的社会人几乎是不存在的。犯罪人也有自己的目标，也许这个目标还是很正当的目标，如过上衣食无忧的生活等。但是这个目标的实现需要通过正当途径，公务员不能以贪污受贿来致富为目标，要投入为人民服务当中去满足自己的成就感，实现自己的人生价值；企业不能生产假冒伪劣产品盈利，要树立品牌意识，创立百年事业；普通公民致富需要艰苦劳动，不能靠抢劫、盗窃等。

第二，提高个体在实践中经常进行自我监督、自我反省、自我强化、自我批评、自我调节等自我控制方面的能力。个体在生活中参与各种社会活动，有些社会活动是对社会有益的，有些是对社会有害的；有些对个人发展是有利的，有些对个人发展是不利的。在实施完一些重要的社会活动时，个人应该进行自我反省。对自己做的有益的事情应该继续加强，对正确的方式方法，应该坚持；对做的无益的事情应该进行自我批评，避免再次实施。曾子云，吾日三省吾身。古代的贤人君子每天都多次自我反省，努力使自己的言行完美，现代人也应该在紧张的生活中抽出时间自省，通过不断改进行为方式，实现自我完善，避免迷失自我。只有不断反省自己的错误，改正缺点，才能成为更有益于社会的人，才不至于实施违法犯罪行为。

第三，形成良好的工作、学习和生活习惯，增强适应社会的能力。现代社会生活紧张，如果没有良好的习惯，很难在肉体上与精神上适应逐渐增加的压力。社会成员在工作中，应该认真负责地完成任务，保证在规定时间内做到最优。在学习上，个体应不断充实自己的知识和才能，以适应知识爆炸的社会。面对日益更新的知识和技术，只有养成良好的学习习惯，才能胜任现代工作的需要。个体在生活中，要养成良好的作息规律。因为有规律的生活能使大脑和神经系统的兴奋和抑制交替进行，如果能够持之以恒，则可以在大脑皮层上形成动力定型，有利于促进身心健康，防止过度劳累造成精神紧张而可能实施违法犯罪行为或者自我伤害行为。

第四，加强意志品质的锻炼。意志品质是指构成人意志的诸因素的总和，主要包括自觉性、果断性、自制性和坚韧性等几方面。自觉性是指个体自觉自愿地执行或追求整体长远目标任务的程度，其外在表现为热情、兴趣等，内在表现为责任心、职责意识等。个体的自觉性是个体的能、责、权、利的统一。具有高度自觉性的人有明确的行为目的，有坚定的信仰追求，有鲜明的原则立场，有毫不含糊的是非标准。果断性是指人能够迅速而合理地决断，及时采取决定并执行。具有果断性品质的人，能够敏捷地思考行动的动机、目的、方法和步骤，清醒地估计可能出现的结果。意志果断的人善于当机立断，有毫不犹豫地做出行为决策的能力，它反映了意志的行为价值的效能性。意志的行为价值的效能性越高，人对行为方案的编制速度、决策速度和激发速度就越快，就越能在紧急状态下迅速做出有效的行为反应。坚韧性是指一个人以坚韧不拔的毅力、顽强不屈的精神，克服一切去执行决定。在任务困难或威胁利诱面前都毫不动摇,坚持不懈地去实现既定目标。意志坚韧的人有坚持不懈、百折不挠、勇往直前地完成工作任务的能力,它反映了意志的外在稳定性。意志的外在稳定性越高,意志对人的行为活动的控制约束力就越持久,人越会表现出顽强的毅力和持久的耐心。英国19世纪的政治家查士德斐尔爵士曾说,目标的坚定性是性格中必要的力量源泉之一,也是成功的利器之一。没有它,天才也会在矛盾无定的迷径中徒劳无功。所以,为了减少犯罪,需要增强自我控制能力,每个人都要不断锤炼自己的意志品质,拒绝不良生活方式的诱惑,坚定不移地用正确的方式实现自己的人生理想。

【课后练习】
1. 为什么家庭能够成为犯罪心理预防的因素之一?
2. 犯罪心理预防如何与惩罚相结合?
3. 刑法如何对犯罪心理起到预防作用?

# 第十七章　犯罪心理的矫正

【知识提要】

　　犯罪心理矫正是预防再犯的重要实现路径之一，本章通过介绍犯罪心理矫正的内容、实施过程与具体方法，展示矫正实践中心理学的应用性价值。学习中，要重点掌握犯罪心理矫正的概念和操作体系，明确罪犯心理矫治的可能性，掌握罪犯心理矫治的具体方法。

　　犯罪心理学的研究表明，犯罪，作为人类社会的一种特殊行为，其发生发展乃至实施过程中具体的外在表现，无一例外的是由犯罪行为人相应的犯罪心理所支配和决定的。[①] "就具体个体而言，犯罪心理的形成可分为三个阶段四个层次。三个阶段：即犯罪心理的萌芽期、滋长期和成熟期；四个层次：即人格缺陷的形成、犯罪意识的生成、罪过心理的生成，以及犯罪心理的转化。"[②]

　　从犯罪心理形成层次来看，首先是行为人人格缺陷的形成。个体在社会化过程中，没有形成适应社会要求的人格特征，或者说没有将社会要求内化为自己的人格特征。这些人格缺陷与合适的客观条件发生作用就可能形成犯罪意识，进而生成罪过心理状态。人格缺陷是犯罪心理的最初表现。

　　其次是行为人犯罪意识的生成。个体生活在社会中有各种需要，如果为满足自己的需要，采取社会不认可或者难以容忍的方式，就可能变成犯罪。行为人在主观上从需要产生并被意识到，需要转化为行为动机，到动机与具体的满足需要的手段和方式相结合形成犯罪目的和意图的整个过程，是犯罪意识的生成阶段。

　　再次是罪过心理的生成。这是犯罪意识向犯罪意志转化的过程。犯罪意志包括意志态度、意志选择、意志努力等。罪过心理产生于犯罪意识，反映了行为人对合法权益的保护持反对的态度。犯罪故意表明了行为人对合法权益持敌视或者蔑视的态度，犯罪过失表明了行为人对合法权益持漠视或者轻视、忽视的态度。

　　最后是犯罪心理在形成后的转化，可分为良性转化与恶性转化。犯罪心理的良性转化，是指犯罪心理形成后，在各种主客观积极因素的作用下，逐渐减弱或者消除。它表现为在犯罪预备或者实行过程中，行为人因受积极因素的影响而中止或被迫放弃犯罪，或者犯罪既遂后行为人经过教育改造或者内省后悔过自新，

---

[①] 梅传强：《犯罪心理生成机制研究》，中国检察出版社2008年版，第2页。
[②] 梅传强：《犯罪心理生成机制研究》，中国检察出版社2008年版，第11页。

不再犯罪的心理活动过程。犯罪心理的恶性转化，是指在形成犯罪决意、犯罪预备，或者犯罪行为实行过程中，甚至犯罪既遂后，由于相关主客观因素的影响，使犯罪心理的反社会性增强以致产生了更严重的犯罪行为。

对罪犯的矫正，应充分考虑犯罪心理生成机制，从犯罪心理矫正入手，重点矫正和转化这种支配其产生犯罪行为的人格缺陷、反社会意识和对抗社会的意志。

## 第一节　犯罪心理矫正概述

### 一、犯罪心理矫正的概念

矫正是指司法部门和有关部门为防止继续犯罪，使罪犯以正常的行为规范进行生活，对罪犯所实行的不同的处置、待遇、教育措施及活动。其方式有监禁隔离、教育感化、心理治疗和技术培训等。矫正实际上是一种对犯罪人的再社会化过程，矫正的目的就是让犯罪人重新获得进行正常社会生活所必需的心理品质、行为模式与社会能力。

犯罪心理矫正，是指改变犯罪思想、情感与行为，帮助犯罪人重新适应社会生活的一切活动。广义的犯罪心理矫正，是指对罪犯在教育改造期间，通过一系列有效措施（如刑罚惩罚、教育改造和心理治疗等），破坏甚至消除曾经支配其发生犯罪行为而又继续保留在其头脑中的反社会意识、意志及其人格缺陷的活动。狭义的犯罪心理矫正，是指某些仅仅通过一般法律惩治与教育改造，难以得到根本矫治的罪犯，还必须采取的一些特殊的方法，如由监狱中的专设心理治疗人员，通过对罪犯的心理诊断，运用心理矫治的措施和方法，对罪犯的心理障碍进行矫治的方法。一般教育改造方法只有与心理矫治的方法相结合，才能取得理想的效果。例如，对某些性变态罪犯的矫正、反社会变态人格罪犯，以及对某些具有攻击性行为的罪犯的改造，就要用心理矫治的方法进行矫正。所以，"心理学之应用，佥认为极其重要，此亦即除医学与精神病理学之外，在监狱之内应用最多至科学"[①]。

广义的犯罪心理矫正工作过程包括以下几个基本环节：首先，深入剖析罪犯犯罪心理形成的主要原因和相关因素，充分了解罪犯犯罪心理发展变化的基本规律、特点，这是进行心理矫正的前提条件；其次，掌握罪犯在不同改造阶段的心理状态，一方面可以了解心理矫正的实际效果，另一方面也可以即时分析存在的

---

[①] 蔡墩铭：《矫治心理学》，中国台湾地区正中书局1988年版，第2页。

问题，为进一步的矫正工作找出重点；最后，采取相应措施，做到因人施教，对症下药，从而达到心理转化的目的。

## 二、犯罪心理矫正的可能性

犯罪心理学的研究表明，犯罪并不是某些人与生俱来的天性，而是在后天的社会生活实践中受到某些不良因素的刺激或熏陶而形成的。在社会生活实践中形成的东西，也必然能够在社会生活实践中消除。对犯罪人的矫正，正是利用个人心理和行为的可变性原理，通过对犯罪人的行为管束和心理治疗来消除犯罪心理、改变犯罪习性。国内外的犯罪心理矫正理论和实践也表明，对罪犯的心理和行为进行矫治，将他们改造为社会新人是完全可能的。

（一）犯罪心理和行为的习得性

美国著名心理学家阿德莱特·布赖指出："如果所有的行为都要遵循学习的规律，那么变态行为也应属于习得性行为，而这一点正是行为心理学所坚持的。变态行为并不是'病态'，它所习得的方式跟所谓正常的行为一样，而它与后者的区别仅仅在于：它是非适应性的。这是行为治疗的基本原理。"[①] 犯罪行为也是习得的，在犯罪心理学中就有一种观点认为，违法犯罪行为是学会的，与不良交往有关，它和任何复杂行为一样，在实施以前得有一个学习过程，犯罪行为的学习过程，就是一种个体对某种刺激建立特定反应的过程，犯罪行为的学习，仅仅依赖于刺激和反应在时间和空间上的接近性。和其他行为一样，犯罪心理和行为也可以通过学习进行矫治。

（二）人的心理和行为具有较大的可塑性

行为的可塑性与行为的习得性是紧密联系的，并且是以行为的习得性为前提的。心理学的研究表明，人的心理和行为总是随着生活条件的改变而不断发展变化的。遗传素质只提供了人类身心发展的物质前提和发展的可能性，而后天环境和教育则决定着发展的现实性，其中教育起着主导作用。当社会生活条件和教育条件改变时，人的身心发展的特点也会随着改变。人的可塑性既是教育的前提，也是教育的结果。

根据巴甫洛夫的高级神经活动学说，心理活动的神经生理基础是在大脑中建立的暂时神经联系，这种联系将随着刺激的不断增强而形成较为巩固的神经联系系统，即动力定型。这种动力定型可以因为不断强化而继续保持，也可以在别的刺激的作用下逐渐消退，形成新的暂时神经联系（动力定型），因此，暂时神经联系是可能改变的，在此基础上产生的人的心理活动也是可以改变的。犯罪心理学的相应研究也证明了上述现象的存在。因此，从心理学的角度来看，对犯罪人

---

① ［美］阿德莱特·布赖：《行为心理学入门》，陈维正、龙葵译，四川人民出版社1987年版，第65页。

采用恰当的措施，可以矫正他们的反社会思想和行为，并能使他们形成新的社会态度和行为习惯。

行为的可塑性也符合辩证唯物主义的基本原理，辩证唯物主义认为，运动是物质的根本属性，事物的运动变化是绝对的，事物的静止是相对的。世界上任何事物都处于永不停息的运动状态，绝对静止的事物是根本不存在的。据此，认识主体的思想意识作为对客体的反映，就必然要随客体的运动变化而变化。既然存在决定意识，那么存在的改变早晚会引起意识发生相应的改变，新的现实存在通过与旧的存在的矛盾斗争，即可能战而胜之，形成反映新的现实存在的新意识。人不仅是自然的产物，更重要的是社会的产物。社会存在决定社会意识，社会存在的变化导致社会意识的改变。人的意识，包括犯罪意识，是自然和社会客观存在的事物在人头脑中的反映，它不是人脑中固有的，而是在后天社会环境中形成的，因而也是可以矫正的。

（三）人的意识具有主观能动性

人类能够自觉地、有目的地和有计划地利用自然、改造自然和支配自然，并且能够利用自己的经验和吸取同代以及前代人们的经验来改造自己的意识。意识的能动作用主要表现在它既能能动地反映客观事物，形成主观观念；同时又能动地指导人们进行实践活动，反作用于客观事物。动物只是本能地适应自然界，消极地适应环境，活动之前既没有观念的模型，也没有对后果的预测，既不知自己在做什么，也不知为什么要这样做。而人具有主动地反映世界和能动地改造世界（包括改造人自己）的能力。

（四）犯罪心理的可知性

违法犯罪心理的物质属性，决定了犯罪心理的可知性。人们常说："知人知面难知心。"这句话说的是人的心理的难知性，而不是不可知。因为心理是人脑的机能，是人脑对客观现实的反映。犯罪心理不是与生俱来的，也不是凭空产生的，而有其固有的物质基础。犯罪心理是个体在生活中其大脑对外界环境中不良因素的反映，是不良刺激反复作用的结果，它总会表现在一定的反应或外部行为上，违法犯罪心理具有物质属性，是可知的。违法犯罪行为在一系列心理活动支配下发生，任何一种违反法律规范的社会行为，都是违法犯罪心理的外化过程。正因如此，我们可以通过违法犯罪行为来揭示违法犯罪心理的本质，通过犯罪人的外部行为表现来分析其内部心理原因，从而为心理矫正找到出发点。

## 第二节 犯罪心理诊断

### 一、犯罪心理诊断的概念

犯罪心理诊断，是运用多种方法查明犯罪人心理特征、行为倾向及其与犯罪的关系从而为犯罪适用法律、矫正治疗提供依据的活动。罪犯心理诊断是对其进行心理矫正和心理治疗的前提。"诊断"一词来源于医学，指查明疾病原因与状态，从而确定治疗方向、方法的活动。犯罪心理诊断的对象既包括已经被法院判决有罪的犯罪人，也包括犯罪嫌疑人和具有犯罪倾向的潜在犯罪人。

### 二、犯罪心理诊断的功能

犯罪心理诊断的功能，是指它对刑事司法工作所起的作用。具体来说，主要有下列功能：

（一）评价功能

即对犯罪人的犯罪心理状况作出评价，为有关机构处置犯罪人提供参考。例如查明犯罪人的犯罪动机、犯罪时的主观心理态度对准确地适用法律有十分重要的作用，也可以为社会工作者、公安机关、审判机关、监狱管理机关治理犯罪活动提供依据。

（二）分类功能

即通过在入监时进行心理诊断，为合理地分类处遇犯罪人提供依据。如通过对罪犯的人格特征、身心状况、经历、受教育程度等的考察，从而对罪犯进行分类管理、教育。

（三）预测功能

即在释放前对犯罪人进行心理诊断，为是否假释及预测释放后再犯的可能性提供依据。犯罪心理诊断需要从犯罪人、犯罪人父母及有关的其他人中获取准确资料，并且使用一套适当的方法，只有这样才能保证诊断结论的可靠性。

### 三、犯罪心理诊断的种类

根据犯罪心理诊断的时间及对象的不同情况，可以将犯罪心理诊断分为以下四种：

（一）早期诊断

即对于侦查阶段的犯罪嫌疑人进行的心理诊断，这种诊断可以了解其犯罪心理状况，并有针对性地开展侦查和控制工作。

(二) 审判时诊断

即在审判过程中对刑事被告人进行的心理诊断,这种诊断可以增加对被告人心理态度和人格特征的了解,为法院判决(是否定罪、刑罚种类及刑罚轻重等)提供参考。

(三) 监所诊断

即在刑罚执行阶段进行的心理诊断,这种诊断可以为有效矫正和合理处置犯罪人提供依据。监所诊断可以在不同的时间实施,分别具有不同的作用和意义。在罪犯入监之初进行的心理诊断,主要是为制订矫治方案做准备,也可以为分类管理、教育罪犯等提供参考依据;在服刑过程中进行心理诊断,一方面可以检查前一阶段矫治工作的成效,确定未来治疗的改进方向;另一方面还可以准确、及时地把握罪犯心理动向,使整个管理、教育工作能始终针对罪犯的心理特点;对罪犯出监进行心理诊断,一方面可以评估整个矫治工作,为以后的矫治工作积累经验;另一方面也可以为监狱部门配合社会各部门做好预防出狱人员重新犯罪提供帮助。

(四) 社区矫正阶段诊断

2011 年通过的《刑法修正案(八)》在刑法中正式规定了社区矫正制度,从而将在实践中已经试行多年的社区矫正提升为我国的一项重要刑法制度。2019 年 12 月 28 日第十三届全国人民代表大会常务委员会第十五次会议通过,2020 年 7 月 1 日正式实施的《社区矫正法》是我国首次就社区矫正工作专门立法,为社区矫正工作确立了制度框架、工作流程及法律责任,并为心理学更好地介入司法矫正工作提供了法律指导。

社区矫正是与监禁矫正相对的行刑方式,是指将符合社区矫正条件的罪犯置于社区内,由专门的国家机关在相关社会团体和民间组织以及社会志愿者的协助下,在判决、裁定或决定确定的期限内,矫正其犯罪心理和行为恶习,并促进其顺利回归社会的非监禁刑罚执行活动。对被判处管制、宣告缓刑、裁定假释、决定或依法批准暂予监外执行的行为人都可以实施犯罪心理诊断。通过对这些人进行犯罪心理诊断,观测行为人的心理动态,有利于实施针对性的教育矫正措施,实现分类管理、个别化矫正,完善其人格,防止其再次实施犯罪行为。

**四、犯罪心理诊断的内容**

犯罪心理诊断的内容主要包括以下两个方面:

(一) 犯罪心理现状

即了解犯罪人犯罪心理的具体情况,如犯罪心理的具体表现(犯罪时的认识特点、意志特征、态度、动机)、有无情绪障碍、畸形需要或人格障碍等,是否养成不良行为习惯及其程度深浅(或犯罪是否已成习性),入监后在不同的服刑阶段的心理状态、犯罪心理的变化等。

（二）犯罪原因

即从犯罪人的个人情况、家庭情况、学校与工作表现、社会交往等方面着手，发现其犯罪的原因。这些原因主要包括以下两个方面：

1. 内在心理因素

从内在心理因素来看，首先，是否存在精神变态、智能缺陷等对犯罪行为的发生有着重要的作用。其次，行为人"欲求不满"的程度、自我观念等对于犯罪具有不可忽视的影响。最后，行为人的挫折感、孤独感、自卑感、压抑感或意志薄弱、冲动、招摇、轻率、反社会的态度等分别会对一定种类犯罪的发生产生影响。

2. 外在环境因素

环境不但是影响犯罪行为形成的重要因素，个体的人格也是在一定的环境中形成的。犯罪与不良行为的发生往往与极端贫困、高度奢侈、家庭缺陷、不良群体、反社会的亚文化、犯罪行为的高发区等环境因素密切相关。从犯罪行为的形成来看，通常是与被害人之间的冲突或受他人的引诱或对他人犯罪行为的模仿所导致的，这些都可以归属于环境因素的影响。

**五、犯罪心理诊断的技术和方法**

犯罪心理诊断是一项复杂、细致的工作，可以根据案件的不同、犯罪人的不同、诊断内容及场所的不同等，采用不同的方法。一般来说，犯罪心理诊断方法主要有下列几种[①]：

（一）生活经历调查

即通过讯问犯罪人，询问犯罪人父母以及有关人员了解犯罪人生活经历，如向其亲属、友人、教师或监护人了解，查阅记载犯罪人过去生活情况的各种文字材料如日记、书信、档案等。通过生活经历调查，可以了解犯罪人的六种情况：①发育状况，包括遗传因素、出生前后母体的情况、启蒙情况、早年发育状况、疾病、外伤等；②家庭及近邻状况，包括家庭气氛、父母养育方法、家庭社会经济地位、父母关系、父母对本人的期望、居住情况、配偶子女情况、邻里社会环境、家庭与邻居的关系、居住区域等；③学业与职业情况，包括各个学业阶段的学习成绩、学科兴趣、师生关系、品行表现、交友情况、社团活动情况以及就业过程、工作成绩、责任感、同事关系、职业成就动机与成就状况等；④交友关系，包括结交朋友的过程、朋友的类型（职业、文化程度、年龄、性格、家庭、道德品行等）、绝交的情况等；⑤兴趣爱好，包括过去与目前的兴趣与娱乐等情

---

① 蔡墩铭：《犯罪心理学》，台北黎明文化事业公司1979年版，第234~239页。

况；⑥违法犯罪情况，包括一般违法行为、免予刑事追究的轻微犯罪行为及受刑罚处罚的行为。

### （二）面谈

即当面与犯罪人交谈，从犯罪者本人那里直接听取关于犯罪事实、生活经历的陈述，了解其过去的情况、现在的感受与未来的设想。交谈之前应当做好准备，选择安静的环境进行，注意消除其疑惧心理，使谈话内容真实。在面谈中注意了解犯罪人的各种经历和体验、人生观、世界观等思想观念，感情特征及有无情感障碍、生活与工作态度、对人的态度等（同时注意其有无不满、攻击、拒绝等）。在谈话前最好预先拟好谈话的问题，若事先曾进行过现场调查或心理测验，还可以针对先前的调查或测验结果提出一些补充性的问题，在谈话过程中，应注意用不同的方式考察其回答问题的真实程度。

### （三）行为观察

即通过观察犯罪人所表现出的行为来了解有关情况的方法。行为观察可以在各种场合的自然状态下进行，例如，观察犯罪人在吃饭、运动、学习、工作、娱乐、交往等情境下的行为表现，也可以人为地设置某种情境加以观察。行为观察通常要观察三个方面的内容：①能力特征，即犯罪人的智力、技能、工作能力、学习能力等情况；②意志特征，即犯罪人的自觉性、控制力、忍耐性等；③人际关系状况，即犯罪人与同伴、其他家庭成员、领导者等的关系。行为观察要取得成功，关键是使被观察者处于自然状态，使其觉察不到有人在观察。若能运用录音机、录像机进行记录，效果更好。

### （四）心理测验

即利用各种心理测验量表来测量犯罪者的智力、人格、态度、兴趣以及心理特征的方法。通过测验，可以了解犯罪人心理与行为方面的质与量的特征。常用的心理测验方法可分为四类：①智力测验，犯罪行为与智力因素密切相关，因此，智力测验是心理诊断的一个项目。最常用的有比奈—西蒙智力量表、韦克斯勒量表等。②人格测验，又可分为自陈测验、作业评定测验、情境测验、投射测验等类型，每种类型都有若干种具体方法。最常用的人格测验方法有明尼苏达多项人格测验、卡特尔16种人格因素测验、艾森克人格测验、荣格文字联想测验、罗夏墨迹测验、主题统计测验等。③态度测验，个人的态度通常决定其行为，从某种程度上说，态度就是人对行为活动的准备状态。关于态度测验，常用的工具主要有瑟斯顿的态度量表、利克特量表、鲍加杜斯社会距离量表等。④性向测验，又称为能力倾向测验，如机械能力倾向测验、空间能力倾向测验等。虽然性向测验主要用于职业指导方面，但在一些机械操作、交通运输等领域发生的违法犯罪案件中，这种测验对鉴定行为人的控制能力也有其用武之地。

（五）犯罪行为分析

通过对犯罪行为发生的原因、情境、犯罪人在犯罪前后的表现等的分析，了解犯罪人的人格等方面的特征。犯罪事实主要由犯罪行为构成。犯罪发生在特殊情况下实施的犯罪行为最能体现犯罪人本来的人格。通常情况下，犯罪行为与行为人之人格是一致的，但有时也会出现偏差。出现不一致的情况时，尤其值得关注。

上述方法可以单独应用，也可以相互结合使用，这要根据诊断对象的特点和诊断目的等因素确定。在诊断的最后阶段，要根据所获取的资料，总结出诊断结果，包括对犯罪人的心理与行为特征的定性分析和定量描述，然后制订出有针对性的矫治方案，或提出综合性的处遇对策，供司法人员在决策时参考。犯罪心理诊断是犯罪处遇科学化的重要步骤，许多发达国家都有一套犯罪心理诊断制度，有的还用法律条文规定了诊断项目和结论使用等内容。

## 第三节　对罪犯的心理矫治

### 一、罪犯心理矫治的概念

所谓罪犯心理矫治，就是利用心理学、精神病学等学科的理论和技术消除犯罪人的犯罪心理和不良行为习惯，帮助犯罪人重新适应社会生活的一切方法与活动。

犯罪虽然是一种复杂的社会现象，但从犯罪行为的形成过程来看，既有其社会原因，也有其心理原因；而犯罪的社会原因又是通过心理原因起作用的，任何犯罪总是在一定的心理态度支配下实施的。因此，对罪犯进行心理矫治是十分必要的。同时，从心理学和犯罪学的基本原理来看，对罪犯进行心理矫治也具有相应的理论基础：首先，犯罪与心理疾病之间具有一定的重叠交叉，一些被看作犯罪的现象，同时也属于心理疾病的范围，如纵火狂、偷窃癖、病理性赌博、冲动性攻击行为等，因此，一些心理治疗方法可以移植到犯罪心理矫正领域。其次，在一定程度上说，犯罪也是一种异常行为。一种行为之所以被称为犯罪，就在于该种行为严重地违反了社会的强制性行为规范（刑法），本身是个人社会适应不良的表现。而变态人格的主要特征就是不能适应社会环境，包括不能适应社会行为规范。在这一点上，犯罪行为与心理障碍、行为障碍、人格障碍也具有类似的性质，因此，用来治疗心理疾病的方法，可以用来治疗犯罪人。最后，部分犯罪是情绪障碍的一种表现。有些犯罪是由个人的情绪障碍引起的，情绪障碍是犯罪行为产生的心理原因之一，所以，要最终矫正该种犯罪行为，就必须使用心理治疗方法消除情绪障碍。

从罪犯心理矫治的实践来看，罪犯心理矫治也是由一般的心理治疗方法发展而来的，而且心理矫正方法能够更有效地矫正犯罪。古今中外的犯罪矫正实践表明，单纯采用监禁、惩罚、流放等传统方法，没有多大的矫正效果，犯罪人服完刑期后的重新犯罪率仍然很高。与传统方法相比，心理治疗方法似乎更有效果，特别是将传统方法与心理矫治相结合，能够使重新犯罪率明显下降，这也是罪犯心理矫治得以迅速发展的一个重要原因。从现代犯罪行为矫正的价值取向来看，对罪犯心理实行心理矫治也更符合人道主义精神。

**二、罪犯心理矫治的基本内容**

根据犯罪心理的特点，罪犯心理矫治的基本内容主要包括以下几个方面：

（一）提高犯罪人的法律、道德水平

犯罪人在法律、道德认识上的错误或是非善恶的颠倒，往往是犯罪心理和行为形成的重要因素。因此，要努力提高他们的法律、道德认识能力，使他们对自己的心理及行为问题有一个深入的了解，充分认识到其行为的社会性质和产生的原因，并明确对待它们的正确方法。监禁机关需要帮助犯罪人认识法律在现实社会中存在的必要性和法律适用的严肃性，教育他们在处理个人与社会、与他人的关系时不得违反法律的规定，不得实施危害社会的行为，不能为自我满足而实施侵犯他人利益的行为。为此，各地监狱要大力加强法律常识教育，使罪犯掌握基本法律知识，切实树立遵纪守法观念，在罪犯刑满释放时，法律常识教育合格率应当在95%以上。通过充分的课堂化教育、以案析法、以案学法、专家讲座和法律咨询等多种形式，让罪犯掌握基本法律常识，使他们深刻认识到犯罪对国家、社会、家庭和他人造成的严重损害，使其深刻反省，下决心痛改前非，从而帮助他们树立牢固的法治观念，重新做人。要大力加强罪犯思想道德教育，突出社会主义荣辱观教育、中华传统美德教育、爱国主义教育等内容，使罪犯树立社会主义荣辱观，分清是与非、善与恶、荣与耻、美与丑的界限，打下重新做人的基础。要做好亲情教育，通过会见、通信、家庭走访等多种形式，用亲人的关心唤起罪犯的爱心。通过法律援助、政策服务、抢险救灾、捐资助学等多种途径帮助罪犯家庭解决实际特殊困难，唤醒罪犯的良知。通过教学和实践教育，不断提高罪犯的社会公德、职业道德、家庭婚姻道德水平。

（二）帮助犯罪人改变认知结构和思维模式

犯罪行为产生的一个重要原因，就是行为人不能正确对待和处理社会生活中出现的问题和矛盾，特别是当其在社会生活中出现挫折时，由于认知或思维上的片面性，易过分看重某些矛盾，因而采取错误的手段或行为方式（尤其是违法犯罪）来解决问题。因此，治疗活动不但要使犯罪人重新建立起对自己、对他人、对社会的正确态度，提高犯罪人的认识能力，而且需要培养犯罪人形成正确的思维模式，使犯罪人能够正确对待生活中遇到的各种问题。例如，对于好逸恶劳的犯罪人，要教育他们只有通过诚实劳动才能过上幸福生活，自己通过劳动挣来的钱消费起来才踏实，才能得到别人的尊重。对暴力攻击型罪犯，应使其认识到暴力不是解决问题的方式，人总有年老体衰的时候，总有通过暴力解决不了的问题。要教会这些人新的解决问题的方式方法，使他们能够控制自己的冲动情绪和暴力倾向。

（三）疏导犯罪人的消极情绪

犯罪心理学的研究表明，消极（不良）情绪的积累往往是导致违法犯罪的一个重要原因，当消极情绪积累到一定程度超出了犯罪人的耐受力时，就会在偶然事件的刺激下，以激情犯罪的形式表现出来。因此，努力消除犯罪人的疑虑、紧张、焦虑、抑郁、绝望、不满、怨恨、痛苦、悲观等消极情绪，促使犯罪人恢复情绪平衡，形成良好的情绪反应方式，保持积极的情绪状态，是心理矫治的一个重要内容。在有些监狱，对情绪激动难以自控的求助罪犯，经本人申请，由监狱人员直接安排到宣泄室进行心理宣泄。这种宣泄释放了犯罪人积累的负面心理能量，能够有效防止其向周边人实施暴力行为减轻自己心理压力的现象发生。

（四）培养犯罪人的自我控制能力

当自我控制力低下时，虽然行为人懂得法律规范，具有一定的是非观念，可一旦正确的观念与强烈的个人欲望发生冲突时，也会实施错误的行为。自我控制力低下的人往往易受直觉冲动驱使，以至于不顾社会规范的约束鲁莽行事。因此，培养犯罪人的自我控制能力，使他们能够主动、有效地调节自己的心理与行为，在面临剧烈的精神刺激时，才不致产生冲动性或爆发性行为，才有可能在外界刺激或犯罪诱因面前有效地控制自己，不至于凭一时的冲动，置国家法律于不顾，去实施犯罪行为。自控能力的培养，可以通过强化监规、集体宣誓、对善行的奖励和对恶行的惩罚相结合，对自控能力已经到达一定程度的罪犯，可以在生产、生活的个别领域实施犯罪人自治。如果能实现一定领域内的犯罪人自治，则不仅会减轻监狱干警的压力，还有利于罪犯日后回归社会。

（五）纠正犯罪人的不良处世方式

犯罪心理与行为的形成通常有一个过程，犯罪行为往往是由对待公共秩序、集体事业、人际关系、社会群体、家庭关系、生活方式等方面的不道德或轻微违法行为习惯发展、恶化而来。因此，心理矫治的一项重要工作，就是纠正犯罪人存在的各种不良行为习惯，培养犯罪人形成良好的行为反应模式，增强犯罪人对各种情境的适应能力，帮助犯罪人改善其人际关系。在司法实践中经常可以发现，大多数针对人身的犯罪往往是由人际关系冲突引发的。因此，应帮助犯罪人改善其人际关系，教给他们建立良好人际关系的各种方法，以避免其在以后的生活和工作中因为人际关系不良而产生新的违法犯罪行为。

**三、罪犯心理矫治的分类**

1. 以治疗地点为标准，可以分为三类：①矫正机构内的治疗，即对关押在监狱等矫正机构内的犯罪人进行的治疗，通常采用集体治疗的方式；②门诊治疗，即根据需要将犯罪人带到医院门诊部进行的治疗，这类治疗通常采用个别治疗的方式，由精神科医生进行；③社区治疗，即对未被剥夺自由的犯罪人或有明显犯罪倾向的人，在其生活的社区内进行的治疗，这主要是对缓刑、假释等犯罪人以及有不良行为的青少年等进行的，也包括家庭疗法。

2. 以一次治疗的人数为标准，可以分为两类：①个别治疗，即治疗者对单个犯罪人进行的治疗。在一般的治疗中，个别治疗是各种心理治疗的基础，它起源于精神分析法。在犯罪心理治疗中，由于条件的限制等因素，个别治疗使用得较少；②集体治疗，即治疗者把有共同（或类似）的心理与行为问题的数个犯罪人合在一起进行治疗。根据矫正治疗的实践，在矫正机构中，集体治疗的方式更容易采用，也更为有效。

3. 以对被治疗者心理行为干预的水平为标准，可以分为三类：①支持性心理疗法，即运用保证、教育、安慰、疏泄、指导、暗示、催眠等方法进行的治疗；②分析性治疗，即对心理与行为问题的产生原因进行分析的治疗，主要指典型精神分析等方法；③训练性治疗，即以训练犯罪人形成新的行为模式为主要方法的治疗，如各种行为疗法等。此外，还可以根据治疗时间的长短等加以分类。

**四、罪犯心理矫治的技术和方法**

在对罪犯进行心理治疗之前，首先应注意消除他们的疑惧心理，帮助其建立对治疗者的信任感。为此，可以从关心犯罪人的生活、情绪等方面入手，恰当地对待犯罪人。在建立起基本信任后，治疗者就应对犯罪人进行鉴别诊断，了解犯罪人存在的心理、情绪及行为问题；同时，还应了解犯罪人的犯罪原因、犯罪经历、文化水平、职业、兴趣、爱好等个人情况以及犯罪人的家庭。在此基础上，选择适当的治疗方法。心理治疗的具体方法很多，下面介绍其中的几种主要方法：

（一）精神分析法

精神分析法是以弗洛伊德首创的精神分析理论建立的一种心理治疗方法。按照弗洛伊德的观点，个人的人格是由本我、自我、超我三部分构成的，对三部分的不同功能，他是以本能、性力、潜意识、快乐原则、现实原则、完美原则等概念来解释的。他认为一切心理异常或精神疾病不外乎有两大原因：一是人格结构中三个部分彼此不协调造成心理冲突，当冲突不能缓解被压抑在潜意识中，长期累积所形成的问题；二是因幼年时人格发展不顺利所形成的痛苦经验，成年后在意识中已不复存在，但却存在于潜意识之中。当意识影响变小时（如在梦中），就会以改头换面的形式出现。因此，精神分析治疗法的主要目的，就是通过对当事人的心理分析，将压抑在内心深处的冲突和痛苦释放出来，使其彻底领悟自己以往的行为之所以不同于他人的原因。在具体治疗中通常采用下列方法：

1. 自由联想法

自由联想是精神分析的最主要治疗方法。经自由联想，分析者才会了解罪犯隐藏在内心中的问题。要求罪犯在无拘束的情境下，尽情道出心中所想到的一切；无论是苦闷的、痛苦的或快乐的经验，或是存在内心中荒诞不经的观念或思想，只要是所想到的，就要毫不顾忌地说出来，分析者通过罪犯叙述与联想的事件，以分析其真正的内心活动。

在自由联想过程中，罪犯可能以沉默或宣称"脑子里什么也没有"来表示对精神分析疗法的反抗。此时分析者则应启发，说明所有的想法和感觉对治疗都非常重要。如果对方坚持抵制态度，则可假设这种抵制是由其头脑中无意识部分引起的，这种抵制本身就为其矛盾提供了线索。如果随意联想不能顺利进行时，可使用催眠术，在催眠状态中诱导其联想，并说出那些被压抑的记忆及其他思想，潜意识中积存的痛苦得到释放后，本身会减轻其内心深处的紧张和压力，治疗者再对此加以引导和解释，就可以达到治疗的目的。

2. 梦境分析法

这种方法的目的是揭示无意识的动机和被压抑的愿望。弗洛伊德认为，梦是受到抑制的愿望经过改装后的一种达成。人的梦可以反映其潜意识活动的内容，当事人所陈述的梦是一项重要的精神分析资料。因此对梦的内容的分析可以揭示梦的含义，即被压抑的某种欲望，但是梦的内容不一定是以平时被压抑的欲望的本来面目出现，所以需要经过心理医生的分析，将梦的层层伪装拨开，找到梦形成的根源，开展有针对性的治疗。对罪犯进行梦境分析之前，心理矫治人员必须对犯罪人的习惯和心理状况有一个大致的了解，需要较充分地掌握犯罪人的年龄、性格、成长经历、犯罪前的职业等。只有这样才能得出较为客观的结论，从而达到治疗的目的。

（二）行为疗法

行为疗法是直接以人的失常的行为为治疗对象，运用学习原理来改变罪犯的行为。其特点是忽视引起不良行为的心理因素，强调对不良行为的矫正。行为疗法所依据的学习理论认为，许多不良行为乃是通过学习而形成的不良习惯或对平常情境的失常反应。通过学习的方法，主要是条件反射的方法，能减轻或消除一些不良症状或行为习惯，并形成某种新的、合乎要求的行为。行为疗法包括多种具体方法，以下介绍其中的几种主要治疗技术。

1. 系统脱敏法

系统脱敏法是根据对抗条件作用原理发展而成的一种行为矫正技术。由沃尔普首创。他提出交互抑制的概念，认为如果存在引起焦虑的刺激时，出现另一种对抗焦虑的反应，就将完全或部分地抑制焦虑。在治疗中通常采取三种措施，即肌肉松弛训练、自持训练和对生活处境的"愉快"反应。治疗时把引起焦虑的刺激安排一个由轻刺激到重刺激的序列，患者按这一序列逐次体验这些刺激，结合深度肌肉放松，并逐次想象引起焦虑的情境。每当一种层次的想象成功后，再让患者对较高一个层次进行想象，直到抑制焦虑反应为止。

在系统脱敏疗法中，关键的因素是放松，能否放松是治疗成败的关键。所以，在开始治疗时，首先是对患者的放松训练。放松训练的过程如下：先让患者收紧身体各部分的肌肉，然后逐渐放松下来，一直到全身完全放松为止，为了使患者放松下来，可以让患者想象一个放松的情景，如坐在湖边或在美丽的田野散步等。放松的次序可以先从手臂开始，然后是头部、颈部、肩部、背部、腰部，最后是大腿和下肢。这种放松训练每天都要坚持练习30分钟，直到患者可以很随意地立刻放松下来为止。当患者能达到上述放松训练的要求之后，治疗者便可以向当事人描述最低等级的、能引起焦虑的情景，并要求当事人想象自己是处在这种情景中，与此同时，让患者放松自己，也就是说，把焦虑刺激和放松状态联系起来，直到患者能够在焦虑情景中保持放松为止，便可以认为这一等级的脱敏治疗已经完成，可以向下一个更高等级的焦虑刺激过渡。如果在较高等级的焦虑刺激下无论如何也不能保持放松，这时，治疗应当停止，经过休整后，再从最低等的刺激重新开始，直到患者想象到最可怕的情景也能保持放松时，系统脱敏治疗就告成功。

沃尔普（1969年）曾指出，脱敏疗法也可能失败，其失败的原因不外乎有三种：①放松训练不成功，患者不能放松自己的身体各部位；②把焦虑情景的等级划分得不恰当；③患者对情景的想象有障碍，或治疗者提供的想象线索不对。

2. 厌恶疗法

所谓厌恶疗法是利用一种厌恶条件作用进行行为治疗的一种方法。其基本原理是利用条件刺激和阴性刺激相结合的方法，从而使条件刺激消退为中性或阴性刺激。厌恶疗法的运用，即将不符合要求的行为习惯与引起厌恶的刺激相联系，以消退这些行为习惯。厌恶疗法被广泛地应用于摆脱某些具体行为障碍，如常用于消除吸烟、酗酒、吸毒、赌博等不良行为习惯。使用的厌恶刺激有电击、催吐剂等。在治疗中，把打算消除的行为和痛苦刺激联系起来，直到行为得到抑制甚至感到厌恶为止。例如，为了克服酗酒习惯，在酒中加入引起呕吐的药物（引起厌恶的刺激），饮酒时，酒引起呕吐反应（厌恶反应），多次重复后，酒会变成呕吐反应的条件刺激，饮酒者只要见到酒，便会引起呕吐的厌恶反应以至对酒的味道都厌恶。

厌恶疗法在美国曾经被系统地使用，主要用来矫治违反监规等不良行为，以及因心理变态导致的盗窃癖、露阴癖、纵火癖、恋童癖等。心理矫治人员通过电击、注射致人痛苦的药物等方式与犯罪人的犯罪心理、犯罪渴望相联系，从而使犯罪人一想到某种犯罪行为就会产生痛苦的感受，从而戒除这种行为。这种疗法在美国遭到了广泛的批评，批评者主要认为这种做法违背了宪法第八修正案，"不得要求过多的保释金，不得处以过重的罚金，不得施加残酷和异常的惩罚"。的确，罪犯在监狱中已经受到了被剥夺自由等惩罚，如果厌恶疗法实施不当，很可能被罪犯认为是对自己额外施加的惩罚，这样不仅无助于罪犯的改造，反而容易使罪犯产生激烈的反抗心理，副作用更加明显。所以，使用这种疗法时应该注意避免与体罚联系在一起，通常在事前都应取得罪犯的知情同意，他也有权随时终止这种疗法，避免因方法不当使人产生虐待犯罪人的印象。厌恶疗法也可以采用消极强化（惩罚）和积极强化（奖赏）相结合的手段。

3. 操作性治疗方法

斯金纳提出操作性条件反射原理，这是对行为主义理论的重要补充，他认为，人类行为主要是由操作性反射构成的操作性行为，操作性行为是作用于环境而产生结果的行为。他认为虽然人类学习行为的性质比动物复杂得多，但也要通过操作性条件反射。操作性条件反射的特点是：强化刺激既不与反应同时发生，也不先于反应，而是随着反应发生。有机体必须先做出所希望的反应，然后得到"报酬"，即强化刺激，使这种反应得到强化。正强化的性质与奖励相同，但是负强化与惩罚有异。负强化是加强某种适当行为，惩罚是制止某种不当行为，这是两者的主要区别。唯考虑到惩罚的目的是二元的，奖励的目的只有积极性的一面，而惩罚的目的除了制止某种不当行为的消极目的之外，另外带有让受罚者知错能改的积极目的。在教育上使用惩罚时，只有在积极的目的下，惩罚才会产生教育价值。他认为，积极强化手段对于行为的控制是绝对有效的。

在斯金纳的这种见解基础上发展出了操作性治疗方法。所谓操作行为就是指通过人自己对环境的操纵与改变可以产生对自身有积极效果的行为，这种行为在日常生活中是极多见的，包括谈话、阅读、穿衣、使用餐具吃饭、娱乐游戏等。斯金纳认为，如果行为得到奖励（积极强化），那么这种行为再次出现的可能性就很大。这样，强化原理就成为操作性条件反射的基础，而强化因素则是建立行为模式、保持行为模式或消退行为模式的依据。

这种为建立新行为模式而实行的操作性方法具体是这样进行的：第一是积极强化。当一个所期待的行为出现以后，立即给予奖励（强化），这是使该行为建立和旧行为消失的唯一动力途径。强化物可以是各种类型的，可以是初级的，也可以是高级。初级强化物是那些满足生物需要的如食物、休息等。高级的强化物（或二级强化物）是满足心理和社会需要的东西，如微笑、点头、夸奖、表扬等。在使用这种方法进行治疗时，必须根据不同的人制定出具体的期待行为。不同的当事人有不同的行为障碍，所以确定何种行为是节制错误行为和助长有利行为的期待行为是很重要的。另外，不同的人有不同水平和不同种类的需要，为此，必须确定哪些强化因素对当事人是最适宜的，如果强化因素与当事人的需要不吻合，效果就不会好。例如，对积极参加生产劳动，学习成绩优良者，有些监狱给予罪犯伙食上的奖励，增加肉、蛋、奶的数量，使罪犯得到生理满足。对有立功表现或者积极配合改造的罪犯，可以给予公开表扬，适当延长亲属会见时间，予以减刑或者假释等正面鼓励。第二是行为的塑造。行为塑造是一种重要手段，它是把期望行为分为若干部分，以便更具体地分别对各个部分进行强化，以期达到确立完整期待行为和改变不良行为的目的。例如，要使罪犯形成合作行为，我们可以把这一行为分为动机、情绪、语言和社会行为等部分，只要这些部分中的任何一类符合合作性质，就立刻给予强化。这样，久而久之，一个完整的行为模式就形成了。实施强化的方法有几点要求，首先，要把握时机，即时性的强化效果较好。其次，强化的方式也很重要，既可以使用连续性的方式也可以使用间歇性的强化。最后，惩罚一定要包含积极目的，使犯罪人形成知错能改的心理习惯。

4. 代币法

代币法（token economy）又称为"代偿经济""标记奖酬法"等。它是根据操作性条件反射原理发展起来的一种行为疗法。其基本原理是以具有交换价值的象征物（红星、塑料卡、记分等）代替金钱的奖励作用，用替代性强化物来调节人的行为的一种行为疗法。这种方法通常用来奖励人们所希望的行为，使这种行为通过不断强化而逐渐固定下来，成为人的习惯，从而帮助患者养成良好的行为与生活方式。这一过程实际上也是一种戒除或矫正病态行为或不良行为的过程。实行这种方法时，首先要提出良好行为的规范，要有具体项目，并通过正式宣布、宣传或公开张贴等方法，使当事人知道努力的方向；其次每天要对照规定对患者的表现进行评比检查，对表现良好的病人发放奖券、红星、加上分数等；最后要定期兑现，根据病人所得奖券、分数的多少，发给相应的奖品，奖品可以是食品、香烟或者电影的入场券等，也可以是病人需要的其他东西，如打电话的权利、外出或会客的许可等。这种方法可用来矫正侵犯行为、孤独症、恐怖症等病态行为。

利用代币法培养犯罪人良好的行为习惯，其奖品不但可以用日常生活所需要的物品，表现特别良好的还可以用减少刑期的办法加以鼓励，从而达到培养犯罪人良好行为习惯的目的。为了有效地发挥这种方法的矫正作用，应注意：①在对有良好的表现的人发给代奖券的同时，应该有一个专用的公告牌，表示每个人的表现情况，使每个人对自己的情况心中有数，并使表现良好的人产生竞争心理，从而加速自己的改变；②对照评比和奖励兑现应该及时，遇有特别突出的优良表现，应立即兑现；③对照评比应客观公正；④兑现奖励应隆重举行仪式。

代币法的具体使用步骤是：①行为分析。对犯罪人的犯罪行为及监狱生活准则进行全面分析，明确应当治疗和矫正的不良行为习惯，并将对这些不良行为习惯的治疗措施纳入监狱生活准则之中，建立一套完备的、能够矫正犯罪人不良行为习惯的监规纪律。②目标制定。将监规纪律具体化为犯罪人一日之内在吃、穿、住、行等各个方面必须达到的行为目标，使犯罪人在生活的各个环节上都有章可循，有明确的努力目标。认定行为目标后，循序渐进地实施。③奖励规则。在确定犯罪人努力的目标之后，应当制定详细的奖励规则，使犯罪人了解到其行为表现达到何种程度才能受奖以及受什么奖励等，为行为评定确立标准。④行为评定。根据所制定的目标和奖励规则，对犯罪人每天的行为表现进行评定，做出记录，如记上分数、标上小红旗、发给奖券等。⑤定期兑现。可以按周、月、季度、年等时间间隔，对标明犯罪人改造情况的代币或分数进行兑现，如兑现实物，提供优惠权利（如看电视、看电影、听音乐、散步等）、减刑等。

代币法是通过外在诱因控制个体行为的办法，其效果可能是暂时的，外在诱因一旦停止，建立的新习惯也可能随之消失（当然，习惯成自然后也可能会继续保持）。因此，除代币的直接奖励外，还要注意发挥其他社会性精神鼓励的作用，注意将外在诱因转变为犯罪人的自我控制。

除上述方法外，行为疗法还有自信训练、生物反馈等方法。

（三）认知疗法

认知疗法，又称为"认识行为疗法""理性情绪疗法"，是根据人的认知过程，影响其情绪和行为的理论假设，通过认知和行为技术来改变求治者的不良认知，从而矫正并适应不良行为的心理治疗方法。"认知"是指一个人对一件事或某个对象的认识和看法，对自己的看法，对他人的想法，对环境的认识和对事物的见解等。认知疗法将着眼点放在患者非功能性的认知问题上，试图通过改变患者对己、对人或对事的看法与态度来改变所呈现的心理问题。由于文化、知识水平及周围环境背景的差异，人们对问题往往有不同的理解和认知。认知疗法常采用认知重建、心理应付、问题解决等技术进行心理辅导和治疗，其中认知重建最为关键。心理学专家认为，心理困难和障碍的根源来自异常或歪曲的思维方式，通过发现、挖掘这些思维方式，加以分析、批判，再代之以合理的、现实的思维方式，就可以解除患者的痛苦，使之更好地适应环境。

这种疗法的理论基础是，一个人的非适应性或非功能性心理与行为，常常是受不正确的认知影响而不是适应不良的行为。适应不良的行为和情绪、情感都来源于适应不良的思想，因此思想矫正比行为矫正更有效。适应不良的思想是那些影响患者恰当地适应外在环境、保持内心和谐，足以引起过度情绪与情感反应的思想。这种思想造成患者的烦恼、痛苦以至疾病。与精神分析派不同，认知疗法强调的是意识的作用，这里的适应不良思想是治疗者与患者一致同意的某种不恰当的想法，它来源于生活中的真实思想、一些用于指导生活与行为的规矩和信条以及对别人的偏见等。治疗的目标不仅仅是针对行为、情绪这些外在表现，而且包括分析病人的思维活动和应付现实的策略，找出错误的认知并加以纠正。具体做法是，通过分析交谈，使患者用正确的思想去代替适应不良的思想，用正确的思想去指导行为实践，同时治疗者给予反馈性强化，以巩固和保持良好效果，形成良好的行为方式与习惯。

认知心理学家认为，犯罪行为的产生，是情绪困扰所致，情绪是人的认识的产物，或者是由于道德水平的低下以及由于这种道德水平所引起的认知偏差造成的。当个人的道德水平较低时，个人就不可能正确地认知、评价社会生活中的人与事，从而会引起适应不良和违法犯罪行为。由于犯罪心理在某种意义上也被看成社会适应不良的思想（认识）的表现，因此，认知疗法在犯罪人矫正中已经被大量使用。心理矫治人员可以采用所有能改变错误认知的方法，如说明、教育、批评、促膝谈心等。作为一种特殊的矫治手段，相应地有其特殊的方法、技术和程序。首先，心理矫治人员要向犯罪人说明一个人的看法与态度是如何影响其心情及行为的。其次，帮助犯罪人去检讨他所持有的对己、对人以及对社会环境的看法，从中发掘跟犯罪人主诉的问题有密切关系的一些"看法"或"态度"，并协助犯罪人去检讨这些看法或态度与一般现实的差距，指出其错误认知的非功能性与病态性。最后，督促犯罪人去练习更换这些看法或态度，重建功能性的、健康的看法与态度，以便借此新的看法或态度来产生健康的心理与适应性的行为。在矫正实践中，心理矫治人员对罪犯的错误认识加以纠正，能有效防止其再次犯罪。心理矫治人员通过教育，使其认识到人生的意义不仅仅在于满足个人的生理需要，还要成为对国家、对社会、对他人有价值的人，在帮助他人的过程中获得更高层次的精神愉悦。很多罪犯出狱后，改变了自己的偏差认识，积极生活，贡献社会，成为对社会有用的人才，有人成为企业家，有人甚至成为地方知名的慈善家。

（四）现实疗法

现实疗法是根据犯罪人的人格特征、行为表现，分析现实生活中的挫折与矛盾引起的情绪问题、行为和性格障碍，以培养犯罪人现实的、负责的、正确的行为为治疗目标的一种疗法。1961年，美国洛杉矶的精神病学家格拉泽（William Glaser）在《心理健康还是心理疾病》一书中首次谈到现实疗法的一些基本思想和实践尝试。1965年在加利福尼亚州治疗被监禁的犯罪少女时，格拉泽和他的同伴归纳出来这种心理疗法。当年他的《现实疗法》一书问世，标志着现实疗法的正式推出。现实疗法对人的一个基本假定是,每个人都力求较好地控制自己的生活,以达到一种"成功的统合感"(success identity)。与具有成功的统合感的人形成对照的是具有"失败的统合感"的人,他们觉得生活中没有爱心,认为自己微不足道,没有能力做任何有意义的事情,对自己的困难也没有任何能力解决。在格拉泽看来,有心理困难,需要咨询和治疗帮助的人就是具有失败的统合感的人。一个人总是生活在一个"现实的"世界中,要满足他的基本需要,体验到成功的统合感,就必须在现实环境中有合适的行为。只有他做出合适的选择,实施合适的行为,他才有可能从与社会的关系、与他人的关系中获得他需要的东西。从这个意义上说,一个人的命运取决于他自己,必须由自己对自己负责。易言之,环境中总是存在社会评价、社会期望、奖励和惩罚的力量,一个人要满足自己的基本需要,必须依赖环境和他人,而他能控制的是他自己的行为,他能够决定自己做或不做、怎样做某些事情,使自己的行为既满足自己的需要,同时又不剥夺别人实现个人需要的机会。这样的行为才是现实的、负责的行为。

格拉泽认为,违法犯罪者是生活在自己想象的虚构的世界中的人,他们不愿正视现实,而是用回避现实生活的方式来适应环境,结果形成了一些有问题的行为模式,导致了违法犯罪行为。因此,现实疗法的核心是培养犯罪人养成现实的、负责的和正确的行为方式,帮助犯罪人用这样的行为方式来适应社会生活,满足他们的基本需要。所谓现实的,是指应该把犯罪人从虚构的世界中拉回到现实中来,让犯罪人正视现实,明白他自己的行为是不现实的,是不为社会所接受的。所谓负责的,是指不能用剥夺他人的需要的方法来满足自己的需要。所谓正确的,就是指满足需要的行动、方法符合社会道德和法律的要求,并且充满爱心,能体现自己的价值。[①] 我们认为,现实疗法的重点,在于强调犯罪人应负起生活的责任,对自己、对家人、对社会的责任,更有效地控制自己的生活。治疗中,心理矫治人员要让犯罪人明白通过改变自己的行为模式就能掌控自己的生活,放弃以犯罪来获取自我满足这种害人害己的方式。面对总是强调自己犯罪是迫不得已的犯罪人,要使他们明白不能把自己定位于社会环境的受难者,一味强调自己犯罪的客观原因,而应该正视自己的现实。

具体实施现实疗法可分为三个步骤:

1. 在犯罪人与心理矫治人员之间建立起一种坦诚的和信任的关系。心理矫治人员必须以温暖的、诚实的态度和犯罪人面谈,了解犯罪人过去的情况,理解犯罪人的苦恼、挫折;认真听取犯罪人关于现实的不满和抱怨,了解他的困难;在遇到犯罪人抗拒时,也能坚韧不拔;同时,心理矫治人员本人必须具有健康的情感,因为在"卷入"犯罪人情感中很有可能被负面心理包围,造成对自己的伤

---

[①] 吴宗宪:《国外犯罪心理治疗》,中国轻工业出版社2004年版,第229页。

害。这一过程具有很大难度,心理矫治人员在矫治过程中,当遇到困难、阻力时,要表现出百折不挠的劲头,同时鼓励犯罪人不要放弃。格拉泽认为放弃不仅意味着承认失败,而且意味着接受失败。心理矫治人员如果放弃,其榜样作用会感染犯罪人,增加他的失败感、无价值感,认为自己无药可救。而心理矫治人员如果不放弃,同样可以通过榜样作用感染犯罪人,对自己的转化充满信心。

2. 在这一阶段,心理矫治人员要让犯罪人明确地意识到什么是自己不想要的(如失去自由、焦虑、痛苦、抑郁、自卑、人际矛盾等),什么是自己想要的(如自由、愉快、爱情、亲情、金钱、良好的人际关系、被尊重等)。心理矫治人员应向犯罪人说明,犯罪人作为一名社会成员是能够被现实所接受的,但其不负责的行为却是不能为社会所接受的。要让犯罪人明白他过去的行为是不现实的,不允许犯罪人对过去的行为进行辩解,不允许把自己的违法犯罪行为归结于无意识动机;不管过去的经历、行为多么悲惨、愚蠢和充满矛盾,都与现在的生活没有关系;应该更着重现在和将来,而不能对过去的经历和行为纠缠不休。应该使犯罪人对自己的行为有一个客观的评价,当然,要使犯罪人客观地正视自己的犯罪行为常常比较困难,他们往往不能看出那些习以为常的行为是有害社会的,有时会不自觉地为不适行为辩护,找借口证明该行为是必要的,所以心理矫治人员要积极主动地以质辩甚至辩论的形式设法迫使犯罪人作出客观的评价。

但需要注意的是,在这一阶段,心理矫治人员始终要有真诚、关怀的态度,不能变为严厉地谴责,更不能适用哪怕是合法的惩戒手段,但要教育犯罪人承担行为后果。现实治疗者坚决摒除对犯罪人运用惩罚。如果犯罪人达不到要求,他不会受到责难、鄙视或任何别的惩罚,但他应承担自己不负责任的行为所导致的自然结果。格拉泽认为制定惩罚有诸多弊端,其中最重要的是会强化来访者的失败感,以及无价值感、无能感,而这正是现实治疗力求消除的负面心理。行为后果则不同,它是行为的逻辑结果,是自然现实的东西。它使犯罪人认识到因果循环的道理,认识到个人须对自己的行为负责。这个认识不是外人灌输给他的,而是现实教给他的。行为后果对犯罪人同样有鞭策、激励作用,但不会有惩罚的那些弊端。而且惩罚会失去犯罪人的信任而无法继续矫治。最终,要让犯罪人认识到他过去的行为是不明智的、有害的,但是只要他愿意,就可以学会新的恰当的行为方式。

3. 心理矫治人员应该教给犯罪人在现有条件下满足他需要的更好的方法。要努力使犯罪人着眼于现在和将来,要帮助犯罪人制订能够成功地适应生活的计划,使犯罪人对自己的行为担负起责任。如果犯罪人进行了面对现实的、负责的和正确的行为,就给予表扬,从而启发、引导犯罪人形成正确的、对社会有价值的行为方式。首先,计划的制订应由犯罪人自己完成,心理矫治人员不能越俎代庖,有意无意地代犯罪人选择行为,把自己认为合适的行为强加给犯罪人。其次，要密切地参与选择、评价新行为的活动，如果犯罪人的选择不合理，要引导他认识这种不合理性。再次，犯罪人制订的行为计划不能太复杂，要注意其成功的可能性。最后，坚持要求以书面形式把计划写下来，形成较强的约束。

一些精神治疗学者认为，现实治疗是一种治标的方法，只能帮助犯罪人克服当前的现实困难，要进一步深入地治疗还应采用行为疗法或精神分析疗法。我们认为，现实治疗相对于其他疗法，专业性较低，经验不是很丰富的心理咨询师也可以使用这种办法，具有一定推广性。

（五）内省疗法

内省疗法，是让犯罪人处于与外界隔离的环境中"闭门思过"，反省自己的过错，回忆自己犯罪的原因，反思改造的措施，从而达到心理转变的一种犯罪心理治疗方法。内省疗法的历史悠久，并深受宗教思想的影响。欧洲中世纪犯错误的牧师经常被隔离在一个小房间内忏悔、自省以求得上帝的宽恕。早期内省疗法的提倡者——贵格会教徒的宗教思想认为，一个人的悔悟改善，必须在严格的独居下，通过培养犯罪人的自制、沉默、诚实、稳健、谦让等习惯才能完成。因此，他们主张严格独居，把犯罪人从纷繁喧闹的社会中隔离，让犯罪人在绝对沉默、静寂的环境中，扪心自问，深刻反省、忏悔，使犯罪人在内省过程中自动悔悟，完成精神改善。独居制曾经对西方国家的监狱制度的发展，产生了深远的影响。在日本等东方国家，根据佛教等宗教教义，在监狱中较多地对罪犯使用内省法。[①]

历史上实施的极端独居制改革大部分失败，原因在于监狱中的罪犯完全独居、沉默，与社会没有接触，即使是犯罪人之间的交流也会受到严厉惩罚，这极大地伤害了罪犯的心理和精神，导致罪犯大量自杀或者精神分裂，最后不得不取消这种尝试。现代的内省疗法，不一定将犯罪人置于单独的狭小监舍，只要他们处于相对安静、较少外部刺激的场所就可以进行。治疗过程中，由心理治疗人员对犯罪人加以必要引导，给犯罪人提示反省的主题，让犯罪人回忆自己一生中最难忘的人或场面，可分为温馨动人的场面和换位思考的场面。温馨动人的场面如源自祖父母、父母、老师等长辈以及单位的关爱，来自兄弟姐妹、爱人、孩子的亲情以及单位同事、亲密朋友的友情等，让犯罪人回忆这些人对自己的深厚感情，回忆自己曾经拥有过的幸福美满、自由快乐的生活等，从而使犯罪人产生发自内心的慨叹，认识到自己所犯的罪行给自己以及关爱自己的人所带来的痛苦，萌发改造向上的信心。换位思考的自省，即心理治疗人员引导犯罪人回忆自己犯罪时给被害人制造的痛苦，被害人及其家属在受到侵害后承受到的不幸生活，自己的犯罪给社会、国家、政府、人民群众等造成的恶劣影响，如果是犯罪行为发生在自己的亲人身上会有什么样的痛苦等，使犯罪人产生忏悔，恢复被破坏的道

---

[①] 吴宗宪：《国外犯罪心理治疗》，中国轻工业出版社2004年版，第201页。

德情感和良心，从而在日后的生活中能多考虑他人的感受，避免再次实施犯罪行为。

现代监狱中，对于犯了严重错误但又不构成犯罪的罪犯，偶尔会用早期内省疗法的措施进行惩罚。在美国有陋室处遇和黑室处遇。陋室处遇是将犯罪人拘禁于简单而狭小的监房，监房内仅有浴衣与尿壶。此种计划的目的在于引导罪犯实施被期待的行为，以换取更多的衣服、家具或者转移到一般监房。黑室处遇是将犯罪人拘禁于暗无天日且狭窄的独居房，只有一定时间内不实施暴言暴行，保持室内清洁，遵守一切规章制度，变得顺从后才可以返回一般监房。[1] 其他国家也有类似措施，通常做法为将罪犯独立关押在空间较小的房间内面壁思过。由于和外界几乎没有联系，并且生活条件比较差，常人难以忍受，一般能对问题犯罪人起到良好的惩戒作用。有鉴于这种措施的严厉性，在现代监管机构中也不常用。

（六）心理剧

心理剧是由维也纳精神病学家莫雷诺（Jacob Levi Moreno）于1921年首创的一种心理治疗方法，1925年传入美国。帕尔斯等人在20世纪60年代将其引入团体心理治疗中，影响日益扩大。心理剧，"它借助舞台表演的形式，在指导者的引领、支持和帮助之下，使个体重新经历情绪冲突的体验；在探索个体的人格特征、人际关系、心理矛盾等过程中，让个体通过行为模仿或行为替代尝试改变自己旧有的行为或学习新的行为，使心理问题得到解决"[2]。具体做法是让病人把所存在的带有启发性的病情作为剧情来自编、自演、自看，在编、演、看的过程中观察冲突，发泄痛苦，受到教育，从而达到治疗心理疾病的目的。把各种心理障碍的问题置于戏剧化形式之下，使患者重新经历情绪冲突的经验。通过演戏创造了新的情境，并做出某些重要的、富有意义的反应，从而使患者从冲突中解脱出来并得到治疗。作为一种戏剧，它需要主角、配角和导演，也需要观众。但它又不同于一般戏剧，其过程是：首先，由患者和治疗者（通常是一个）共同组成一个三至二十人不等的小组，这些患者都有共同的或相似的心理障碍。然后，由治疗者以导演的身份指定戏中的主角即患者，把自己的心理问题表达出来，而其他成员（包括治疗者）扮演戏中其他角色，表演主角心理冲突的各个方面或仅仅充当观众，帮助主角做好真实情感的表演。

在戏剧的始终，作为导演的治疗者所起的作用是相当重要的，只有正确的引导才不至于发生消极的经验甚至事与愿违的后果。因此，治疗者的经验、博识、灵活是这种治疗成功与否的重要因素。心理剧疗法是基于以下一些设想而产生的：第一，患者往往感到只有他才有这样的问题，而且比任何人都严重。在戏

---

[1] 蔡墩铭：《矫治心理学》，中国台湾地区正中书局1988年版，第454~455页。
[2] 耿柳娜、刘金秀：《心理剧在心理健康教育中的应用示例》，载《中国特殊教育》2007年第1期。

中,他会发现其他人也有同样的问题。第二,一个成员可以从多种角度得到他对别人影响的反馈,而这种反馈是治疗者很少能提供的。第三,患者常常可满足戏中其他患者的需要,并且对于帮助者来说帮助别人常常是有治疗价值的。第四,患者可以在一个较安全的、富有同情的环境中大胆地试验他的新行为。比起传统的治疗,这种方法不仅节省时间和经费,而且更主要的是它为患者提供了在一个治疗环境下难以得到的感受,从而起到良好的疗效。

这种方法也可以移植过来,适用于对犯罪人或违法的青少年的教育。在国外,心理剧方法已经被应用于矫治多种类型的犯罪人,特别是矫治少年犯、恋童癖者、盗窃等惯犯、精神病态犯罪人等。犯罪心理矫治者可以让犯人根据典型案例编剧、演出,使扮演者和观看者从中体验各种角色的情感体验。在表演结束后,在心理矫治者的组织下,引导罪犯讨论案例中不同角色的心理。此时要让他们充分表达自己的看法和体会,宣泄情感,恢复心理平衡。开放式的讨论不仅有利于犯罪人了解犯罪行为所造成的社会危害及对被害人、自己亲属造成的心理创伤,还能唤起犯罪人的良心及悔罪感,促使犯罪人尽早认罪改过,同时还能使他们寻求在与剧情类似的环境中处理问题的新方式,采用除犯罪之外的正确反应。

矫治犯罪心理需要由经验丰富的心理矫治工作者采用多种方法综合进行才能收到良好的效果。开展对罪犯的心理矫治工作已经成为新形势下必须特别重视的一项改造措施。比如,监狱要普及对罪犯的心理健康教育,普及率达到应参加人数的100%,充分运用《中国罪犯心理评估系统》对罪犯进行心理测试。要加强罪犯心理咨询和矫治工作,采用门诊咨询、团体咨询、网络咨询等多种咨询方式,充分发挥心理矫治在消除犯罪心理、养成健康人格中的作用,努力做到各监狱都有精神科医师,具有高级职称的医学专家达到警察总数的一定比例。要逐步使每个监所具备国家心理咨询师资格警察人数达到罪犯人数的1%以上。监狱管理机关的教育改造处科室干警一般都应具备国家心理咨询师资格,每个监所领导班子中至少有一个成员具备国家心理咨询师资格。专业的心理咨询师加入罪犯矫治者的行列,有利于提高罪犯矫正质量,促进犯罪心理矫治工作在科学方法的引导下获得长足进步。

**【课后练习】**

1. 为什么要开展罪犯心理矫治?
2. 作为犯罪心理矫正的重要参与人,监所干警需要具备哪些职业心理素质?
3. 罪犯心理矫治与教育改造的区别是什么?
4. 犯罪心理矫正都包括哪些内容?与预防再犯有什么关系?
5. 请针对习惯性盗窃行为设计一套心理矫治方案(可自由设定行为产生的原因背景)。

图书在版编目（CIP）数据

犯罪心理学／梅传强主编 .—4 版 .—北京：中国法制出版社，2022.11
ISBN 978-7-5216-3021-3

Ⅰ.①犯… Ⅱ.①梅… Ⅲ.①犯罪心理学-教材
Ⅳ.①D917.2

中国版本图书馆 CIP 数据核字（2022）第 195816 号

策划编辑　谢　雯　　　　责任编辑　吕静云　　　　　　　封面设计　蒋　怡

犯罪心理学
FANZUI XINLIXUE

主编/梅传强
经销/新华书店
印刷/三河市紫恒印装有限公司
开本/730 毫米×1030 毫米　16 开　　　　　　　印张/ 24　字数/ 393 千
版次/2022 年 11 月第 4 版　　　　　　　　　　　2022 年 11 月第 1 次印刷

中国法制出版社出版
书号 ISBN 978-7-5216-3021-3　　　　　　　　　定价：76.00 元

北京市西城区西便门西里甲 16 号西便门办公区
邮政编码：100053　　　　　　　　　　　　　　传真：010-63141600
网址：http://www.zgfzs.com　　　　　　　　编辑部电话：010-63141793
市场营销部电话：010-63141612　　　　　　　　印务部电话：010-63141606

（如有印装质量问题，请与本社印务部联系。）